보 전 소 송
민 사 집 행
회생 · 파산
실무

보 전 소 송
민 사 집 행
회생 · 파산
실무

황태윤

전북대학교출판문화원

머리말

민사소송을 하는 이유는 승소판결을 얻어 강제집행을 하기 위함이다. 각하나 기각되는 소송도 문제지만, 승소하고도 집행이 되지 않는 소송 역시 큰 문제다. 이를 방지하려면 미리 가압류·가처분 조치를 취하는 수밖에 없다. 장차 승소판결을 받아 집행할 목적물을 잘 겨냥하는 것 역시 변호사에게 매우 중요한데, 이를 위해서는 민사집행절차를 잘 숙지하고 있어야 한다. 금전청구소송이나 등기소송이 아닌 경우에는 임시지위가처분이 중요하다. 지금 당장 닥쳐 있는 위험을 예방하기 위한 유일한 길은 사실상 임시지위가처분소송밖에 없다. 임시지위가처분소송을 잘 수행하기 위해서도 무엇보다 민사집행절차를 잘 숙지하고 있어야 한다. 최선을 다했다면 본안소송에서 지더라도 의뢰인은 이를 수긍한다. 그러나 보전소송과 민사집행에서 사소한 실수를 저질러 손실을 입게 되면 그 손실이 작은 것일지라도 의뢰인은 변호사를 좀처럼 신뢰하지 않게 된다.

회생·파산절차의 이용이 활발한 요즘 강제집행, 가압류·가처분, 담보권경매 절차는 회생이나 파산절차로 인하여 중지되거나 그 효력을 아예 잃는 경우가 자주 발생한다. 이제는 민사집행법과 채무자 회생 및 파산에 관한 법률을 함께 이해하지 않으면 결정적 실수를 피할 수 없게 되었다. 보전소송, 민사집행, 회생파산 이 세 분야에 대한 기초적 이해는 변호사로서 소송과 자문을 수행하는데 필수적인 것이다. 꼭 갖추어야 할 지식을 선택과목이라 하여 그냥 지나쳐 간다는 것은 있을 수 없다. 강의를 듣지 않았다 하더라도 해야 할 공부는 하고 학교를 나가야 한다. 필드에 나가서 배우겠다는 자세는 곤란하다.

필자는 2012년부터 전북대학교 법학전문대학원에서 민사변호사실무, 보전소송, 민사집행, 회생파산을 가르쳐왔다. 법학전문대학원에서 짧은 기간 동안 여러 과목을 공부하여야 하는 학생들에게 많은 양을 가르치기 보다는 꼭 알아야만 하는 부분을 중심으로 강의하려고 노력해 왔다. 주로 법조문의 암기와 판례의 사실관계 정리연습을 강조해 왔다. 이 책은 그러한 경험에서 나온 것이고, 추후 필요 없는 부분은 더욱 빼내고, 부족한 부분은 꼭 필요한 것에 한해서 보충할 것이다. 이 책이 장차 변호사로 활동할 학생들에게 손쉽게 참고할 수 있는 적절한 안내서의 역할을 수행할 수 있기를 바랄 뿐이다.

2015. 8. 19.

목 차

제1부 보전소송

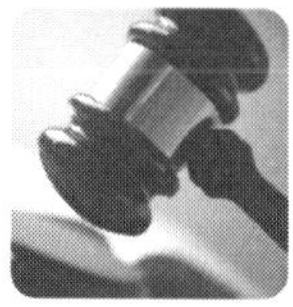

제1편 서설

제2편 가압류

제3편 다툼의 대상에 관한 가처분

제4편 임시지위를 정하기 위한 가처분

제5편 부당한 보전처분에 대한 손해배상청구

제1부

보전소송

제1편 서설

Ⅰ. 민사집행법상 보전처분

민사집행법 제4편은 보전처분 표제 아래 가압류(민사집행법 제276조, 이하 조문만 표시한다.), 다툼의 대상에 관한 가처분(제300조 제1항), 임시의 지위를 정하는 가처분(제300조 제2항)을 규정하고 있다.

상법 제407조가 정하고 있는 이사직무정지 및 직무대행자선임 가처분[1]은 임시지위를 정하기 위한 가처분의 일종이다.[2] 직무직행정지・직무대행자선임가처분은 민사집행법 제306조가 법인임원의 직무집행정지 등 가처분의 등기촉탁에 관하여 규정하고 있는 이상 개별법상 특수보전처분이라 할 수 없다.[3]

보전처분절차는 집행권원인 가압류・가처분결정에 이르는 재판절차와 집행권원인 가압류・가처분결정을 집행하는 집행절차로 구성된다.

---

1) 합명회사・합자회사・사단법인에도 이와 같은 가처분이 인정된다(상법 제183조의 2, 상법 제200조의 2, 민법 제52조의 2, 민법 제60조의 2).

2) 대법원 1997. 1. 10. 95마837

3) 이시윤, 「신민사집행법 5판」, 박영사(2009), 497면.

Ⅱ. 개별법상 특수보전처분

민사집행법상 가압류와 가처분 외에 개별법상 특수보전처분이 있다. ① 채무자 회생 및 파산에 관한 법률상의 가압류·가처분 그 밖의 보전처분, 다른 절차의 중지명령, 회생채권과 회생담보권에 기한 강제집행 등의 포괄적 금지명령, 파산선고 전의 보전처분, ②가사소송법상의 사전처분, ③민사조정법상 조정 전의 처분, ④부동산등기법상 가등기가처분 등이 있다.

특수보전처분에 관한 개별법 규정은 민사집행법에 대한 특별규정에 해당하므로 특수보전처분에 의하여 규율되는 영역에 대하여는 원칙적으로 민사집행법의 적용이 배제된다.[4] 민사집행법상 가처분에 의하여 집행권원에 의한 강제집행절차[5]나 임의경매절차[6]를 정지시킬 수 없다.

Ⅲ. 보전처분의 목적

민사집행법상 보전처분은 민사에 관한 본안소송 중이거나 본안소송에 앞서 본안재판 지연으로 인하여 생길 위험·손해를 방지하기 위하여 간이·신속하게 잠정적으로 현상을 동결하거나 임시적 법률관계를 형성하는 것을 목적으로 한다. 본안소송을 제기하려거나 진행 중인 자는 법원으로부터 보전처분결정을 받아 그 집행을 하여 둠으로써 후일 본안 판결을 얻은 후 그 판결의 집행을 매우 용이하게 할 수 있다.

Ⅳ. 보전소송의 특징

1. 가압류·다툼의 대상에 대한 가처분은 확정판결의 집행보전을 위한 것으로 본안소송과 별도 절차에 의하여 가압류 등기와 같은 잠정적인 처분을 하는 것이다. 따라서 본안소송에 의하여 얻을 수 있는 권리 범위를 초과하는 처분을 할 수 없다. 그러나 임시지위가처분의 경우에는 본

---

4) 전세정, 「민사집행법」, 박영사(2008), 701면.
5) 대법원 1986. 5. 30. 86그76
6) 대법원 1993. 1. 20. 92그35

전소송과 본안소송 사이의 명확한 한계설정이 어렵기 때문에 본안소송에서 얻을 수 있는 권리 범위를 사실상 초과하는 예외가 발생할 여지가 있다.[7)]

2. 가압류・가처분명령은 판결절차가 아니라 결정절차에 의한다. 가압류・다툼의 대상에 대한 가처분은 서면심리가 원칙이고, 주장에 대한 소명으로 충분하다. 그러나 임시지위가처분은 비록 결정절차이기는 하지만, 본안소송과 유사한 필요적 변론절차을 거쳐야 하며, 입증에 준하는 소명이 행하여진다. 임시지위가처분도 제소명령이 있으면 본안소송을 제기하여야 하는 점은 가압류・다툼의 대상에 대한 가처분과 같다.

3. 가압류・가처분명령은 집행문 없이 결정문만으로 집행이 가능하다. 가압류・다툼의 대상에 대한 가처분은 채무자가 알 수 없는 상태에서 비밀리에 심리되고 발령하며 그 결정문을 채무자에게 송달하기 전에 미리 집행에 착수한다.

Ⅴ. 보전처분명령의 집행기관・보전소송의 당사자

1. 부동산, 선박・항공기・자동차・건설기계・소형선박, 채권 그 밖의 재산권에 대한 가압류는 집행법원이 집행기관이 된다. 동산 또는 부동산

7) 대법원 1978. 2. 14. 77다1648 "해고조치가 일응 부당노동행위에 해당하여 무효라고 보여지는 이상 가처분으로서 본안판결 확정시까지 잠정적으로 임금에 해당하는 금원지급을 명하는 것은 피보전권의 범위를 초과하지 아니한다."; 대법원 2007. 10. 25. 2007다29515 [토지와 건물의 소유권에 기하여 점유자 등을 상대로 그 인도를 구하는 소송에서, 원고가 제1심 변론종결 전에 가처분 결정을 받아 집행하여 이를 인도받아 건물을 철거한 후에도 건물인도청구 부분의 소를 그대로 유지했다면 법원은 건물의 멸실을 고려함이 없이 그 청구의 당부를 판단해야 한다고 본 사례] "가처분의 피보전권리는 채무자가 소송과 관계없이 스스로 의무를 이행하거나 본안소송에서 피보전권리가 존재하는 것으로 판결이 확정됨에 따라 채무자가 의무를 이행한 때에 비로소 법률상 실현되는 것이어서, 채권자의 만족을 목적으로 하는 이른바 단행가처분의 집행에 의하여 피보전권리가 실현된 것과 마찬가지의 상태가 사실상 달성되었다 하더라도 그것은 어디까지나 임시적인 것에 지나지 않으므로, 가처분이 집행됨으로써 그 목적물이 채권자에게 인도된 경우에도 본안소송의 심리에서는 그와 같은 임시적, 잠정적 이행상태를 고려함이 없이 그 목적물의 점유는 여전히 채무자에게 있는 것으로 보아야 한다."

인도의 가처분, 채무자의 점유해제・집행관보관의 가처분은 집행관이 집행하고, 처분금지가처분은 집행법원이 집행기관이 된다.

2. 본안소송에서는 소를 제기한 사람을 원고로, 상대방을 피고라 부르지만, 보전소송에서는 가압류・가처분 신청인을 채권자, 상대방을 채무자라고 부른다(제280조, 제287조, 제292조).

3. 가압류・가처분의 대상이 되는 목적물이 채무자의 제3자에 대한 채권인 경우, 그 제3자를 제3채무자라 한다. 제3채무자는 보전소송의 당사자가 아니다.[8] 보전처분 취소사건에서는 실무상 취소신청인을 신청인으로, 그 상대방을 피신청인이라 부른다.

4. 보전소송 역시 본안소송과 마찬가지로 당사자능력과 소송능력이 있어야 하는데, 소송능력이 없는 경우 법정대리인이나 법정대리인이 선임한 소송대리인의 대리에 의해 소송할 수 있다.

5. 가압류신청이 사망자를 상대로 한 것이면 사망자 명의의 그 가압류결정은 무효이다.[9] 신청 당시 생존하고 있던 채무자가 결정 직전에 사망하였거나 수계절차를 밟음이 없이 채무자명의의 결정이 이루어진 경우 그 가압류 결정이 유효하다.[10]

VI. 외국의 보전처분

1. 독일

독일의 경우 1877. 1. 30. 독일 민사소송법에서 가압류, 계쟁물가처분, 임시지위가처분 세 가지 형태의 보전처분을 함께 규정하였다.[11] 이러한

8) 대법원 1998. 2. 13. 95다15667 "채권집행 절차에서 제3채무자는 집행당사자가 아니라 이해관계인에 불과하므로 압류 및 전부명령을 신청하기 이전에 제3채무자가 사망하였다는 사정만으로는 채무자에 개한 강제집행요건이 구비되지 아니하였다고 볼 수 없다."

9) 대법원 1982. 10. 26. 82다카884

10) 대법원 1976. 2. 24. 75다1240

11) 권창영, 「민사보전법」, 유로(2010), 52-53면 "1877년 독일민사소송법(CPO)은 가압류에서 변론을 경유하여 판결로 할 것인지, 변론을 경유하지 않고 결정으로 할 것인지를 법

입법은 일본은 계수하였고, 일본민사소송법을 의용하였던 우리 역시 오늘날까지 이를 따르고 있다. 따라서 독일 민사소송법에 규정된 보전처분제도는 일본이나 우리나라의 그것과 거의 유사하다. 우리와 마찬가지로 가처분에 대하여 계쟁물 가처분과 임시지위가처분으로 나누어 규정하고 있다. 당사자의 신청에 의하여 보전처분절차는 개시되고, 재판은 변론 없이 할 수 있으며[12], 증거는 소명으로 한다. 가압류신청에 관한 재판은 변론을 거친 경우에만 판결로 하고, 그 외에는 결정으로 한다.[13] 이의에 대한 재판은 종국판결에 의한다.[14] 다만 우리 민사집행법이 물적 대상으로만 가압류를 규정하고 있는데 반하여 독일의 경우 인적 가압류도 인정하고 있다. 독일민사소송법(ZPO) 제918조는 채무자재산에 대한 강제집행이 어려운 경우에는 인적가압류가 허용된다고 규정한다. 동산 및 채권에 대하여 가압류결정의 집행으로, 채권자는 질권을 취득하게 되는데, 토지에 대한 가압류집행이 경우에는 보전저당권이 등기를 하게 된다.[15] 독일이 행정법원법과 재정법원법은 가명령 제도를 규정하고 있다.[16] 독일의 가명령 규정은 민사소송법상의 가처분규정에 의지하여 성립되었는데, 그 과정에

원이 선택할 수 있고, 결정으로 한 경우에는 변론의 기회가 없었기 때문에 불복한 당사자는 결정에 이의를 제기하여 이의절차에서 변론을 거쳐 판결로 그 당부를 판단하였다. 그러나 가처분에서는 변론을 거쳐 판결로 하는 절차가 원칙이었고, 급박한 경우에만 변론에 의하지 아니하고 결정으로 하는 절차를 채택하였다. 임시지위가처분은 보통법의 가압류소송의 계열에는 속하지 아니하고 약식점유소송과 결합하여 무조건명령소송에서 발생한 것으로, 그 목적은 현상을 임시로 규정하는 것이다."

12) ZPO 제921조 제1항

13) ZPO 제922조 제1항

14) ZPO 제925조 제1항

15) ZPO 제804조 제1항

16) 독일 행정법원법 제123조 제1항은 "당사자의 신청에 의하여 법원은 소송이 제기되기 전이라도 현상의 변경으로 인하여 신청인의 권리의 시현이 좌절되거나 본질적으로 곤란하여지게 될 수 있는 위험이 존재하면 분쟁대상과 관련하여 가명령을 할 수 있다. 가명령은 분쟁있는 법률관계와 관련하여 임시적인 상태를 규율하기 위하여, 그리고 이와 같은 규율이 특히 계속적인 법률관계에 있어, 본질적인 불이익을 피하거나 급박한 강폭을 방지하거나 또는 다른 이유들로부터 필요하다고 보이면 허용된다"고 규정한다. 또한 독일 행정법원법 제123조 제5항은 "본안소송에서 취소소송 이의의 나머지 소송을 통하여 구제될 수밖에 없는 경우에는 오직 가명령을 통하여 보호된다"고 규정한다. 독일재정법원법 제114조 제1항은 독일행정법원법 제123조 제1항과 동일한 규정을 갖고 있다.

서 민사소송법상의 가처분이라는 용어 대신에 공법적인 용어로서 가명령이라는 용어가 선택되었다. 독일의 가명령은 형식적 확정력과 실체적 확정력(기판력)을 갖지만, 그 실체적 확정력은 성질상 본안사건절차에 있어서의 판결의 그것과는 다른 것으로 본안사건재판의 유보 하에서만 존재하는 것이라 한다.[17]

2. 프랑스

우리나라의 가압류・계쟁물가처분은 상대방을 소환하지 않고 열리는 프랑스의 르켓트(프랑스 민사소송법 제493조; 신청에 기한 명령)와 유사하다.[18] 프랑스 민사소송법 제808조와 제809조는 레페레(Référé) 명령에 관하여 규정하고 있다.[19] 레페레는 민사, 상사, 행정, 노동 등 모든 재판 영역에서 이용되며, 집행에 관한 이의, 청구이의, 제3자이의의 소 등에 있어서 강제집행의 정지를 위한 임시적 처분의 기능도 포함한다.[20] 레페레신청은 소환장에 의하여 이루어지며, 상대당사자가 출석하거나 소환장을 받았을 경우에 한하여 레페레명령이 발령되어질 수 있다. 레페레 담당판사는 공사중지조치, 부정경쟁・위조・특허침해・불법광고행위 중지조치, 부정경쟁방지법의 조항을 위반한 상업활동의 금지・선택적인 판매계약금지・불공정가격이나 할인가격에 의한 판매금지조치, 소상점보호법을 위반한 대규모백화점의 판매활동금지조치, 소비자들을 혼란시키는 성질의 광고금지조치, 자동차광고에 흔히 일어나는 것으로 지나친 비교광고의 금지조치 등을 명할 수 있으며, 집단적 노동관계에서 시위권을 제한하는 조치나 시위대를 작업장에서 퇴거시키는 조치나 표현의 자유 영역에서 개

---

17) 사법연수원, 「독일법(2012)」, 249-258면.

18) 이제호, "프랑스 민사소송에 있어서의 레페레(Refere)", 외국사법연수논집 제93집, 법원도서관(2001), 314면.

19) 제809조 제1항은 "급박한 손해를 피하기 위하여 또는 명백히 위법한 침해를 방지하기 위하여 필요한 경우에는 보전적 조치 내지는 원상회복조치를 명할 수 있다"고 규정하고 있고, 동조 제2항은 "채무의 존재가 명백한 경우에는 채권자에 대하여 가지급 내지 임시적 이행을 명할 수 있다"고 규정하고 있다.

20) 김연, 「민사보전법」, 법문사(2010), 24면.

인사생활을 침해하는 행위에 대하여 이를 막거나 정지시키기 위한 조치를 취할 수 있다. 또한 손해배상영역에서 신체적 손해나 교통사고로 인한 손해, 회사나 건축공사자, 기술자에게 책임을 물을 수 있는 불법행위나 부당이득의 영역에서는 의무에 대하여 중대한 다툼이 없는 경우에 채권자에게 가지급을 명하는 가지급레페레가 이용된다.[21] 레페레명령은 임시의 성격을 가진 재판이므로 본안소송을 담당하는 판사는 본안판결시 레페레명령의 내용에 구속되지 않지만, 우리나라에서와 같은 제소명령제도가 레페레에는 존재하지 않기 때문에 대부분의 경우 레페레명령이 발한 후 본안소송을 제기하는 않는다.[22]

3. 미국

우리나라 가압류에 가까운 제도로 어태치먼트·가니쉬먼트가 있으며, 가처분에 유사한 것으로 인정크선 (injunction)이 있다. 미국에서 인정크션은 인정크션 소송 그 자체를 의미하거나, 그 명령 또는 판결에 의한 영장이나 그 발령절차를 의미한다고 할 수 있으며, 소송이라고 할 때에는 형평법원이 특정한 행위를 금지하거나 이를 할 것을 명함으로써 행하는, 재산상 또는 법원이 인정하는 권리에 대한 돌이킬 수 없는 손해를 방지하기 위하여 마련된 형평법상의 절차를 가르킨다.[23] 인정크션은 피신청인에 대한 통지와 심문을 거쳐 발령되고 있기 때문에, 그 심문기일 전까지 신청인이 입게 될 급박하고 회복 불가능한 손해를 막기 위하여 임시제한명령(TRO, temporary restraining order)을 두고 있다. 임시제한명령은 긴급 상황을 위한 이례적인 구제수단으로 발령된 명령의 효력은 일반적으로 예비적 인정크션(preliminary injunction)의 발령을 위한 심문절차가 진행될 때까지의 기간, 예컨대 10일 내지 20일 정도의 짧은 기간에 국한되며, 이러한 특징을 살리기 위해 그 발령 과정 역시 형식에 구애받지 아니하고 가급적 긴급한 상황인지 여부 및 즉각적인 구제조치가 필요한지 여

21) 이제호, 전게논문, 330-334면.
22) 이제호, 전게논문, 362면.
23) 김연, 전게서, 30면.

부에 한정하여 제한적인 시간 내에 판단하는 형태로 진행된다고 한다.[24] 자산동결명령(asset freeze order)은 피신청인으로 하여금 법원의 허가 없이는 자신의 자산을 사용하거나 제거할 수 없도록 하는 명령으로 피신청인의 특정한 권리에 대한 가처분이 아니라 피신청인의 일반적인 자산을 처분하는 행위를 제한하는 것이라는 점에서 우리 민사집행법상 다툼의 대상에 관한 가처분과 다르다.[25] 자산동결명령은 국제적 분쟁에서 미국 법원 판결의 효용을 담보할 수 있는 유용한 수단으로 사용되어 왔는데, 국내에서도 활동하는 국제다단계 업체인 '썬라이즈'가 미국 증권거래위원회(SEC)에 의해 TRO에 의하여 잠정적으로 영업금지를 하라는 명령과 자산동결명령(Asset Freeze Order)을 받은 바 있다.[26] 입법론으로 우리나라에도 임시지위가처분과 별도로 임시제한명령을 도입하자는 입장과[27] 임시지위가처분의 경우에도 민사집행법 제304조 단서가 채무자를 참석시켜 그 기일을 열어 심리하면 목적을 달성할 수 없는 사정이 있는 때에는 예외적으로 무심문이 가능하도록 규정하고 있으므로 임시제한명령을 도입할 필요가 없다는 입장이[28] 대립하고 있다. 통상 인정크션을 이용하는 과정은 특정인의 불법행위로 인하여 돌이킬 수 없는 손해를 입게되는 경우에, 그 행위로 인하여 피해를 입게 되는 자는 그 행위의 금지를 구하

---

24) 이효제, "미국법상 임시적 유지명령의 발령요건에 관한 검토", 재판자료 제119집, 법원도서관(2010). 574면.

25) 이효제, 전게논문 597-598면.

26) 일요신문 2014년 10월 7일자 제1169호.

27) 이효제, 전게논문, 566-577면. "현재 법원의 실무는 총회개최금지가처분신청과 같이 일정한 기간이 경과하면 가처분결정이 무의미하게 되고 심문기일을 여는 것이 불가능한 경우를 제외하고는 원칙적으로 심문기일을 열되, 가처분의 속성상 신청서 접수와 함께 집행관 송달 내지 법정경위 송달을 신청하도록 하여 조기에 심문기일을 열어 가처분결정을 발령함으로써 시간적 간극을 극복하려고 노력하고 있는 것으로 보인다. 그러나 이러한 노력만으로 해결하기 어려운 경우, 가처분사건을 담당한 법원은 상대방의 주장을 확인할 시간적 여유조차 없는 신청이라는 이유로 피보전권리나 보전의 필요성이 명백하다고 볼 수 없다고 판단하거나, 반대로 상대방 주장을 전혀 확인하지 못한 채 가처분결정을 발령할 수밖에 없다. 사후적으로 이러한 결정이 잘못이라는 논거가 쉽게 제출될 수 있는 예도 적지 않으므로, 법원의 고권적 결정에 앞서 최소한의 심리기간을 확보하는 임시적 제지명령(temporary restraining order)은 유용한 제도로 보인다."

28) 이시윤, 「신민사집행법 6판」, 박영사(2013), 609면.

는 소를 제기하여 피고를 소환하는 영장의 발급을 받는 것과 동시에 먼저 일방적으로 임시제한명령(TRO)의 신청을 하여, 극히 단기간동안 현상변경의 금지, 즉 그 불법행위의 금지를 구하게 된다. 이 명령을 받으면 이 기간 동안에 상대방에게 통지하여 예비적 인정크션(preliminary injunction)을 구하고, 심문을 거쳐 중간적 인정크션을 받으면 이에 의하여 영구적 인정크션의 심리재판에 이르기까지 잠정적으로 그 행위가 금지되고, 충분한 심리를 거쳐 영구적 인정크션(permanent injunction)을 받아 특정인의 불법행위를 확정적으로 금지한다고 하는 순서에 의하게 된다.[29] 예비적 인정크션을 위반한 경우에는 그 명령이 상소심에서 취소 변경되거나 종결되었다 하더라도 그를 위반행위가 용서되지 않으며, 인정크션명령을 위반하는 행위를 하면 법원모독(contempt of court)[30]으로 처벌되거나 과료에 처해지고, 인정크션을 위반하여 얻은 수입은 반환하여야 한다. 그러나 인정크션을 위반 행위의 효력이 무효로 되는 것은 아니며, 인정크션을 알지 못하는 선의의 제3자는 그로 인하여 자신의 지위에 영향을 받지 않는다.[31] 예비적 인정크션 발령시 판사는 많은 재량을 갖고 있는데,[32] 그 발령을 위한 심사척도로 본안에서의 승소가능성 (Likelihood of Success on the Merits), 신청인에게 회복할 수 없는 손해가 있을 것(Irreparable Injury), 발령될 경우의 피신청인에게 발생하는 손해와 발령되지 않을 경우에 신청인에게 발생하는 손해 사이의 형평상 요구되는 균형(Balancing of Hardships or Equities), 공익에 피해가 가지 않을 것(Public Interest) 등이 언급된다.[33]

---

29) 김연, “영미법상 Injunction 소송절차 소고”, 경성법학 제2호, 경성대학교 출판부(1993), 110-112면. 同교수는 중간적 인정크션을 우리나라 임시지위가처분소송에, 영구적 인정크션을 우리나라 본안소송에 부합한다고 설명한다.

30) 우리의 임시지위가처분명령의 실효성 확보 수단으로는 간접강제결정과 대체집행 정도를 생각할 수 있을 뿐이다. 이와 달리 법원 내 절차에서 직접 모욕이 아닌 법원 외 절차에서의 인정크션 명령위반에 있어서도 법원모욕을 적용하여 인정크션 명령의 강력한 집행이 가능하도록 하고 있다.

31) 김연, 전게서, 34면.

32) Lea B. Vaughn, A Need for Clarity: Toward a New Standard for Preliminary Injunctions, 68 Or. L. REV. 840(1990).

법원은 예비적 인정크션을 통해 당사자들 간 서로 다른 견해를 갖고 있는 권리관계에 대해 미리 법원의 판단을 보여주기 때문에 이러한 법원의 판단을 참고하여 소송으로 나아가지 않고 미리 화해를 하도록 하는 측면이 있다.[34] 특히 예비적 인정크션은 환경소송분야에서 적극 활용되고 있다.[35]

4. 일본

일본은 1877년 독일민사소송법을 계수하였다. 1979년 강제집행 분야를 민사소송법으로 분리하여 민사집행법을 제정하였고, 1989년 새로 민사보전법을 단행법으로 제정하여 1991. 1. 1.부터 시행하고 있다. 일본의 민사보전법은 심리의 신속화를 위하여 보전명령절차는 물론, 불복절차를 모두 결정절차를 취하였다. 우리나라 보전처분의 all 결정화 개정은 일본민사보전법 개정에 따른 것이다. 우리나라와 다른 일본 민사보전법이 특징은 석명처분에 있다. 법원은 다툼이 있는 사실관계에 관하여 당사자의 주장을 명료하게 할 필요가 있는 때에는 구술변론 또는 심문기일에 있어서 당사자를 위하여 사무를 처리하거나 보조하는 자로 하여금 진술을 하게 할 수 있다. 민사보전법상의 석명처분의 대상은 당사자 이외의 자를 겨냥하고 있다는 점에서 그 특징이 있다.[36]

33) Stormans, Inc. v. Selecky, 586 F.3d 1109,1127 (9th Cir. 2009) "The proper legal standard for preliminary injunctive relief requires a party to demonstrate 'that he is likely to succeed on the merits, that he is likely to suffer irreparable harm in the absence of preliminary relief, that the balance of equities tips in his favor, and that an injunction is in the public interest.'"

34) Douglas Lichtman, Uncertainty and the Standard for Preliminary Relief, 70 U. Chi. L. Rev. 197. 201 (2003).

35) Bethany M. Bates, Reconciliation After Winter: The Standard for Preliminary Injunctions in Federal Courts, 111 COLUM. L. REV. 1522, 1547 (2011) "preliminary injunctions are frequently used to protect the environment while [a] case is being litigated"

36) 김연, 전게서, 36면.

Ⅶ. 보전소송과 본안소송

1. 통상의 집행절차와 가압류・가처분결정의 집행절차에서는 민사소송법이 한정적으로 준용될 뿐이지만, 가압류・가처분의 신청에서 결정에 이르는 보전소송절차는 민사소송법을 폭넓게 준용한다(제23조 제1항), 따라서 보전소송에도 민사소송법의 처분권주의, 다수당사자의 소송관여에 관한 규정이 그대로 적용된다.

2. 재판상 화해・조정은 보전소송에도 적용된다. 보전소송의 심문기일이나 변론기일에서 보전처분 자체에 대한 조정 또는 재판상 화해가 가능하다. 그러나 가압류집행을 허용하지 아니한다든가 기존의 가압류집행을 취소 또는 인가하는 등의 권한은 법원에게 있고 당사자에게 있는 것이 아니므로 보전처분절차의 결정주문과 같은 내용의 조정은 가능하지 않다고 볼 것이다.[37]

3. 보전소송에서 본안소송에 대한 화해도 가능한지에 대하여는 견해가 대립하고 있다. 대법원 1958. 4. 3. 결 4290 민재항121호 판결은 "재판상화해는 소송당사자가 소송절차에 있어서 상호양보하여 소송물인 권리 또는 법률관계에 관한 분쟁을 중지하는 사법상의 계약인 동시에 소송을 종료할 것을 목적으로 하는 소송법상 합의이므로 강제집행의 보전을 목적으로 하는 소위 보전소송절차에 있어서는 이를 할 수 없는 것이다"고 판시하여 출입금지가처분명령 신청사건에서 이루어진 화해조서 정본에 집행문을 부여한 것을 취소한 원결정을 유지한 바가 있다.[38]

4. 가압류・다툼의 대상에 관한 가처분의 경우 보전소송의 당사자와 본안소송의 당사자가 일치하여야 한다.[39] 그러나 임시지위가처분의 경우 보

---

37) 재판예규 제871-53호 '민사조정절차에 관련된 여러 문제점에 대한 검토의견(재민 95-1. 2002. 6. 27. 개정)'

38) 강종쾌, "보전소송절차에 있어서의 재판상화해", 재판자료 제45집, 법원도서관(1989년), 313면.

전소송의 당사자와 본안소송의 당사자가 일치하지 않는 경우도 많다.

5. 보전소송의 소송물과 본안소송의 소송물은 일치하여야 한다. 완전히 동일할 필요는 없고, 그 분쟁을 이루는 사회적 기초사실관계가 동일하면 양자의 소송물은 일치하는 것으로 본다.[40]

6. 가압류·가처분 결정은 본안판결의 강제집행의 범위를 넘어설 수 없다.[41]

7. 보전소송절차는 피보전청구권을 종국적으로 확정하는 것을 목적으로 하는 것이 아니므로 보전소송에서 피보전청구권이 소명되어 보전신청이 판결에 의하여 인용되고, 동 판결이 확정되었다고 하더라도 그로써 그 피보전청구권에 관해서 기판력이 생기는 것이 아니라 할 것이다.[42]

---

39) 대법원 1976. 4. 27. 74다2151 "이 사건 가처분의 피보전권리는 갑의 을에 대한 토지소유권이전등기청구권인데 반하여 가처분의 본안소송에서는 갑이 병을 대위하여 병의 을에 대한 토지소유권이전등기청구권을 행사하고 있어서 가처분의 피보전권리와 본안소송의 소송물과는 동일성이 없으므로 위 가처분을 이건 소송에 유용할 수 없다."

40) 대법원 1970. 4. 28. 69다1311 "가처분결정의 본안소송은 원고소유인 본건 부동산에 관하여 피고가 취득한 그 소유권등기는 위 지호영으로 부터 가장매매를 원인으로 하여 넘겨간 무효의 등기라 하여 그 말소를 청구한데 있었으나 그 소가 취하된 이상 그 소유권이전등기말소청구권을 피보전권리로 하는 위 가처분결정은 본건 신탁해지를 원인으로 한 소유권이전등기 청구권을 소송목적물로 하는 소송에는 유용될 수 없다"

41) 대법원 1964. 11. 10. 64다649 "계쟁물에 대한 가처분은 본안판결의 강제집행의 범위를 넘어서는 할 수 없는바, 본안소송으로 광구에 대한 광업권이전등기의 말소를 구하면서 계쟁물에 대한 가처분으로 광구의 출입금지를 구하는 것은 본안판결의 강제집행의 범위를 넘어서는 것으로서 본안전 가처분신청으로 취급되어야 함에도 불구하고 원심이 본안재판으로서 이를 처리한 것은 잘못이다."

42) 대법원 1977. 12. 27. 77다1698

제2편 가압류

제1장 가압류 신청

Ⅰ. 피보전권리

1. 가압류는 「금전채권이나 금전으로 환산할 수 있는 채권」에 대하여 동산 또는 부동산에 대한 강제집행을 보전하기 위하여 할 수 있다(제276조 제1항). 채권에 조건이 붙어 있는 것이거나 기한이 차지 아니한 것인 경우에도 가압류를 할 수 있다(제276조 제2항).[43] 피보전권리가 존재하지 않는 가압류는 무효이다.

2. 장래 발생할 채권이나 조건부 채권은 현재 그 권리의 특정이 가능하고 가까운 장래에 발생할 것임이 상당 정도 기대되는 경우 가압류 대상이 된다.[44] 특정물인도청구권은 이니 되지만, 이의 이행불능·집행불능에 의한 손해발생을 예상하여 그 손해배상청구권의 보전을 위하여도 가압류를 구할 수 있고, 채권자의 작위나 부작위를 구하는 청구권은 금전채권이 아니므로 그 집행보전을 위해서는 가압류신청을 할 수 없으나, 이에 대하여 대체집행이나 간접강제를 할 경우에는 비용청구권으로서의 금전채권이 생기므로 이 채권의 집행보전을 위해서는 가압류를 할 수 있다.[45] 원래 동일한 청구권에 대하여 가처분이나 가압류의 선택은 허용되지 않지만, 금전으로 환산할 수 있는 특정물인도청구권의 경우에는 주위적으로 가처분, 이행불능·집행불능일 때를 대비한 예비적인 가압류신청이 허용될 수 있다.[46]

---

43) 수급인의 보수청구권, 고용계약상의 보수청구권 등과 같이 계약 성립과 동시에 성립하지만 일의 완성이나 노무의 제공 후에 비로소 행사할 수 있는 채권을 위해서도 가압류가 가능하다.

44) 대법원 2009. 6. 11. 2008다7109; 보증인의 주채무자에 대한 장래의 구상권이나 상대방이 패소한 경우 그에 대한 소송비용상환청구권 등이 그 예이다.

45) 이시윤, 「신민사집행법 5판」, 박영사(2009), 500면.

46) 이시윤, 전게서, 같은 면.

3. 국세징수절차에 의하여 집행할 수 있는 조세채권, 부집행 특약이 있는 채권, 파산에 의하여 면책된 채권, 재산형의 일종인 추징[47]은 피보전권리가 될 수 없다. 그러나 중재합의가 있는 청구권은 본안소송을 제기할 수는 없지만 집행판결을 얻어 강제집행할 수 있으므로 피보전권리가 될 수 있다(중재법 제10조).

4. 가압류채권자의 채권자에 의하여 (가)압류된 채권도 피보전권리가 될 수 있다.[48]

5. 가압류의 피보전권리와 본안의 소송상 청구는 엄격히 일치함을 요하지 않으며 청구의 기초의 동일성이 인정되는 한 가압류결정의 효력은 본안의 소송상 청구에 미친다. 따라서 본안소송에서 피보전채권 중 일부의 존재가 인정되지 아니한 경우에는, 특별한 사정이 없는 한 가압류결정에 피보전채권액으로 기재된 액의 범위 내에서는 위 피보전채권 중 그 존재가 인정되는 나머지 부분뿐만 아니라 그와 청구기초의 동일성이 인정되는 채권에도 그 존재가 인정되는 한 보전처분의 보전의 효력

---

47) 대법원 1971. 3. 9. 70다2783

48) 대법원 2000. 10. 2. 2000마5221 "집행법원은 강제집행의 개시나 속행에 있어서 집행장애사유에 대하여 직권으로 그 존부를 조사하여야 하고, 집행개시 전부터 그 사유가 있는 경우에는 집행의 신청을 각하 또는 기각하여야 하며, 만일 집행장애사유가 존재함에도 간과하고 강제집행을 개시한 다음 이를 발견한 때에는 이미 한 집행절차를 직권으로 취소하여야 한다. 집행채권자의 채권자가 채무명의에 표시된 집행채권을 압류 또는 가압류, 처분금지가처분을 한 경우에는 압류 등의 효력으로 집행채권자의 추심, 양도 등의 처분행위와 채무자의 변제가 금지되고 이에 위반되는 행위는 집행채권자의 채권자에게 대항할 수 없게 되므로 집행기관은 압류 등이 해제되지 않는 한 집행할 수 없는 것이니 이는 집행장애사유에 해당한다고 할 것이다. 채권압류명령과 전부명령을 동시에 신청하더라도 압류명령과 전부명령은 별개로서 그 적부는 각각 판단하여야 하는 것이고, 집행채권의 압류가 집행장애사유가 되는 것은 집행법원이 압류 등의 효력에 반하여 집행채권자의 채권자를 해하는 일체의 처분을 할 수 없기 때문이며, 집행채권이 압류된 경우에도 그 후 추심명령이나 전부명령이 행하여지지 않은 이상 집행채권의 채권자는 여전히 집행채권을 압류한 채권자를 해하지 않는 한도 내에서 그 채권을 행사할 수 있다고 할 것인데, 채권압류명령은 비록 강제집행절차에 나간 것이기는 하나 채권전부명령과는 달리 집행채권의 환가나 만족적 단계에 이르지 아니하는 보전적 처분으로서 집행채권을 압류한 채권자를 해하는 것이 아니기 때문에 집행채권에 대한 압류의 효력에 반하는 것은 아니라고 할 것이므로 집행채권에 대한 압류는 집행채권자가 그 채무자를 상대로 한 채권압류명령에는 집행장애사유가 될 수 없다."

이 미친다.[49] 가처분의 피보전권리와 본안소송의 소송물인 권리는 엄격히 일치함을 요하지 않으며 청구 기초의 동일성이 인정되는 한 그 가처분에 의한 보전의 효력은 본안소송의 권리에 미친다고 보아야 한다.[50]

6. 보전처분의 피보전권리와 본안의 소송물인 권리는 엄격히 일치할 필요가 없고 청구의 기초의 동일성이 인정되는 한 그 보전처분에 의한 보전의 효력은 본안소송의 권리에 미치고, 동일한 생활 사실 또는 동일한 경제적 이익에 관한 분쟁에 있어서 그 해결 방법에 차이가 있음에 불과한 청구취지 및 청구원인의 변경은 청구의 기초에 변경을 가져 오지 않는다. 채권자가 가처분의 피보전권리로 매매를 원인으로 한 소유권 이전등기청구권을 주장하면서 그 신청원인으로 주장한 사실과 같은 사실을 본안소송에서 청구원인으로 주장하였고, 다만 주위적 청구취지로 직접의 이전등기청구를 하고, 예비적으로 채권자대위권에 기하여 제3자에 대한 이전등기청구를 하여 그 중 예비적 청구에 대하여 승소확정판결을 받은 사안에서, 가처분의 피보전권리와 본안소송의 소송물인 권리 사이에 그 청구의 기초의 동일성이 인정되므로 가처분에 의한 보전의 효력이 승소확정판결을 받은 본안소송의 권리에 미친다. 가압류의 처분금지의 효력이 미치는 객관적 범위는 가압류결정에 표시된 청구금액에 한정되므로 가압류의 청구금액으로 채권의 원금만이 기재되어 있다면 가압류채권자가 가압류채무자에 대하여 원금채권 외에 그에 부대하는 이자 또는 지연손해금 채권을 가지고 있다고 하더라도 가압류의 청구금액을 넘어서는 부분에 대하여는 가압류채권자가 처분금지의 효력을 주장할 수 없다. 민사집행법 제53조 제1항의 '강제집행에 필요한 비용'에는 가압류의 집행비용이 당연히 포함된다. 그리고 가압류가 집행된 후 그 가압류가 본압류로 이행된 때에는 가압류집행이 본집행에 포섭됨으로써 당초부터 본집행이 있었던 것과 같은 효력이 있다.

---

49) 대법원 1997. 2. 28. 95다22788

50) 대법원 2013. 7. 11. 2013다18011

그러므로 가압류만 되어 있을 뿐 아직 본압류로 이행되지 아니한 단계에서는 가압류채권자가 그 가압류의 집행비용을 변상받을 수 없고, 따라서 제3취득자가 가압류의 집행비용을 고려함이 없이 그 처분금지의 효력이 미치는 객관적 범위에 속하는 청구금액만을 변제함으로써 가압류의 집행의 배제를 소구할 수 있지만, 가압류에서 본압류로 이행된 후에는 민사집행법 제53조 제1항의 적용을 받게 되므로 가압류 후 본압류로의 이행 전에 가압류의 목적물의 소유권을 취득한 제3취득자로서는 가압류의 청구금액 외에, 그 가압류의 집행비용 및 본집행의 비용 중 가압류의 본압류로의 이행에 대응하는 부분까지를 아울러 변제하여야만 가압류에서 이행된 본압류의 집행배제를 구할 수 있다.[51)]

II. 보전의 필요성

1. 가압류는 이를 하지 아니하면 판결을 집행할 수 없거나 판결을 집행하는 것이 매우 곤란할 염려가 있을 경우에 할 수 있다(제277조).

2. 우리나라에서는 피보전권리만 소명되면 보전의 필요성은 사실상 추정된다고 보고 있기 때문에 심리의 주된 대상은 피보전권리의 존부이며, 보전의 필요성은 채권자가 적극적으로 소명하여야 할 요건이 아니라 예외적으로 보전의 필요성을 조각하는 사유가 있을 경우 보전신청을 기각하는 정도의 지위에 그치고 있다.[52)]

3. 채권자가 피보전권리에 관하여 이미 확정판결이나 그 밖의 집행권원(조정, 화해 등의 조서 또는 집행증서)을 가지고 있는 때에는 즉시 집행할 수 있는 상태에 있으므로 원칙적으로 보전의 필요성이 없어 가압류신청을 허용할 수 없다.[53)]

---

51) 대법원 2006. 11. 24. 2006다35223

52) 권창영, "보전소송에서 보전의 필요성의 지위-가압류·계쟁물가처분의 보전이유를 중심으로-", 사법논집 제48집, 법원도서관(2009), 69면.

53) 대법원 2005. 5. 26. 2005다7672

4. 집행권원이 없이도 권리행사를 할 수 있는 경우에는 보전의 필요성이 부정된다. 따라서 선박우선특권 있는 채권자는 선박소유자의 변동에 관계없이 그 선박에 대하여 채무명의 없이도 경매청구권을 행사할 수 있으므로 채권자는 채권을 보전하기 위하여 그 선박에 대한 가압류를 하여둘 필요가 없다.[54]

5. 가압류채권자가 본안소송에서 승소판결을 받아 확정된 후, 가압류채무자가 그 본안판결에 대하여 재심의 소를 제기하였으나 재심의 소를 각하한 판결이 확정되고도 5개월이 지나도록 가압류채권자가 본 집행에 착수하지 않고 있었다면 가압류는 보전의 필요성이 소멸되었다고 볼 것이다.[55]

6. 채권자가 본안소송에서 승소판결을 받은 그 집행채권이 정지조건부인 경우라 할지라도 그 조건이 집행채권자의 의사에 따라 즉시 이행할 수 있는 의무의 이행인 경우 정당한 이유 없이 그 의무의 이행을 게을리 하고 집행에 착수하지 않고 있다면 보전의 필요성은 소멸되었다고 보아야 한다.[56]

Ⅲ. 관할

1. 가압류는 가압류할 물건이 있는 곳을 관할하는 지방법원이나 본안의 관할법원이 관할한다(제278조).

2. 가정법원 전속관할인 다류가사소송사건(이혼시 위자료 청구권)·마류가사비송사건(부양료청구권, 재산분할청구권)이 본안인 경우 가압류·가처분의 관할도 가정법원 전속관할이지만, 민사집행법상 규정이 그대로 준용된다.[57]

---

54) 대법원 1988. 11. 22. 87다카1671
55) 대법원 1990. 11. 23. 90다카25246
56) 대법원 2000. 11. 14. 2000다40773
57) 가사소송법 제63조

3. 할부계약에 관한 소송, 방문판매 · 전화권유판매 · 다단계판매 · 통신판매 관련 소송은 제소당시 매수인 또는 소비자의 주소를 관할하는 지방법원의 전속관할이므로[58], 가압류 · 가처분의 관할도 이에 따른다.

4. 시 · 군법원은 본안이 시 · 군법원의 관할에 속하는 경우, 즉 소액사건에 관한 보전소송에 대한 관할권을 가진다. 소액사건심판법의 적용대상이 아닌 사건을 본안으로 하는 보전처분은 시 · 군법원이 관할하지 못하고, 시 · 군법원이 있는 곳을 관할하는 지방법원 또는 지방법원 지원이 관할한다. 시 · 군법원에서 한 보전처분의 집행에 관한 제3자이의의 소는 시 · 군법원이 관할하지 못하고 시 · 군법원이 있는 곳을 관할하는 지방법원 또는 지방법원 지원이 관할한다.

Ⅳ. 신청방식

1. 가압류신청은 서면으로 한다.[59] 가압류신청서에 붙여야 하는 인지액은 1만 원이다.[60] 가압류신청에는 청구채권을 표시하여야 한다. 청구채권이 일정한 금액이 아닌 때에는 금전으로 환산한 금액가압류의 이유가 될 사실의 표시를 적어야 한다. 실무상 청구채권에 대한 원금 및 신청일까지의 지연손해금을 표시한다. 가압류집행법원의 가압류기입등기촉탁으로 등기를 하는 경우에는 가압류청구금액을 기재하는데, 이 경우 이자나 다른 조건은 기재하지 않는다.[61]

2. 선청서와 함께 피보전권리와 보전의 필요성에 대한 소명자료를 제출하

58) 할부거래에 관한 법률 제16조; 방문판매 등에 관한 법률 제46조; 전자상거래 등에서의 소비자보호에 관한 법률 제36조

59) 민사집행규칙 제203조 제1항

60) 민사소송 등 인지법 제9조 제2항 "민사집행법에 따른 가압류 · 가처분의 신청이나 가압류 · 가처분 결정에 대한 이의 또는 취소의 신청을 위한 신청서에는 1만원의 인지를 붙여야 한다. 다만, 임시의 지위를 정하기 위한 가처분의 신청 및 그에 대한 이의 또는 취소의 신청은 그 본안의 소에 따른 인지액의 2분의 1에 해당하는 인지를 붙여야 한다. 이 경우 인지액의 상한액은 50만원으로 한다."

61) 등기예규 제1023호 '가압류기입등기시 청구금액 기재에 관한 사무처리지침(2001. 6. 14. 전부개정)'

여야 한다(제279조, 규칙 제03조 제2항). 현재 재판예규는 가압류신청 시 일정한 양식의 가압류신청진술서에 필요한 사항을 기재하여 제출하도록 하고 있으며, 이를 첨부하지 않거나 고의로 진술 사항을 누락하거나 허위로 진술한 경우 보정명령없이 신청을 기각할 수 있다고 규정하고 있으나[62], 권고적 사항일 뿐이다.

3. 실무상 채권자는 부동산가압류 · 유체동산가압류 · 채권가압류 세 가지로 구분하여 동일채권을 위하여 동일 채무자 소유자의 부동산 · 유체동산 · 채권을 각 목적재산으로 하여 신청하고 있으며, 법원도 별개 사건으로 취급하고 있다.

4. 미등기부동산을 목적재산으로 가압류를 신청하는 경우 즉시 채무자명의로 등기할 수 있다는 것을 증명할 서류를 가압류신청서에 붙여야 한다. 미등기 건물인 경우에는 그 건물이 채무자의 소유임을 증명할 서류, 그 건물의 지번 · 구조 · 면적을 증명할 서류 및 그 건물에 관한 건축허가 또는 건축신고를 증명할 서류를 신청서에 붙여야 한다.[63] 미등기부동산에 대하여 가압류결정이 내려지면, 집행법원은 미등기부동산에 대한 가압류등기를 촉탁하고, 이 때 등기관이 직권으로 당해 부동산에 대한 소유권보존등기를 먼저 경료하고 나서 가압류결정에 대한 기입등기를 한다.[64]

5. 본안소송에서 소송대리권을 갖는 경우 보전소송에서도 대리권을 갖는다.[65] 따라서 본안소송 위임장사본을 제출하면 족하고, 따로 가압류신청에 관한 위임장을 제출할 필요가 없다. 가압류신청은 채권자대위권에 기한 대위신청이 가능하다.[66]

---

62) 재판예규 제1229호 '보전처분 신청사건의 사무처리요령(재민 2003-4, 2008. 6. 12.개정)'
63) 민사집행법 제81조 제1항; 채무자 명의로 등기할 수 있다는 서면을 제출하지 못하는 경우 가압류대상이 될 수 없으므로 각하하여야 한다.
64) 등기선례 제5-648호(1998. 12. 11.) '미등기 부동산에 대한 가압류등기 절차'
65) 민사소송법 제90조 제1항
66) 대법원 1958. 5. 29. 4290민상735 "채권자가 자기채권의 보전을 위하여 채권자대위권을 행사할 수 있는 경우에는 그 청구권에 관한 강제집행의 보전을 위하여 가압류 또는

6. 병합이나 변경의 요건만 갖추면 처음부터 주관적 · 객관적 병합이 가능하고, 신청 후에 이를 변경할 수도 있다. 예비적 · 선택적으로 가압류신청을 할 수 있다.

V. 가압류신청의 이익

가집행선고부 가압류취소판결의 집행에 의하여 가압류등기가 말소된 경우 그 효력은 확정적인 것이고, 그 이후에 당해 부동산에 관하여 소유권이전등기를 경료받은 자는 가압류의 제한을 받지 않고 가압류 신청인에게 그 소유권 취득의 효력으로 대항할 수 있다. 그러므로 이와 같이 이미 계쟁 부동산에 관하여 제3자 앞으로 소유권이전등기가 경료된 경우에는 가압류 신청인은 더 이상 그 가압류명령을 신청할 이익이 없게 된다.

채권자의 신청으로 채무자 소유 명의의 이 사건 부동산에 대하여 가압류결정이 내려져 그 집행으로 가압류등기가 경료되었고, 이에 대하여 채무자가 이의신청을 하여 그 제1심에서는 위 가압류결정을 일부 인가하고 그 나머지를 취소하는 판결이 선고되었으나 채무자가 항소한 원심에서는 제1심판결을 변경하여 위 가압류결정을 전부 취소하는 가집행선고부 판결이 선고되었으며, 이에 대하여 채권자가 상고하였는데 그 동안 위 가집행선고부 원심판결의 집행으로 이 사건 부동산에 관한 위 가압류등기가 말소되었고 그 후 이 사건 부동산에 관하여 신청외 1, 2 명의의 소유권이전등기가 경료되었다면 그 가압류신청은 상고심 계속 중에 그 신청의 이익을 상실하여 부적법하게 되었으므로 제1심판결을 취소하고, 이 사건 가압류신청을 각하하여야 한다.[67]

가처분 명령의 신청도 이를 할 수 있다."

67) 대법원 2007. 11. 30. 2006므2580; 대법원 1998. 10. 13. 96다42307 "가집행선고부 가처분취소판결의 집행에 의하여 처분금지가처분등기가 말소된 경우 그 효력은 확정적인 것이므로, 그 이후에 당해 부동산에 관한 소유권이전등기를 경료받은 자는 그 부동산에 관하여 아무런 제한을 받지 않고 가처분 신청인에게 그 소유권 취득의 효력으로 대항할 수 있다고 할 것이고, 이와 같이 이미 계쟁 부동산에 관하여 제3자 앞으로 소유권이전등기가 경료된 경우에는 가처분 신청인은 더 이상 그 처분금지가처분명령을 신청할 이익이 없게 된다."

VI. 가압류신청의 효력

1. 가압류신청을 하면 소의 제기에 준해 가압류사건의 계속이 생긴다. 따라서 중복소송금지와 마찬가지로 가압류의 중복신청도 금지된다. 가압류사건이 계속된 후에 피보전권리와 보전의 필요성이 동일한 내용의 신청은 중복신청으로 허용되지 않는다고 할 것이나 가압류목적물이 다른 경우에는 중복신청이라 할 수 없다.

2. 보전처분의 신청은 시효의 중단 등 실체법상 효과가 있다(민법 제168조 2호). 그러나 가등기가처분은 민사집행법상의 보전처분과 성질을 달리하므로 시효중단의 효력이 없다.[68]

3. 민법 제168조에서 가압류를 시효중단사유로 정하고 있는 것은 가압류에 의하여 채권자가 권리를 행사하였다고 할 수 있기 때문인바, 가압류에 의한 집행보전의 효력이 존속하는 동안은 가압류채권자에 의한 권리행사가 계속되고 있다고 보아야 하므로 가압류에 의한 시효중단의 효력은 가압류의 집행보전의 효력이 존속하는 동안은 계속된다.[69]

4. 피보전권리에 관하여 본안의 승소판결이 확정되었다고 하더라도 가압류에 의한 시효중단의 효력이 이에 흡수되어 소멸되지 않는다.[70]

5. 경매로 부동산이 매각되어 가압류등기가 말소되고 가압류채권자의 채권에 대한 배당액이 공탁된 경우, 가압류에 의한 시효중단사유의 종료시점은 원칙적으로 가압류등기 말소시이다.[71]

---

68) 대법원 1993. 9. 14. 93다16758

69) 대법원 2006. 7. 27. 2006다32781

70) 대법원 2000. 4. 25. 2000다11102

71) 대법원 2013. 11. 14. 2013다18622, 18639 "가압류는 강제집행을 보전하기 위한 것으로서 경매절차에서 부동산이 매각되면 그 부동산에 대한 집행보전의 목적을 다하여 효력을 잃고 말소되며, 가압류채권자에게는 집행법원이 그 지위에 상응하는 배당을 하여 배당액을 공탁함으로써 가압류채권자가 장차 채무자에 대하여 권리행사를 하여 집행권원을 얻었을 때 배당액을 지급받을 수 있도록 하면 족한 것이다. 이러한 경우 가압류채권자가 공탁금에 대하여 채권자로서 권리행사를 계속하고 있다고 볼 수는 없으므로 그 공탁으로 인하여 가압류에 의한 시효중단의 효력이 계속된다고 할 수 없고, 가압류등기가

6. 원인채권의 지급을 확보하기 위하여 어음이 수수된 당사자 사이에서 채권자가 어음채권을 피보전권리로 하여 채무자의 재산을 가압류함으로써 그 권리를 행사한 경우에는 그 원인채권의 소멸시효를 중단시키는 효력을 인정하고 있는데, 원래 위 두 채권이 독립된 것임에도 불구하고 이와 같은 효력을 인정하는 이유는, 이러한 어음은 경제적으로 동일한 급부를 위하여 원인채권의 지급수단으로 수수된 것으로서 그 어음채권의 행사는 원인채권을 실현하기 위한 것이고 어음수수 당사자 사이에서 원인채권의 시효소멸은 어음금 청구에 대하여 어음채무자가 대항할 수 있는 인적항변 사유에 해당하므로, 채권자가 어음채권의 소멸시효를 중단하여 두어도 원인채권의 시효소멸로 인한 인적항변에 따라 그 권리를 실현할 수 없게 되는 불합리한 결과가 발생하게 되기 때문이다. 그러나 이미 소멸시효가 완성된 후에는 그 채권이 소멸하고 시효 중단을 인정할 여지가 없으므로, 이미 시효로 소멸한 어음채권을 피보전권리로 하여 가압류 결정을 받는다고 하더라도 이를 어음채권 내지는 원인채권을 실현하기 위한 적법한 권리행사로 볼 수 없을 뿐 아니라, 더 이상 원인채권에 관한 시효 중단 여부가 어음채권의 권리 실현에 영향을 주지 못하여 어떠한 불합리한 결과가 발생하지 아니한다는 점을 함께 참작하여 보면, 가압류 결정 이전에 이미 피보전권리인 어음채권의 시효가 완성되어 소멸한 경우에는 그 가압류 결정에 의하여 그 원인채권의 소멸시효를 중단시키는 효력을 인정할 수 없다.[72]

Ⅶ. 가압류신청의 취하

가압류신청은 취하할 수 있다. 가압류결정이 있은 후에도 가압류결정 자체가 취소되지 않는 한 그 집행여부와 관계없이 어느 단계에서든지 상

말소되기 전에 배당절차가 진행되어 가압류채권자에 대한 배당표가 확정되는 등의 특별한 사정이 없는 한, 채권자가 가압류집행에 의하여 권리행사를 계속하고 있다고 볼 수 있는 가압류등기가 말소된 때에 가압류에 의한 시효중단사유가 종료하여 그때부터 새로 소멸시효가 진행한다."

72) 대법원 2007. 9. 20. 2006다68902

대방의 동의없이 취하 할 수 있다.

제2장 가압류신청에 대한 심리 및 재판

Ⅰ. 심리방식

1. 가압류신청에 대한 재판은 서면심리가 원칙이다. 가압류신청에 대한 재판은 변론 없이 할 수 있다(제280조 제1항). 법원이 변론을 열 수도 있지만, 실무에서 가압류 신청에 대한 심리를 위해 변론을 여는 경우는 거의 없다. 변론을 열더라도 재판은 결정으로 한다.

2. 서울중앙지방법원에서는 2009. 9. 1.부터 2개의 신청단독 재판부에서 청구금액이 1억원을 초과하는 모든 가압류신청사건에 대하여 피보전권리 및 보전의 필요성에 관한 심리를 위하여 채권자 일방에 대한 심문을 실시하고 있다.

3. 가압류신청서에 적은 청구채권과 가압류의 이유는 소명하여야 한다(제279조 제2항).[73] 소명은 증명 보다는 낮은 정도의 개연성으로 법관으로 하여금 확실할 것이라는 주측을 얻게 한 상태 또는 그와 같은 상태에 이르도록 증거를 제출하는 당사자의 노력을 뜻한다. 법관은 보전소송의 심리를 종결하였을 때 심증이 소명이 있다고 인정되는 정도에 이른 이상 요증사실을 긍정해야 한다. 가압류결정에 대한 이의신청이나 취소신청에 있어서도 채권자와 채무자의 입증은 소명으로 족하다. 소명의 방법에는 제한이 없다. 그러나 소명은 즉시 조사할 수 있는 증거에 의하여야 하므로[74], 증거신청한 당일 조사를 마칠 수 있는 증거방법이 아닌 증인신청·문서제출명령·문서송부촉탁·감정신청 등은 허용될 수 없다. 소명이 없거나 부족할 때에 법원은 당사자 또는 법정대리인으로 하여금 보증금을 공탁하게 하거나 그 주장이 진실하다는 것을

73) 그러나 관할, 당사자능력, 소송능력, 법정대리인, 소송대리권 그 밖의 소송요건은 보전소송에서도 증명의 대상이다.

74) 민사집행법 제23조 제1항, 민사소송법 제299조 제1항

선서하게 하여 소명에 갈음할 수 있다(민사소송법 제299조 제2항). 그러나 보전처분신청이 이유 없음이 소명된 경우에는 보증을 세우고도 보전처분을 명할 수 없다.[75]

Ⅱ. 가압류신청에 대한 결정

1. 가압류신청에 대한 재판은 결정으로 한다(제281조 제1항). 변론을 거친 경우에도 결정으로 한다. 가압류결정은 사법보좌관의 업무가 아니라 판사의 업무이다. 신청요건에 흠이 있는 경우 가압류신청을 각하한다. 피보전권리 또는 보전의 필요성에 대한 소명이 없으면 가압류신청을 기각한다.

2. 채권자는 가압류신청을 기각하거나 각하하는 결정에 대하여 즉시항고를 할 수 있다(제281조 제2항).[76] 담보를 제공하게 하는 재판, 가압류신청을 기각하거나 각하하는 재판, 즉시항고를 기각하거나 각하하는 재판은 채무자에게 고지할 필요가 없다(제281조 제3항).

Ⅲ. 담보제공명령

1. 청구채권이나 가압류의 이유를 소명하지 아니한 때에도 가압류로 생길 수 있는 채무자의 손해에 대하여 법원이 정한 담보를 제공한 때에는 법원은 가압류를 명할 수 있다(제280조 제2항). 청구채권과 가압류의 이유를 소명한 때에도 법원은 담보를 제공하게 하고 가압류를 명할 수 있다(제280조 제3항).

2. 담보를 제공한 때에는 그 담보의 제공과 담보제공의 방법을 가압류명령에 적어야 한다(제280조 제4항).

---

75) 대법원 1965. 7. 27. 65다1021

76) 채권자가 무담보의 가압류신청을 하였는데 법원이 담보제공명령을 한 경우 채권자는 담보제공명령을 이행하지 아니하고, 담보제공명령의 불이행을 이유로 가압류신청이 각하되면 그 각하결정에 대하여 즉시항고 할 수 있다.

3. 담보제공명령은 채무자의 권리를 침해하는 것이 아니기 때문에 채무자는 이에 대하여 불복할 수 없다. 또한 담보제공명령은 나중에 있을 보전재판에 대한 중간적 재판에 해당하므로, 담보제공명령에 대하여 채권자는 독립하여 불복할 수 없다.[77]

4. 채권자가 제공한 담보는 채권자가 법원으로부터 담보취소결정을 받아 다시 찾을 수 있다(민사소송법 제502조, 제125조). 담보제공자의 담보물회수청구권에 대한 양수인이나 추심 또는 전부채권자와 같은 특정승계인도 담보취소신청권이 있다. 담보제공자의 일반채권자도 채권자대위권에 의해 담보취소신청을 할 수 있다. 담보취소사유는 담보사유의 소멸[78], 채무자의 동의, 소송 완결 후의 권리행사최고[79] 등이다.

Ⅳ. 가압류해방공탁금의 표시

1. 가압류명령에는 가압류의 집행을 정지시키거나 집행한 가압류를 취소시키기 위하여 채무자가 공탁할 금액을 적어야 한다(제282조). 이를 해방금액의 공탁이라 한다.

2. 채무자는 해방금액을 공탁하고 가압류집행 취소결정을 받을 수 있다(제299조 제1항).

---

77) 대법원 2001. 9. 3. 2001그85

78) 담보를 제공한 원인이 부존재하거나 손해발생의 가능성이 없는 경우로서, 채권자가 본안의 승소확정판결을 얻은 때가 이에 해당한다. 또한 채권자가 가압류결정 전에 가압류신청을 취하한 경우에도 권리행사최고 등 담보의 취소절차 없이 취하증명을 제출하여 공탁금을 회수할 수 있다. 그러나 가압류결정의 존재만으로도 채무자에게 신용훼손이나 정신적 손해를 주었을 수 있고, 또한 보증공탁이 담보하는 손해배상의 범위에는 가압류결정 자체를 다투는데 필요한 소송비용도 포함되기 때문에, 가압류결정 후 집행기간의 경과(대법원 1967. 12. 29. 67마1009), 가압류 집행불능 후 가압류신청의 취하(대법원 1981. 12. 22. 81마290)만으로는 담보취소사유가 소멸되었다고 할 수 없다.

79) 대법원 2010. 5. 20.자 2009마1073 전원합의체 결정(권리행사최고및담보취소) "보전처분에 관한 본안소송이 이미 제기되어 계속 중인 경우에는, 비록 보전처분이 그에 대한 이의신청 등을 통하여 취소 확정되고 그 집행이 해체되었다고 하더라도 그것만으로 민사소송법 제125조에서 말하는 '소송이 완결된 뒤'라고 볼 수 없고, 계속 중인 본안사건까지 확정되어야만 소송의 완결로 인정할 수 있다."

제3장 가압류결정에 대한 채무자의 이의신청

Ⅰ. 채무자는 가압류결정에 대하여 이의를 신청할 수 있다(제283조 제1항). 가압류신청을 각하·기각하는 결정에 대하여는 즉시항고로 불복한다(제281조 제2항). 이의사건은 가압류명령을 발령한 법원의 전속관할이다. 본안에 대한 항소심법원이 가압류결정을 발령한 경우 이의사건도 그 항소심법원의 전속관할이다. 채권자의 가압류신청이 제1심법원에서 기각·각하되고 채권자의 즉시항고에 의하여 항고심에서 가압류명령을 하게 된 경우도 항소심법원이 관할법원이다.[80] 법원은 가압류이의신청사건에 관하여 현저한 손해 또는 지연을 피하기 위한 필요가 있는 때에는 직권으로 또는 당사자의 신청에 따라 결정으로 그 가압류사건의 관할권이 있는 다른 법원에 사건을 이송할 수 있다. 다만, 그 법원이 심급을 달리하는 경우에는 그러하지 아니하다(제284조).[81]

Ⅱ. 이의신청을 할 수 있는 사람은 가압류신청사건의 채무자와 그 일반승계인, 파산관재인 등이다. 이의신청은 보전처분절차 내에서 가압류신청사건의 채무자에게 주어진 불복방법이므로 특정승계인 직접 자기 이름으로 이의신청할 수는 없고, 민사소송법 제81조의 참가승계 절차를 거쳐 승계인으로 이름으로 이의신청할 수 있을 뿐이다.[82] 채무자의 채권자도 채무자를 대위하여 이의신청할 수 없고[83], 이해관계인으로서 보조참가신청과 동시에 이의신청할 수 있다. 채권가압류에서 제3채무자는 당사자가 아니므로 당연히 이의신청할 수 없다. 가압류의 목적물이 처음부터 제3자에게 속한 경우 그 제3자는 제3자이의의 소로서 가압류명령을 다투어야지, 가압류명령에 대하여 이의신청으로 다

80) 대법원 1991. 3. 29. 90마819

81) 이는 가압류명령에 대한 취소신청에 대하여도 준용된다(제290조 제1항, 제301조, 제307조 제2항).

82) 대법원 1970. 4. 28. 69다2108

83) 대법원 1967. 5. 2. 67다267

툴 수 없다.

Ⅲ. 이의신청은 서면으로 한다(민사집행규칙 제203조). 이의신청에는 가압류의 취소나 변경을 신청하는 이유[84]를 밝혀야 한다(제283조 제2항). 채무자는 당사자능력, 소송능력, 소송대리권의 흠, 관하위반 등 절차상 위법사유, 피보전권리 및 보전의 필요성의 존부에 관한 사유, 사정변경에 해당하는 사유[85], 특별사정의 존재 및 제소기간의 도과,[86] 집행기간이 도과하였다는 사유 등 가압류명령을 부당하게 하는 모든 사유를 이의사유로 주장할 수 있다. 가압류명령 발령 당시의 사정에 국한되지 않고, 이의사건의 심리종결시까지의 사정이 모두 이의사유가 된다.[87] 이의사유가 여러 개 있을 경우 이의사유별로 이의신청하는 것은 허용되지 않으며 한꺼번에 주장하여야 한다. 이의신청서에 명시하지 않은 사유도 변론기일 또는 심문기일에 주장할 수 있다. 이의신청은 가압류명령이 유효하게 존재하고 취소나 변경을 구할 이익이 있는 경우에 한하여 허용된다.[88] 가압류신청의 소송대리인은 이의신청절차에서 소송대리인 지위를 그대로 유지한다.[89] 이의신청은 가압류의 집행을 정지하지 아니한다(제283조 제3항).

Ⅳ. 채무자는 가압류이의신청에 대한 재판이 있기 전까지 가압류이의신청을 취하할 수 있다(제285조 제1항). 취하에는 채권자의 동의를 필요로 하지 아니한다(제285조 제2항). 가압류이의신청의 취하는 서면으로

---

84) 이의신청에 있어 이의사유에 관한 제한은 없다. 이와 달리 취소신청의 경우에는 제소기간의 도과, 사정변경 등 그 사유가 제한되어 있다.

85) 대법원 1981. 9. 22. 81다638

86) 대법원 2000. 2. 11. 99다50064

87) 대법원 1978. 2. 14. 77다938

88) 대법원 2004. 10 .28. 2004다31593 "보전처분에 대한 이의신청은 그 보전처분이 유효하게 존재하고 취소나 변경을 구할 이익이 있는 경우에 한하여 허용되는 것이므로, 영업비밀의 침해와 전직을 금지하는 가처분에서 금지기간을 정한 경우에 그 금지기간의 경과로 가처분의 효력이 상실되었다면, 채무자들로서는 더 이상 이의신청으로 가처분의 취소나 변경을 구할 이익이 없는 것이다."

89) 대법원 2003. 8. 22. 2003마1209

하여야 한다. 다만, 변론기일 또는 심문기일에서는 말로 할 수 있다(제285조 제3항). 가압류이의신청서를 송달한 뒤에는 취하의 서면을 채권자에게 송달하여야 한다(제285조 제4항). 채권자가 변론기일 또는 심문기일에 출석하지 아니한 때, 채무자가 가압류이의신청의 취하를 변론기일 또는 심문기일에서 말로 한 경우 그 기일의 조서등본을 채권자에게 송달하여야 한다(제285조 제5항).

Ⅴ. 이의신청이 있는 때에는 법원은 변론기일 또는 당사자 쌍방이 참여할 수 있는 심문기일을 정하고 당사자에게 이를 통지하여야 한다(제286조 제1항). 법원은 심리를 종결하고자 하는 경우에는 상당한 유예기간을 두고 심리를 종결할 기일을 정하여 이를 당사자에게 고지하여야 한다. 다만, 변론기일 또는 당사자 쌍방이 참여할 수 있는 심문기일에는 즉시 심리를 종결할 수 있다(제286조 제2항). 이의신청에 대한 재판은 결정으로 한다(제286조 제3항). 이의신청에 대한 결정에는 이유를 적어야 한다. 다만, 변론을 거치지 아니한 경우에는 이유의 요지만을 적을 수 있다(제286조 제4항). 이의신청에 대하여 법원은 결정으로 가압류의 전부나 일부를 인가·변경 또는 취소할 수 있다. 이 경우 법원은 적당한 담보를 제공하도록 명할 수 있다(제286조 제5항). 법원은 이의신청에 대하여 가압류를 취소하는 결정을 하는 경우에는 채권자가 그 고지를 받은 날부터 2주를 넘지 아니하는 범위 안에서 상당하다고 인정하는 기간이 경과하여야 그 결정의 효력이 생긴다는 뜻을 선언할 수 있다(제286조 제6항). 상급심에서 가압류·가처분 결정을 취소·변경함으로써 그 가압류·가처분에 관하여 새로운 집행이 필요하게 된 때에는, 법원이 그 가압류·가처분의 집행기관이 되는 경우에 한하여, 그 취소·변경 재판을 한 상소법원이 직권으로 가압류·가처분 집행 절차를 진행한다. 다만 그 취소의 재판을 한 상소법원이 대법원인 때에는 채권자의 신청에 따라 제1심 법원이 가압류를 집행한다. 가압류취소결정의 집행으로 가압류등기가 말소된 경우 그 효력은 확정적인 것이다.[90]

Ⅵ. 이의신청에 대한 결정에 대하여는 즉시항고를 할 수 있지만, 이 때 즉시항고는 집행을 정지시키는 효력이 없다(제286조 제7항). 가압류이의신청에 대한 재판은 집행절차에 관한 집행법원의 재판에 해당하지 아니하므로 그에 대한 즉시항고에는 민사집행법 제15조가 적용되지 않고 민사소송법의 즉시항고에 관한 규정이 적용된다. 민사소송법상 항고법원의 소송절차에는 항소에 관한 규정이 준용되는데, 민사소송법은 항소이유서의 제출기한에 관한 규정을 두고 있지 아니하므로 가압류이의신청에 대한 재판의 항고인이 즉시항고이유서를 제출하지 아니하였다거나 그 이유를 적어내지 아니하였다는 이유로 그 즉시항고를 각하할 수는 없다.[91] 이의신청에 대한 법원의 결정에 대하여 즉시항고가 있는 경우, 원심법원이 항고에 정당한 이유가 있다고 인정하는 때에 그 결정을 경정할 수 있는 이른바 재도의 고안은 인정되지 않는다.

제4장 가압류결정에 대한 채무자의 취소신청

가압류결정에 대한 채무자의 취소신청은 유효하게 발령된 가압류명령을 신청절차와 별개의 절차에서 다투는 것이다. 이 점에서 당해 가압류결정을 같은 신청절차 내에서 다투는 이의신청과 구별된다.

제1절 제소명령에 의한 취소신청

Ⅰ. 가압류법원은 채무자의 신청에 따라 변론 없이 채권자에게 상당한 기간 이내에 본안의 소[92]를 제기하여 이를 증명하는 서류를 제출하거나

---

90) 대법원 2005. 5. 7. 2008마401 "가처분취소결정의 집행에 의하여 처분금지가처분등기가 말소된 경우 그 효력은 확정적인 것이므로, 그 이후에 당해 부동산에 관한 소유권이전등기를 경료받은 자는 그 부동산에 관하여 아무런 제한을 받지 않고 가처분 신청인에게 그 소유권 취득의 효력으로 대항할 수 있다고 할 것이고, 이와 같이 이미 계쟁 부동산에 관하여 제3자 앞으로 소유권이전등기가 경료된 경우에는 가처분 신청인은 더 이상 그 처분금지가처분명령을 신청할 이익이 없게 된다."

91) 대법원 2008. 2. 29. 2008마145

92) 본안의 소의 의미는 반드시 판결을 목적으로 하는 일반소송만을 의미하는 것이 아니라 조정, 지급명령, 제소전 화해, 중재 신청등도 포함된다.

이미 소를 제기하였으면 소송계속사실을 증명하는 서류를 제출하도록 명하여야 한다(제287조 제1항).[93] 본안의 소를 제기하여야 할 상당한 기간은 2주 이상으로 정하여야 한다(제287조 제2항).[94] 채권자가 위 기간 이내에 소를 제기하였다는 서류를 제출하지 아니한 때에는 법원은 채무자의 신청[95]에 따라 결정으로 가압류를 취소하여야 한다(제287조 제3항). 소를 제기하였다는 서류를 제출한 뒤에 본안의 소가 취하되거나 각하된 경우에는 그 서류를 제출하지 아니한 것으로 본다(제287조 제4항). 제소명령기간 도과에 의한 가압류취소 결정에 대하여는 즉시항고를 할 수 있지만, 이 때 즉시항고는 집행을 정지시키는 효력이 없다(제287조 제5항).

Ⅱ. 민사집행법 제287조에 규정된 본안의 소의 부제기 등에 의한 가압류취소는 채권자에게 본안의 소를 제기할 것을 명하고 채권자가 본안의 소를 제기하였다는 등을 증명하는 서류를 일정한 기간 이내에 제출하지 아니한 때에 가압류명령을 취소하는 제도로서, 제소명령에 정하여진 기간 이내에 본안의 소를 제기하지 아니하거나 본안의 소가 계속되고 있지 아니한 때는 물론이고 정하여진 기간 이내에 본안의 소가 제기되었거나 이미 소를 제기하여 계속되고 있었음에도 불구하고 채권자가 그러한 사실을 증명하는 서류를 기간 이내에 법원에 제출하지 아니한 경우에도 법원은 가압류명령을 취소하여야 하고, 그 기간이 지난 뒤에 증명서류를 제출하였다고 하더라도 마찬가지이다.[96] 이러한 법리는 정하여진 기간 이내에 본안의 소를 제기하였다가 그 기간이 지난 뒤에 이를 취하하면서 그에 앞서 그 청구기초의 동일성이 인정되는 별소를 제기한 사실이 있는 경우,[97] 가압류의 피보전채권 중 일부 채권

93) 채권자는 제소명령의 내용이 부당하더라도 항고를 할 수 없다. 제소기간 도과로 인한 가압류명령 취소결정에 대한 즉시항고에서 제소명령의 내용을 다툴 수밖에 없다.

94) 이 기간은 이른바 재정기간이고 불변기간은 아니다. 따라서 법원은 이를 늘리거나 줄일 수 있다(민사소송법 제172조).

95) 보전처분의 취소를 원하는 채무자는 제소명령신청과 별도로 보전처분의 취소 신청서를 제출하여야 한다.

96) 대법원 2003. 6. 18. 2003마793

액에 대해서만 정하여진 기간 이내에 본안의 소를 제기하고 나머지 채권액에 대하여는 그 기간이 지난 뒤에 청구 취지 확장의 방법으로 본안의 소를 추가로 제기한 경우[98]에도 마찬가지로 적용이 된다.

Ⅲ. 가압류・가처분 등 보전소송사건을 수임받은 소송대리인의 소송대리권은 수임받은 사건에 관하여 포괄적으로 미친다고 할 것이므로 가압류사건을 수임받은 변호사의 소송대리권은 그 가압류신청사건에 관한 소송행위뿐만 아니라 본안의 제소명령을 신청하거나, 상대방의 신청으로 발하여진 제소명령결정을 송달받을 권한에까지 미친다.[99]

제2절 사정변경 등에 의한 취소신청

Ⅰ. 채무자는 ①가압류이유가 소멸되거나 그 밖에 사정이 바뀐 때, 또는 ②법원이 정한 담보를 제공한 때[100], 또는 ③가압류가 집행된 뒤에 3년간 본안의 소를 제기하지 아니한 때[101]에는 가압류가 인가된 뒤에도 그 취소를 신청할 수 있다. 가압류가 집행된 뒤에 3년간 본안의 소

97) 대법원 2008. 7. 10. 2008마332

98) 대법원 2008. 7. 10. 2008마260

99) 대법원 2003. 3. 31. 2003마324

100) 이 경우를 담보제공에 의한 가압류취소라고 하며, 가압류취소를 받기 위해 제공된 담보는 가압류명령 기재 청구채권을 직접 담보하고 있다(대법원 2008. 7. 1. 2008마711). 따라서 채권자는 이때의 담보에 대하여 질권자와 동일한 권리를 가지게 되어 우선권이 인정된다. 가압류해방공탁에의 의한 집행취소에서의 가압류해방공탁금은 단지 가압류목적물에 갈음하는 것에 지나지 않기 때문에 채권자가 해방공탁금에 대한 우선변제권이 인정되지 않는 것과 비교된다.

101) 이 규정은 보전처분을 집행한 때부터 3년이 경과할 때까지 채권자가 본안의 소를 제기하지 않은 경우에는 채무자가 보전처분 취소소송을 제기하여 그 취소를 구할 수 있다는 것에 불과하고, 보전처분 집행 후 3년간 본안소송이 제기되지 아니하였다고 하여 보전처분 취소판결 없이도 보전처분의 효력이 당연히 소멸되거나, 보전처분 취소판결이 확정된 때에 보전처분 집행시부터 3년이 경과된 시점에 소급하여 보전처분의 효력을 소멸하게 하는 것은 아니다. 본안소송이 제기된 시점이나 소유권이전등기가 된 시점이 가처분 집행 후 3년이 경과한 후에도 같다(대법원 2004. 4. 9. 2002다58389). 3년간 본안의 소를 제기하지 아니하였음을 이유로 한 가압류 취소는 시효중단의 효력이 소급하여 없어지는 민법 제175조에서 정한 가압류 취소의 경우에 해당하지 않는다(대법원 2009. 5. 28. 2009다20).

를 제기하지 아니한 때에 해당하는 경우에는 이해관계인도 가압류의 취소를 신청할 수 있다(제288조 제1항). 이 신청에 대한 재판의 관할은 가압류를 명한 법원이 한다. 다만 본안이 이미 계속된 때에는 본안 법원이 관할법원이다(제288조 제2항).

Ⅱ. 사정변경에 해당하는 경우

1. 압류·가처분채권자가 본안소송에서 승소하고 채무명의를 획득하여 즉시 본집행을 할 수 있는 요건을 갖추었음에도 불구하고 그 집행을 하지 아니하고 있는 경우에는 피보전권리에 대한 보전의 필요성은 소멸되었다고 할 것이고, 이와 같이 가압류·가처분 결정 후에 보전의 필요성이 소멸된 때에는 그 가처분을 그대로 존속시켜 놓을 수 없는 사유인 사정변경이 있다고 보아야 할 것이다.[102)]

2. 가압류의 피보전권리가 소멸되었거나 또는 존재하지 아니함이 본안소송에서 확정된 경우에는 사정변경에 따른 가압류 취소사유가 되며, 이 경우 그 가압류를 그 피보전권리와 다른 권리의 보전을 위하여 유용할 수 없다.[103)]

3. 보전처분의 본안소송에서 보전처분 신청인이 실체법상의 이유로 패소판결을 받은 경우에는 사정변경이 있다고 할 수 있고, 그 경우에 본안소송의 유용은 허용되지 아니하나, 본안소송에서 소송법상의 이유로 각하판결을 받은 경우에는 일반적으로 사정변경이 있다고 할 수는 없다.[104)]

4. 가압류·가처분결정 후 그 본안소송에서 가압류·가처분채권자가 패소하고 그 판결이 상급심에서 변경될 염려가 없다고 인정되는 경

---

102) 대법원 1984. 10. 23. 84다카935; 대법원 2000. 11. 14. 2000다40773 "가처분채권자가 본안소송에서 승소판결을 받은 그 집행채권이 정지조건부인 경우라 할지라도 그 조건이 집행채권자의 의사에 따라 즉시 이행할 수 있는 의무의 이행인 경우 정당한 이유없이 그 의무의 이행을 게을리하고 집행에 착수하지 않고 있다면 보전의 필요성은 소멸되었다고 보아야 할 것이다."

103) 대법원 1976. 4. 27. 74다2151; 대법원 1994. 8. 12. 93므1259

104) 대법원 1995. 8. 25. 94다42211

우 그 가압류·가처분결정은 사정변경을 이유로 취소될 수 있다고 할 것인바, 본안소송에서의 가압류·가처분채권자의 패소판결이 상소심에서 변경될 가능성이 있는지 여부는 사정변경을 이유로 한 가압류·가처분취소신청사건의 사실심 종결시를 기준으로 하여 그때까지 제출된 당사자의 주장과 증거방법을 기초로 판단하여야 할 것이다.105)

5. 가처분권자가 가처분결정의 본안소송에서 패소판결을 받고 항소하였다가 항소심에서 소취하를 함으로써 민사소송법 제240조 제2항 규정의 재소금지 원칙에 따라 다시 가처분 부동산에 대한 소유권이전등기청구를 할 수 없게 된 경우, 그 가처분결정은 그 보전의 필요성이 없어 더 이상 유지될 수 없는 사정변경이 생겼다고 할 것이다.106)

6. 채권자가 가압류·가처분명령이 있은 후 그 보전의 의사를 포기하였다고 볼 만한 사정이 있는 경우에는 가압류·가처분명령 취소사유인 사정변경에 해당한다고 보아야 한다. 그런데 소의 의제적 취하는 여러 가지 동기와 원인에서 이루어지고, 가압류·가처분명령에 대한 본안소송이 쌍방불출석으로 취하된 것으로 간주되었다고 하더라도, 통상의 소취하의 경우와 마찬가지로 본안에 대한 종국판결이 있기 전이라면 피보전권리에 영향을 주는 것이 아니어서 다시 같은 소송을 제기할 수도 있는 것이므로(민사소송법 제240조 제2항), 그 취하의 원인, 동기, 그 후의 사정 등에 비추어 채권자가 보전의 의사를 포기하였다고 인정되지 아니하는 이상 가압류·가처분명령에 대한 본안소송이 취하된 것으로 간주되었다는 사실 자체만으로 가압류·가처분명령 취소사유인 사정변경에 해당한다고 볼 수는 없다.107)

Ⅲ. 사정변경 등에 의한 가압류취소결정에 대하여 즉시항고가 있는 경우

105) 대법원 2008. 11. 27. 2007마1470

106) 대법원 1999. 3. 9. 98다12287

107) 대법원 1998. 5. 21. 97다47637 전원합의체 판결

에, 불복의 이유로 주장한 사유가 법률상 정당한 사유가 있다고 인정되고 사실에 대한 소명이 있으며, 그 가압류를 취소함으로 인하여 회복할 수 없는 손해가 생길 위험이 있다는 사정에 대한 소명이 있는 때에는, 법원은 당사자의 신청에 따라 담보를 제공하게 하거나 담보를 제공하지 아니하게 하고 가압류취소결정의 효력을 정지시킬 수 있다(제289조 제1항).

제5장 가압류집행

제1절 강제집행 규정의 준용

가압류의 집행에 대하여는 다른 규정이 있는 경우를 제외하고는 원칙적으로 강제집행에 관한 규정을 준용한다(제291조). 청구이의의 소(제44조)에 관한 규정은 준용되지 않는다. 승계집행문이 있는 경우를 제외하고 집행문부여에 대한 이의의 소(제45조)에 관한 규정도 원칙적으로 준용되지 않는다.

제2절 집행문 필요여부, 집행절차, 집행기간

Ⅰ. 가압류결정은 즉시 집행할 수 있는 집행권원이다. 가압류명령이 성립하면 채권자에게 고지함과 동시에 집행력이 발생한다. 따라서 채권자의 집행신청을 기다리지 않고 법원은 집행에 착수한다.

Ⅱ. 가압류결정에는 가집행선고를 붙일 수 없고, 집행문도 필요 없다. 그러나 가압류에 대한 재판이 있은 뒤에 채권자나 채무자의 승계가 이루어진 경우에 가압류의 재판을 집행하려면 승계집행문이 필요하다(제292조 제1항).[108]

108) 대법원 1993. 7. 13. 92다33251 "수인의 보증인이 있는 경우에 어느 보증인이 자기의 부담부분을 넘은 변제를 한 때에는 다른 보증인에 대하여 구상권을 행사할 수 있고(민법 제448조 제2항, 제425조), 그 구상권의 범위내에서 종래 채권자가 가지고 있던 채권 및 그 담보에 관한 권리는 법률상 당연히 그 변제자에게 이전되는 것이므로(민법 제482조 제1항), 채권자가 어느 공동보증인의 재산에 대하여 가압류결정을 받은 경우

Ⅲ. 가압류에 대한 재판의 집행은 채권자에게 재판을 고지한 날부터 2주[109]를 넘긴 때에는 하지 못한다(제292조 제2항). 집행기간은 집행이 가능한 때부터 진행한다. 즉시 집행이 가능한 보전처분(가압류, 부동산점유이전금지가처분 등)은 채권자에게 그 재판을 고지한 날부터 집행기간이 진행한다. 2주 안에 집행하여야 한다는 것은 2주 안에 집행에 착수하여야 한다는 것을 의미한다. 집행 착수 이후 절차는 집행기간 경과 후에 이루어져도 무관하다. 그러나 집행의 일부에 착수하였더라도 그 집행행위와는 별개의 집행행위를 따로 할 때에는 역시 집행기간 내에 착수되어야 한다.[110]

제3절 부동산에 대한 가압류집행

Ⅰ. 부동산에 대한 가압류의 집행은 가압류재판에 관한 사항을 등기부에 기입하여야 한다(제293조 제1항). 이 때 집행법원은 가압류재판을 한 법원으로 한다(제293조 제2항). 가압류등기는 법원사무관등이 촉탁한다(제293조 제3항). 가압류신청시 그 인용재판에 대한 집행신청도 한 것으로 보기 때문에 별도의 집행신청은 필요 없다. 부동산가압류의 경우는 등기촉탁서를 발송하면 착수가 있다고 본다.

에, 그 피보전권리에 관하여 채권자를 대위하는 변제자는 채권자의 승계인으로서, 가압류의 집행이 되기 전이라면 민사소송법 제708조 제1항에 따라 승계집행문을 부여받아 가압류의 집행을 할 수 있고, 가압류의 집행이 된 후에는 위와 같은 승계집행문을 부여받지 않더라도 가압류에 의한 보전의 이익을 자신을 위하여 주장할 수 있다"

109) 집행기간은 공익적 성질을 가지는 것이므로 법원이 임의로 늘리거나 줄일 수 없다. 채무자도 그 기간도과의 이익을 포기할 수 없다. 집행기간이 지나면 해당 보전처분명령은 집행력을 잃는다. 따라서 채권자는 보전처분신청을 새로 하여야 한다. 집행기간이 지났는데도 집행을 하면 위법한 집행으로서 채무자는 집행에 관한 이의로 구제받을 수 있다. 채권자가 임의로 가압류의 집행을 해제한 경우에도 그 명령만은 존속하고 있으므로 집행 기간 내라면 다시 집행에 착수할 수 있다. 그러나 집행기간이 도과하였다면 하여 보전처분자체의 효력이 상실되는 것은 아니기 때문에 채무자가가 보전처분 자체의 효력을 없애려면 사정변경에 따른 보전처분 취소신청을 하여야 한다.

110) 예컨대 여러 개의 유체동산에 대한 가압류결정을 집행함에 있어 일부 동산에 대해 집행하고 나서 집행기간 내에 집행의 착수가 없었던 별도의 유체동산에 대해 다시 집행하는 경우, 집행의 착수가 없었던 별도의 유체동산에 대한 집행은 2주 이내에 이루어져야 하는 것이다.

Ⅱ. 미등기건물에 대한 가압류집행

1. 미등기건물의 경우 등기관이 직권으로 채무자 명의의 소유권보존등기를 한 후 가압류등기를 기입한다.

2. 등기관은 실체법상의 권리관계와 일치하는지 여부를 심사할 실질적 심사권한은 없으나 신청서 및 그 첨부서류와 등기부에 의하여 등기요건에 합당하는지 여부를 심사할 형식적 심사권한이 있으므로, 법원이 집행관에 의한 현황조사를 거쳐 미등기건물이 보전처분의 대상이 되는 건물이라고 판단하여 보전처분을 하고, 등기관에 대하여 기입등기를 촉탁한 경우라도, 등기관으로서는 그 촉탁서 및 첨부서류에 의하여 등기요건에 합당한지 여부를 심사할 권한이 있고, 그 심사결과 등기요건에 합당하지 아니하면 기입등기의 촉탁을 각하하여야 한다.[111)]

3. 민사집행법 제81조 제1항 제2호 단서, 제3항은 미등기건물의 강제경매신청서에는 그 건물이 채무자의 소유임을 증명할 서류, 그 건물의 지번 · 구조 · 면적을 증명할 서류 및 그 건물에 관한 건축허가 또는 건축신고를 증명할 서류를 붙이거나 그의 조사를 집행법원에 신청하도록 규정하고, 민사집행규칙 제42조 제2항은 민사집행법 제81조 제1항 제2호 단서의 규정에 따라 채권자가 제출한 서류에 의하여 강제경매신청을 한 건물의 지번 · 구조 · 면적이 건축허가 또는 건축신고된 것과 동일하다고 인정되지 아니하는 때에는 법원은 강제경매신청을 각하하여야 한다고 규정하며, 민사집행규칙 제218조는 보전처분의 집행에 관하여는 특별한 규정이 없으면 강제집행에 관한 규정을 준용하도록 규정하고 있다. 위 규정들을 종합하여 보면, 완공되지 아니하여 보존등기가 경료되지 아니하였거나 사용승인되지 아니한 건물이라고 하더라도 채무자의 소유로서 건물로서의 실질과 외관을 갖추고 그의 지번 · 구조 · 면적 등이 건축허가 또는 건축신고의 내용

111) 대법원 2008. 3. 27. 2006마920

과 사회통념상 동일하다고 인정되는 경우에는 보전처분의 대상으로 삼을 수 있다고 할 것이나, 그에 이르지 못한 경우에는 보전처분의 대상이 될 수 없는 것이다.[112)]

4. 부동산등기법 제131조의2 제1항에 의하면 1동의 건물에 속하는 구분건물 중 일부 구분건물만에 관하여 소유권보존등기를 신청하는 경우에도 그 나머지 구분건물에 관하여 표시에 관한 등기를 동시에 신청하여야 하고, 같은 법 제55조 제12호에 의하면 1동의 건물을 구분한 건물의 등기신청에서 그 구분소유권의 목적인 건물의 표시에 관한 사항이 등기관의 조사 결과 집합건물의 소유 및 관리에 관한 법률 제1조 또는 제1조의2와 맞지 아니한 경우에는 등기관은 신청을 각하하여야 하며, 같은 법 제27조 제2항은 촉탁에 의한 등기의 절차에 대하여는 법률에 다른 규정이 있는 경우를 제외하고는 신청으로 인한 등기에 관한 규정을 준용하도록 규정하고 있으므로, 등기관으로서는 미등기건물에 대한 소유권보존등기 및 가압류기입등기의 촉탁을 받아 구분건물에 관한 소유권보존등기를 함에 있어서 1동의 건물 중 일부 구분건물뿐만 아니라 표시에 관한 등기를 하여야 하는 그 나머지 구분건물에 관하여도 등기능력이 있는지 여부를 심사하여야 한다.[113)]

Ⅲ. 가압류의 집행으로 강제관리를 하는 경우에는 관리인이 청구채권액에 해당하는 금액을 지급받아 공탁하여야 한다(제294조).

제4절 유체동산에 대한 가압류집행

Ⅰ. 유체동산에 대한 가압류집행은 집행관이 한다. 따라서 별도도 집행관에게 집행위임을 해야 한다. 유체동산 가압류집행은 압류와 같은 원칙에 따라 한다(제296조 제1항).

112) 대법원 2009. 5. 19. 2009마406

113) 대법원 2011. 6. 2. 2011마224

Ⅱ. 유체동산 집행의 경우는 집행관이 압류할 재산을 찾기 위하여 채무자의 가옥, 사무실, 창고 그 밖의 장소에 대한 수색에 나아가면 집행의 착수가 있다고 본다. 어음, 수표, 그 밖에 배서로 이전할 수 있는 증권으로서 배서가 금지된 증권채권의 가압류는 집행관이 그 증권의 점유를 개시한 때가 집행의 착수시기이다. 가압류집행은 채무자에게 재판을 송달하기 전에도 할 수 있다(제292조 제3항). 실무상 집행착수 전에는 채무자에게 재판서 정본을 송달하지 않는 것을 원칙으로 하고 있다.

Ⅲ. 가압류한 금전은 공탁하여야 한다(제296조 제4항). 가압류물은 현금화를 하지 못한다. 다만, 가압류물을 즉시 매각하지 아니하면 값이 크게 떨어질 염려가 있거나 그 보관에 지나치게 많은 비용이 드는 경우에는 집행관은 그 물건을 매각하여 매각대금을 공탁하여야 한다(제296조 제5항).

제5절 채권 그 밖의 재산권에 대한 가압류집행

Ⅰ. 채권 그 밖의 재산권에 대한 가압류집행은 가압류신청시 집행신청도 함께 한 것으로 보아 가압류명령과 동시에 집행에 착수한다. 채권가압류의 집행법원은 가압류명령을 한 법원으로 한다(제296조 제2항). 본압류와 달리 채무자에 대한 처분 및 영수금지명령을 하지 않고 제3채무자에 대한 지급금지명령만 한다(제296조 제3항). 별도의 집행신청은 필요 없다.

Ⅱ. 채권에 대한 가압류는 채무자에 대한 지급을 금지하는 명령이 기재된 가압류결정정본을 제3채무자에게 정본을 송달함으로써 집행한다. 배서가 금지된 지시채권에 대한 가압류의 경우에는 일반 채권가압류와 같이 제3채무자에게 정본을 송달하고 또 집행관이 증권을 점유하여야 가압류의 효력이 생긴다.[114] 가압류의 경합이 없어도 제3채무자는 권리공탁을 할 수 있다. 이 경우 채권가압류의 효력은 공탁금에 대한 채

114) 대법원 1997. 11. 14. 97다38145

무자의 출급청구권에 대하여 존속한다(제297조).
가압류명령의 송달 이후에 채무자의 계좌에 입금될 예금채권도 그 발생의 기초가 되는 법률관계가 존재하여 현재 그 권리의 특정이 가능하고 가까운 장래에 예금채권이 발생할 것이 상당한 정도로 기대된다고 볼만한 예금계좌가 개설되어 있는 경우 등에는 가압류의 대상이 될 수 있다.[115]

Ⅲ. 채권가압류명령과 채권양도통지가 동시에 제3채무자에게 송달된 경우, 제3채무자는 송달의 선후가 불명한 경우에 준하여 채권자를 알 수 없다는 이유로 변제공탁을 할 수도 있고[116], 또한 민사집행법 제291조, 제248조 제1항에 의하여 가압류에 관련된 금전채권에 대한 집행공탁을 할 수도 있으며, 위와 같은 사유를 들어 채권자 불확지 변제공탁과 집행공탁을 합한 혼합공탁을 할 수도 있다. 한편 공탁자는 자기의 책임과 판단하에 변제공탁이나 집행공탁 또는 혼합공탁을 선택하여 할 수 있으므로, 제3채무자가 그중 어느 공탁을 한 것인지는 피공탁자의 지정 여부, 공탁의 근거조문, 공탁사유, 공탁사유신고 등을 종합적 · 합리적으로 고려하여 판단할 것이다.[117] 다른 한편, 압류의 처분금지의 효력은 절대적인 것이 아니고, 이에 저촉되는 채무자의 처분행위로써는 그 압류의 효력이 미치는 범위에서 압류채권자에게 대항할 수 없는 상대적 효력을 가지는 데 그치므로, 채무자가 압류된 채권을 양도 등 처분을 함으로써 그 압류채권자에게는 대항할 수 없는 사정이 있더라도, 그 처분 후에 채무자의 채권을 압류하거나 가압류한 다른 채권자에 대하여는 유효한 처분이 되고, 이는 가압류의 경우에도 마찬가지이다. 따라서 동일한 채권에 관하여 가압류명령과 확정일자 있는 양도통지가 동시에 제3채무자에게 도달한 경우, 채권양수인은 그 후에 압류나 가압류를 한 다른 채권자에 대해서는 이미 채권이 전

115) 대법원 2013. 12. 12. 2012다72612
116) 대법원 1994. 4. 26. 93다24223 전원합의체
117) 대법원 2005. 5. 26. 2003다12311

부 양도되었음을 주장하여 대항할 수 있으므로 그러한 후행 압류권자 등은 더 이상 그 채권에 관한 집행절차에 참가할 수 없다.[118)]

Ⅳ. 저당권부 채권에 대한 가압류의 경우에는 일반 채권가압류와 같이 제3채무자에게 정본을 송달하면 가압류의 효력이 생기고, 가압류 기입등기는 가압류의 효력발생요건이 아니다. 근저당권이 있는 채권이 가압류되는 경우, 근저당권설정등기에 부기등기의 방법으로 그 피담보채권의 가압류사실을 기입등기하는 목적은 근저당권의 피담보채권이 가압류되면 담보물권의 수반성에 의하여 종된 권리인 근저당권에도 가압류의 효력이 미치게 되어 피담보채권의 가압류를 공시하기 위한 것이므로, 만일 근저당권의 피담보채권이 존재하지 않는다면 그 가압류명령은 무효라고 할 것이고, 근저당권을 말소하는 경우에 가압류권자는 등기상 이해관계 있는 제3자로서 근저당권의 말소에 대한 승낙의 의사표시를 하여야 할 의무가 있다.[119)]

Ⅴ. 소유권이전등기청구권에 대한 가압류

1. 소유권이전등기청구권에 대한 가압류의 경우 부동산압류에 준하여 가압류촉탁을 할 수 없다. 다만 부동산등기법 제88조에 의하여 등기이전등기청구권이 가등기된 때에 한하여 부기등기의 방법에 의하여 가압류의 등기를 할 수 있다.[120)]

2. 소유권이전등기청구권에 대한 압류나 가압류는 채권에 대한 것이지 등기청구권의 목적물인 부동산에 대한 것이 아니고, 채무자와 제3채무자에게 결정을 송달하는 외에 현행법상 등기부에 이를 공시하는 방법이 없는 것으로서 당해 채권자와 채무자 및 제3채무자 사이에만 효력을 가지며, 압류나 가압류와 관계가 없는 제3자에 대하여는 압류나 가압류의 처분금지적 효력을 주장할 수 없으므로 소유권이전등

118) 대법원 2013. 4. 26. 2009다89436

119) 대법원 2004. 5. 28. 2003다70041

120) 등기예규 제1344호 '등기이전청구권에 대한 가압류등기촉탁(2011. 10. 11. 개정)'

기청구권의 압류나 가압류는 청구권의 목적물인 부동산 자체의 처분을 금지하는 대물적 효력은 없다 할 것이고, 제3채무자나 채무자로부터 소유권이전등기를 넘겨받은 제3자에 대하여는 취득한 등기가 원인무효라고 주장하여 말소를 청구할 수 없다.[121]

3. 부동산소유권이전등기청구권의 가압류는 채무자 명의로 소유권을 이전하여 이에 대하여 강제집행을 할 것을 전제로 하고 있으므로 소유권이전등기청구권을 가압류하였다 하더라도 어떠한 경로로 제3채무자로부터 채무자 명의로 소유권이전등기가 마쳐졌다면 채권자는 부동산 자체를 가압류하거나 압류하면 될 것이지 등기를 말소할 필요는 없다.[122]

4. 일반적으로 채권에 대한 가압류가 있더라도 이는 채무자가 제3채무자로부터 현실로 급부를 추심하는 것만을 금지하는 것이므로 채무자는 제3채무자를 상대로 그 이행을 구하는 소송을 제기할 수 있고, 법원은 가압류가 되어 있음을 이유로 이를 배척할 수 없는 것이 원칙이나, 소유권이전등기를 명하는 판결은 의사의 진술을 명하는 판결로서 이것이 확정되면 채무자는 일방적으로 이전등기를 신청할 수 있고 제3채무자는 이를 저지할 방법이 없으므로 이와 같은 경우에는 가압류의 해제를 조건으로 하지 아니하는 한 법원은 이를 인용하여서는 안되고, 제3채무자가 임의로 이전등기의무를 이행하고자 한다면 민사소송법 제577조에 의하여 정하여진 보관인에게 권리이전을 하여야 할 것이고, 이 경우 보관인은 채무자의 법정대리인의 지위에서 이를 수령하여 채무자 명의로 소유권이전등기를 마치면 된다.[123]

5. 소유권이전등기청구권에 대한 압류나 가압류는 채권에 대한 것이지 등기청구권의 목적물인 부동산에 대한 것이 아니고, 채무자와 제3채무자에게 그 결정을 송달하는 외에 현행법상 등기부에 이를 공시하

121) 대법원 1992. 11. 10. 92다4680
122) 대법원 1992. 11. 10. 92다4680
123) 대법원 1992. 11. 10. 92다4680

는 방법이 없는 것으로서, 당해 채권자와 채무자 및 제3채무자 사이에만 효력이 있을 뿐 압류나 가압류와 관계가 없는 제3자에 대하여는 압류나 가압류의 처분금지적 효력을 주장할 수 없게 되므로, 소유권이전등기청구권의 압류나 가압류는 청구권의 목적물인 부동산 자체의 처분을 금지하는 대물적 효력은 없고, 또한 채권에 대한 가압류가 있더라도 이는 채무자가 제3채무자로부터 현실로 급부를 추심하는 것만을 금지하는 것이므로 채무자는 제3채무자를 상대로 그 이행을 구하는 소송을 제기할 수 있고 법원은 가압류가 되어 있음을 이유로 이를 배척할 수는 없는 것이지만, 소유권이전등기를 명하는 판결은 의사의 진술을 명하는 판결로서 이것이 확정되면 채무자는 일방적으로 이전등기를 신청할 수 있고 제3채무자는 이를 저지할 방법이 없게 되므로 위와 같이 볼 수는 없고 이와 같은 경우에는 가압류의 해제를 조건으로 하지 않는 한 법원은 이를 인용하여서는 안되는 것이며, 가처분이 있는 경우도 이와 마찬가지로 그 가처분의 해제를 조건으로 하여야만 소유권이전등기절차의 이행을 명할 수 있다.[124]

Ⅵ. 등기할 수 있는 선박에 대한 가압류를 집행하는 경우에는 가압류등기를 하는 방법이나 집행관에게 선박국적증서등을 선장으로부터 받아 집행법원에 제출하도록 명하는 방법으로 한다. 이들 방법은 함께 사용할 수 있다(제295조 제1항). 가압류등기를 하는 방법에 의한 가압류집행은 가압류명령을 한 법원이, 선박국적증서등을 받아 제출하도록 명하는 방법에 의한 가압류집행은 선박이 정박하여 있는 곳을 관할하는 지방법원이 집행법원으로서 관할한다(제295조 제2항). 가압류등기는 법원사무관등이 촉탁한다(제295조 제3항, 제293조제3항).

124) 대법원 1999. 2. 9. 선고 98다42615

제6절 가압류집행의 효력

Ⅰ. 처분금지적 효력

1. 가압류명령이 집행되면 채무자는 가압류명령의 목적물을 매매, 증여, 담보물권의 설정 기타 일체의 처분을 하여서는 안 된다.

2. 동산에 대하여 가압류등기가 마쳐진 후에 그 채무자로부터 그 부동산을 임차한 자는 가압류집행으로 인한 처분금지의 효력에 의하여 가압류사건의 본안판결의 집행에 의하여 그 부동산을 취득한 경락인에게 그 임대차의 효력을 주장할 수 없다.[125]

3. 특별한 사정이 없는 한 점유의 이전과 같은 사실행위는 처분행위에 해당하지 않는다.

4. 채권에 대한 가압류결정이 있다 하여도 채무자는 제3채무자로부터 현실로 추심하는 것만 금지되고, 제3채무자를 상대로 그 이행을 구하는 소송을 제기하는 것은 가능하다. 제3채무자는 이행을 명하는 판결이 있더라도 집행단계에서 이를 저지하면 족하다.[126] 소유권이전등기청구권에 대한 가압류의 경우 가압류의 해제를 조건으로 하여 이전등기청구가 가능하다.[127]

5. 가압류의 처분금지의 효력이 미치는 객관적 범위는 가압류결정에 표시된 청구금액에 한정되므로 가압류의 청구금액으로 채권의 원금만이 기재되어 있다면 가압류채권자가 가압류채무자에 대하여 원금채권 외에 그에 부대하는 이자 또는 지연손해금 채권을 가지고 있다고 하더라도 가압류의 청구금액을 넘어서는 부분에 대하여는 가압류채권자가 처분금지의 효력을 주장할 수 없다.[128]

---

125) 대법원 1983. 4. 26. 선고 83다카116

126) 대법원 1992. 11. 10. 92다4680

127) 대법원 2000. 4. 11. 99다23888

128) 대법원 1998. 11. 10. 98다43441; 그러나 민사집행법 제53조 제1항은 "강제집행에 필요한 비용은 채무자가 부담하고 그 집행에 의하여 우선적으로 변상을 받는다."라고 규

6. 가압류채무자가 가압류에 반하는 처분행위를 한 경우 그 처분의 유효를 가압류채권자에게 주장할 수 없지만, 이러한 가압류의 처분제한의 효력은 가압류채권자의 이익보호를 위하여 인정되는 것이므로 가압류채권자는 그 처분행위의 효력을 긍정할 수도 있다.[129)]

7. 부동산에 가압류등기가 경료되면 채무자가 당해 부동산에 관한 처분행위를 하더라도 이로써 가압류채권자에게 대항할 수 없게 되는데, 여기서 처분행위란 당해 부동산을 양도하거나 이에 대해 용익물권, 담보물권 등을 설정하는 행위를 말하고 특별한 사정이 없는 한 점유의 이전과 같은 사실행위는 이에 해당하지 않는다. 부동산에 경매개시결정의 기입등기가 경료되어 압류의 효력이 발생한 후에 채무자가 제3자에게 당해 부동산의 점유를 이전함으로써 그로 하여금 유치권을 취득하게 하는 경우 그와 같은 점유의 이전은 처분행위에 해당하지만, 부동산에 가압류등기가 경료되어 있을 뿐 현실적인 매각절차가 이루어지지 않고 있는 상황 하에서는 채무자의 점유이전으로 인하여 제3자가 유치권을 취득하게 된다고 하더라도 이를 처분행위로 볼 수 없다.[130)]

8. 민법 제100조 제2항의 종물과 주물의 관계에 관한 법리는 물건 상호간의 관계뿐 아니라 권리 상호간에도 적용되고, 위 규정에서의 처분

정하고 있는데, 여기의 '강제집행에 필요한 비용'에는 가압류의 집행비용이 당연히 포함된다. 그리고 가압류의 집행이 있은 후 그 가압류가 본압류로 이행된 때에는 가압류집행이 본집행에 포섭됨으로써 당초부터 본집행이 있었던 것과 같은 효력이 있다. 그러므로 가압류만 되어 있을 뿐 아직 본압류로 이행되지 아니한 단계에서는 가압류채권자가 그 가압류의 집행비용을 변상받을 수 없고, 따라서 제3취득자가 가압류의 집행비용을 고려함이 없이 그 처분금지의 효력이 미치는 객관적 범위에 속하는 청구금액만을 변제함으로써 가압류의 집행의 배제를 소구할 수 있지만, 가압류에서 본압류로 이행된 이후에는 민사집행법 제53조 제1항의 적용을 받게 되므로 가압류 후 본압류로의 이행 전에 가압류의 목적물의 소유권을 취득한 제3취득자로서는 가압류의 청구금액 외에, 그 가압류의 집행비용 및 본집행의 비용 중 가압류의 본압류로의 이행에 대응하는 부분까지를 아울러 변제하여야만 가압류에서 이행된 본압류의 집행배제를 구할 수 있다고 보아야 한다(대법원 2006. 11. 24. 2006다35223).

129) 대법원 2007. 1. 11. 2005다47175

130) 대법원 2011. 11. 24. 2009다19246

은 처분행위에 의한 권리변동뿐 아니라 주물의 권리관계가 압류와 같은 공법상의 처분 등에 의하여 생긴 경우에도 적용되어야 하는 점, 저당권의 효력이 종물에 대하여도 미친다는 민법 제358조 본문 규정은 같은 법 제100조 제2항과 이론적 기초를 같이하는 점, 집합건물의 소유 및 관리에 관한 법률 제20조 제1항, 제2항에 의하면 구분건물의 대지사용권은 전유부분과 종속적 일체불가분성이 인정되는 점 등에 비추어 볼 때, 구분건물의 전유부분에 대한 소유권보존등기만 경료되고 대지지분에 대한 등기가 경료되기 전에 전유부분만에 대해 내려진 가압류결정의 효력은, 대지사용권의 분리처분이 가능하도록 규약으로 정하였다는 등의 특별한 사정이 없는 한, 종물 내지 종된 권리인 그 대지권에까지 미친다.[131)]

9. 체납처분은 재판상의 가압류 또는 가처분으로 인하여 그 집행에 영향을 받지 않는다.[132)]

Ⅱ. 가압류의 상대적 효력

1. 가압류의 목적은 장차 목적물을 현금화하여 그로부터 금전적 만족을 얻자는 데 있는 것뿐이므로, 그러한 목적 달성에 필요한 범위를 넘어서까지 채무자의 처분행위를 막을 필요는 없다. 따라서 가압류채무자가 가압류의 처분금지적 효력에 반하여 일정한 처분을 한 경우 그들 사이의 거래는 전적으로 유효하고, 다만 가압류채권자에 대해서만 그 거래의 유효를 주장할 수 없다. 가압류가 취소되거나, 가압류

131) 대법원 2006. 10. 26. 2006다29020

132) 국세징수법 제35조; 대법원 1993. 2. 19. 92마903 전원합의체[등기공무원의처분에대한이의] "국세징수법 제35조에서 "체납처분은 재판상의 가압류 또는 가처분으로 인하여 그 집행에 영향을 받지 아니한다"고 규정하고 있으나, 이는 선행의 가압류 또는 가처분이 있다고 하더라도 체납처분의 진행에 영향을 미치지 않는다는 취지의 절차진행에 관한 규정일 뿐이고 체납처분의 효력이 가압류, 가처분의 효력에 우선한다는 취지의 규정은 아니므로 부동산에 관하여 처분금지가처분의 등기가 된 후에 가처분권자가 본안소송에서 승소판결을 받아 확정이 되면 피보전권리의 범위 내에서 가처분 위반행위의 효력을 부정할 수 있고 이와 같은 가처분의 우선적 효력은 그 위반행위가 체납처분에 기한 것이라 하여 달리볼 수 없다."

결정이 무효로 밝혀진 경우 당연히 채무자와 제3취득자 사이의 거래 행위는 전적으로 유효하다.

2. 채권가압류의 처분금지의 효력은 본안소송에서 가압류채권자가 승소하여 채무명의를 얻는 등으로 피보전권리의 존재가 확정되는 것을 조건으로 하여 발생하는 것이므로 채권가압류결정의 채권자가 본안소송에서 승소하는 등으로 채무명의를 취득하는 경우에는 가압류에 의하여 권리가 제한된 상태의 채권을 양수받는 양수인에 대한 채권양도는 무효가 된다.[133)]

Ⅲ. 가압류의 상대적 효력을 주장할 수 있는 자의 범위(개별상대효)

1. 개별상대효

판례는 개별상대효설 입장에 서있다.[134)] 이에 따르면 가압류에 반하는 처분행위는 당해 가압류채권자 및 처분행위 전에 집행에 참가한 자에 대한 관계에서만 무효일 뿐 처분행위 후에 집행에 참가한 채권자에 대하여는 그 처분의 유효를 주장하여 대항할 수 있다. 처분행위의 효력을 '개별적'으로 파악한다는 의미에서 개별상대효설이라 한다.

2. 가압류집행 후 가압류목적물에 대한 저당권의 취득

가. 가압류등기가 경료된 후 저당권을 취득한 경우에는 가압류권자와 저당권자는 동순위로 배당을 받는다. 가압류등기 후 저당권이 되고, 이후 다시 가압류등기가 경료되거나 일반채권자의 배당요구가 있는 경우에는 먼저 각 채권액에 안분하여 배당액을 산정한 후, 저당

---

133) 대법원 2002. 4. 26. 2001다59033

134) 판례의 입장과 달리 일본은 명문으로 절차상대효설의 입장을 채택하였다. 절차상대효설에 따르면 가압류 뒤의 채무자의 처분행위는 집행절차상 무효이므로 처분행위 전의 (가)압류채권자는 물론 처분행위 뒤의 (가)압류채권자나 배당요구권자에 대해서도 대항할 수 없다. 집행의 '절차상' 상대적 무효라는 의미에서 절차상대효설이라 한다. 절차상대효설은 처분행위의 전후를 불문하고 채권자들을 평등하게 취급하므로 평등주의에 충실한 해석인데 반해, 개별상대효설은 처분행위를 기준으로 채권자들의 우열을 인정한다는 점에서 우선주의에 어울리는 해석이다(강대성, 「신민사집행법」, 탑북스(2014), 177면).

권자는 선순위 가압류권자에게 우선변제권을 주장할 수 없으므로 안분비례에 의한 평등배당을 받은 후 후순위 가압류권자나 일반채권자에 대하여는 저당권자로서 우선변제권을 주장하여 후순위 가압류권자나 일반채권자가 받을 배당액으로부터 자기의 채권을 만족시킬 때까지 흡수한다.[135)]

나. 개별상대효설에 따를 경우 가압류 이후 채무자가 제3자와 통모하여 근저당권을 설정하는 등 처분행위를 할 경우 가압류채권자의 권리를 침해될 수밖에 없다. 판례는 채권자가 이미 가압류를 해 둔 상태에서 채무자가 동일부동산에 관하여 타인을 위해 근저당권을 설정함으로써 물상보증인이 되는 행위는 채권자에 대한 사해행위가 된다는 입장이다.[136)]

---

135) 대법원 1992. 3. 27. 91다44407

136) 대법원 2010. 6. 24. 2010다20617,20624 "원심은 판시 채택 증거를 종합하여, 원고는 소외 1과 소외 2, 3 등에게 판시 구상금 채권이 있고, 그 보전을 위하여 2006. 7. 27. 소외 1 소유의 이 사건 부동산에 가압류결정을 받아 기입등기가 마쳐졌는데, 소외 1이 2006. 8. 1. 피고와 사이에 이 사건 부동산에 관하여 이 사건 근저당권 설정계약을 체결하고, 피고에게 채무자 소외 2, 3, 채권최고액 10억 4,000만 원의 근저당권설정등기를 마쳐준 사실, 이 사건 부동산에 대한 강제경매절차가 진행되어 2008. 2. 22. 실제 배당할 금액 중 판시와 같이 신청채권자인 원고와 근저당권자인 피고에게 채권액에 따라 안분하여 배당하는 내용으로 배당표가 작성된 사실을 인정한 후, 이 사건 근저당권은 사해행위이므로 이를 취소하고 원상회복으로 배당표상 피고에게 배당된 금액을 원고에게 모두 배당하는 것으로 배당표 경정을 구하는 원고의 이 사건 청구에 대하여, 피고는 이 사건 부동산에 관한 근저당권자라 하더라도 원고의 가압류보다 후순위인 이상 원고와의 관계에서는 일반채권자의 지위에서 원고와 동순위로 배당을 받을 수밖에 없으므로, 소외 1이 물상보증인으로서 피고에게 가압류와 동일한 효력 밖에 없는 이 사건 근저당권을 설정하여 주는 것이 원고를 해하는 행위라고는 볼 수 없다고 판단하고 원고의 청구를 배척하였다. 그러나 채권자취소권의 대상이 되는 채권자를 해하는 행위라 함은 적극재산을 감소하거나 소극재산을 증가시킴으로써 채무자를 채무초과 상태에 빠지게 하거나 채무초과상태가 더 나빠지게 하는 행위를 의미하는데, 채무자가 아무 채무도 없이 다른 사람을 위해 자신의 부동산에 관하여 근저당권을 설정함으로써 물상보증인이 되는 행위는 그 부동산의 담보가치만큼 채무자의 총재산에 감소를 가져오는 것이므로, 그 근저당권이 채권자의 가압류와 동순위의 효력밖에 없다 하여도, 그 자체로 다른 채권자를 해하는 행위가 된다고 볼 것이다. 그렇다면 이 사건 근저당권 설정이 원고를 해한다고 볼 수 없다고 한 원심의 판단에는 사해행위에 있어서 행위의 사해성에 관한 법리를 오해함으로써 판결 결과에 영향을 미친 위법이 있다고 할 것이다."

3. 가압류집행 후 가압류목적물의 양도

가. 가압류집행이 먼저 되고 나서 제3자 앞으로 가압류목적물에 대한 소유권이 이전 된 경우 그 제3자의 소유권 취득은 가압류에 의한 처분금지의 효력 때문에 그 집행 보전의 목적을 달성하는데 필요한 범위 안에서 가압류채권자에 대한 관계에서만 상대적으로 무효일 뿐이고, 가압류채무자의 다른 채권자 등에 대한 관계에서는 유효하다 할 것이므로, 위와 같은 경우 채무명의를 얻은 가압류채권자의 신청에 의하여 제3자의 소유권 취득 후 당해 가압류목적물에 대하여 개시된 강제경매절차에서 가압류채무자에 대한 다른 채권자는 당해 가압류목적물의 경락대금의 배당에 참가할 수 없다.[137]

나. 부동산에 대한 가압류집행 후 가압류목적물의 소유권이 제3자에게 이전된 경우 가압류채권자는 집행권원을 얻어 제3취득자가 아닌 가압류채무자를 집행채무자로 하여 그 가압류를 본압류로 이전하는 강제집행을 실행할 수 있으나, 이 경우 그 강제집행은 가압류의 처분금지적 효력이 미치는 객관적 범위인 가압류결정 당시의 청구금액의 한도 안에서만 집행채무자인 가압류채무자의 책임재산에 대한 강제집행절차라 할 것이고, 나머지 부분은 제3취득자의 재산에 대한 매각절차라 할 것이므로, 제3취득자에 대한 채권자는 그 매각절차에서 제3취득자의 재산 매각대금 부분으로부터 배당을 받을 수 있다.[138]

다. 부동산에 대한 가압류집행 후 가압류목적물의 소유권이 제3자에게 이전된 경우 가압류의 처분금지적 효력이 미치는 것은 가압류결정 당시의 청구금액의 한도 안에서 가압류목적물의 교환가치이고, 위와 같은 처분금지적 효력은 가압류채권자와 제3취득자 사이에서만 있는 것이므로 제3취득자의 채권자가 신청한 경매절차에서 매각 및 경락인이 취득하게 되는 대상은 가압류목적물 전체라고 할 것이지

137) 대법원 1998. 11. 13. 97다57337

138) 대법원 2005. 7. 29. 2003다40637

만, 가압류의 처분금지적 효력이 미치는 매각대금 부분은 가압류채권자가 우선적인 권리를 행사할 수 있고 제3취득자의 채권자들은 이를 수인하여야 하므로, 가압류채권자는 그 매각절차에서 당해 가압류목적물의 매각대금에서 가압류결정 당시의 청구금액을 한도로 하여 배당을 받을 수 있고, 제3취득자의 채권자는 위 매각대금 중 가압류의 처분금지적 효력이 미치는 범위의 금액에 대하여는 배당을 받을 수 없다.[139]

라. 부동산에 대한 선순위가압류등기 후 가압류목적물의 소유권이 제3자에게 이전되고 그 후 제3취득자의 채권자가 경매를 신청하여 매각된 경우, 가압류채권자는 그 매각절차에서 당해 가압류목적물의 매각대금 중 가압류결정 당시의 청구금액을 한도로 배당을 받을 수 있고, 이 경우 종전 소유자를 채무자로 한 가압류등기는 말소촉탁의 대상이 될 수 있다. 그러나 경우에 따라서는 집행법원이 종전 소유자를 채무자로 하는 가압류등기의 부담을 매수인이 인수하는 것을 전제로 하여 위 가압류채권자를 배당절차에서 배제하고 매각절차를 진행시킬 수도 있으며, 이와 같이 매수인이 위 가압류등기의 부담을 인수하는 것을 전제로 매각절차를 진행시킨 경우에는 위 가압류의 효력이 소멸되지 아니하므로 집행법원의 말소촉탁이 될 수 없다. 따라서 종전 소유자를 채무자로 하는 가압류등기가 이루어진 부동산에 대하여 매각절차가 진행되었다는 사정만으로 위 가압류의 효력이 소멸되었다고 단정할 수 없고, 구체적인 매각절차를 살펴 집행법원이 위 가압류등기의 부담을 매수인이 인수하는 것을 전제로 하여 매각절차를 진행하였는가 여부에 따라 위 가압류 효력의 소멸 여부를 판단하여야 한다.[140]

139) 대법원 2006. 7. 28. 2006다19986
140) 대법원 2007. 4. 13. 2005다8682

Ⅳ. 채권가압류 후 채무자와 제3채무자 간 합의해제

1. 채권에 대한 가압류는 제3채무자에 대하여 채무자에게의 지급 금지를 명하는 것이므로 채권을 소멸 또는 감소시키는 등의 행위는 할 수 없고 그와 같은 행위로 채권자에게 대항할 수 없는 것이지만, 채권의 발생원인인 법률관계에 대한 채무자의 처분까지도 구속하는 효력은 없다 할 것이므로 채무자와 제3채무자가 아무런 합리적 이유 없이 채권의 소멸만을 목적으로 계약관계를 합의해제한다는 등의 특별한 경우를 제외하고는, 제3채무자는 채권에 대한 가압류가 있은 후라고 하더라도 채권의 발생원인인 법률관계를 합의해제하고 이로 인하여 가압류채권이 소멸되었다는 사유를 들어 가압류채권자에 대항할 수 있다.[141]

2. 소유권이전등기청구권의 가압류나 압류가 행하여지면 제3채무자로서는 채무자에게 등기이전행위를 하여서는 아니되고, 그와 같은 행위로 채권자에게 대항할 수 없다 할 것이나, 가압류나 압류에 의하여 그 채권의 발생원인인 법률관계에 대한 채무자와 제3채무자의 처분까지도 구속되는 것은 아니므로 기본적 계약관계인 매매계약 자체를 해제할 수 있다. 제3채무자가 소유권이전등기청구권에 대한 압류명령에 위반하여 채무자에게 소유권이전등기를 경료한 후 채무자의 대금지급의무의 불이행을 이유로 매매계약을 해제한 경우, 해제의 소급효로 인하여 채무자의 제3채무자에 대한 소유권이전등기청구권이 소급적으로 소멸함에 따라 이에 터잡은 압류명령의 효력도 실효되는 이상 압류채권자는 처음부터 아무런 권리를 갖지 아니한 것과 마찬가지 상태가 되므로 제3채무자가 압류명령에 위반되는 행위를 한 후에 매매계약이 해제되었다 하여도 불법행위는 성립하지 아니한다.[142]

---

141) 대법원 2001. 6. 1. 98다17930

142) 대법원 2000. 4. 11. 99다51685

Ⅴ. 채권양도의 통지와 가압류명령의 송달

1. 채권이 이중으로 양도된 경우의 양수인 상호간의 우열은 통지 또는 승낙에 붙여진 확정일자의 선후에 의하여 결정할 것이 아니라, 채권양도에 대한 채무자의 인식, 즉 확정일자 있는 양도통지가 채무자에게 도달한 일시 또는 확정일자 있는 승낙의 일시의 선후에 의하여 결정하여야 할 것이고, 이러한 법리는 채권양수인과 동일 채권에 대하여 가압류명령을 집행한 자 사이의 우열을 결정하는 경우에 있어서도 마찬가지이므로, 확정일자 있는 채권양도 통지와 가압류결정 정본의 제3채무자(채권양도의 경우는 채무자)에 대한 도달의 선후에 의하여 그 우열을 결정하여야 한다. 채권양도 통지, 가압류 또는 압류명령 등이 제3채무자에 동시에 송달되어 그들 상호간에 우열이 없는 경우에도 그 채권양수인, 가압류 또는 압류채권자는 모두 제3채무자에 대하여 완전한 대항력을 갖추었다고 할 것이므로, 그 전액에 대하여 채권양수금, 압류전부금 또는 추심금의 이행청구를 하고 적법하게 이를 변제받을 수 있고, 제3채무자로서는 이들 중 누구에게라도 그 채무 전액을 변제하면 다른 채권자에 대한 관계에서도 유효하게 면책되는 것이며, 만약 양수채권액과 가압류 또는 압류된 채권액의 합계액이 제3채무자에 대한 채권액을 초과할 때에는 그들 상호간에는 법률상의 지위가 대등하므로 공평의 원칙상 각 채권액에 안분하여 이를 내부적으로 다시 정산할 의무가 있다. 채권양도의 통지와 가압류 또는 압류명령이 제3채무자에게 동시에 송달되었다고 인정되어 채무자가 채권양수인 및 추심명령이나 전부명령을 얻은 가압류 또는 압류채권자 중 한 사람이 제기한 급부소송에서 전액 패소한 이후에도 다른 채권자가 그 송달의 선후에 관하여 다시 문제를 제기하는 경우 기판력의 이론상 제3채무자는 이중지급의 위험이 있을 수 있으므로, 동시에 송달된 경우에도 제3채무자는 송달의 선후가 불명한 경우에 준하여 채권자를 알 수 없다는 이유로 변제공탁을 함으로써 법률관계의 불안으로부터 벗어날 수 있다. 채권양도 통지와 채권

가압류결정 정본이 같은 날 도달되었는데 그 선후관계에 대하여 달리 입증이 없으면 동시에 도달된 것으로 추정한다.[143)]

2. 압류의 처분금지 효력은 절대적인 것이 아니고, 이에 저촉되는 채무자의 처분행위도 그 압류채권자와 처분 전에 집행절차에 참가한 압류채권자나 배당요구채권자에게 대항하지 못한다는 의미에서의 상대적 효력을 가지는데 그치므로 압류의 효력발생 전에 채무자가 처분한 경우에는 그보다 먼저 압류한 채권자가 있어 그 채권자에게는 대항할 수 없는 사정이 있더라도 그 처분 후에 집행에 참가하는 채권자에 대하여는 처분의 효력을 대항할 수 있는 것이고, 이는 가압류의 경우에도 마찬가지이므로 동일한 채권에 관하여 가압류명령의 송달과 확정일자 있는 양도통지가 동시에 제3채무자에게 도달함으로써 채무자가 가압류의 대상인 채권을 양도하고 채권양수인이 채권양도의 대항요건을 갖추었다면 다른 채권자는 더 이상 그 가압류에 따른 집행절차에 참가할 수는 없다. 확정일자 있는 채권양도 통지와 채권가압류명령이 제3채무자에게 동시에 도달된 경우에도 제3채무자는 송달의 선후가 불명한 경우에 준하여 채권자를 알 수 없다는 이유로 변제공탁을 할 수 있다. 확정일자 있는 채권양도 통지와 채권가압류명령이 동시에 도달됨으로써 제3채무자가 변제공탁을 하고, 그 후에 다른 채권압류 또는 가압류가 이루어졌다 하더라도 채권양수인과 선행가압류채권자 사이에서만 채권액에 안분하여 배당하여야 한다.[144)]

3. 공탁은 공탁자가 자기의 책임과 판단 아래 하는 것으로서, 공탁자는 자신의 의사에 좇아 변제공탁이나 집행공탁 또는 혼합공탁을 선택하여 할 수 있다. 그리고 공탁자가 그 중 어떠한 종류의 공탁을 하였는지는 피공탁자의 지정 여부, 공탁의 근거가 되는 법령조항, 공탁원인사실 등을 종합적 · 합리적으로 고려하여 판단되어야 한다. 혼합공탁에 있어서 그 집행공탁의 측면에서 보면 공탁자는 피공탁자들에 대

143) 대법원 1994. 4. 26. 93다24223 전원합의체
144) 대법원 2004. 9. 3. 2003다22561

하여는 물론이고 가압류채권자를 포함하여 그 집행채권자에 대하여서도 채무로부터의 해방을 인정받고자 공탁하는 것이다. 이러한 취지에 비추어, 피공탁자가 공탁물의 출급을 청구함에 있어서 다른 피공탁자에 대한 관계에서만 공탁물출급청구권이 있음을 증명하는 서면을 갖추는 것으로는 부족하고, 위와 같은 집행채권자에 대한 관계에서도 공탁물출급청구권이 있음을 증명하는 서면을 구비·제출하여야 할 것이다.[145)]

Ⅵ. 가압류목적물에 대한 강제집행

가압류 목적물에 대하여 강제집행이 가능하며, 이 경우 가압류채권자는 배당요구를 하지 않아도 당연히 배당받을 권리가 있다. 첫 경매개시결정 기입등기 후에 부동산을 가압류한 채권자는 배당요구를 하여야 한다.

Ⅶ. 가압류와 다른 가압류·가처분의 경합

1. 가압류 상호간에 그 결정이 이루어진 선후에 따라 뒤에 이루어진 가압류에 대하여 처분금지적 효력을 주장할 수는 없다.[146)]

---

145) 대법원 2012. 1. 12. 2011다84076 [갑 주식회사가 을 주식회사에 대한 물품대금채권 중 일부를 병 주식회사에 양도하였는데, 그 후 을 회사가 위 채권과 관련하여 정 주식회사에 나머지 부분을 양도하는 내용의 양도통지를 수령하였고, 또한 신용보증기금이 위 채권을 가압류하는 결정을, 국가가 위 채권을 압류하는 결정을 각 송달받았고, 을 회사가 위 채권에 관하여 위와 같이 채권양도의 통지와 채권가압류 및 압류결정의 송달이 경합하자 피공탁자를 갑 회사, 병 회사, 정 회사로 하여 물품대금을 공탁하였는데, 병 회사가 갑 회사, 정 회사, 신용보증기금, 국가를 상대로 공탁금출급청구권확인의 소를 제기하여 법원이 공탁금 중 병 회사가 양도받은 부분에 대한 공탁금출급청구권이 병 회사에 있음을 확인한다는 내용의 화해권고결정을 하였고, 이에 대하여 국가만이 이의를 신청한 사안에서, 위 공탁은 근거로 적시된 법령조항, 공탁원인사실의 기재, 공탁에 이른 경위 등을 종합적으로 고려할 때 변제공탁뿐만 아니라 집행공탁의 성질을 아울러 가지는 혼합공탁에 해당하고, 병 회사가 피공탁자인 갑 회사, 정 회사 등에 대하여 가지는 화해권고결정만으로는 공탁물 출급을 청구하기에 부족하여, 병 회사는 압류채권자로서 병 회사의 권리를 다투는 국가를 상대로 하여 공탁물출급청구권의 확인을 구할 법률상 이익이 있다고 보아야 함에도, 위 화해권고결정만으로 공탁물 출급을 청구할 수 있다고 보아 확인의 이익을 부정한 원심판결을 파기한 사례]

146) 대법원 1999. 2. 9. 98다42615

2. 소유권이전등기청구권에 대한 가압류가 있기 전에 가처분이 있었다고 하여도 가처분이 뒤에 이루어진 가압류에 우선하는 효력이 없으므로 가압류는 가처분채권자의 관계에서도 유효하다.147)

3. 가압류와 가처분은 그 내용이 서로 모순·저촉되지 한 경합이 가능하지만, 그 내용이 모순·저촉되는 경우에는 그 효력의 우열은 부동산의 경우 집행의 선후에 의한다.148)

4. 등기신청의 접수순위는 등기공무원이 등기신청서를 받았을 때를 기준으로 하고, 동일한 부동산에 관하여 동시에 수개의 등기신청이 있는 때에는 동일 접수번호를 기재하여 동일 순위로 기재하여야 하므로, 등기공무원이 법원으로부터 동일한 부동산에 관한 가압류등기 촉탁서와 처분금지가처분등기 촉탁서를 동시에 받았다면 양 등기에 대하여 동일 접수번호와 순위번호를 기재하여 처리하여야 하고 그 등기의 순위는 동일하다고 할 것이며, 이와 같이 동일한 부동산에 관하여 동일 순위로 등기된 가압류와 처분금지가처분의 효력은 그 당해 채권자 상호간에 한해서는 처분금지적 효력을 서로 주장할 수 없다고 하여야 할 것이다. 따라서 가압류권자가 승소판결을 받아 이를 채무명의로 하여 강제경매를 신청하더라도 그 전에 가처분권자 명의

147) 대법원 1999. 2. 9. 98다42615

148) 대법원 2005. 1. 14. 2003다33004 "부동산처분금지가처분이 유효하게 집행된 이후 가처분채권자가 그 본안소송에서 승소판결을 선고받아 확정되면 가처분채권자는 가처분등기 후에 경료된, 그에 위반되는 등기의 말소를 단독으로 신청할 수 있고, 동일한 부동산에 대하여 가압류와 처분금지가처분이 경합하는 경우 처분의 금지라는 점에 있어서는 양자의 효력이 양립할 수 없어 가압류와 가처분의 효력 순위는 그 집행 순서에 따라 정할 수밖에 없으므로, 부동산에 대하여 가압류등기가 된 경우에, 그 가압류채무자(현 소유자)의 전 소유자가 위의 가압류 집행에 앞서 같은 부동산에 대하여 소유권이전등기의 말소청구권을 보전하기 위한 처분금지가처분등기를 경료한 다음, 채무자를 상대로 매매계약의 해제를 주장하면서 소유권이전등기 말소소송을 제기한 결과 승소판결을 받아 확정되기에 이르렀다면, 위와 같은 가압류는 결국 말소될 수밖에 없고, 따라서 이러한 경우 가압류채권자는 민법 제548조 제1항 단서에서 말하는 제3자로 볼 수 없으며, 가처분채권자가 받은 본안판결이 전부 승소판결이 아닌 동시이행판결인 경우도 이와 달리 볼 이유가 없다."

로 소유권이 경료된 경우 그 소유권이전등기의 효력을 부정할 수는 없으므로 결국 가압류권자가 승소판결을 얻어 진행한 강제경매신청은 타인 소유 부동산에 대한 경매신청이어서 부적법하다.[149]

Ⅷ. 시효중단

1. 민법 제168조에서 가압류를 소멸시효의 중단사유로 정하고 있는 것은 가압류에 의하여 채권자가 권리를 행사하였다고 할 수 있기 때문이고 가압류에 의한 집행보전의 효력이 존속하는 동안은 가압류채권자에 의한 권리행사가 계속되고 있다고 보아야 할 것이므로 가압류에 의한 시효중단의 효력은 가압류의 집행보전의 효력이 존속하는 동안 계속된다고 보아야 한다.

2. 가압류는 강제집행을 보전하기 위한 것으로서 경매절차에서 부동산이 매각되면 그 부동산에 대한 집행보전의 목적을 다하여 효력을 잃고 말소되며, 가압류채권자에게는 집행법원이 그 지위에 상응하는 배당을 하고 배당액을 공탁함으로써 가압류채권자가 장차 채무자에 대하여 권리행사를 하여 집행권원을 얻었을 때 배당액을 지급받을 수 있도록 하면 족한 것이다. 따라서 이러한 경우 가압류에 의한 시효중단은 경매절차에서 부동산이 매각되어 가압류등기가 말소되기 전에 배당절차가 진행되어 가압류채권자에 대한 배당표가 확정되는 등의 특별한 사정이 없는 한, 채권자가 가압류집행에 의하여 권리행사를 계속하고 있다고 볼 수 있는 가압류등기가 말소된 때 그 중단사유가 종료되어, 그때부터 새로 소멸시효가 진행한다고 봄이 타당하다(매각대금 납부 후의 배당절차에서 가압류채권자의 채권에 대하여 배당이 이루어지고 배당액이 공탁되었다고 하여 가압류채권자가 그 공탁금에 대하여 채권자로서 권리행사를 계속하고 있다고 볼 수는 없으므로 그로 인하여 가압류에 의한 시효중단의 효력이 계속된다고 할 수 없다).[150]

---

149) 대법원 1998. 10. 30. 98마475

제7절 가압류가 본압류로 이행된 경우의 관습법상 법정지상권 성립

강제경매의 목적이 된 토지 또는 그 지상 건물의 소유권이 강제경매로 인하여 그 절차상의 매수인에게 이전된 경우에 건물의 소유를 위한 관습상 법정지상권이 성립하는가 하는 문제에 있어서는 그 매수인이 소유권을 취득하는 매각대금의 완납시가 아니라 그 압류의 효력이 발생하는 때를 기준으로 하여 토지와 그 지상 건물이 동일인에 속하였는지가 판단되어야 한다.

강제경매개시결정의 기입등기가 이루어져 압류의 효력이 발생한 후에 경매목적물의 소유권을 취득한 이른바 제3취득자는 그의 권리를 경매절차상 매수인에게 대항하지 못하고, 나아가 그 명의로 경료된 소유권이전등기는 매수인이 인수하지 아니하는 부동산의 부담에 관한 기입에 해당하므로(제144조 제1항 제2호) 매각대금이 완납되면 직권으로 그 말소가 촉탁되어야 하는 것이어서, 결국 매각대금 완납 당시 소유자가 누구인지는 이 문제맥락에서 별다른 의미를 가질 수 없다는 점 등을 고려하여 보면 더욱 그러하다.

강제경매개시결정 이전에 가압류가 있는 경우에는, 그 가압류가 강제경매개시결정으로 인하여 본압류로 이행되어 가압류집행이 본집행에 포섭됨으로써 당초부터 본집행이 있었던 것과 같은 효력이 있다. 따라서 경매의 목적이 된 부동산에 대하여 가압류가 있고 그것이 본압류로 이행되어 경매절차가 진행된 경우에는, 애초 가압류가 효력을 발생하는 때를 기준으로 토지와 그 지상 건물이 동일인에 속하였는지를 판단하여야 한다.[151]

제6장 가압류집행취소신청

제1절 채권자의 가압류집행취소신청

Ⅰ. 채권자는 보전처분의 집행상태가 계속되고 있는 한 언제든지 그 집행

150) 대법원 2013. 11. 14. 2013다18622

151) 대법원 2012. 10. 18. 2010다52140 전원합의체

취소를 신청할 수 있다. 채권자의 집행해제신청 또는 집행신청취하라고도 한다. 채권자는 채무자의 동의없이 집행취소를 신청할 수 있고, 채권자의 집행취소신청에 의한 법원의 집행취소결정에 대하여 채무자가 항고할 수도 없다.[152)]

Ⅱ. 부동산·채권 가압류의 경우 법원에, 동산가압류는 집행을 담당한 집행관에게 취소신청서를 제출한다. 이 때 송달료와 등록세 등 비용을 예납하여야 하나, 인지를 붙일 필요는 없다. 실무에서는 집행취소결정을 하지 않고 곧바로 집행취소의 절차를 밟는다.

Ⅲ. 부동산처분금지가처분의 기입등기는 채권자나 채무자가 직접 등기공무원에게 이를 신청하여 행할 수는 없고 반드시 법원의 촉탁에 의하여야 하는바, 이와 같이 당사자가 신청할 수 없는 처분금지가처분의 기입등기가 법원의 촉탁에 의하여 말소된 경우에는 그 회복등기도 법원의 촉탁에 의하여 행하여져야 하므로, 이 경우 처분금지가처분 채권자가 말소된 가처분기입등기의 회복등기절차의 이행을 소구할 이익은 없다. 가처분 채권자의 가처분해제신청은 가처분집행신청의 취하 내지 그 집행취소신청에 해당하는 것인바, 이러한 신청은 가처분의 집행절차를 이루는 행위이고, 그 신청이 가처분 채권자의 의사에 기한 것인지 여부는 집행법원이 조사·판단하여야 할 사항이라고 할 것이므로, 그 신청서가 위조되었다는 사유는 그 신청에 기한 집행행위, 즉 가처분기입등기의 말소촉탁에 대한 집행이의의 사유가 된다고 보아야 할 것이며, 따라서 가처분해제신청서가 위조되었다고 주장하는 가처분 채권자로서는 가처분의 집행법원에 대하여 집행이의를 통하여 말소회복을 구할 수 있을 것이고(만일 가처분기입등기의 회복에 있어서 등기상 이해관계가 있는 제3자가 있는 경우에는 그의 승낙서 또는 이

152) 대법원 1980. 2. 15. 79마351 “가처분 신청인은 가처분 피신청인의 동의없이 그 가처분 집행취소의 신청을 할 수 있으며, 그 집행취소결정은 그 가처분 피신청인에게 아무런 불이익도 주지 아니하므로 그 가처분 피신청인은 그 집행취소 결정에 대하여 항고할 수 없다.”

에 대항할 수 있는 재판의 등본을 집행법원에 제출할 필요가 있다.), 그 집행이의가 이유 있다면 집행법원은 가처분기입등기의 말소회복등기의 촉탁을 하여야 한다.[153)]

Ⅳ. 금전채권의 보전을 위하여 채무자의 금전채권에 대하여 가압류가 행하여진 경우에 그 후 채권자의 신청에 의하여 그 집행이 취소되었다면, 다른 특별한 사정이 없는 한 가압류에 의한 소멸시효 중단의 효과는 소급적으로 소멸된다.[154)]

제2절 채무자의 해방금액공탁을 이유로 한 가압류집행취소신청

Ⅰ. 가압류명령을 발령할 때 법원은 해방금액을 기재하여야 한다. 채무자가 가압류명령에 정한 해방금액 전액을 공탁하였을 때에는 법원은 결정으로 집행한 가압류를 취소하여야 한다(제299조 제1항). 해방금액

---

153) 대법원 2000. 3. 24. 99다27149; 반대취지로 대법원 1987. 3. 24. 86마카5 "가처분신청취하시기 위조되었다는 사유는 집행법원의 집행행위인 가처분기입등기말소촉탁행위의 형식적 절차상의 하자에 해당한다고는 할 수 없다. 경매신청취하는 그것이 강제집행절차를 이루는 행위이기 때문에 그에 관한 하자는 집행이의의 사유가 될 수 있다 하겠으나 가처분신청취하는 보전절차 중 보존명령의 효력자체를 소멸시킬 뿐 보전집행에 직접 관련되지 아니하는 것이고 또 집행법원에 의한 보전집행이나 그 집행취소는 보존명령의 효력에 따라 법원이 직권으로 하는 것이므로 위 양자는 구별하여 해석하여야 할 것이다. 따라서 원심이 비록 이 사건 가처분신청취하서가 위조되었다 하더라도 이는 집행방법에 관한 이의사유에 해당하지 않는다고 본 것은 정당하(다)."

154) 대법원 2010. 10. 14. 2010다53273 "민법 제175조는 가압류가 '권리자의 청구에 의하여 취소된 때에는' 소멸시효 중단의 효력이 없다고 정한다. 가압류의 집행 후에 행하여진 채권자의 집행취소 또는 집행해제의 신청은 실질적으로 집행신청의 취하에 해당하고, 이는 다른 특별한 사정이 없는 한 가압류 자체의 신청을 취하하는 것과 마찬가지로 그에게 권리행사의 의사가 없음을 객관적으로 표명하는 행위로서 위 법규정에 의하여 시효중단의 효력이 소멸한다고 봄이 상당하다. 이러한 점은 위와 같은 집행취소의 경우 그 취소의 효력이 단지 장래에 대하여만 발생한다는 것에 의하여 달라지지 아니한다. 원심은, 원고가 이 사건 채권에 기하여 피고의 제3채무자에 대한 예금채권에 대하여 가압류를 신청하여 2007. 5. 23.자의 가압류결정이 그 무렵 제3채무자에게 송달되었으나 그 후 원고가 가압류집행의 해제를 신청하여 같은 해 7. 4. 그 가압류집행해제 통지서가 피고에게 송달되었으므로 위 가압류로 인한 소멸시효 중단의 효력은 소급적으로 소멸하였다고 판단하여, 결국 피고의 소멸시효 완성 주장을 받아들였다. 원심의 그러한 판단은 정당하고, 거기에 상고이유의 주장과 같이 소멸시효중단사유 또는 가압류의 집행해제에 관한 법리를 오해한 위법이 있다고 할 수 없다."

의 일부만 공탁하고 가압류집행 일부만 취소신청하는 것은 허용되지 않는다. 채무자가 아닌 제3자는 해방금액을 공탁할 수 없다. 이를 인정할 경우 채권자가 채무자에 대한 집행권원을 받아도 그 해방금액에 대한 집행을 할 근거가 없게 되기 때문이다.

Ⅱ. 채권자는 이 취소결정에 대하여 즉시항고할 수 있다(제299조 제3항). 다만 취소결정에 대하여는 민사집행법 제17조 2항[155]의 규정을 준용하지 아니한다(제299조 제4항). 따라서 해방공탁으로 인한 집행취소결정은 확정 여부와 상관없이 고지와 동시에 효력이 생기므로 즉시항고가 제기되어도 이에 관계없이 가압류등기의 말소촉탁을 할 수 있다.

Ⅲ. 가압류해방금액은 채무자가 입을 수 있는 손해를 담보하는 취지의 이른바 소송상의 담보와는 달리 가압류의 목적물에 갈음하는 것으로서, 금전에 의한 공탁만이 허용되고, 유가증권에 의한 공탁은 그 유가증권이 실질적 통용가치가 있는 것이라고 하더라도 허용되지 않는다.[156]

Ⅳ. 해방금액공탁을 이유로 가압류집행이 취소되더라도 가압류명령 그 자체의 효력이 소멸되는 것이 아니다. 따라서 해방금액공탁을 이유로 한 가압류집행의 취소는 가압류결정에 대한 제소기간도과나 사정변경에 의한 취소신청에 의한 가압류·가처분 결정의 취소와 전혀 다른 것이다. 집행이 취소되면 해방공탁금은 가압류 목적물에 갈음하기 때문에 가압류채권자에게 해방공탁금에 대한 우선변제권이 인정되지 않고, 가압류채권자는 채무자가 가지는 해방공탁금회수청구권을 가압류한 채권자와 같은 지위에 있게 된다.[157]

---

155) 민사집행법 제17조(취소결정의 효력) ① 집행절차를 취소하는 결정, 집행절차를 취소한 집행관의 처분에 대한 이의신청을 기각·각하하는 결정 또는 집행관에게 집행절차의 취소를 명하는 결정에 대하여는 즉시항고를 할 수 있다. ②제1항의 결정은 확정되어야 효력을 가진다.

156) 대법원 1996. 10. 1. 96마162 전원합의체 결정

157) 대법원 2002. 8. 27. 2001다73107; 압류채권자는 해방공탁금을 지급받기 위하여 본안승소확정판결 등을 집행권원으로 하여 공탁금회수청구권에 대한 별도의 추심 또는 전부명령을 받아야 한다(김홍엽, 「민사집행법」, 박영사(2013), 424-425면).

Ⅴ. 가압류집행의 목적물에 갈음하여 가압류해방금이 공탁된 경우 그 가압류의 효력은 공탁금 자체가 아니라 공탁자인 채무자의 공탁금회수청구권에 대하여 미친다. 가압류채무자에게 해방공탁금의 용도로 금원을 대여하여 가압류집행을 취소할 수 있도록 한 자는 특별한 사정이 없는 한 가압류 채권자에 대한 관계에서 가압류해방공탁금회수청구권에 대하여 위 대여금채권에 의한 압류 또는 가압류의 효력을 주장할 수는 없다.[158]

Ⅵ. 가압류채권자가 가압류신청을 취하하거나 집행을 해제하면 채무자는 그 증명서를 첨부하여 해방공탁금의 반환을 청구할 수 있다. 또한 채무자가 본안소송에서 승소하면 이를 이유로 사정변경에 따른 가압류취소신청을 하여 가압류취소결정을 받은 후 그 결정정본을 첨부하여 해방공탁금을 반환받을 수 있다.

제3절 가압류 신청취하 등을 이유로 한 가압류집행취소신청

Ⅰ. 실무상 가압류신청의 취하 또는 취하간주가 되었을 때 채무자는 가압류신청 취하서 또는 취하증명서를 제출하여 가압류집행취소신청을 하고 있다. 이 때 부동산가압류 또는 채권가압류의 경우에는 법원이 별도의 집행취소결정 없이 곧바로 집행취소절차를 밟지만, 유체동산 가압류의 경우 집행관이 별도의 집행해제신청을 받아 집행취소절차에 착수한다.

Ⅱ. 채권가압류에 있어서 채권자가 채권가압류신청을 취하하면 채권가압류결정은 그로써 효력이 소멸되지만, 채권가압류결정정본이 제3채무자에게 이미 송달되어 채권가압류결정이 집행되었다면 그 취하통지서가 제3채무자에게 송달되었을 때에 비로소 그 가압류집행의 효력이 장래를 향하여 소멸된다.[159] 이러한 법리는 그 취하통지서가 제3채무

---

158) 대법원 1998. 6. 26. 97다30820

159) 대법원 2001. 10. 12. 2000다19373

자에게 송달되기 전에 제3채무자가 집행법원 법원사무관 등의 통지에 의하지 아니한 다른 방법으로 가압류신청 취하사실을 알게 된 경우에도 마찬가지라고 할 것이다.160)

제4절 집행취소의 효과

집행취소는 장래에 대하여만 효력이 있고 소급하는 것이 아니다. 따라서 가압류물을 현금화한 경우(제296조 단서)에는 그 현금화한 금전을 채무자에게 지급하면 족하고 그 현금화의 효력이 번복되는 것은 아니다.

제7장 가압류의 본압류로의 이행

Ⅰ. 가압류채권자가 본안소송에서 승소판결을 얻어 집행권원을 취득한 경우 가압류는 본압류로 이행한다. 부동산의 경우 경매개시결정을 새로 신청하여야 하고, 채권의 경우에는 가압류에서 본압류로 이전하는 명령을 추심명령 또는 전부명령과 동시에 신청한다. 유체동산의 경우에는 집행관은 본집행의 신청을 받으면 그 물건의 보관장소에 가서 목적물을 점검한 후 채무자에게 본압류를 집행한다는 뜻을 고지하고 가압류의 표시는 그대로 둔 채 덧붙여 본압류의 표시를 붙인다. 가압류의 표시를 그대로 두는 것은 나중에 본압류만이 효력을 상실하게 될 때를 대비하는 것이다.

Ⅱ. 채권압류 및 추심명령을 받은 채권자가 제3채무자로부터 피압류채권을 추심한 다음 민사집행법 제236조 제1항에 따른 추심신고를 한 경

160) 대법원 2008. 1. 17. 2007다73826 "채권가압류는 가압류명령이 제3채무자에게 송달되어야 그 효력이 생기고, 가압류명령의 신청이 취하된 때에는 법원사무관 등은 가압류명령을 송달받은 제3채무자에게 그 사실을 통지하여야 하는데, 만약 제3채무자의 주관적 인식이나 가압류당사자들의 특수한 사정에 따라 채권가압류집행의 효력 소멸 여부를 달리 판단한다면 이해관계 있는 제3자의 이익을 보호하고 법적 안정성을 도모할 수 없기 때문이다. 원고의 이 사건 전부명령은 선행 가압류신청의 취하통지서가 제3채무자에게 송달되어 그 가압류집행의 효력이 소멸되기 전에 압류가 경합된 상태에서 발령된 경우에 해당하여 무효이고, 한번 무효로 된 전부명령은 그 후 채권가압류의 집행해제로 압류의 경합 상태에서 벗어났다고 하여 되살아나지 않는다."

우 그 때까지 다른 압류・가압류 또는 배당요구가 없으면 그 추심한 범위 내에서 피압류채권은 소멸하고, 집행법원은 추심금의 충당관계 등을 조사하여 집행채권 전액이 변제된 경우에는 집행력 있는 정본을 채무자에게 교부하며, 일부 변제가 된 경우에는 그 취지를 집행력 있는 정본 등에 적은 다음 채권자에게 돌려주는 등의 조치를 취함으로써 채권집행이 종료하게 된다. 가압류가 본압류로 이행되어 강제집행이 이루어진 경우에는 가압류집행은 본집행에 포섭됨으로써 당초부터 본집행이 있었던 것과 같은 효력이 있게 되므로, 본집행이 되어 있는 한 채무자는 가압류에 대한 이의신청이나 취소신청 또는 가압류집행 자체의 취소 등을 구할 실익이 없게 되고, 특히 강제집행조차 종료한 경우에는 그 강제집행의 근거가 된 가압류결정 자체의 취소나 가압류집행의 취소를 구할 이익은 더 이상 없다.[161]

Ⅲ. 가압류한 지명채권에 대하여 가압류에서 본압류로 전이하는 내용의 주문이 누락된 채 압류 및 추심명령이 발령되었다 하더라도, 가압류 및 압류・추심의 당사자 사이에 서로 동일성이 인정되고, 가압류의 피보전채권과 압류・추심의 집행채권 사이 및 가압류 대상 채권과 압류・추심 대상 채권 사이에 서로 동일성이 인정되는 경우에는, 해당 가압류는 특별한 사정이 없는 한 당연히 본압류로 이전되는 효력이 생긴다.[162]

Ⅳ. 가압류집행이 있은 후 그 가압류가 강제경매개시결정으로 인하여 본압류로 이행된 경우에 가압류집행이 본집행에 포섭됨으로써 당초부터 본집행이 있었던 것과 같은 효력이 있고, 본집행의 효력이 유효하게 존속하는 한 상대방은 가압류집행의 효력을 다툴 수는 없고 오로지 본집행의 효력에 대하여만 다투어야 하는 것이므로, 본집행이 취소, 실효되지 않는 한 가압류집행이 취소되었다고 하여도 이미 그 효력을 발생한 본집행에는 아무런 영향을 미치지 않는다.[163]

161) 대법원 2004. 12. 10. 2004다54725
162) 대법원 2010. 10. 14. 2010다48455

Ⅴ. 부동산에 대한 가압류가 집행된 후 그 가압류가 강제경매개시결정 등으로 인하여 본압류로 이행된 경우에는 가압류집행이 본집행에 포섭됨으로써 당초부터 본집행이 행하여진 것과 같은 효력이 있고, 본집행이 유효하게 존속하는 한 그 가압류등기는 집행법원의 말소촉탁이 있는 경우라도 말소할 수 없다. 따라서 부동산에 대한 가압류가 본압류로 이행되어 그 본집행의 효력이 유효하게 존속하는 한 집행법원의 가압류등기 말소촉탁은 그 취지 자체로 보아 법률상 허용될 수 없음이 명백한 경우에 해당된다.[164]

Ⅵ. 채권자가 금전채권의 가압류를 본압류로 전이하는 압류 및 추심명령을 받아 본집행절차로 이행한 후 본압류의 신청만을 취하함으로써 본집행절차가 종료한 경우, 특단의 사정이 없는 한 그 가압류집행에 의한 보전 목적이 달성된 것이라거나 그 목적 달성이 불가능하게 된 것이라고는 볼 수 없으므로 그 가압류집행의 효력이 본집행과 함께 당연히 소멸되는 것은 아니라고 할 것이니, 채권자는 제3채무자에 대하여 그 가압류집행의 효력을 주장할 수 있다.[165] 그러나 가압류와 강제집행의 효력은 연속일체를 이루게 되는 것이고 가압류는 장차의 본집행을 위한 채권보전의 목적을 가지는 것이므로 본집행인 강제집행절차가 집행목적달성이 불가능하게 되어 종료된 경우에는 그에 선행한 가압류집행도 본집행과 그 운명을 같이 하여 그 효력을 상실한다.[166]

제8장 가압류와 체납처분

가압류집행의 목적물에 갈음하여 가압류해방금이 공탁된 경우에 그 가

163) 대법원 2002. 3. 15. 2001마6620정(가압류등기 후 제3자 앞으로 소유권이전등기가 마쳐진 부동산에 대하여 가압류권자의 신청에 의한 강제경매절차가 진행중 가압류해방금액 공탁으로 가압류집행이 취소되어 가압류등기가 말소된 경우, 이를 이유로 강제경매개시결정을 취소한 원심결정을 파기한 사례)

164) 대법원 2012. 5. 10. 2012마180

165) 대법원 2000. 6. 9. 97다34594

166) 대법원 1980. 6. 26. 80마146

압류의 효력은 공탁금 자체가 아니라 공탁자인 채무자의 공탁금회수청구권에 대하여 미치는 것이므로 채무자의 다른 채권자가 위 공탁금회수청구권에 대하여 압류명령을 받은 경우에는 가압류채권자의 가압류와 다른 채권자의 압류는 그 집행대상이 같아 서로 경합하게 된다. 그리고 공탁금회수청구권에 대한 압류의 경합 등으로 사유신고를 할 사정이 발생한 때에는 공탁관은 공탁규칙(대법원규칙 제2356호) 제58조 제1항에 따라 지체 없이 집행법원에 사유신고를 하고[167], 집행법원은 배당절차를 개시하게 되는데, 이 사유신고로 인하여 배당요구의 종기가 도래하고 그 후의 배당요구를 차단하는 효력이 발생한다.

한편 체납처분절차와 민사집행절차는 별개의 절차로서 양 절차 상호 간의 관계를 조정하는 법률의 규정이 없으므로 한 쪽의 절차가 다른 쪽의 절차에 간섭할 수 없는 반면, 쌍방 절차에서 각 채권자는 서로 다른 절차에 정한 방법으로 그 다른 절차에 참여할 수밖에 없고, 동일 채권에 관하여 양 절차에서 각각 별도로 압류하여 서로 경합하는 경우에도 공탁 후의 배분(배당)절차를 어느 쪽이 행하는가에 관한 법률의 정함이 없어 제3채무자의 공탁을 인정할 여지가 없는바[168], 이러한 체납처분절차와 민사집행절차의 차이에 비추어 볼 때 공탁금회수청구권에 대하여 민사집행법에 의한 가압류와 체납처분에 의한 압류가 있는 경우 그 선후를 불문하고 사유신고의 대상이 아니라고 할 것이다.

또한 가압류만이 있는 경우에는 압류의 경합에 해당하지 아니하므로 공탁관은 공탁규칙 제58조 제1항에 따른 사유신고를 할 수 없다.

따라서 공탁금회수청구권에 대하여 민사집행법에 의한 가압류와 체납처분에 의한 압류가 경합하였다는 이유로 공탁관이 공탁규칙 제58조 제1항에 따라 집행법원에 사유신고를 하였다고 하더라도, 이러한 사유신고는 요건을 갖추지 못한 것으로 이로써 배당요구의 종기가 도래하거나 그 후의 배당요구를 차단하는 효력이 발생한다고 할 수는 없다.[169]

167) 대법원 2002. 8. 27. 2001다73107
168) 대법원 1989. 1. 31. 88다카42; 대법원 1999. 5. 14. 99다3686
169) 대법원 2007. 4. 12. 2004다20326

원심과 원심이 인용한 제1심판결 이유에 의하면, 원고가 주식회사 모나미종합건설에 대하여 확정판결에 의한 채권을 가지고 있었던 사실, 모나미건설은 소외인에 대한 6억 원의 금전채권을 피보전권리로 하여 소외인의 주식회사 건양건설에 대한 채권에 대하여 가압류결정을 받았는데, 소외인이 위 가압류의 집행해제를 위하여 6억 원의 가압류해방공탁금을 공탁한 사실, 그 후 경산세무서가 체납처분에 의하여 소외인의 해방공탁금 회수청구권을 압류하고 창원지방법원 밀양지원에 이를 통지하자, 창원지방법원 밀양지원의 공탁관은 2006. 11. 28. 압류경합을 이유로 집행법원인 창원지방법원 밀양지원에 사유신고를 하였고 이에 따라 배당절차가 개시된 사실, 모나미건설의 가압류가 취하되고 경산세무서의 위 압류가 해제되었으나, 다시 경산세무서가 소외인의 배당금지급청구권에 대하여 체납처분에 의한 압류를 하고 집행법원에 이를 통지하자 집행법원은 2007. 1. 19.로 배당기일을 정한 사실, 한편 원고는 모나미건설에 대한 확정판결을 집행권원으로 하여 모나미건설의 소외인에 대한 채권에 대하여 채권압류 및 추심명령을 받았고, 이로 인한 추심금채권을 피보전권리로 하여 2007. 1. 9. 소외인이 피고에 대하여 가지고 있는 이 사건 해방공탁금회수청구권에 대한 가압류결정을 받았는데, 위 가압류결정은 2007. 1. 16. 집행법원에 송달된 사실, 원고는 2009. 5. 14. 위 가압류를 본압류로 이전하는 채권압류 및 추심명령을 받았고, 위 결정은 2009. 5. 18. 피고에게 송달되어 그 무렵 확정된 사실을 알 수 있다. 이러한 사실관계를 앞서 본 법리에 비추어 보면, 이 사건 해방공탁금회수청구권에 대하여 민사집행법에 의한 가압류와 체납처분에 의한 압류가 경합하였음을 이유로 한 이 사건 사유신고는 요건을 갖추지 못하였고, 가압류만을 이유로 하여서도 사유신고를 할 수 없으므로, 이 사건 사유신고에 의하여서는 배당요구의 종기가 도래하고 그 후의 배당요구를 차단하는 효력이 발생한다고 할 수 없는바, 같은 취지의 원심 판단은 정당하고, 거기에 상고이유로 주장하는 바와 같은 사유신고의 요건 등에 관한 법리오해의 위법이 없다.[170]

170) 대법원 2012. 5. 24. 2009다88112

제9장 가압류채권의 승계

대법원 2012. 4. 26. 2010다94090 "첫 경매개시결정등기 전에 등기된 가압류채권자는 배당요구를 하지 않더라도 당연히 배당요구를 한 것과 동일하게 취급되는 지위에 있고(민사집행법 제148조 제3호), 첫 경매개시결정등기 전에 등기된 가압류채권자로부터 그 피보전권리를 양수한 채권양수인은 승계집행문을 부여받지 않더라도 배당표가 확정되기 전까지 경매법원에 피보전권리를 양수하였음을 소명하여 가압류의 효력을 원용함으로써 가압류채권자의 승계인 지위에서 배당받을 수 있다.[171]. 이러한 채권양수인이 경매법원에 채권신고를 하였으나 배당표가 확정되기 전까지 그 채권양수사실을 제대로 소명하지 못할 경우, 가압류채권자가 배당받을 수 있는 순위에 해당될 때에는 경매법원으로서는 가압류채권자에게 배당할 수밖에 없으나, 가압류채권자에 대한 배당액은 가압류채권자 앞으로 공탁될 것이고(민사집행법 제160조 제1항 제2호), 채권양수인은 이후 가압류채무자를 상대로 집행권원을 취득한 뒤 적법한 권리승계사실을 증명하여 가압류채권자 앞으로 공탁된 배당액을 직접 수령할 수 있으므로 위 배당액은 종국적으로는 채권양수인에게 귀속되어야 할 것이다. 한편 배당이의 소송은 대립하는 당사자 사이의 배당액을 둘러싼 분쟁을 그들 사이에서 상대적으로 해결하는 것에 지나지 아니하여 그 판결의 효력은 오직 그 소송의 당사자에게만 미칠 뿐이므로, 어느 채권자가 배당이의소송에서의 승소확정판결에 기하여 경정된 배당표에 따라 배당을 받은 경우에 있어서도, 그 배당이 배당이의소송에서 패소확정판결을 받은 자 아닌 다른 배당요구채권자가 배당받을 몫까지도 배당받은 결과로 된다면 그 다른 배당요구채권자는 위 법리에 의하여 배당이의소송의 승소확정판결에 따라 배당받은 채권자를 상대로 부당이득반환청구를 할 수 있다.[172] 그러므로 첫 경매개시결정등기 전에 등기된 가압류채권자로부터 그 피보전권리를 양수한 채권양수인이 경매법원에 채권신고를 하였으나 배당표가 확정되기 전

171) 대법원 1993. 7. 13. 92다33251; 대법원 1995. 7. 28. 94다57718
172) 대법원 2007. 2. 9. 2006다39546

까지 그 채권양수사실을 제대로 소명하지 못함에 따라 가압류채권자에게 배당된 경우에, 다른 배당참가 채권자가 그 가압류채권자의 피보전권리는 채권양수인에게 양도되어 이미 소멸하였다는 이유로 가압류채권자에게 배당된 금액에 대하여 배당이의를 제기하고 배당이의의 소를 통해 가압류채권자에게 배당된 금액을 배당받는다면 위 채권양수인은 그 채권자를 상대로 가압류채권자의 배당액에 관하여 부당이득반환청구를 할 수 있다.

원심판결 이유와 원심이 적법하게 채택한 증거 등에 의하면 원심은, ① 삼삼종합금융 주식회사(삼삼종금)가 동광제약 주식회사(동광제약)와 어음할인 및 기타 어음거래에 관한 어음거래약정(이 사건 어음거래약정)을 체결하였고, 소외인은 동광제약이 이 사건 어음거래약정에 따라 삼삼종금에 대하여 부담하는 채무를 연대보증한 사실, ② 그 후 이 사건 어음거래약정에 관하여 삼삼종금과 주식회사 한아름종합금융(2001. 6. 14. 주식회사 한아름상호신용금고에 흡수합병되었다. 이하 합병 전후의 법인을 모두 '한아름금고'라 한다) 및 동광제약과 그 연대보증인들 사이에 이 사건 어음거래약정의 채권자를 한아름금고로 변경하는 내용의 계약이 체결되었고, 동광제약에 대하여 1999. 2. 22. 화의절차가 개시되어 1999. 4. 9. 화의인가결정이 내려진 사실, ③ 한아름금고는 2001. 11. 29. 이 사건 어음거래약정에 기한 채권(이하 '이 사건 채권'이라 한다)을 비롯한 대출채권을 론스타 펀드 3호(이하 '론스타 펀드'라 한다)에 매각하는 내용의 대출채권매매계약을 체결하였다가 2001. 12. 31.에 이르러 주식회사 정리금융공사(이하 '정리금융공사'라 한다)에 흡수합병되었고, 정리금융공사와 론스타 펀드 및 엘에스에프코리아세븐 유동화전문유한회사(이하 '엘에스에프'라 한다)는 2002. 2. 8. 위 대출채권매매계약상의 매수인 지위를 엘에스에프가 인수하는 내용의 양도양수계약을 체결하고, 그 무렵 동광제약에 그 채권양도에 관한 양도통지를 한 사실, ④ 그 후 엘에스에프는 이 사건 채권을 비롯하여 동광제약에 대하여 가진 채권(34억 8,000만 원의 별제권에 기한 채권 및 82억 원의 화의채권)을 원고에게 양도하고 2002. 11. 14. 동광제약에 그 채권양도통지를 하였는데, 원고는 2002. 12. 4. 에이치에스제일차 유동화전문유한회사(이하 '에이치에스'라 한다)에 위와 같이 양도받은 채권 전부를 그대로 양도하고, 같은 날 동광제약에 그 양도통지를 한 사실, ⑤ 에이치에스는 2006. 4. 14. 이 사건 채권을 포함하여 위와 같이 원고로부터 양도받은 채권 중 26억 1,000만 원의 별제권에 기한 채권 및 화의채권을 다시 원고에게 양도하였는데, 에이치에스는 2006. 4. 19. 동광제약에 그 양도통지를 한 사실, ⑥ 한편 고려증권 주식회사(이하 '고려증권'이라 한다)는 동광제약과 사채보증계약을 체결하였는데, 소외인은 위 사채보증계약에 따라 동광제약이 부담하는 채무를 연대보증한 사실, ⑦ 고려증권은 1998. 10. 9. 파산선고를 받았고(이하 고려증권의 파산관재인을 '피고'라 한다), 피고는 2005. 9. 1. 소외인에 대한 위 사채보증계약에 따른 보증채권 중 50억 원을 피보전권리로 삼아 소외인 소유인 평택시 소사동 (지번 생략) 답 3,888㎡(이하 '이 사건 부동산'이라 한다)에 대해 가압류결정을 받고, 그에 따라 2005. 9. 5. 그 가압류결정의 기입등기를 마친 사실, ⑧ 그 후 피고는 소외인을 상대로 위 사채보증계약에 따른 보증채무의 이행을 구하는 소를 제기하여 승소확정판결(이하 '이 사건 판결'이라 한다)을 받은 사실, ⑨ 한아름금고는 2001. 8.경 이 사건 채권 중 10억 원을 피보전권리로 삼아 이 사건 부동산에 대해 가압류결정을 받고, 그에 따라 2001. 8. 9. 그 가압류결정의 기입등기를 마친 사실(이하 '이 사건 가압류'라 한다), ⑩ 피고의 이 사건 판결을 집행권원으로 한 부동산강제경매신청에 따라 2006. 6. 2. 이 사건 부동산에 대해 경매절차가 개시된 사실, ⑪ 이 사건 부동산이 매각된 후 진행된 배당절차에서 원고는 2007. 5. 29. 이 사건 가압류에 관한 채권계산서를 제출하면서 원고가 이 사건 채권의 최종양수인이라는 점에 대한 소명자료로 '엘에스에프가 이 사건 채권을 원고에게 양도하였다'는 취지의 채권양도통지서를 제출하였으나, '정리금융공사가 이 사건 채권을 엘에스에프에 양도하였다'는 점에 관한 채권양도통지서 등은 제출하지 아니한 사실, ⑫ 이에 경매법원은 위 채권양도통지서만으로는 원고가 이 사건 채권의 최종양수인이라는 점이 소명되지 않았다고 보아 배당기일인 2007. 6. 5. 배당을 실시하면서, 1순위로 가압류권자인 정리금융공사에 108,879,882원을, 같은 순위로 신청채권자인 피고에게 1,218,316,568원을 각 배당하였는데, 피고는 배당기일에 출석하여 위 배당표 중 정리금융공사에 배당된 배당액 전부에 대하여 이의를 진술하고, 2007. 6. 8. 배당이의의 소를 제기한 사실, ⑬ 피고가 정리금융공사를 상대로 제기한 배당이의의 소에서 정리금융공사가 피보전권리를 원고에게 양도하여 소외인에 대하여 채권이 없다는 이유로 위 배당표 중 정리금융공사의 배당액을 삭감하고, 그 금액을 피고에게 배당하는 것으로 경정하는 내용의 판결이 선고되었고, 이후 그대로 확정된 사실, ⑭ 한편 원고는 이 사건 가압류의 피보전권리인 양수금 채권에 관하여 가압류채무자인 소외인을 상대로 지급명령을 신청하여 지급명령을 받았고, 그 지급명령이 확정된 사실을 알 수 있다.

앞서 본 법리와 사실관계에 의하면, 원고가 첫 경매개시결정등기 전에 등기된 가압류채권자인 정리금융공사로부터 그 피보전권리를 양도받았다고 주장하면서도 배당표가 확정되기 전까지 경매법원에 자신이 위 채권의 최종양수인임을 소명하지 못한 반면, 정리금융공사가 피고와 동순위로 배당받을 수 있었으므로 경매법원으로서는 정리금융공사에 배당할 수밖에 없다고 할 것이다. 그러나 이러한 경우에도 정리금융공사에 대한 위 배당액은 공탁될 것이고, 가압류채무자를 상대로 가압류의 피보전권리인 양수금채권에 관하여 확정된 지급명령을 받은 원고가 위 지급명령 등 채권양수사실을 증명하는 자료를 제출하면 위 공탁금을 직접 수령할 수 있으므로, 위 배당액은 종국적으로 원고에게 귀속되어야 할 것이다. 그런데 정리금융공사와 동순위로 각자의 채권액에 따라 안분하여 배당받은 피고가 정리금융공사를 상대로 배당이의의 소를 제기하여, 정리금융공사가 그 피보전권리를 원고에게 양도하여 소외인에 대한 채권이 없다는 이유로 승소함에 따라 정리금융공사의 배당액을 추가로 배당받았다면, 이는 배당을 받아야 할 채권자가 배당을 받지 못하고 배당을 받지 못할 채권자가 배당을 받은 것으로서 원고는 피고를 상대로 정리금융공사의 배당액 상당에 관하여 부당이득반환청구권을 가진다고 할 것이다. 또한 피고가 배당이의소송에서 승소하여 정리금융공사의 배당액을 추가로 배당받았다고 하더라도 배당이의소송의 판결은 정리금융공사와 피고에만 그 효력이 미칠 뿐 원고에게는 미치지 않으므로, 위와 같이 부당이득이 성립하는 것은 마찬가지라고 할 것이다. 그럼에도 원심이 그 판시와 같은 이유로 원고가 배당표가 확정되기 전까지 정리금융공사로부터 피보전권리를 양수하였음을 소명하지 아니하여 배당에서 배제되었다면 자신이 양수인임을 소명한 경우에 배당받을 수 있었던 금액 상당이 다른 채권자에게 배당되었다고 하여 이를 법률상 원인이 없는 것이라 할 수 없다고 판단하여 원고의 부당이득반환청구를 배척한 것은 부당이득반환에 관한 법리를 오해하여 판결 결과에 영향을 미친 잘못이 있다. 이 점을 지적하는 상고이유의 주장은 이유 있다."

제3편 다툼의 대상에 관한 가처분

제1장 당사자 · 관할

가압류와 마찬가지로 이행청구권의 주체라고 주장하는 자가 정당한 채권자가 되고, 그에 대한 의무자라고 주장되는 자가 채무자가 된다. 가처분의 재판은 본안의 관할법원 또는 다툼의 대상이 있는 곳을 관할하는 지방법원이 관할한다.

제2장 피보전권리 · 보전의 필요성

Ⅰ. 다툼의 대상에 관한 가처분(계쟁물 가처분)은 현상이 바뀌면 당사자가 권리를 실행하지 못하거나 이를 실행하는 것이 매우 곤란할 염려가 있을 경우에 한다(제300조 제1항). 다툼의 대상에 관한 가처분은 채권자가 금전채권 외의 물건이나 권리를 대상으로 하는 청구권을 가지고 있을 때, 판결을 받아 강제집행에 이르기 전에 다툼의 대상이 멸실 또는 처분되는 것을 막기 위하여 현상을 동결시키는 보전처분이다. 가압류와 마찬가지로 조건부나 기한부 채권은 물론 발생의 기초가 존재하고 내용이나 주체 등을 특정할 수 있는 정도의 요건만 갖추어져 있으면 피보전권리가 될 수 있다.

Ⅱ. 가처분신청에 있어서는 피보전권리나 가처분의 이유를 소명하여야 하고, 그 소명이 없을 때에도 법원은 가처분으로 인한 채무자의 손해에 대하여 채권자에게 담보를 제공케 하고 가처분을 명할 수 있으나(제301조, 제280조 제2항), 단지 그 소명이 없을 뿐 아니라 오히려 반대로 피보전권리 또는 가처분 이유 없음이 소명된 경우에는 법원으로서는 가처분을 명할 수는 없다고 해석함이 상당하다고 할 것이다.[173]

Ⅲ. 어느 부동산의 전부에 관하여 가처분이 되어 있다 하더라도 가처분 당시 그 부동산의 일부에 대해서만 피보전권리가 인정된다면 그 피보전권리 없는 부분의 가처분은 무효이므로, 그 선행가처분 후에 그 부동산의 일부에 관하여 새로운 가처분을 받은 자라도 자신의 피보전권리가 선행가처분자의 피보전권리에 저촉되지 않는 한 자신의 가처분으로 선행가처분자에게 대항할 수 있는 것이고, 설사 선행가처분자가 후행가처분 후에 그 부동산에 관한 권리 전부를 취득하였더라도 선행가처분 중 무효였던 부분이 유효한 것으로 될 수는 없다.[174]

Ⅳ. 다툼의 대상에 관한 가처분은 현상이 바뀌면 당사자가 권리를 실행하지 못하거나 이를 실행하는 것이 매우 곤란할 염려가 있을 경우에 허용되는 것으로서, 이른바 만족적 가처분의 경우와는 달리 보전처분의 잠정성·신속성 등에 비추어 피보전권리에 관한 소명이 인정된다면 다른 특별한 사정이 없는 한 보전의 필요성도 인정되는 것으로 보아야 하고, 비록 동일한 피보전권리에 관하여 다른 채권자에 의하여 동종의 가처분집행이 이미 마쳐졌다거나, 선행 가처분에 따른 본안소송에 공동피고로 관여할 수 있다거나 또는 나아가 장차 후행 가처분신청에 따른 본안소송이 중복소송에 해당될 여지가 있다는 등의 사정이 있다고 하더라도 그러한 사정만으로 곧바로 보전의 필요성이 없다고 단정하여서는 아니 된다.[175]

173) 대법원 2010. 4. 8. 2009마1026
174) 대법원 1994. 3. 11. 93다52044
175) 대법원 2005. 10. 17. 2005마814

제3장 가압류절차에 관한 규정의 준용

다툼의 대상에 관한 가처분 역시 강제집행의 보전을 위한 것이다. 따라서 그 기능은 가압류와 같다. 따라서 가처분절차에는 그에 대한 별도의 규정이 있는 경우를 제외하고는 가압류절차에 관한 규정을 원칙적으로 준용한다(제301조).

제4장 가처분의 방법

Ⅰ. 가처분 신청시에 집행신청도 한 것으로 보기 때문에 채권자는 가처분 신청 외에 따로 집행신청을 하지 않는다. 법원은 신청목적을 이루는데 필요한 처분을 직권으로 정한다(제305조 제1항). 가처분으로 보관인을 정하거나, 상대방에게 어떠한 행위를 하거나 하지 말도록, 또는 급여를 지급하도록 명할 수 있다(제305조 제2항). 가처분으로 부동산의 양도나 저당을 금지한 때에는 부동산가압류에 관한 규정을 준용하여 등기부에 그 금지한 사실을 기입하게 하여야 한다(제305조 제3항).

Ⅱ. 금전채권이나 금전으로 환산할 수 있는 채권의 보전을 목적으로 하는 가압류와 달리 가처분은 금전채권을 제외한 특정물에 대한 이행청구권 또는 다툼이 있는 권리관계의 보전에 그 본래의 목적이 있다는 점과 민사집행법 제307조에서 특별사정으로 인한 가처분의 취소를 별도로 규정한 법의 등에 비추어 볼 때 해방공탁금에 관한 민사집행법 제282조의 규정은 가처분에는 준용할 수 없다고 해석함이 타당하다.[176]

Ⅲ. 등기부상 1필지 내의 특정된 일부토지에 대한 소유권이전등기청구권을 보전하기 위하여는 바로 분할등기가 될 수 있다는 등 특별한 사정이 없으면 그 1필지 토지 전부에 대하여 가처분을 할 수 밖에 없다.[177]

---

176) 대법원 2002. 9. 25. 2000마282

177) 대법원 1975. 5. 27. 75다190; 대법원 1987. 10. 13. 87다카1093 판결은 "1필지의 토지의 특정된 일부에 대하여 소유권이전등기절차의 이행을 명하는 판결을 받은 등기권자는 그 판결에 따로 토지의 분할을 명하는 주문기재가 없더라도 그 판결에 기하여 등기의무자를 대위하여 그 특정된 일부에 대한 분필등기절차를 마친 후 소유권이전등기를 할

Ⅳ. 미등기 부동산이라도 보전등기가 가능한 경우에는 가처분이 가능하다. 보전동기와 동시에 가처분의 기입등기가 이루어진다. 부동산등기법 제66조 제1항은 "등기관이 미등기부동산에 대하여 법원의 촉탁에 따라 소유권의 처분제한의 등기를 할 때에는 직권으로 소유권보존등기를 하고, 처분제한의 등기를 명하는 법원의 재판에 따라 소유권의 등기를 한다는 뜻을 기록하여야 한다."고 규장하고 있다. 다만 그 건물이 '건축법'상 사용승인을 받아야 할 건물임에도 사용승인을 받지 아니하였다면 그 사실을 표제부에 기록하여야 한다(부동산등기법 제66조 제2항 단서).

Ⅴ. 토지소유자가 자신의 토지 지상에 존재하는 건축물에 대하여 철거를 구하고자 하는 경우에는 건물명도, 건물철거, 토지인도가 필요하다. 따라서 건물과 토지에 대한 점유이전금지가처분과 동시에 건물에 대한 처분금지가처분도 필요하다. 건물에 대한 점유이전 금지만으로는 건물의 처분을 막을 수 없기 때문이다. 철거소송 및 가처분의 상대방은 등기가 된 건물은 등기부상 소유권자이겠지만, 미등기 건물의 경우에는 건물에 대하여 법률상·사실상 처분을 할 수 있는 지위에 있는 자라 할 것이므로,[178] 등기명의는 없다하더라도 본건 건물을 매수하여 현재 점유함으로 법률상으나 사실상으로도 관리와 처분을 할 수 있

수 있으므로, 토지의 분할을 명함이 없이 1필지의 토지의 일부에 관하여 소유권이전등기절차의 이행을 명한 판결을 집행불능의 판결이라고 할 수 없다."고 판시하였는데, 이 판례의 취지에 따라 1필지 토지 중 특정 일부에 대한 처분금지가처분을 하는 경우에는 채권자가 가처분결정을 대위원인으로 하여 대위분할등기신청을 하여 분할등기를 한 다음 가처분의 기입등기를 할 수 있다는 견해(김홍엽, 「민사집행법 제2판」, 박영사(2013년), 455면)도 있다.

178) 대법원 2003. 1. 24. 2002다61521 "건물철거 및 토지인도는 그 소유권의 종국적 처분에 해당되는 사실행위이므로 원칙으로는 그 소유자(민법상 원칙적으로는 등기명의자)에게만 그 철거처분권이 있다 할 것이고, 예외적으로 건물을 전소유자로부터 매수하여 점유하고 있는 등 그 권리의 범위 내에서 그 점유 중인 건물에 대하여 법률상 또는 사실상 처분을 할 수 있는 지위에 있는 자에게도 그 철거처분권이 있다 할 것이다. 미등기건물에 대한 양도담보계약상의 채권자의 지위를 승계하여 건물을 관리하고 있는 자는 건물의 소유자가 아님은 물론 건물에 대하여 법률상 또는 사실상 처분권을 가지고 있는 자라고 할 수도 없다 할 것이어서 건물에 대한 철거처분권을 가지고 있는 자라고 할 수 없다"

는 자를 상대로 건물철거를 청구하거나 처분금지가처분을 신청할 수 있다.

제5장 가처분결정과 본안소송

Ⅰ. 보전처분에 의한 보전의 효력은 그 피보전권리와 청구의 기초에 동일성이 있는 다른 권리에도 미친다고 할 것이다. 명의신탁자의 지위를 유증받았다는 것과 상속받았다는 것은 그 청구의 기초가 동일하다고 할 것이므로 피고가 한 위 처분금지가처분이 유증에 기한 명의신탁해지를 원인으로 한 소유권이전등기청구권을 피보전권리로 하는 것이었다면, 그 가처분의 효력은 상속에 기하여 명의신탁해지를 원인으로 한 이전등기청구권에도 미친다.[179)]

Ⅱ. 채권자가 가처분의 피보전권리로 매매를 원인으로 한 소유권이전등기청구권을 주장하면서 그 신청원인으로 주장한 사실과 같은 사실을 본안소송에서 청구원인으로 주장하였고, 다만 주위적 청구취지로 직접의 이전등기청구를 하고, 예비적으로 채권자대위권에 기하여 제3자에 대한 이전등기청구를 하여 그 중 예비적 청구에 대하여 승소확정판결을 받은 사안에서, 가처분의 피보전권리와 본안소송의 소송물인 권리 사이에 그 청구의 기초의 동일성이 인정되므로 가처분에 의한 보전의 효력이 승소확정판결을 받은 본안소송의 권리에 미친다.[180)]

제6장 다툼의 대상에 관한 가처분의 종류

제1절 처분금지가처분

목적물의 처분을 가처분으로 금지하여 두면 그 이후 채무자가 제3자에게 소유권을 이전하더라도 그 제3자는 가처분권자에게 대항할 수 없게 된다. 즉 처분금지가처분은 본안소송 및 집행절차에서 당사자를 항정하는

179) 대법원 2007. 8. 24. 2007다26882

180) 대법원 2006. 11. 24. 2006다35223

효과가 있는 것이다. 선의취득이 인정되는 동산의 경우 이러한 처분금지가처분의 당사자 항정 효과가 생길 수 없다.

처분금지가처분의 피보전권리는 대부분 부동산에 대한 등기청구권이고, 본안소송은 등기청구소송이다. 부동산처분금지가처분은 가압류의 예에 따른다(규칙 제215조).

부동산 처분금지가처분 주문은 "채무자는 별지 목록 기재 부동산에 대하여 매매, 증여, 저당권・전세권・임차권 설정 그 밖의 일체의 처분행위를 하여서는 안 된다."이다.

제2절 점유이전금지가처분

우리 민사소송법은 당사자 승계주의를 취하고 있어 변론종결 전의 승계인에게 판결의 효력이 미치지 아니하므로 인도청구의 본안소송 중 목적물의 점유가 이전되면 그대로 본안소송에서 패소할 수밖에 없고, 따라서 새로이 제3자를 상대로 소송을 제기하든지 아니면 민사소송법 제82조 등에 의하여 위 제3자에게 소송을 인수시켜 소송을 유지할 수밖에 없다.[181] 그러나 점유이전금지가처분 후에는 채무자가 제3자에게 점유를 이전하더라도 그 제3자는 가처분권자에게 대항할 수 없다. 가처분권자는 채무자를 상대로 인도청구소송을 통해 얻은 집행권원으로 제3채무자에 대하여 승계집행문을 받아 인도집행을 할 수 있다.

점유이전금지가처분의 피보전권리는 채권자의 채무자에 대한 특정물 인도청구권이며, 본안소송은 특정물 인도청구소송이다. 건물의 점유이전금지가처분의 집행은 부동산을 집행관이 보관 중임을 표시하는 公示書를 게시하는 것이다.

부동산 점유이전금지가처분 주문은 "채무자는 별지 목록 기재 부동산에 대한 점유를 풀고 이를 채권자가 위임하는 집행관에게 인도하여야 한다. 집행관은 현상을 변경하지 아니할 것을 조건으로 하여 채무자에게 이를 사용하게 하여야 한다. 채무자는 그 점유를 타인에게 이전하거나 점유

181) 사법연수원, 보전소송(2012), 120-121면.

명의를 변경하여서는 안 된다. 집행관은 위 명령의 취지를 적당한 방법으로 공시하여야 한다."이다.

동산 점유이전금지가처분 주문은 "채무자는 별지 목록 기재 물건에 대한 점유를 풀고 이를 채권자가 위임하는 집행관에게 인도하여야 한다. 집행관은 현상을 변경하지 아니할 것을 조건으로 하여 채무자에게 이를 사용하게 하여야 한다. 채무자는 위 물건에 관하여 양도, 질권 설정, 그 밖의 처분을 하거나, 그 점유를 타인에게 이전하거나 점유명의를 변경하여서는 안 된다. 집행관은 위 명령의 취지를 적당한 방법으로 공시하여야 한다."이다.

제3절 지식재산권에 대한 가처분

지식재산권에 대한 가처분은 산업재산권(특허권, 실용신안권, 디자인권, 상표권) 그밖에 이에 준하는 권리(저작권, 출판권 등)에 대한 이전등록청구권 또는 말소등록청구권을 피보전권리로 한다.

부동산 가처분의 경우와 같이 발령법원이 집행법원이 되어 법원사무관 등의 명의로 지체 없이 산업재산권의 경우에는 특허청장에게, 저작권 등의 경우에는 문화체육관광부장관에게 가처분기입등록의 촉탁을 한다.

제4절 채권의 추심 및 처분금지 가처분

채권이 존부에 관한 다툼이 있을 때 채무자는 채권자로부터 그 이행의 청구를 받아도 이를 거절할 수 있기 때문에 채무자가 채권자를 상대로 자기에 대한 채권의 추심을 금지하는 가처분을 할 필요는 없다. 그러나 그 채권이 통정허위표시에 의해 성립되었다고 할 때에는 그 채권이 선의의 제3자에게 양도되면 대항할 수 없는 경우가 생기므로 채권자로 하여금 제3자에게 이를 처분할 수 없도록 금지할 필요가 있다.

채권의 양도에 다툼이 있는 경우 양수인이 채권을 양수한 권리를 보전하기 위해서는 원래의 채권자를 채무자로 하여 채권의 추심을 금지함과 동시에 그 채권이 다시 제3자에게 처분되는 것을 금지하는 가처분을 받을 필요가 있다. 채권이 이중으로 양도되어 두 사람의 양수인 사이에서 채권의 귀속에 대한 분쟁이 생긴 경우에 어느 한 쪽이 다른 쪽에 대하여 채권의 추심을 금지할 필요도 있다.

채권의 추심 및 처분금지 가처분은 채권가압류와 마찬가지로 가처분발령법원이 집행법원이 되며, 따로 집행신청을 할 필요가 없다.

채권의 추심 및 처분금지가처분의 주문은 "채무자는 별지목록 기재 채권을 다에 양도하거나 질권설정, 그 밖의 일체의 처분을 하여서는 안 된다"이다. 여기에서 채무자란 가처분채무자, 즉 다툼의 대상인 채권의 채권자를 뜻한다.

제7장 다툼의 대상에 대한 가처분집행의 효력

Ⅰ. 처분금지가처분의 효력

1. 처분금지가처분결정만으로는 구속력이 없고, 처분금지가처분 등기가 행하여진 후 제3취득자가 가처분채권자에게 대항할 수 없는 효력이 발생한다.[182]

2. 부동산에 관하여 처분금지가처분의 등기가 마쳐진 후에 가처분권자가 본안소송에서 승소판결을 받아 확정되면 그 피보전권리의 범위 내에서 그 가처분에 저촉되는 처분행위의 효력을 부정할 수 있고, 이 때 그 처분행위가 가처분에 저촉되는 것인지의 여부는 그 처분행위에 따른 등기와 가처분등기의 선후에 의하여 정해진다.[183]

---

182) 대법원 1997. 7. 11. 97다15012 "원고들이 피고를 상대로 하여 이 사건 아파트에 대한 분양금지 가처분결정을 받았다고 하더라도, 위 가처분은 그 집행에 해당하는 등기에 의하여 비로소 가처분채무자 및 제3자에 대하여 구속력을 갖게 되는 것이므로, 그 가처분등기가 경료되기 이전에 피고가 그 가처분의 내용에 위반하여 처분행위를 함으로써 이에 따라 위 소외인들 명의의 소유권이전등기가 마쳐진 것이라면 그 소유권이전등기는 완전히 유효하다."

183) 대법원 2003. 2. 28. 2000다65802,65819 "이 사건 토지는 원래 박두만의 소유이었는데, 원고(반소피고, 이하 '원고'라고만 한다)는 1996. 4. 6. 창원지방법원 거창지원으로부터 처분금지의 가처분결정을 받고 같은 달 9. 그 기입등기를 마친 사실, 원고는 그 후 위 박두만을 상대로 소유권이전등기청구의 본안소송을 제기하여 1997. 11. 14. 승소확정판결을 받은 다음, 1998. 8. 28. 그 이전등기를 마친 사실, 한편 피고는 위 가처분

3. 가처분결정에 의하여 매매 기타의 처분행위가 금지된 부동산을 그 소유자로부터 매수한 제3자는 그 소유권취득의 효력을 가처분채권자에게 대항할 수 없으나 그 후 그 가처분의 등기가 적법하게 말소된 경우에는 그 후 그 소유권취득의 효력을 대항할 수 있다할 것이다.[184]

4. 가처분등기 보다 먼저 등기된 가등기에 의하여 본등기가 경료된 경우에는 그 본등기가 설사 가처분등기 후에 경료되었다 하더라도 가처분채권자에게 대항할 수 있다.[185]

5. 부동산 처분금지가처분 등기가 경료되었으나 그 가처분 당시의 가처분채무자 명의의 등기가 원인무효인 관계로 확정판결에 의해 말소되어 전소유자의 소유명의로 복귀되는 경우에는 처분금지가처분에 의하여 처분이 금지되는 처분행위에 해당한다고 볼 수 없고, 다만 가처분채무자가 소유권을 제3자에게 처분하면서 이미 경료된 가처분의 효력을 배제시킬 의도로 의제자백에 의하여 원인무효라는 확정판결을 받아 가처분채무자 명의의 등기를 말소하고 그 제3자에게 등기를 이전하였다는 등의 특별한 사정이 있는 경우에는 그 처분금지가처분에 의하여 처분이 금지되는 처분행위에 포함된다.[186]

6. 가처분채권자가 가처분 위반행위의 효력을 부정할 수 있는 시기는 본안소송에서 승소확정판결을 받거나 이와 동일시할 수 있는 사정이 발생한 때이며, 단순히 가처분채권자인 지위만으로. 가처분채권자의 지위만으로는 가처분채무자로부터 목적부동산의 소유권이전등

의 기입등기가 경료된 후인 1996. 7. 15. 이 사건 토지상의 건물에 관하여 그 명의로 소유권보존등기를 마친 사실을 인정할 수 있는바, 그렇다면 피고가 위 박두만으로부터 이 사건 토지를 임차하고 그 지상에 이 사건 건물을 신축함으로써 이를 원시취득하였다고 하더라도, 그 건물의 보존등기를 하기 이전에 이미 이 사건 토지에 관하여 처분금지가처분등기를 마친 원고에 대하여는 그 토지임대차의 효력이 생기지 아니한다고 할 것이다."

184) 대법원 1968. 9. 30. 68다1117

185) 사법연수원, 보전소송(2012), 141면.

186) 대법원 1996. 8. 20. 94다58988

기를 경료받은 제3자에 대하여 말소등기를 청구하는 등 위법한 처분행위의 효력을 부인할 수 없다.[187] 따라서 가처분채권자의 권리가 본안에서 확정될 때까지는 가처분등기 후의 처분행위라도 등기가 허용됨은 물론이고, 임대된 경우에는 임차인에게 차임의 지급을 청구할 수 있으며, 타인의 강제집행에 대하여 제3자이의의 소를 제기할 수 있으며, 제3취득자의 채권자도 제3취득자를 채무자로 하여 목적부동산에 대하여 강제집행이나 보전처분을 할 수 있다.[188]

7. 가처분에 의한 처분금지의 효력은 가처분채권자의 권리를 침해하는 한도에서만 생긴다. 저당권 또는 임차권 설정등기청구권을 피보전권리로 한 처분금지가처분 후에 행하여진 소유권이전행위는 저당권, 임차권의 존재를 인정한 채로 제3취득자에게 소유권이 넘어가는 것이므로, 그 소유권이전등기는 위 가처분에 위배되지 않아 유효하다.[189]

8. 계쟁 부동산에 관하여 실체상 아무런 권리가 없는 사람의 신청에 의하여 처분금지가처분 결정이 내려졌다면, 그에 기한 가처분등기가 마쳐졌다 하더라도 그 가처분 권리자는 가처분의 효력을 채무자나 제3자에게 주장할 수 없는 것이므로, 그 가처분 등기 후에 부동산 소유권이전등기를 마친 자는 가처분권리자에 대하여도 유효하게 소유권을 취득하였음을 주장할 수 있다.[190]

9. 가처분등기 후에 어떤 경로로 그 피보전권리를 실현하는 내용의 등기가 경료된 경우, 그 등기는 완전히 유효하다.[191] 부동산이 甲 → 乙 → 丙 순으로 순차 양도된 경우, 丙이 乙을 대위하여 乙이 甲에 대하여 가지는 소유권이전등기청구권을 보전하기 위하여 甲을 상대로 부동산에 대한 처분금지가처분결정을 받아 집행한 후에 甲이 乙에게 소유권이전등기를 경료하더라고 가처분에 위배되는 것이 아니

187) 대법원 1992. 2. 14. 91다123349
188) 사법연수원, 보전소송(2012), 142면.
189) 대법원 1984. 4. 16. 84마7
190) 대법원 1999. 7. 9. 98다6831
191) 사법연수원, 보전소송(2012), 144면.

므로 유효하며, 乙 명의의 등기에 터잡아 丙이 아닌 丁 명의로 경료된 소유권이전등기도 유효하다.[192] 위 가처분은 丙의 乙에 대한 소유권이전등기청구권을 보전하기 위하여 甲이 乙 이외의 자에게 소유권의 이전등 처분행위를 하지 못하게 하는 데에 그 목적이 있는 것으로서 그 피보전권리는 乙의 甲에 대한 소유권이전등기청구권이고, 丙의 乙에 대한 소유권이전등기청구권까지 포함하는 것은 아닐 뿐만 아니라, 그 가처분결정에서 제3자에 대한 처분을 금지하였다고 하여도 그 제3자 중에는 乙을 포함되지 않기 때문이다. 반면에 부동산이 甲 → 乙 → 丙 → 丁 순으로 순차 매도된 경우에 丁이 丙, 乙을 순차 대위하여 甲을 상대로 처분금지가처분을 하였는데 甲으로부터 丙 앞으로 중간생략의 소유권이전등기가 경료된 경우 이 등기는 처분금지가처분에 위배되어 丁에게 대항할 수 없다.[193]

10. 지명채권이 양도되어 제3자에 대하여 대항요건까지 갖춘 후 양도인의 채권자가 양수 인을 상대로 상해행위 취소로 인한 원상회복청구권을 피보전권리로 하여 그 피양수채권에 대한 처분금지가 처분을 발령받은 경우에, 위 가처분채권자가 본안소송으로 제기한 사해행위취소소송에서 승소 확정된 후 그에 기하여 채무자에게 그 채권이 원상회복되는 때뿐만 아니라 양수인이 임의로 양도인에게 그 채권을 반환하거나 양도인의 다른 채권자가 양수인을 상대로 제기한 사해행위취소소송의 결과에 따라 원상회복의무에 이행으로서 그 채권을 반환하더라도, 이는 위 가처분채권자의 피보전권리인 채권자취소권에 의한 원상회복청구권을 침해하는 것이 아니라 채권자취소권의 목적을 실현시키는 것과 동일한 결과가 되어 오히려 그 피보전권리에 부합하는 것이므로 위 가처분의 처분금지효력에 저촉된다고 할 수 없다.[194]

---

192) 대법원 1989. 4. 11. 87다카3155; 대법원 1994. 3. 8. 93다42665

193) 대법원 1998. 2. 13. 97다47897

194) 대법원 2006. 8. 24. 2004다23127; 대법원 2008. 3. 27. 2007다85157 "채권자가 수익자를 상대로 사해행위취소로 인한 원상회복을 위하여 소유권이전등기 말소등기청구권을 피보전권리로 하여 그 목적부동산에 대한 처분금지가처분을 발령받은 경우, 그 후

Ⅱ. 점유이전금지가처분의 효력

1. 통상의 점유이전금지가처분은 가처분집행 당시의 목적물의 현상을 본집행시까지 그대로 유지함을 목적으로 하여 그 목적물의 점유이전과 현상의 변경을 금지하는 것에 불과하여, 이러한 가처분결정에도 불구하고 점유가 이전되었을 때에는 가처분채무자는 가처분채권자에 대한 관계에서 여전히 그 점유자의 지위에 있는 것으로 취급되는 것일 뿐 가처분집행만으로 소유자의 의한 목적물의 처분을 금지 또는 제한하는 것은 아니다. 따라서 점유이전금지가처분의 대상이 된 목적물의 소유자가 그 의사에 기하여 가처분채무자에게 직접점유를 하게 한 경우에는 그 점유에 관한 현상을 고정시키는 것만으로 소유권이 침해되거나 침해될 우려가 있다고 할 수 없고, 소유자의 간접점유권이 침해되는 것도 아니므로 간접점유자에 불과한 소유자는 직접점유자를 가처분채무자로 하는 점유이전금지가처분의 집행에 대하여 제3자이의의 소를 제기할 수 없다.[195]

2. 점유이전금지가처분은 그 목적물의 점유이전을 금지하는 것으로서, 그럼에도 불구하고 점유가 이전되었을 때에는 가처분채무자는 가처분채권자에 대한 관계에 있어서 여전히 그 점유자의 지위에 있다는 의미로서의 당사자항정의 효력이 인정될 뿐이므로, 가처분 이후에 매매나 임대차 등에 기하여 가처분채무자로부터 점유를 이전받은 제3자에 대하여 가처분채권자가 가처분 자체의 효력으로 직접 퇴거를 강제할 수는 없고, 가처분채권자로서는 본안판결의 집행단계에서 승계집행문을 부여받아서 그 제3자의 점유를 배제할 수 있을 뿐이다.[196]

수익자가 계약의 해제 또는 해지 등의 사유로 채무자에게 그 부동산을 반환하는 것은 가처분채권자의 피보전권리인 채권자취소권에 의한 원상회복청구권을 침해하는 것이 아니라 오히려 그 피보전권리에 부합하는 것이므로 위 가처분의 처분금지 효력에 저촉된다고 할 수 없다."

195) 대법원 2002. 3. 29. 2000다33010

196) 대법원 1999. 3. 23. 98다59118

제8장 특별사정에 의한 가처분의 취소

Ⅰ. 특별한 사정이 있는 때에는 담보를 제공하게 하고 가처분을 취소할 수 있다(제307조 제1항). 민사집행법은 담보를 제공하고 취소를 구할 수 있는 가압류의 경우와 같이 특수한 사정이 인정되는 가처분의 경우 채무자로 하여금 담보를 제공하게 하고 가처분 취소를 신청할 수 있도록 하고 있다. 이 취소제도는 계쟁물 가처분과 임시지위를 정하기 위한 가처분에 모두에 적용된다.

Ⅱ. 특별사정이란 가처분으로 보전되는 피보전권리가 '금전적 보상에 의하여 종국적으로 만족을 얻을 수 있는 것이라는 사정'과 '채무자가 가처분에 의하여 통상 입는 손해보다 훨씬 큰 손해를 입게 될 사정' 두 가지를 의미한다.[197] 둘 중 하나만 충족되면 특별사정에 해당한다는 것이 통설 · 판례이다.[198]

Ⅲ. 금전보상이 가능한가의 여부는 장래 본안소송에 있어서의 청구의 내용, 당해 가처분의 목적 등 모든 사정을 참작하여 사회통념에 따라 객관적으로 판단하여야 할 것이다. 장래 본안소송에서 피보전권리의 침해로 인하여 입게 되는 가처분 채권자의 손해액의 산정이나 입증이 불가능하거나 현저히 곤란한 경우에는 실질적으로 금전보상이 불가능하다고 보아야 한다.

---

197) 대법원 2006. 7. 4. 2006마164,165 "민사집행법 제307조 제1항에서 규정하고 있는 담보를 제공하게 하고 가처분을 취소할 수 있는 '특별한 사정이 있는 때'라 함은 가처분에 의하여 보전되는 권리가 금전적 보상으로써 그 종국의 목적을 달성할 수 있는 사정이 있거나 또는 가처분 집행으로 가처분 채무자가 특히 현저한 손해를 받고 있는 사정이 있는 경우를 말하고, 여기에서 금전보상이 가능한가의 여부는 장래 본안소송에 있어서의 청구의 내용, 당해 가처분의 목적 등 모든 사정을 참작하여 사회통념에 따라 객관적으로 판단하여야 하고, 채무자가 특히 현저한 손해를 입게 될 사정이 있는지 여부는 가처분의 종류, 내용 등 제반 사정을 종합적으로 고려하여 채무자가 입을 손해가 가처분 당시 예상된 것보다 훨씬 클 염려가 있어 가처분을 유지하는 것이 채무자에게 가혹하고 공평의 이념에 반하는지 여부에 의하여 결정된다."

198) 김상원 · 정지형, 「가압류 · 가처분」, 한국사법행정학회, 230면; 대법원 1997. 3. 14. 96다21188

Ⅳ. 금전채권을 피보전권리로 하는 처분금지가처분은 당연히 금전적 보상에 의해 종국적 만족을 얻는 경우에 해당한다. 공사대금채권을 원인으로 한 유치권을 피보전권리로 하는 출입금지가처분[199], 사해행위취소에 의한 소유권이전등기말소청구권을 피보전권리로 하는 처분금지가처분[200]의 경우 금전적 보상에 의한 종국적 만족이 가능한 경우이다.[201]

Ⅴ. 채무자가 가처분에 의하여 통상 입는 손해보다 훨씬 큰 손해를 입게 될 사정이 있는지 여부는 가처분의 종류, 내용 등 제반 사정을 종합적으로 고려하여 채무자가 입을 손해가 가처분 당시 예상된 것보다 훨씬 클 염려가 있어 가처분을 유지하는 것이 채무자에게 가혹하고 공평의 이념에 반하는지 여부에 의하여 결정된다.[202]

---

199) 대법원 1997. 3. 14. 96다21188

200) 대법원 1998. 5. 15. 97다58316

201) 그러나 대법원 1987. 1. 20. 선고 86다카1547 판결은 "근저당권과 같은 담보권은 금전보상으로 종국의 목적을 달성할 수 있는 권리라 할 것이나 가처분의 피보전권리가 근저당권 일부 이전등기청구권으로서 가처분 채권자로서는 그 일부이전의 부기등기를 경료한 뒤 근저당권이 실행되어 경매절차에서 목적부동산이 근저당권자의 잔여채권액을 상회하는 가격으로 경락될 경우에 이를 우선 변제하고 남은 금액을 배당받을 수 있을 것을 기대할 수 있을 뿐이므로 그와 같은 경매가 실행되지 아니하고는 가처분채권자가 변제받을 수 있는 금액을 산정할 수 없을 것이므로 위 가처분이 취소되어 근저당권자가 경매 이외의 방법으로 위 근저당권을 처분할 경우에는 가처분 채권자가 입게 되는 손해액을 확정할 수 없을 것이어서 결국 금전보상이 불가능하게 된다."고 판시하였다.

202) 대법원 1992. 4. 14. 91다31210 "공사금지가처분의 취소를 구하는 피신청인이 가처분 이후에 신청인에 대한 피해를 줄이기 위하여 설계를 변경하고 가처분의 대상이 된 지역의 지하굴착시에는 폭약으로 발파하지 아니하고 팽창력에 의하여 바위를 갈라지게 하는 무진동 파쇄제를 사용하여 굴착하기로 계획하고 있고, 신청인 소유의 건물 자체는 지하층이 지하의 암반 위에 기초되어 있는 한편 피신청인이 건축하고자 하는 건물은 지하 6층 지상 18층의 오피스텔로서 50%가 이미 분양되어 있으며, 가처분결정의 대상 지역을 제외한 나머지 부분은 지하굴착공사가 거의 완료되어 있다면 가처분결정이 취소되어 공사가 속행될 경우 신청인 소유의 건물이 입게 될 추가피해가 그다지 크지 않으리라고 보여지나 가처분결정이 유지될 경우 피신청인은 더 이상 공사를 진행할 수 없어 막대한 손해를 입게 될 우려가 있는 점을 인정할 수 있어 위와 같은 제반 사정을 종합하여 보면 피신청인에게 특별사정이 있다. 특별사정의 유무는 채무자가 가처분에 의하여 통상 입는 손해보다 훨씬 큰 손해를 입게 될 사정이 있느냐의 여부에 의할 것이지 그 손해가 반드시 공익적 손해임이 요구되는 것은 아니다."

Ⅵ. 법원은 특별사정을 심리한 후 그 사정이 인정되면 채무자가 제공할 담보의 종류와 금액을 정하여 미리 담보를 제공하게 하고 가처분을 취소하는 결정을 하거나 담보제공을 조건으로 가처분을 취소하는 결정을 한다. 그 특별사정이 인정되지 않거나 담보를 제공하지 않으면 취소신청은 기각된다. 이 담보는 가처분의 성질상 피보전권리 자체를 담보하는 것이 될 수 없고, 가처분채권자가 본안소송에서 승소하였음에도 가처분의 취소로 말미암아 가처분 목적물이 존재하지 않게 됨으로써 입게 되는 손해를 담보하기 위한 것이므로, 가처분채권자는 가처분취소로 인하여 입은 손해배상 청구소송의 승소판결을 얻은 후에, 그 담보에 대하여 질권자와 동일한 권리를 가지고 우선변제를 받을 수 있다.[203)]

제9장 원상회복재판

Ⅰ. 가처분을 명한 재판에 기초하여 채권자가 물건을 인도받거나, 금전을 지급받거나 또는 물건을 사용・보관하고 있는 경우에는, 법원은 가처분을 취소하는 재판에서 채무자의 신청에 따라 채권자에 대하여 그 물건이나 금전을 반환하도록 명할 수 있다(제308조).

Ⅱ. 원상회복의 범위는 채권자에게 인도되었던 물건이나 금전에 국한되고, 별도로 손해배상의무의 존부에 관하여 판단할 수는 없다. 원상회복 재판은 가처분 취소결정에 부수하여 이루어지므로 가집행선고 없이 즉시 집행력을 가진다.

제10장 가압류결정・다른 가처분결정과의 경합

Ⅰ. 여러 개의 가처분이 경합하는 경우 개별 가처분의 내용이 서로 모순・저촉되지 않는 범위 내에서 경합한다. 수개의 가처분이 서로 모순・저

203) 대법원 1998. 5. 15. 97다58316

촉되는지 여부는 당사자, 피보전권리, 보전의 필요성, 주문, 신청취지 등을 종합적으로 고려하여 판단하여야 한다. 선행 가처분과 내용이 서로 저촉되는 후행가처분을 받아 사실상 선행가처분을 폐지 또는 변경하거나 그 집행을 배제되는 결과는 허용될 수 없다. 가압류와 가처분은 그 내용이 서로 모순·저촉되지 않는 한 경합이 가능하다. 부동산에 대한 가압류와 가처분은 집행의 선후에 의하여 결정된다.

Ⅱ. 채권자가 채무자의 금전채권에 대하여 가처분결정을 받아 그 가처분결정이 제3채무자에게 송달되고 그 후 본안소송에서 승소하여 확정되었다면, 그 가처분결정의 송달 이후에 실시된 가압류 등의 보전처분 또는 그에 기한 강제집행은 그 가처분의 처분금지 효력에 반하는 범위 내에서는 가처분채권자에게 대항할 수 없다고 봄이 상당하다.[204]

Ⅲ. 민법 제548조 제1항 단서에서 말하는 제3자란 일반적으로 그 해제된 계약으로부터 생긴 법률효과를 기초로 하여 해제 전에 새로운 이해관계를 가졌을 뿐 아니라 등기, 인도 등으로 완전한 권리를 취득한 자를 말하는 것인데,[205] 해제된 매매계약에 의하여 채무자의 책임재산이 된 부동산을 가압류 집행한 가압류채권자도 원칙상 위 조항 단서에서 말하는 제3자에 포함되는 것이다.[206] 그러나 다른 한편, 부동산처분금지가처분이 유효하게 집행된 이후 가처분채권자가 그 본안소송에서 승소판결을 선고받아 확정되면 가처분채권자는 가처분등기 후에 경료된, 그에 위반되는 등기의 말소를 단독으로 신청할 수 있고[207], 동일한 부동산에 대하여 가압류와 처분금지가처분이 경합하는 경우 처분의 금지라는 점에 있어서는 양자의 효력이 양립할 수 없어 가압류와 가처분의 효력 순위는 그 집행 순서에 따라 정할 수밖에 없으므로, 부동산에 대하여 가압류등기가 된 경우에, 그 가압류채무자(현 소유자)

204) 대법원 2014. 6. 26. 2012다116260
205) 대법원 2002. 10. 11. 2002다33502
206) 대법원 2000. 1. 14. 99다40937
207) 대법원 1992. 2. 14. 91다12349

의 전 소유자가 위의 가압류 집행에 앞서 같은 부동산에 대하여 소유권이전등기의 말소청구권을 보전하기 위한 처분금지가처분등기를 경료한 다음, 채무자를 상대로 매매계약의 해제를 주장하면서 소유권이전등기 말소소송을 제기한 결과 승소판결을 받아 확정되기에 이르렀다면, 위와 같은 가압류는 결국 말소될 수밖에 없고, 따라서 이러한 경우 가압류채권자는 민법 제548조 제1항 단서에서 말하는 제3자로 볼 수 없으며, 가처분채권자가 받은 본안판결이 전부 승소판결이 아닌 동시이행판결인 경우도 마찬가지다.[208]

Ⅳ. 등기관이 동일한 부동산에 관한 가압류등기 촉탁서와 처분금지가처분등기 촉탁서를 동시에 받아 같은 접수번호와 순위번호를 부여한 결과 동일한 부동산에 관하여 동일 순위로 등기된 가압류와 처분금지가처분이 경합하게 된 경우에는 당해 채권자 상호간에는 상호간에 있어서 처분금지적 효력을 주장할 수 없다.[209]

Ⅴ. 소유권이전등기청구권에 대한 가압류가 있기 전에 "채무자는 소유권이전등기청구권을 양도하거나 기타 일체의 처분행위를 하여서는 아니된다. 제3채무자는 채무자에게 소유권이전등기절차를 이행하여서는 아니 된다."는 가처분이 있었다 하여도 가처분이 뒤에 이루어진 가압류에 우선하는 효력은 없으므로, 가압류는 가처분 채권자와의 관계에서도 유효하다.[210] 따라서 이 경우 가처분채권자는 채무자를 대위하여 제3채무자를 상대로 가압류해제를 조건으로 하여야만 소유권이전등기를 청구할 수 있다.[211]

Ⅵ. 소유권이전등기청구권에 대한 원고의 (가)압류가 있기 이전에 제3자의 처분금지가처분결정이 피고에게 송달된 경우, 소유권전등기청구권 처분금지가처분은 소유권이전등기청구권을 임의로 처분하는 것을 금

208) 대법원 2005. 1. 14. 2003다33004
209) 대법원 1998. 10. 30. 98마475
210) 대법원 1998. 4. 14. 96다47104
211) 김홍엽, 「민사집행법」, 박영사(2013), 469면.

지하는 효력만 있고, 원고의 소유권이전등기청구권에 대한 압류에 우선하는 효력이 있다고 볼 수 없으므로, 소유권이전등기청구권에 대한 처분금가처분의 해제를 조건으로 하지 않지 않아도 원고는 피고(채무자)에 대한 소유권이전등기 청구를 구할 수 있다.[212]

Ⅶ. 부동산처분금지가처분등기가 유효하게 기입된 이후에도 가처분채권자의 지위만으로는 가처분 이후에 경료된 처분등기의 말소청구권은 없으며, 나중에 가처분채권자가 본안 승소판결에 의한 등기의 기재를 청구할 수 있게 되면서 가처분등기 후에 경료된 가처분 내용에 위반된 위 등기의 말소를 청구 할 수 있는 것이고, 또 등기공무원도 가처분 이후에 이루어진 가처분 위반등기를 직권으로 말소할 수도 없으므로 가처분 위반의 등기가 소유권이전등기시에 말소되지 아니한 채 남아 있다면 이는 말소하여야 할 등기상의 부담이라고 보아야 할 것이다.[213]

Ⅷ. 처분금지가처분이 되어 있는 부동산에 한 다른 채권자의 강제집행은 유효하다. 가처분채권자가 후에 본안소송에서 승소확정판결을 얻는 때에 비로소 그 강제집행의 결과를 부인할 수 있다. 강제경매개시결정 전 처분금지가처분결정이 있는 경우 그 가처분 결정이 저당권 또는 가압류 이후의 것인 때에는 경락에 의하여 소멸되나, 최선순위인 경우에는 경매개시결정기입등기 후 가처분결정의 본안소송 결과가 나올 때까지 당해 경매절차를 정지한다. 강제집행에 의하여 이미 압류된 부동산에 대하여도 처분금지가처분을 할 수 있으나, 가처분채권자는 매수인에게 대항할 수 없다.

제11장 강제집행과의 경합

국세징수법 제35조에서 “체납처분은 재판상의 가압류 또는 가처분으로 인하여 그 집행에 영향을 받지 아니한다”고 규정하고 있으나, 이는 선행

212) 대법원 2001. 10. 9. 2000다51216
213) 대법원 1992. 2. 14. 91다12349

의 가압류 또는 가처분이 있다고 하더라도 체납처분의 진행에 영향을 미치지 않는다는 취지의 절차진행에 관한 규정일 뿐이고 체납처분의 효력이 가압류, 가처분의 효력에 우선한다는 취지의 규정은 아니므로 부동산에 관하여 처분금지가처분의 등기가 된 후에 가처분권자가 본안소송에서 승소판결을 받아 확정이 되면 피보전권리의 범위 내에서 가처분 위반행위의 효력을 부정할 수 있고 이와 같은 가처분의 우선적 효력은 그 위반행위가 체납처분에 기한 것이라 하여 달리 볼 수 없다.[214]

제4편 임시지위를 정하기 위한 가처분

제1장 임시지위가처분소송의 기능과 본질

Ⅰ. 임시지위가처분은 당사자 간에 현재 다툼이 있는 권리 또는 법률관계가 존재하고, 그에 대한 확정판결이 있기까지 현상의 진행을 그대로 방치한다면 권리자가 현저한 손해를 입거나 급박한 위험에 처하는 등 소송의 목적을 달성하기 어려운 경우에 그로인한 위험을 방지하기 위해 잠정적으로 권리 또는 법률관계에 관하여 임시의 지위를 정하는 보전처분이다.[215] 민사집행법 제300조 제2항이 이 가처분의 필요성에 관하여 "현저한 손해를 피하거나 급박한 위험을 막기 위하여, 또는 그 밖의 필요한 이유가 있을 경우에 하여야 한다"라고 규정하여, 가압류나 다툼의 대상에 관한 가처분과 달리 임시지위가처분은 현재의 위험방지가 주목적임을 밝히고 있다.[216] 계쟁물가처분은 가압류로부터 분화한 것이나 임시지위가처분은 독일보통법의 最簡略訴訟과 無條件命令訴訟이 결합하여 프랑스 민사소송법 제806조 이하의 refere의 영향 하에서 발달한 것이다.[217]

214) 대법원 1993. 2. 19. 92마903 전원합의체

215) 「법원실무제요 민사집행 IV」, 법원행정처(2003), 8면.

216) 「보전소송」, 사법연수원(2012), 40면.

217) 이동명, "임시의 지위를 정하는 가처분에 있어서의 보전의 필요성", 재판자료 제45집,

Ⅱ. 임시지위가처분은 본안소송의 판결 확정 또는 그 집행 전에 그 소송물인 법률관계에 관하여 임시의 만족을 주는 만족적 기능을 가지고 있으므로 임시지위 가처분은 항상 만족적 가처분이라 말할 수 있겠다. 임시지위가처분이라는 호칭은 그것에 의하여 제거 또는 방지할 위험의 태양에 따라 그 지위보전이란 법적 성질의 측면을 나타내는 것이고, 만족적가처분이라는 호칭은 피보전권리가 가처분에 의하여 만족을 얻게 된다는 그 결과의 측면을 나타내는 것이다.[218]

Ⅲ. 본안판결이 내려지지 않은 단계에서도 임시지위가처분명령이 내려지면 신청인은 마치 종국적인 만족을 얻는 것과 비슷한 결과를 사실상 얻게 되는데, 민사집행법 제304조가 임시지위가처분의 경우 원칙적으로 변론기일 또는 심문기일을 열도록 규정하여 더욱 임시지위가처분소송의 본안화를 부추기고 있다는 비판이 있다.[219] 그러나 임시지위가처분소송은 본안소송의 장기적 지연에 의한 재판의 무력화, 공동화로부터 당사자의 실질적인 이익을 보호하고 있는 이상[220] 이러한 비판은 부당하다. 손해배상청구 등의 본안소송을 통하여 손해를 전보받을 수 있는 경우는 제한적이다. 책임재산이 없는 경우나 현재의 침해행위에 대한 당장의 방어만이 의미를 가지는 경우가 많기 때문이다. 이러한 경우 본안소송은 분쟁해결장치로 무가치하고, 임시지위가처분소송만이 유일한 구제수단으로 기능한다. 임시지위가처분소송은 용이한 강제집행을 위하여 존재하는 가압류・계쟁물가처분과 제도의 연원도 다르고, 현실에서의 기능도 다르다. 불법행위에 대한 일반적・포괄적 금지청구권을 인정하지 않는 현재 실무에서 임시지위가처분소송은 현재의 침해에 대한 유일한 구제수단으로 기능하고 있으므로 가압류

법원도서관(1989), 42면.

218) 강용현, "만족적가처분", 「보전소송에 관한 제문제[下]」, 재판자료 제46집, 법원행정처(1989), 89면.

219) 강대성, 「신민사집행법」, 탑북스(2014), 345-346면.

220) 김주상, "채권자의 만족을 목적으로 하는 가처분", 「법률학의 제문제」, 유기천박사 고희기념논문집, 법문사(1988), 604면.

와 다툼에 대상에 관한 가처분과 같은 취급은 바람직하지 않다.

Ⅳ. 임시지위 가처분의 본질에 관하여 소송설과 비송설의 대립이 있다. 법원의 후견적 재량에 기초한 처분이 보여주는 특징은 일반민사소송에서도 흔히 보여 지는 한 측면에 불과한 것으로 그것만을 근거로 비송사건으로 파악하는 것은 부당하다. 임시지위가처분소송은 신청인(채권자)과 피신청인(채무자)가 대립당사자로 필요적 변론기일 또는 심문기일을 통해 주장과 입증을 하고, 그에 따라 재판이 이루어지기 때문에 전형적인 소송이라 할 것이다. 비송사건으로 파악할 경우 법원의 재량에 의한 처분이라는 점이 필요 이상으로 부각될 수밖에 없는데, 이러한 접근은 임시지위가처분소송절차의 악의적 지연, 무리한 화해나 강압적 조정을 부추길 수 있다.

Ⅴ. 임시지위가처분소송에서는 가압류·계쟁물가처분과 달리 당사자 모두가 참석하는 기일이 여러 번 열리고, 거의 모든 공격방어방법이 빠짐없이 제출된다. 당사자가 신속한 분쟁 해결을 위해 주장과 입증 활동을 첫 번째 기일에 다 마치더라도 사안의 중대성으로 인하여 법원이 여러 차례 기일을 잡아 심리하는 경우가 대부분이다. 임시지위가처분소송 후 같은 내용의 본안소송은 제기된다 하더라도 본안소송에서 당사자들이 더 제출할 증거가 없고, 다툴만한 사정의 변경도 없는 경우가 많기 때문에 본안소송의 제기는 오히려 바람직하지 않는 경우가 많다. 임시지위가처분소송이 분쟁의 조기해결이라는 바람직한 결과를 가져오고 있음에도 불구하고, 가압류·계쟁물가처분과 같은 보전처분에 불과하다는 사고가 문제를 더욱 어렵게 만들고 있다. 충분한 증거가 제출되고 충분한 심리가 있는 이상 임시지위가처분소송에서의 판단과 본안소송에서의 판단과 달리 볼 이유는 사실상 없다. 연혁이 다른 제도가 우연히 보전소송이라는 이름으로 함께 묶이게 된 것뿐이다. 현실에서 본안을 대체하는 제도가 사실상 운영되고 있다면 이를 독자적 분쟁해결수단으로 적극 발굴하여 기존 가압류·계쟁물가처분, 본안소송과 별도의 분쟁해결수단으로 과감하게 설계해 나가는 것이 바

람직하다. 장차 임시지위가처분소송은 본안소송으로 얻어진 판결의 강제집행을 위해 존재하는 부수처분이 아니라 본안소송과 별개인 약식의 금지청구소송으로 파악되어야 할 것이다.

Ⅵ. 임시지위가처분명령을 위반하는 자에 대한 제재방법은 민사집행법 제261조에서 정하고 있는 간접강제밖에 없다. 임시지위가처분은 피신청인이 이를 위반할 경우 신청인에게 현저하고 급박한 손해가 있을 것을 전제로 하여 발령되는 것인데 그 위반에 대하여 별다른 즉각적인 제재방법이 없음은 매우 불합리한 결과를 양산하고 있다.[221]

제2장 당사자 · 관할 · 인지액

임시지위가처분을 주장 자체에 의하여 다툼이 있는 권리관계에 관한 정당한 이익이 있는 사람이 신청인적격이 있고, 주장 자체에 의하여 신청인과 저촉되는 지위에 있는 사람이 피신청인이다. 임시의 지위를 정하기 위한 이사직무집행정지가처분에 있어서 피신청인이 될 수 있는 자는 그 성질상 당해 이사이고, 회사에게는 피신청인의 적격이 없다.[222]

다툼의 대상이 있는 곳을 관할하는 지방법원이 관할법원이 된다(제303조). 이 경우 다투므이 대상이란 민사집행법 제300조 제1항의 다툼의 대상에 관한 가처분에서의 다툼의 대상(계쟁물)보다 넓은 의미로, 같은 조 제2항의 다툼이 있는 권리관계에 관하여 가처분하여야 할 유체물 · 무체물을 모두 포함한다. 예를 들면 건물인도 · 유아인도를 구하는 경우에는 건물 또는 유아가 있는 곳, 이사직무집행정지 및 대행자선임, 영화 또는 극장에의 출입금지를 구하는 가처분의 경우 그 작위 또는 부작위가 이루어지는 곳인 회사의 영업소, 영화촬영지, 연극상영지 등이 다툼의 대상이 있는 곳이다.[223]

221) 김연학, “임시의 지위를 정하기 위한 가처분의 심리에 관한 몇 가지 모색적 시도”, 민사집행법연구 4권, 한국민사집행법학회(2008), 190면.

222) 대법원 1982. 2. 9. 80다2424

223) 사법연수원, 「보전소송(2015)」, 24-25면.

임시지위가처분의 신청, 이에 대한 이의신청, 취소신청은 그 본안의 소에 따른 인지액의 1/2에 해당하는 인지를 붙여야 한다. 다만 그 인지액은 50만원을 상한으로 한다(민사소송 등 인지법 제9조 제2항 단서).[224)]

제3장 피보전권리 · 보전의 필요성

Ⅰ. 피보전권리

1. 임시지위가처분의 피보전권리에 제한은 없다. 널리 채권자 · 채무자 사이의 다툼 있는 권리관계가 있기만 하면 피보전권리는 인정된다. 조건부 · 기한부 권리관계도 무방하며, 재산권은 물론 신분권이나 인격권에 관한 다툼도 다 포함한다. 다툼이 있는 권리관계는 현존하는 것이어야 한다. 권리관계는 민사소송에 의하여 보호받을 자격이 있

224) 민사소송 등 인지법 제9조 ① 다음 각 호의 신청을 위한 신청서에는 3만원의 인지를 붙여야 한다. 1. 채권자가 하는 파산의 신청 2. 회생절차 또는 간이회생절차 개시의 신청 3. 개인회생절차 개시의 신청 4. 그 밖에 제1호부터 제3호까지의 신청에 준하는 신청으로서 대법원규칙으로 정하는 신청 ②「민사집행법」에 따른 가압류 · 가처분의 신청이나 가압류 · 가처분 결정에 대한 이의 또는 취소의 신청을 위한 신청서에는 1만원의 인지를 붙여야 한다. 다만, 임시의 지위를 정하기 위한 가처분의 신청 및 그에 대한 이의 또는 취소의 신청은 그 본안의 소에 따른 인지액의 2분의 1에 해당하는 인지를 붙여야 한다. 이 경우 인지액의 상한액은 50만원으로 한다.
③ 다음 각 호의 신청을 위한 신청서에는 5천원의 인지를 붙여야 한다. 1. 부동산의 강제경매의 신청, 담보권 실행을 위한 경매의 신청, 그 밖에 법원에 의한 경매의 신청 2. 강제관리의 신청이나 강제관리 방법으로 하는 가압류 집행의 신청 3. 그 밖에 제1호 또는 제2호의 신청에 준하는 신청으로서 대법원규칙으로 정하는 신청
④ 다음 각 호의 신청을 위한 신청서에는 2천원의 인지를 붙여야 한다. 1. 채권의 압류명령의 신청, 그 밖에 법원에 의한 강제집행의 신청(제2항에 따른 신청은 제외한다) 2.「행정소송법」에 따른 집행정지의 신청 3.「부동산등기법」 제90조제1항에 따른 가처분명령의 신청, 그 밖에 등기 또는 등록에 관한 법령에 따른 가등기 또는 가등록의 가처분명령의 신청 4. 즉시항고로 불복을 신청할 수 있는 결정 또는 명령이 확정된 경우에 하는 준재심의 신청 5. 그 밖에 제1호부터 제4호까지의 신청에 준하는 신청으로서 대법원규칙으로 정하는 신청
⑤ 다음 각 호의 신청을 위한 신청서에는 1천원의 인지를 붙여야 한다. 1.「민사소송법」 제475조에 따른 공시최고의 신청 2.「비송사건절차법」에 따라 재판을 구하는 신청 3. 재산명시신청이나 채무불이행자명부 등재신청 또는 그 말소신청 4. 그 밖에 대법원규칙으로 정하는 각종 사건부에 등재할 신청(제1항부터 제3항까지의 신청은 제외한다)

어야 한다. 따라서 강제집행·비송사건절차·체납처분 등은 해당하지 않는다. 판례는 강제경매절차[225]·임의경매절차[226]를 임시지위가처분으로 정지시킬 수 없다는 입장이다. 매립면허·준공허가를 하는 행정처분의 경우 행정소송법상 집행정지가 가능할 뿐이고, 임시지위가처분에 의한 절차정지는 인정되지 않는다.[227]

2. 형성의 소는 법적 근거가 있을 때만 제기할 수 있는 것이므로, 법적 근거가 없는 형성의 소를 본안소송으로 하여 임시지위가처분신청을 하는 것은 허용되지 않는다는 것이 판례의 확고한 입장이다.[228] 통설 역시 이러한 판례법의 논리에 대하여 본안소송이 있을 수 없는 가처분을 허용한다는 것은 보전처분의 본질에 반한다는 기본적 입장을 취하면서 단체 내부의 분쟁은 총회 등 단체구성원의 총의에 의하여 해결될 수밖에 없다고 한다.[229]

---

225) 대법원 1986. 5. 30. 86그76

226) 대법원 1993. 1. 20. 92그35

227) 대법원 1980. 12. 22. 80두5; 대법원 1998. 3. 11. 98마104

228) 대법원 1997. 10. 27. 97마2269 "원심은 기존 법률관계의 변경·형성의 효과를 발생함을 목적으로 하는 형성의 소는 법률에 특별한 규정이 있는 경우에 한하여 허용된다고 전제한 다음, 신청외 학교법인 개혁신학원의 이사장인 피신청인에 대하여 이사들의 불법 선임, 파행적인 학교 경영, 부당한 학사행정 간여, 정관의 불법 변조, 교단의 분열 촉진, 건축헌금의 용도 외 지출 등의 불법행위를 이유로 그 해임을 청구하는 소송은 형성의 소에 해당하는바, 이를 허용하는 법적 근거가 없으므로 이를 피보전권리로 하는 피신청인에 대한 직무집행정지 및 직무집행대행자선임의 가처분은 허용되지 아니하므로(대법원 1966. 12. 19.자 66마516 결정), 이 사건 신청은 피보전권리가 없는 경우에 해당하여 부적법하다고 판단하였는바, 원심의 이러한 판단은 정당하고, 거기에 소론과 같은 민법상 법인의 이사해임 청구의 소에 관한 법리오인의 위법이 있다고 할 수 없다."; 대법원 2001. 1. 16. 2000다45020 "원심이 이 사건 이사장 및 이사 직무집행정지 가처분신청의 피보전권리를 서울중앙기계부품상협동조합(중소기업협동조합법에 의하여 설립된 조합이다)의 이사장 및 이사인 피신청인들의 조합 업무집행에 관한 위법행위 및 정관위배행위 등을 이유로 하는 피신청인들에 대한 이사장 및 이사 해임청구권과 새로운 이사장 및 이사의 선임에 따른 피신청인들에 대한 이사장 및 이사 지위부존재확인청구권으로 본 것은 옳고, 거기에 상고이유의 주장과 같은 법리오해나 판단유탈 등의 잘못이 없다. 법률관계의 변경·형성을 목적으로 하는 형성의 소는 법률에 명문의 규정이 있는 경우에 한하여 제기할 수 있는바, 이 사건 조합의 이사장 및 이사가 조합업무에 관하여 위법행위 및 정관위배행위 등을 하였다는 이유로 그 해임을 청구하는 소송은 형성의 소에 해당하는데, 이를 제기할 수 있는 법적 근거가 없으므로, 이 사건 이사장 및 이사 직무집행정지 가처분은 허용될 수 없다."

3. 상법상 주식회사에 대해서는 그 임원의 의무와 임무위배 임원의 손해배상책임, 임무위배 임원에 대한 해임청구권과 이를 근거로 한 직무집행금지가처분에 관해서 규정되어 있다. 그러나 법인격이 없는 종중, 상가번영회, 조합 등은 임원들의 임무와 임무 위배에 대한 규정이 없는 경우가 많다. 형성의 소를 구할 법적 근거가 없는 경우 직무집행정지가처분 신청권도 인정될 수 없다는 견해와 판례의 입장에 대하여 "이러한 견해를 관철하게 되면 일단 적법한 절차에 의하여 선임된 대표자나 임원은 그 후 어떠한 직무상의 과오나 부정이 있다 하더라도 단체의 내부절차에 의하여 해임되지 않는 한 그 임기만료시까지 직무를 계속 수행할 수 있게 된다. 더구나 그 대표자 등이 단체의 다수세력에 속하거나 주도권을 쥐고 있는 실력자 그룹에 속하는 경우에는 내부절차에 의한 해임이라는 것이 사실상 불가능하다. 따라서 이러한 단체에 있어 소수의 단체원 또는 소외된 단체원들이 법원에 호소하여 직무집행정지가처분을 받아 낼 수 없다고 한다면 그들은 대표자의 중대한 과오로 인한 손해로부터 자신들의 권익을 보호할 법적 수단이 없게 된다. 이것은 분명히 정의관념에 어긋나고 법원에 대한 국민의 기대를 저버리는 것이다."라는 비판이 존재한다.[230]

4. 현실적으로 비법인사단에 있어서 임원의 비리, 부정이 빈발하고 있고 이로 인해 단체 자체의 존립이 위태로운 지경이 되고 있음에도, 이에 대하여 단체의 구성원들이 임원들의 책임을 물을 수 있는 법적 절차를 찾지 못하고 있고, 실제 아무런 책임을 묻지 못하고 있다. 최근에는 비법인사단의 정관에 임기만료 전의 해임규정을 두는 경우가 많고, 재건축조합이나 재개발조합의 표준정관에도 그러한 내용이 들어 있어서 대부분의 재건축조합이나 재개발조합 정관에도 그러한 내용이 포함되어 있는데, 이 경우 그 정관규정에 따라서 총회에서의 결

---

229) 「법원실무제요 민사집행 IV」, 법원행정처(2003), 331면.

230) 권성 외 4, 「가처분의 연구」, 박영사(1994), 393면.

의를 통한 해임이 가능한 것은 당연하지만, 비리·부정의 임원들이 회원들의 정보를 독점하고 있고, 총회 소집 요구정족수를 확보하고 있어서 임시총회를 소집하기도 어려우며, 정기총회가 소집되어도 이 임원들을 물러나게 할 수 있는 의결정족수를 채우지 못하는 경우가 대부분이다.[231)]

Ⅱ. 보전의 필요성

1. 민사집행법 제300조 제2항은 임시지위가처분에서 보전의 필요성에 관하여 "현저한 손해를 피하거나 급박한 위험을 막기 위하여, 또는 그 밖의 필요한 이유"라고 규정하고 있다. 이 때 "현저한 손해"는 재산상 손해뿐 아니라 정신적 손해와 공익적 손해도 포함되며, "기타 필요한 이유"의 경우에 있어서는 "현저한 손해" 또는 "급박한 위험"에 준하는 정도의 이유가 있어야 한다.[232)]

2. 실무상 가압류나 계쟁물 가처분의 경우 피보전권리가 소명된 경우 별다른 사정이 없는 한 보전의 필요성이 무난하게 인정된다. 그러나 임시지위가처분의 경우 보전의 필요성을 인정할 만한 특별한 사정에 대한 증명에 가까운 소명이 없는 한 그 신청을 배척하는 것이 일반적이다.

3. 임시의 지위를 정하기 위한 가처분은 다툼 있는 권리관계에 관하여 그것이 본안소송에 의하여 확정되기까지 가처분권리자가 현재의 현저한 손해를 피하거나 급박한 위험을 막기 위하여, 또는 그 밖의 필요한 이유가 있는 경우에 허용되는 응급적·잠정적인 처분이므로, 이러한 가처분이 필요한지 여부는 당해 가처분신청의 인용 여부에 따른 당사자 쌍방의 이해득실관계, 본안소송의 승패의 예상, 기타 여러 사정을 고려하여 법원의 재량에 따라 합목적적으로 결정하여야

231) 이우재, "단체의 임원에 대한 직무집행정지가처분 : 재건축·재개발조합의 경우 해임의결권과 해임청구권", 민사집행법 실무연구Ⅱ 재판자료 117집, 법원도서관(2009), 895면.

232) 대법원 1967. 7. 4. 67마424

할 것인바, 가처분신청을 인용하는 결정에 따라 권리의 침해가 중단되었다고 하더라도 가처분 채무자들이 그 가처분의 적법 여부에 대하여 다투고 있는 이상 권리 침해의 중단이라는 사정만으로 종래의 가처분이 보전의 필요성을 잃게 되는 것이라고는 할 수 없다.[233]

4. 단체의 대표자 선임 결의의 하자를 원인으로 하는 가처분신청에 있어서는 장차 신청인이 본안에 승소하여 적법한 선임 결의가 있을 경우, 피신청인이 다시 대표자로 선임될 개연성이 있는지의 여부도 가처분의 필요성 여부 판단에 참작하여야 한다.[234]

5. 특허권침해의 금지라는 부작위의무를 부담시키는 이른바 만족적 가처분일 경우에 있어서는 보전의 필요성 유무를 더욱 신중하게 결정하여야 할 것으로서 만일 가처분신청 당시 채무자가 특허청에 별도로 제기한 심판절차에 의하여 그 특허권이 무효라고 하는 취지의 심결이 있은 경우나, 무효심판이 청구되고 그 청구의 이유나 증거관계로부터 장래 그 특허가 무효로 될 개연성이 높다고 인정되는 등의 특별한 사정이 있는 경우에는 당사자간의 형평을 고려하여 보전의 필요성을 결한 것으로 보는 것이 합리적이라 할 것이다.[235]

6. 피신청인들이 제조, 판매하고 있는 대우국민차 '티코'에 부착된 파워윈도우가 신청인의 실용신안권을 침해하였다고 하더라도 가처분에 있어 보전의 필요성은 가처분을 발하는 경우와 발하지 아니하는 경우에 있어서 당사자 쌍방의 이해득실, 본안 소송의 계속여부, 그 내용 등 제반 사정을 고려하여야 할 것인바, 피신청인 대우조선공업주식회사는 특허청에 이 사건 등록고안에 관한 실용신안권의 등록무효심판청구를 하여 현재 그 사건이 특허청에 계속중이고 특허청의 무효심판절차에서 이 사건 등록고안에 관한 실용신안권에 대하여 무효심결이 내려질 개연성이 없지 아니하며, 피신청인들이 신청인의 이

233) 대법원 2007. 1. 25. 2005다11626

234) 대법원 1997. 10. 14. 97마1473

235) 대법원 1993. 2. 12. 92다40563

사건 등록고안을 사용함으로써 신청인이 입게 되는 손해는 극히 경미하고, 신청인은 현재 이 사건 등록고안을 이용한 자동차 제품을 생산하고 있지 아니하고 있으나, 피신청인들이 제조, 판매하는 위 '티코'는 현재 국내뿐만 아니라 해외로도 수출되고 있는 점 등 여러 사정을 참작하면, 신청인에게 피신청인들이 위 제품을 제조하는 것 등을 금지하지 아니하면 아니될 현존하는 급박한 위험 내지 현저한 손해가 발생할 개연성이 있다고 보기 어렵다.236)

7. 분양계약 당시 작성된 분양계약서에는 "지정업종은 회사가 지정한 업종으로 영업을 하여야 하며, 권장업종은 지정업종 및 기타 업종과 중복되지 않는 범위 내에서 변경하여 영업하고자 할 때에는 입점 후 구성될 상가자치관리위원회의 동의를 얻어야 한다."고 규정되어 있고, 피신청인들은 위 회사 및 장석창과의 3자 간에 체결한 양수계약 당시에 위와 같은 분양계약상의 약정 내용을 알고서 그 분양계약상의 지위를 승계하고 위 규정을 준수하기로 약정한 사실 등을 인정한 다음, 이 사건 점포의 수분양자 및 그 지위를 양수한 피신청인들은 특별한 사정이 없는 한 이 사건 상가의 점포 입점자들에 대한 관계에서 상호 묵시적으로 분양계약에서 약정한 업종 제한 등의 의무를 수인하기로 동의하였다고 봄이 상당하므로 상호간의 업종 제한에 관한 약정을 준수할 의무가 있고, 한편 피신청인들이 상가자치관리위원회의 동의도 없이 업종 제한 약정을 위반할 경우 이로 인하여 영업상의 이익을 침해당할 처지에 있는 신청인으로서는 그 침해 배제를 위하여 피신청인들을 상대로 이 사건 점포에서의 약국 영업 금지를 청구할 권리가 있다.237)

8. 토지의 소유자가 충분한 예방공사를 하지 아니한채 건물의 건축을 위한 심굴굴착공사를 함으로써 인접대지의 일부 침하와 건물 균열등의 위험이 발생하였다고 하더라도 나머지 공사의 대부분이 지상건물

---

236) 대법원 1994. 11. 10. 93마2022

237) 대법원 1997. 12. 26. 97다42540

의 축조이어서 더 이상의 심굴굴착공사의 필요성이 없다고 보여지고 침하와 균열이 더이상 확대된다고 볼사정이 없다면 토지심굴굴착금지청구권과 소유물방해예방 또는 방해제거청구권에 기한 공사중지 가처분을 허용하여서는 아니된다.[238)]

9. 간접강제란 채무불이행에 대한 제재를 고지함으로써 그 제재를 면하기 위하여 채무를 이행하도록 동기를 부여하는 것을 목적으로 하는 집행방법이고, 간접강제결정은 가처분결정의 집행방법에 불과하므로, 채권자가 채무자의 의무위반행위로 인하여 간접강제결정에서 정한 배상금채권을 취득하고, 나아가 그 배상금채권의 강제집행절차에 나아갔다 하더라도, 그러한 사정만으로 피보전권리가 점포에 대한 점유권에 기한 방해배제청구권 내지는 방해예방청구권인 가처분신청에 있어서 보전의 필요성이 존재한다거나, 가처분결정이 계속 유지되어야 한다고 볼 수는 없으며, 간접강제결정 효력의 계속존속여부는 보전의 필요성 여부를 판단함에 있어 참작하여야 할 사유가 되지 아니한다.[239)]

제4장 임시지위가처분의 종류와 집행

Ⅰ. 부작위를 명하는 임시지위가처분

1. 임시지위가처분에는 영업비밀침해금지가처분[240)], 경업금지 및 전직

---

238) 대법원 1981. 3. 10. 80다2832

239) 대법원 2003. 10. 24. 2003다36331

240) 영업비밀침해금지가처분은 특허권침해금지가처분 등과 유사하지만, 특허등록과 같은 공시방법을 가지고 있지 않은 영업비밀을 급박한 위험으로부터 보호할 필요가 있는 경우에 짧은 기간을 정하여 신속하게 보호한다는 면에서 그 필요가 있다. 부정경쟁방지 및 영업비밀보호에 관한 법률 제2조 제2호는 영업비밀에 대하여 정의하고 있다. 영업비밀로 인정되려면, 비공지성・경제성・비밀유지성이 요구된다. 대법원 1996. 12. 23. 96다16605 “부정경쟁방지법 제2조 제3호 (라)목에서 말하는 ‘계약관계 등에 의하여 영업비밀을 비밀로서 유지할 의무’라 함은 계약관계 존속 중은 물론 종료 후라도 또한 반드시 명시적으로 계약에 의하여 비밀유지의무를 부담하기로 약정한 경우뿐만 아니라 인적 신뢰관계의 특성 등에 비추어 신의칙상 또는 묵시적으로 그러한 의무를 부담하기로 약정하였다고 보아야 할 경우를 포함한다. 계약관계 및 신의성실의 원칙상

금지가처분[241], 영업금지가처분[242], 영업(업무)방해금지가처분[243],

원고 회사에서 퇴사한 후에도 상당 기간 이 사건 기술정보에 대하여 비밀유지의무를 부담한다고 할 것인데도 불구하고, 피고 이동섭은 피고 회사로부터 고액의 급여와 상위의 직위를 받는 등의 이익을 취하는 한편 피고 회사로 하여금 잉크를 제조함에 있어서 이 사건 기술정보를 이용하여 시간적·경제적인 면에서 이익을 얻게 하기 위하여 피고 회사에서 이 사건 기술정보를 공개하고 스스로도 피고 회사에서 원고 회사가 보유하는 이 사건 기술정보를 사용하여 잉크를 생산하거나 생산하려고 하였으므로, 피고의 이러한 행위는 공정한 경쟁의 이념에 비추어 선량한 풍속 기타 사회질서에 반하는 부정한 이익을 얻을 목적에서 행하여진 것으로서 부정경쟁방지법 제2조 제3호 (라)목 소정의 영업비밀 침해행위에 해당한다. 영업비밀을 취득한 자가 그 영업비밀을 자신의 노트에 기재한 행위 자체는 영업비밀 침해행위에 해당하지 아니하나, 그 노트에 기재된 영업비밀을 이용하여 영업비밀 침해행위를 하고 있다면 그 노트는 폐기를 명할 수 있는 '침해행위를 조성한 물건'에 해당한다."

241) 판례는 원칙적으로 경업금지 및 전직금지가처분은 명시적인 약정이 있는 경우에만 허용하나, 예외적으로 영업비밀침해를 방지하는데 필수적이고 불가피한 방법이라고 볼만한 사정이 있는 경우에는 명시적 약정이 없이도 이를 허용한다. 대법원 2003. 7. 16. 2002마4380 "근로자가 전직한 회사에서 영업비밀과 관련된 업무에 종사하는 것을 금지하지 않고서는 회사의 영업비밀을 보호할 수 없다고 인정되는 경우에는 구체적인 전직금지약정이 없다고 하더라도 부정경쟁방지및영업비밀보호에관한법률 제10조 제1항에 의한 침해행위의 금지 또는 예방 및 이를 위하여 필요한 조치 중의 한 가지로서 그 근로자로 하여금 전직한 회사에서 영업비밀과 관련된 업무에 종사하는 것을 금지하도록 하는 조치를 취할 수 있다. 부정경쟁방지및영업비밀보호에관한법률 제2조 제2호의 영업비밀이라 함은 공연히 알려져 있지 아니하고 독립된 경제적 가치를 가지는 것으로서, 상당한 노력에 의하여 비밀로 유지된 생산방법·판매방법 기타 영업활동에 유용한 기술상 또는 경영상의 정보를 말하는 것이고, 영업비밀침해금지를 명하기 위해서는 그 영업비밀이 특정되어야 할 것이지만, 상당한 정도의 기술력과 노하우를 가지고 경쟁사로 전직하여 종전의 업무와 동일·유사한 업무에 종사하는 근로자를 상대로 영업비밀 침해금지를 구하는 경우 사용자가 주장하는 영업비밀이 영업비밀로서의 요건을 갖추었는지의 여부 및 영업비밀로서 특정이 되었는지 등을 판단함에 있어서는, 사용자가 주장하는 영업비밀 자체의 내용뿐만 아니라 근로자의 근무기간, 담당업무, 직책, 영업비밀에의 접근 가능성, 전직한 회사에서 담당하는 업무의 내용과 성격, 사용자와 근로자가 전직한 회사와의 관계 등 여러 사정을 고려하여야 한다. 근로자가 회사에서 퇴직하지는 않았지만 전직을 준비하고 있는 등으로 영업비밀을 침해할 우려가 있어서 이를 방지하기 위한 예방적 조치로서 미리 영업비밀침해금지 및 전직금지를 구하는 경우에는 근로자가 회사에서 퇴직하지 않았다고 하더라도 실제로 그 영업비밀을 취급하던 업무에서 이탈한 시점을 기준으로 영업비밀침해금지기간 및 전직금지기간을 산정할 수 있을 것이지만, 근로자가 회사에서 퇴직한 이후 전직금지를 신청하는 경우에는, 전직금지는 기본적으로 근로자가 사용자와 경쟁관계에 있는 업체에 취업하는 것을 제한하는 것이므로, 근로자가 영업비밀을 취급하지 않는 부서로 옮긴 이후 퇴직할 당시까지의 제반 상황에서 사용자가 근로자가 퇴직하기 전에 미리 전직금지를 신청할 수 있었다고 볼 특별한 사정이 인정되지 아니하는 이상 근로자가 퇴직한 시점을 기준으로 산정하여야 한다."

242) 상가업종제한을 이유로 한 영업금지가처분을 대법원은 인정한다. 대법원 2002. 12. 27.

통행금지가처분, 공사금지가처분244)과 같이 채무자의 적극적 행위를 금지하는 임시지위가처분과 공사방해금지가처분245), 점유사용방해금지가처분과 같이 채무자에게 채권자의 행위에 대한 수인의무를 명하는 임시지위가처분이 있다.

2. 임시지위가처분은 소급효가 없으므로 이러한 임시지위가처분으로 이미 발생한 결과를 제거할 수는 없다.

2002다45284 "건축회사가 상가를 건축하여 각 점포별로 업종을 지정하여 분양한 경우 그 수분양자나 점포에 관한 수분양자의 지위를 양수한 자는 특별한 사정이 없는 한 그 상가의 점포 입주자들에 대한 관계에서 상호간에 명시적이거나 또는 묵시적으로 분양계약에서 약정한 업종제한 등의 의무를 수인하기로 동의하였다고 봄이 상당하므로, 상호간의 업종제한에 관한 약정을 준수할 의무가 있고, 따라서 점포 수분양자나 그 지위를 양수한 자 등이 분양계약에서 정한 업종제한약정을 위반할 경우, 이로 인하여 영업상의 이익을 침해당할 처지에 있는 자는 침해 배제를 위하여 동종 업종의 영업금지를 청구할 권리가 있으며, 일단 위와 같은 동의를 한 이후 나중에 이와 다른 명시적 의사표시나 행위를 하는 것은 신의칙에 위배되어 허용될 수 없다."

243) 영업권이라는 개념을 인정하기 어렵기 때문에, 영업권을 피보전권리로 하는 영업방해금지가처분 신청은 인용되기 어렵다. 대법원 1979. 5. 8. 79다242 "석유사업법 제12조에 의한 석유판매업의 허가는 경찰금지를 해제하여 영업의 자유를 회복시키는 것에 불과하고, 수허가자의 판매구역내에서의 영업은 영업활동 전체로서 법률상 권리 내지 이익으로 인정되는 것은 아니므로, 그 판매허가 받은 구역내에서 제3자가 허가없이 석유판매를 한다 할지라도, 제3자의 행위가 부정경쟁행위에 해당하는 등의 특별한 사정이 없는 한, 수허가자는 직접 그 판 매행위의 금지등 영업에 대한 방해제거 내지 예방을 청구할 권리가 없다." 영업권 기타 채권적 권리를 이유로 한 제3자에 대한 방해배제청구권이 현실적으로 인정되지 않기 때문에 채권자가 부동산 등 목적물에 대한 소유권을 가지고 있는 경우에 한하여 소유권에 기한 방해배제청구권을 피보전권리로 하는 것이 가능하다. 그 외에 지식재산권에 기한 침해배제청구권, 부정경쟁방지 및 영업비밀보호에 관한 법률에 의한 부정경쟁행위 내지 영업비밀침해행위배제청구권, 명예·신용 등의 인격권 등이 피보전권리가 된다. 그러나 사용자가 점유하고 있는 건물 앞에서 불법시위를 하는 자들을 상대로 업무방해금지가처분을 하는 경우에는 점유권도 피보전권리로 주장될 수 있을 것이다.

244) 주문 "채무자는 별지 목록 기재 건물에 관하여 증축, 개축 그 밖의 공사를 하여서는 안 된다."

245) 주문 "채무자는 별지목록 기재 건물에 대한 점유를 풀고 이를 채권자가 위임하는 집행관에게 인도하여야 한다. 채무자는 채권자가 위 건물 중 별지 도면 표시①,②,③,④,①의 각 점을 순차로 연결한 선내 ㉮ 층계부분을 수리하는 것을 방해하여서는 안 된다. 집행관은 채권자가 위 수리공사를 함을 허용하고 채무자에 대하여 위 공사를 방해하지 않는 범위 내에서 위 건물의 사용을 허용하여야 한다. 집행관은 위 취지를 적당한 방법으로 공지하여야 한다."

3. 이들은 단순히 부작위의무만을 명할 뿐이므로 채무자에게 가처분의 내용을 고지함으로써 족하고 원칙적으로 집행이라는 관념이 존재하지 않는다. 반복적·계속적 부작위를 명하는 가처분에서 채무자가 의무위반을 할 때에는 간접강제의 방법에 의하여 그 의무의 이행을 강제할 수 있을 뿐이다.

4. 집행을 따로 요하지 않는 단순부작위를 명하는 가처분의 경우에는 원칙적으로 집행기간의 문제가 생기지 않으나, 채무자가 명령위반행위를 하면 제거 또는 방지를 구할 수 있는바,[246] 그 명령위반 행위시로부터 그 제거나 방지를 위한 신청의 집행기간이 개시된다. 다만, 채무자가 가처분 재판이 고지되기 전부터 가처분 재판에서 명한 부작위에 위반되는 행위를 계속하고 있는 경우라면, 그 가처분결정이 채권자에게 고지된 날부터 2주 이내에 간접강제를 신청하여야 하고(제301조, 제209조 제2항), 집행기간이 지난 후 간접강제 신청은 부적법하다.[247]

5. 부작위채무에 관하여 언제나 먼저 채무명의(집행권원)가 성립하여야만 그 다음 단계에서 비로소 간접강제결정을 할 수 있다고 한다면, 채무명의의 성립과 집행단계 사이의 시간적 간격이 있는 동안에 채무자가 부작위채무를 위반할 경우 손해배상이나 위반 결과의 제거 등 사후적 구제수단만으로는 채권자에게 충분한 손해전보가 되지 아니하여 실질적으로는 집행제도의 공백을 초래할 우려가 있는 것이므로, 부작위채무를 명하는 판결의 실효성 있는 집행을 보장하기 위하여는 부작위채무에 관한 소송절차의 변론종결 당시에서 보아 채무명의가 성립하더라도 채무자가 이를 단기간 내에 위반할 개연성이 있고, 또한 그 판결절차에서 적정한 배상액을 산정할 수 있는 경우에는 부작위채무에 관한 판결절차에서도 장차 채무자가 그 채무를 불이행할 경우에 일정한 배상을 할 것을 명할 수 있다.[248]

246) 민사집행법 제260조, 민법 제389조 제3항
247) 대법원 2010. 12. 30. 2010마985

6. 실무에서 당사자가 부작위의무를 명하는 가처분신청과 동시에 간접강제결정 신청을 함께 하는 경우 필요성이 인정되는 경우 법원은 가처분과 동시에 간접강제를 함께 결정하곤 한다. 주의할 점은 간접강제결정은 가처분결정이 아니라 가처분결정의 집행방법에 불과하므로 간접강제결정에 대한 불복은 가처분이의가 아닌 즉시항고로만 가능하다는 점이다(제261조 제2항). 따라서 간접강제결정에 대하여 즉시항고를 하려는 자는 재판을 고지받은 날부터 1주의 불변기간 이내에 항고장을 원심법원에 제출하여야 한다(제15조 제2항). 이 기간을 도과하여 가처분결정에 대하여 이의신청을 하여도 간접강제결정은 더 이상 다툴 수 없고, 이 부분은 기간도과를 이유로 항고장 각하명령을 피할 수 없다.

7. 최근 하급심 실무에서는 임시지위가처분송송에서 가처분결정과 동시에 이를 어길시 간접강제결정을 선고하고 있다. 예컨대, 울산지방법원에서는 현대자동차비정규직의 철탑농성에 대한 퇴거 및 업무방해가처분을 어기면 하루 30만원을 지급하라는 간접강제결정을 동시에 선고하였고, 서울남부지방법원은 전교조 명단공개금지 가처분결정에서 인터넷 게시판 게시글 삭제 결정을 어기면 하루 3,000만원을 지급하라는 간접강제결정을 동시에 하였다. 도한 부산지방법원은 김진숙이 한진중공업 크레인 고공농성에 대하여 퇴거 및 출입금지가처분결정과 동시에 이를 어길시 하루 100만원씩 지급하라는 간접강제결정을 동시에 하였으며, 제주지방법원은 불법법시위단체원들이 제주강정마을 해군기지 출립금지 및 공사중지가처분결정을 하면서 동시에 이를 어기면 하루200만원을 지급하라는 간접강제결정을 하였다.[249] 법원의 간접강제결정에 기초하여 이행강제금을 현실적으로 집행하는 절차는 간접강제절차와 독립된 별개의 금전채권에 기초한 집행이다.[250]

---

248) 대법원 1996. 4. 12. 93다40614

249) 이시윤, 전게서, 629면.

250) 대법원 2008. 12. 24.자 2008마1608 결정.

8. 간접강제결정에 기초하여 배상금을 현실적으로 집행하는 절차는 간접강제절차와 독립된 별개의 금전채권에 기초한 집행절차이다. 간접강제결정에 기한 강제집행은 반드시 가처분결정이 송달된 날로부터 2주 이내에 할 필요가 없다. 간접강제결정에 기초한 배상금을 집행하려면 간접강제결정의 정본에 집행문을 받아야 한다.[251]

Ⅱ. 작위를 명하는 임시지위가처분

1. 부동산 인도[252], 건물 철거, 수목 수거 등을 명하는 임시지위가처분은 직접 가처분 목적물을 인도하게 하거나 이미 존재하는 상태를 제거하는 것을 내용으로 한다. 이러한 임시지위가처분은 채무자에게 가처분의 내용(작위의무)을 고지한 후, 채무자가 그 의무를 이행하지 않으면 작위위무가 대체적인 경우에는 대체집행[253]에 의하고, 부대체적인 경우에는 간접강제[254]에 의하게 된다.

2. 대체집행신청이나 간접강제신청에 대한 인용재판이 있을 때부터 2주의 집행기간이 진행되는 것이 아니라, 가처분재판의 고지일로부터 집행기간인 2주 안에 대체집행 또는 간접강제 신청을 하여야 한다는 것을 의미한다. 다만, 가처분에서 명하는 부대체적 작위의무가 일정 기간 계속되는 경우라면, 채무자의 태도에 비추어 작위의무의 불이행으로 인하여 간접강제가 필요한 것으로 인정되는 시점부터 2주의 집행기간이 진행한다.[255]

3. 부대체적 작위채무의 이행을 명하는 가처분결정과 함께 그 의무위반에 대한 간접강제결정이 동시에 이루어진 경우에는 간접강제결정 자체가 독립된 집행권원이 되고 간접강제결정에 기초하여 배상금을 현

---

251) 대법원 2008. 12. 24. 2008마1608; 대법원 2012. 4. 13. 2011다92916

252) 주문 "채무자는 채권자에게 2014. 11. 11.까지 별지 목록 기재 부동산을 임시로 인도하라."

253) 민사집행법 제260조

254) 민사집행법 제261조

255) 대법원 2001. 1. 29. 99마6107

실적으로 집행하는 절차는 간접강제절차와 독립된 별개의 금전채권에 기초한 집행절차이므로, 그 간접강제결정에 기한 강제집행은 반드시 가처분결정이 송달된 날로부터 2주 이내에 할 필요는 없다. 이 경우 간접강제의 집행을 위해서 간접강제결정의 정본에 집행문을 받아야 한다.[256)]

Ⅲ. 금전지급을 명하는 임시지위가처분

1. 금전지급채무의 존부 또는 금전지급채무를 수반하는 법률관계(고용, 부양 등)의 존부에 관한 다툼이 있고, 소송을 통한 법률관계의 확정 전에 금전채무의 일부 또는 전부를 지급받지 못하면 채권자에게 현저한 손해가 발생할 염려가 있는 경우 임시로 금전의 지급을 명하는 가처분이 가능하다.

2. 교통사고 등으로 인한 손해배상청구권이 있을 때에 가처분을 통하여 우선 급하게 요구되는 치료비의 지급을 구할 수 있다.[257)] 또 해고무효확인소송 과정에서 생계유지에 필요한 생활비의 지급을 가처분으로 구할 수 있는 것이다.

3. 채무자가 이러한 내용의 임시지위가처분명령을 송달받고서도 기간 내에 임의지급을 하지 않으면 가처분재판을 집행권원으로 하여 집행기간(2주) 안에 금전채권의 강제집행방법에 의하여 집행할 수 있다. 정기지급형의 경우에 집행기간은 매 지급일부터 2주라고 보아야 하고, 집행기간이 도과된 부분은 집행하지 못한다.

Ⅳ. 직무집행정지를 명하는 임시지위가처분

1. 직무집행정지 가처분이 발령되면 가처분채권자와 채무자에게 송달하여야 하고, 직무대행자를 선임한 경우에는 선임된 직무대행자에 대하여도 송달 그 밖의 상당한 방법으로 그 사실을 고지하여야 한다.

---

256) 대법원 2008. 12. 24. 2008마1608

257) 주문 "채무자는 채권자에게 2014. 11. 11.부터 2015. 6. 6.까지 매월 25일에 금500,000원씩을 임시로 지급하라."

법인 등 단체는 당사자가 아니므로 송달할 필요가 없다.

2. 민법상의 이사에 대한 직무집행정지・직무대행자선임가처분은 민법 제52조의 2[258], 제60조의 2에, 주식회사의 이사에 대한 직무집행정지・직무대행자선임가처분은 상법 제407조[259]・제408조에 그 집행방법을 정하고 있는데, 법원사무관등은 법원이 법인의 대표자 그 밖의 임원으로 등기된 사람에 대하여 직무의 집행을 정지하거나 그 직무를 대행할 사람을 선임하는 가처분[260]을 하거나 그 가처분을 변경・취소한 때에는, 법인의 주사무소 및 분사무소 또는 본점 및 지점이 있는 곳의 등기소에 그 등기를 촉탁하도록 하고 있다. 이때의 등기는 제3자에 대한 대항요건인 동시에 가처분의 집행방법으로 해석되며, 그 집행기간은 개별법상의 등기기한에 관계없이 가처분결정의 고지일로부터 진행한다.[261]

3. 이사의 직무권한을 잠정적이나마 박탈하는 가처분은 그 보전의 필요성을 인정하는 데는 신중을 기해야 할 것인바, 소수 주주가 피보전권리인 해임의 소를 제기하기 위한 절차로는 발행주식 총수의 100분의 5 이상에 해당하는 주식을 가진 소수 주주가 회의의 목적과 소집의 이유를 기재한 서면을 이사회에 제출하여 임시총회의 소집을 요구하고, 그렇게 하였는데도 소집을 불응하는 때에는 법원의 허가를 얻어 주주총회를 소집할 수 있고, 그 총회에서 해임을 부결할 때 그로부터

---

258) 민법 제52조의 2 "이사의 직무집행을 정지하거나 직무대행자를 선임하는 가처분을 하거나 그 가처분을 변경・취소하는 경우에는 주사무소와 분사무소가 있는 곳의 등기소에서 이를 등기하여야 한다."

259) 상법 제407조 제1항 "이사선임결의의 무효나 취소 또는 이사해임의 소가 제기된 경우에는 법원은 당사자의 신청에 의하여 가처분으로써 이사의 직무집행을 정지할 수 있고 또는 직무대행자를 선임할 수 있다. 급박한 사정이 있는 때에는 본안 소송의 제기 전에도 그 처분을 할 수 있다."

260) 주문 "채권자의 전북주식회사에 대한 주주총회결의취소사건의 본안판결 확정시까지 채무자 안재인은 위 회사의 대표이사 및 이사의 직무를, 채무자 문원순은 위 회사의 이사의 직무를 각각 집행하여서는 안 된다. 위 직무집행정지기간 중 다음 사람을 직무대행자로 선임한다. 이사 겸 대표이사 직무대행자 변호사 김용석 이사 직무대행자 변호사 강지만"

261) 사법연수원, 보전소송(2012), 111면.

1개월 내에 이사의 해임을 법원에 청구할 수 있는 것이므로, 위와 같은 해임의 소를 제기하기 위한 절차를 감안해 보면 특별히 급박한 사정이 없는 한 해임의 소를 제기할 수 있을 정도의 절차요건을 거친 흔적이 소명되어야 피보전권리의 존재가 소명되는 것이고, 그 가처분의 보전의 필요성도 인정될 수 있을 것이다.[262)]

4. 직무집행정지 및 직무대행자선임 가처분 집행이 가지는 효력과 제3자에 대한 대항력은 가처분의 등기가 된 경료된 시점에 발생한다. 민법 제54조 제1항은 법인의 이사에 대한 직무집행정지 등 가처분은 등기 후가 아니면 제3자에게 대항하지 못한다고 규정하고 있으므로 가처분 등기를 하지 않으면 선의・악의 구분없이 제3자에게 대항할 수 없다. 상법 제37조 제1항은 등기할 사항인 회사의 이사, 사원, 감사, 청산인 등에 대한 직무집행정지 등 가처분은 등기하지 아니하면 선의의 제3자에게 대항하지 못하고, 같은 조 제2항은 등기한 후라도 제3자가 정당한 사유로 인하여 이를 알지 못한 때에는 대항하지 못한다고 규정하고 있으므로 이에 따라야 한다.

5. 이사직무집행정지가처분에 있어서 피신청인이 될 수 있는 사람은 당해 이사이고, 회사에게는 피신청인적격이 없다.[263)]

6. 단체의 대표자에 대해 직무집행정지 및 직무대행자선임 가처분이 내려지면, 그 대표자는 일체의 직무집행에서 배제되고 직무를 대행하게 되므로, 대표자를 선축한 결의의 무효 또는 부존재 확인을 구하는 소송에서 그 단체를 대표할 자도, 직무집행을 정지당한 대표자가 아니라 대표자 직무대행자로 보아야 한다.[264)]

7. 직무가 정지된 대표이사가 정지기간 중에 체결한 계약은 절대적으로 무효이고, 가처분신청을 취하하여도 그 효력은 장래를 향하여 소멸할 뿐이므로 무효인 계약이 다시 효력을 가질 수 없다.[265)]

---

262) 대법원 1997. 1. 10. 95마837

263) 대법원 1972. 1. 31. 71다235; 대법원 1982. 2. 9. 80다2424

264) 대법원 1995. 12. 12. 95다31348

8. 대표이사의 직무집행정지 및 직무대행자선임의 가처분이 이루어진 이상, 그 후 대표이사가 해임되고 새로운 대표이사가 선임되었다 하더라도 가처분결정이 취소되지 아니하는 한 직무대행자의 권한은 유효하게 존속하는 반면 새로이 선임된 대표이사는 그 선임결의의 적법 여부에 관계없이 대표이사로서의 권한을 가지지 못한다. 위 가처분은 그 성질상 당사자 사이에서 뿐만 아니라 제3자에게도 효력이 미치므로, 새로이 선임된 대표이사가 위 가처분에 위반하여 회사 대표자의 자격에서 한 법률행위는 결국 제3자에 대한 관계에서도 무효이고 이때 위 가처분에 위반하여 대표권 없는 대표이사와 법률행위를 한 거래상대방은 자신이 선의였음을 들어 위 법률행위의 유효를 주장할 수는 없다.[266]

9. 주식회사 이사의 직무집행을 정지하고 직무대행자를 선임하는 가처분은 성질상 당사자 사이뿐만 아니라 제3자에 대한 관계에서도 효력이 미치므로 가처분에 반하여 이루어진 행위는 제3자에 대한 관계에서도 무효이므로 가처분에 의하여 선임된 이사직무대행자의 권한은 법원의 취소결정이 있기까지 유효하게 존속한다. 또한 등기할 사항인 직무집행정지 및 직무대행자선임 가처분은 상법 제37조 제1항에 의하여 이를 등기하지 아니하면 위 가처분으로 선의의 제3자에게 대항하지 못하지만 악의의 제3자에게는 대항할 수 있고, 주식회사의 대표이사 및 이사에 대한 직무집행을 정지하고 직무대행자를 선임하는 법원의 가처분결정은 그 결정 이전에 직무집행이 정지된 주식회사 대표이사의 퇴임등기와 직무집행이 정지된 이사가 대표이사로 취임하는 등기가 경료되었다고 할지라도 직무집행이 정지된 이사에 대하여는 여전히 효력이 있으므로 가처분결정에 의하여 선임된 대표이사 및 이사 직무대행자의 권한은 유효하게 존속하고, 반면에 가처분결정 이전에 직무집행이 정지된 이사가 대표이사로 선임되었다고 할

265) 대법원 2008. 5. 29. 2008다4537
266) 대법원 1992. 5. 12. 92다5638

지라도 그 선임결의의 적법 여부에 관계없이 대표이사로서의 권한을 가지지 못한다.[267]

제5장 심리 · 재판 · 불복절차

Ⅰ. 원칙적 변론기일

1. 임시지위를 정하기 위한 가처분 재판에는 변론기일 또는 채무자가 참석할 수 있는 심문기일을 열어야 한다(제304조). 임시지위가처분 소송과 본안소송이 같은 재판부에 계속된 경우에는 병행심리한다.

2. 그러나 기일을 열어 심리하면 가처분의 목적을 달성할 수 없는 사정이 있는 때에는 심문 없이 가처분명령을 발령한다(제304조 단서).

3. 영업금지가처분, 제조 및 판매금지 가처분, 일조권 침해나 소음 · 진동 · 균열을 등을 이유로 한 공사금지가처분과 같은 임시지위가처분 소송은 그 재판 결과가 소송 당사자에게 미치는 영향이 본안소송과 같거나 더 치명적이기 때문에 가압류 · 계쟁물가처분에서의 소명이 아닌 본안소송에서와 같은 수준의 입증을 하고 있다. 현장검증, 감정 등 본안소송에서의 입증방법이 실무상 폭넓게 허용되고 있다.

4. 의사표시를 명하는 재판은 확정된 때에 비로소 의사표시를 한 것으로 간주되기 때문에(제236조 제1항), 의사표시를 명하는 임시지위가처분은 불가능하다는 것이 일반적 입장이다.[268] 의사표시를 명하는 가처분에 대하여 부정하는 견해는 권리의 종국적 실현의 처분은 가처분의 목적을 일탈하는 것으로 부정되어야 하고 의사표시를 명하는 판결에 가집행선고를 붙일 수 없는 것과의 균형을 맞추는 것이 옳다는 논리를 내세운다.[269] 그러나 하급심판결 중에서는 의사표시를 명하는 임시지위가처분을 한 경우가 있다.[270]

---

267) 대법원 2014. 3. 27. 2013다39551

268) 김홍엽, 「민사집행법」, 박영사(2013), 443면.

269) 이시윤, 「신민사집행법 6판」, 박영사(2013), 615-616면.

Ⅱ. 재판·불복절차

1. 심리결과 소송요건의 흠이나 담보제공의 불이행의 경우에는 신청을 각하하고, 피보전권리나 보전의 필요성에 대한 소명이 부족한 경우에는 신청을 기각한다.

2. 각하나 기각명령에 대하여는 즉시항고할 수 있다(제301조, 제281조). 가처분결정에 대하여는 이의신청할 수 있다(제301조, 제283조). 일부이의신청도 가능하다.

3. 소송물인 권리 또는 법률관계가 이행되는 것과 같은 내용의 가처분을 명한 재판에 대하여 이의신청이 있는 경우에, 이의신청으로 주장한 사유가 법률상 정당한 사유가 있다고 인정되고 주장사실에 대한 소명이 있으며, 그 집행에 의하여 회복할 수 없는 손해가 생길 위험이 있다는 사정에 대한 소명이 있는 때에는, 법원은 당사자의 신청에 따라 담보를 제공하게 하거나 담보를 제공하게 하지 아니하고 가처분의 집행을 정지하도록 명할 수 있고, 담보를 제공하게 하고 집행한

---

270) 권창영, "의사표시를 명하는 가처분", 사법논집 제52집, 법원도서관(2011), 78-79면에 의하면 "건설회사인 채권자가 공사대금을 지급받지 못해 자금사정이 크게 악화되어 운영에 심각한 차질을 겪고 있는데, 은행은 공동예금명의자 중 1인(채무자)이 예금인출에 동의하지 않고 있다는 이유로 채권자의 예금지급 요구에 응하지 않자, 채권자는 예금인출에 동의하지 않는 공동시행자를 상대로 예금인출동의가처분을 구한 사안에서 서울중앙지법 2010. 12. 10. 2010카합2874 결정은 "공동시행자들은 공사도급계약 제25조에서 공사대금을 분양수익금에서 인출하여 지급하되, 그 인출은 이 사건 사업비계좌에서 공동으로 작성한 인출요청서에 의하기로 하였으므로, 공사대금을 지급받기 위한 채권자의 인출요청서 작성에 의한 예금인출 요구에 채무자는 동의할 의무가 있다. 채권자는 위 공사대금을 지급받지 못해 자금사정이 크게 악화되어 운영에 심각한 차질을 겪고 있는 사실이 인정되므로, 이 사건 가처분으로 채권자로 하여금 공사대금 지급을 위한 예금인출 요구에 동의하도록 명할 보전의 필요성도 있다."는 이유로 "채무자는 별지 2목록 예금인출요청서에 의한 별지 3목록 예금계좌에 예치된 예금의 인출에 동의하여야 한다."는 내용으로 가처분명령을 발령하였다. 이러한 가처분결정에도 불구하고 은행이 예금지급을 거절하자, 서울중앙지법은 2010. 12. 29. 2010카합3828 결정으로 채무자(은행)에 대하여 채권자에게 600억 원의 예금지급을 명하는 가처분명령을 발령한 바 있다."고 한다. 그 외에 서울중앙지법 2011. 4. 11. 2011카합666 결정 역시 "채무자는 서울 관악구 남현동 A-B 임야 중 별지 도면 표시 (가) 부분에 관하여 채권자의 개발행위[서울 관악구청 민원서류-12345호(2010. 3. 31.) 개발행위 허가신청]를 위한 토지사용에 대하여 승낙의 의사표시를 하라"는 내용의 가처분명령을 발령한 바 있다고 한다(권창영, 같은 논문, 79-83면).

처분을 취소하도록 명할 수 있다(제309조 제1항). 이 때 소명은 보증금을 공탁하거나 주장이 진실함을 선서하는 방법으로 대신할 수 없다(제309조 제2항). 재판기록이 원심법원에 있는 때에는 원심법원이 위 만족적 가처분명령에 대한 집행정지·취소에 관한 재판을 한다(제309조 제3항). 법원은 가처분 이의신청에 대한 결정시에 기왕의 집행정지 또는 취소결정을 인가·변경 또는 취소하여야 한다(제309조 제4항). 집행정지 재판은 부수적인 재판이므로 독립하여 불복하지 못하며, 집행정지재판을 취소·변경 또는 인가하는 재판에 대하여도 불복할 수 없다(제309조 제5항).

4. 부동산철거단행 가처분, 점포인도단행 가처분, 회계장부의 열람·등사 가처분, 임금지급 가처분과 같이 이행소송을 본안으로 하는 이행적 가처분에 대하여는 집행정지가 당연히 가능하다. 그러나 경업금지 가처분, 통행방해금지 가처분, 이사직무집행정지 가처분 등 형성적 가처분에 대하여도 집행정지가 허용될 것인지는 확실하지 않다.[271)]

5. 보전처분에 대한 이의신청은 그 보전처분이 유효하게 존재하고 취소나 변경을 구할 이익이 있는 경우에 한하여 허용되는 것이므로, 영업비밀의 침해와 전직을 금지하는 가처분에서 금지기간을 정한 경우에 그 금지기간의 경과로 가처분의 효력이 상실되었다면, 채무자들로서는 더 이상 이의신청으로 가처분의 취소나 변경을 구할 이익이 없는 것이다.[272)]

6. 가처분에 대한 이의절차는 가처분이 이미 발령되어 재산의 처분 등이 제한된 채무자를 위하여 인정된 불복절차로서 그 발령에 의하여 즉시 집행력을 가지는 보전처분의 특성에 비추어 이러한 절차에서 채권자에 의한 신청 취지의 변경을 허용하는 것은 그 집행 내용에 따라서는 보전처분의 유용을 허용하는 결과가 될 수 있어 채권자에

271) 사법연수원, 보전소송(2012), 178면.

272) 대법원 2004. 10. 28. 2004다31593

게 지나치게 유리한 점, 현행 민사집행법은 가처분의 발령절차뿐만 아니라 그 이의절차도 심문기일에서 심리할 수 있게 하고 이의신청에 대한 재판을 결정으로 하며 변론을 거치지 않은 경우에는 이유의 요지만을 적을 수 있도록 하는 등의 규정을 두어 신속한 절차진행을 도모하고 있는바, 이의절차에서 가처분 신청 취지의 변경에 관하여 민사소송법상 청구의 변경 제도를 준용할 경우에는 가처분 신청의 기초에 관한 동일성 유무의 판단이 별도로 요구되고 나아가 이에 관한 당사자의 다툼이 계속되는 한 절차진행의 장애요소가 되어 위와 같은 이의절차의 기본적 성격과 조화되지 않는 점, 채권자가 이미 발령된 가처분 이상의 효력을 가지는 보전처분을 필요로 하는 경우에는 새로운 가처분 신청에 의하여 충분히 그 목적을 달성할 수 있는 점, 보전처분의 이의신청에 대한 재판에서는 원결정의 전부 또는 일부의 인가·변경·취소를 주문에서 표시하여야 하고 여기서의 변경은 원결정에서 명하는 금지 등의 내용이나 방법을 원결정보다 제한하는 경우 등과 같이 채무자에게 유리한 변경을 의미하는 것이므로 심리 범위를 발령된 보전처분 그 자체에 한정하는 것이 상당한 점 등에 비추어 보면, 특별한 사정이 없는 한 가처분에 대한 이의절차에서 채권자가 신청 취지를 확장하거나 변경하는 것은 허용될 수 없다.[273]

7. 특별사정에 기한 가처분의 취소신청(제307조 제1항)은 임시지위가처분소송에도 적용된다. 법원은 특별사정을 심리한 후 그 사정이 인정되면 채무자가 제공할 담보의 종류와 금액을 정하여 미리 담보를 제공하게 하고 가처분을 취소하는 결정을 하거나 담보제공을 조건으로 가처분을 취소하는 결정을 한다. 특별사정이 없는데 담보제공만으로 가처분을 취소하는 것은 허용되지 않는다.[274] 실무상 주위적으로 사정변경에 따른 가처분취소신청을, 예비적으로 특별사정에 의한

273) 대법원 2010. 5. 27. 2010마279

274) 「법원실무제요 민사집행 IV」, 법원행정처(2003), 164-166면.

가처분취소신청을 하는 경우가 많다고 한다.[275)]

제6장 임시지위가처분소송의 발전방향을 위한 모색

Ⅰ. 가압류・계쟁물가처분절차는 채권자의 신청, 서면심리에 의한 법원의 결정, 집행, 채무자의 이의신청, 이의신청에 대한 결정에 대함 즉시항고, 즉시항고에 대한 재항고[276)]의 순을 따르고 있다. 이와 달리 임시지위가처분은 채권자의 신청, 채무자의 답변, 분쟁당사자 모두가 참여하는 변론 또는 채무자가 참여하는 심문기일, 법원의 결정, 집행, 가처분결정에 대한 이의신청, 이의신청에 대한 결정에 대한 즉시항고, 즉시항고에 대한 재항고 순이다. 임시지위가처분은 필수적인 피고의 답변과 변론기일 또는 심문기일을 통한 공격방어을 거치며, 통산 최종확정까지 본안소송과 유시한 장기간 재판절차를 거친다는 점에서 가압류・계쟁물가처분과 본질을 완전히 달리한다. 오히려 다투는 쟁점이 많지 않은 보통의 본안소송과 비교하면 훨씬 더 본안소송다운 것이 임시지위가처분소송이다.

Ⅱ. 임시지위가처분결정은 본안소송의 각 심급에서 내려지는 판단과 마찬가지로 판단 시점에서 최종적인 것인 것이다. 필요적 변론기일을 통해 충분한 주장과 입증을 거쳤다면 그 판단은 본안소송의 확정 전 1심, 2심의 판결과 본질적으로 다를 수 없는 것이다. 이러한 본질에 적합하게 현재의 결정절차에서 임시지위가처분은 예외를 두어 판결절차로 하는 개정이 필요하다. 단순히 강제집행을 위한 현상동결에만 목적을 둔 가압류・계쟁물가처분의 이의절차, 취소절차의 신속화와는 별도로 다루어져야 하는 것이다. 임시지위가처분소송의 본질은 소송이며, 그 본질에 충실한 재판형식은 판결이다. 나아가 임시지위가처분소송을

275) 권창영, 「민사보전법」, 유로(2010), 618면.

276) 즉시항고에 관한 재판에 대한 재항고에 대하여는 민사집행법에 규정이 없고, 항고법원의 재판에 대한 재항고를 규정한 민사소송 제442조의 준용하도록 한 민사집행법 제23조 제1항에 의한 것이다.

가압류·계쟁물가처분과 분리하는 입법이 필요하며, 궁극적으로 민사집행법 내에 임시지위가처분소송을 두는 것보다 민사소송법에 두는 것이 가장 적절하다고 생각한다. 임시지위가처분재판을 판결로 할 경우 그 판결은 민사소송법 제201조가 정하는 중간판결과 같은 취급을 할 필요가 있다.[277] 중간판결에 관한 규정을 준용하도록 하는 것이다. 중간판결을 하면 중간판결의 이유 중 판단에는 구속되지 않지만 그 주문에 표시된 판단에는 구속되므로 이를 전제로 종국판결을 할 수밖에 없다. 중간판결은 보전처분명령과 마찬가지로 기판력이나 집행력이 없다.

Ⅲ. 임시지위가처분의 경우 일반적인 가압류·계쟁물가처분과 비교하여 더 많이 일부인용·일부기각의 결정이 나올 수 있다. 이 때 인용부분에 대한 채무자의 이의신청과 기각부분에 대한 채권자의 즉시항고가 병존할 수밖에 없다. 이 경우 모순되는 판단을 방지할 필요가 있고 소송경제를 고려할 때 당사자의 동의를 얻어 항고심의 심리를 정지하고 이의신청의 심리를 선행하는 것이 타당하다는 견해와 이의절차에서는 일부 배척된 채권자의 신청을 받아들이는 결정을 할 수 없는 점과 채권자의 보전처분 신청이 이유 있는 경우라면 항고법원에서 신속하게 즉시항고를 받아들여 1심 결정을 취소하고 그 신청을 받아들이면 족하다는 점 등을 이유로 양 법원이 독자적으로 심리절차를 진행해야 한다는 견해가 제시되고 있다.[278] 그러나 임시지위가처분절차를 결정절차에서 판결절차로 개정할 경우 그 불복은 항소로 다투게 될 것이므로 인용부분에 대한 채무자의 이의신청과 기각부분에 대한 채권자의 즉시항고가 병존하는 등의 문제는 발생할 여지가 없다.

Ⅳ. 가처분절차를 서면심리만으로 발령하는 가처분절차, 심문절차를 거쳐 심리하는 가처분절차, 본안소송의 단계로 일원화하자는 견해도 있지

277) 민사소송법 제201조[중간판결] “법원은 독립된 공격 또는 방어의 방법, 그 밖의 중간의 다툼에 대하여 필요한 때에는 중간판결을 할 수 있다”

278) 이영창, 「보전소송」, 진원사(2011), 659면.

만,[279] 가처분절차에서 본안절차로의 변경은 배제된다는 것이 일반적 설명이다.[280] 생각건대, 가압류와 계쟁물가처분은 민사집행법에 그대로 두고 임시지위가처분소송을 민사소송법 내에 옮기거나 임시지위가처분소송절차에 관한 단행법을 만든 후, 임시지위가처분결정 후에는 당사자의 신청이나 직권으로 본안절차로의 변경이 가능하도록 하는 규정을 두는 것이 바람직하지 않을까 한다.

Ⅴ. 임시지위가처분을 제기한 신청인으로 하여금 가처분의 신청 전후로 조속히 본안소송을 제기하는 것을 강제하는 입법을 도입하자는 견해가 있다.[281] 그러나 임시지위가처분소송에서 충분한 주장과 증거가 제출된 후 비로소 가처분명령이 발령되기 때문에 같은 내용의 본안소송이 반드시 되풀이되어야 할 이유는 없다고 생각한다. 오히려 무의미한 본안소송이 채무자가 제소명령을 통하여 강제되는 것을 막을 필요가 있다고 생각한다. 임시지위가처분소송은 본안소송으로 변경하는 절차를 마련하고, 제소명령의 대상에서 제외시키는 입법이 필요하다고 본다.

Ⅵ. 간접강제결정에 기초하여 배상금을 현실적으로 집행하는 절차는 간접강제절차와 독립된 별개의 금전채권에 기초한 집행절차이다. 이러한 간접강제결정정본에 집행문을 부여받아 채무자의 책임재산에 대하여 하는 금전채권집행은 채무자의 책임재산이 없는 경우 아무런 실효성이 없다. 따라서 미국과 마찬가지로 민사법원이 발령한 명령에 대한 위반행위에 대하여 법원모욕으로 제재를 부과할 수 있도록 하여야 한다. 즉 미국의 법원모욕(contempt of court)에 관한 절차를 참고하여 민사법원의 처분 또는 명령에 위반한 자에 대하여 법원이 직권 또는 채권자의 신청에 의하여 검사의 기소없이 일정한 기간 동안 구금을

279) 김연, "보전소송의 심리구조에 관한 연구", 부산대학교 대학원 박사학위논문(1993), 194면.

280) 이시윤, 「신민사집행법 6판」, 박영사(2013), 632면.

281) 김연학, "임시의 지위를 정하기 위한 가처분의 심리에 관한 몇 가지 모색적 시도", 민사집행법연구 4권, 한국사법행정학회(2008.2.), 185면.

하게 하는 입법이 필요하다.[282)]

Ⅶ. 심리적 압박에 의해 이행을 강제한다는 점에서 인격존중의 사상에 더 적합한 것은 직접강제나 대체집행이라고 보아 직접강제가 가능할 경우 대체집행이나 간접강제가 허용되지 않고, 대체집행이 가능한 경우 간접강제가 허용되지 않는다고 보는 것이 일반적이다.[283)] 대법원 1957. 8. 8. 자 4290민재항33 결정 역시 "간접강제는 채무자의 행위를 목적으로 하는 청구권 중 그 채무의 성질이 강제집행을 허용하나 직접적 강제수단으로는 그 목적을 달성할 수 없는 경우에 하는 것이고 금전의 지불 또는 물의 인도 등 직접강제집행을 할 수 있는 청구에 관하여는 적용되지 않는다"고 판시하였다. 그러나 독일과 달리 대인집행인 강제구구금과 질서구금이 인정되지 않는 이상, 간접강제가 직접강제나 대체집행보다 채무자의 인격을 덜 존중하는 것이 아니기 때문에, 채권자의 선택에 따라 직접강제나 대체집행이 가능한 경우에도 간접강제를 선택할 수 있도록 하는 것이 타당하다.[284)] 임시지위가처분소송의 경우 채권자의 선택에 따라 직접강제, 대체집행, 간접강제를 선택할 수 있는 조문을 신설하여야 할 것이다.

제5편 부당한 보전처분에 대한 손해배상청구

Ⅰ. 부당한 보전처분

부당한 보전처분이란 이미 행하여진 보전처분에 있어서 그 피보전권리나 보전의 필요성의 흠결이 사후에 판명된 경우를 의미한다. 강학상 위법집행과 부당집행은 구별되는데, 위법집행은 집행절차 자체에 흠이 있기 때문에 집행법상 위법한 경우를 말하고, 그 예로서 소지의 외관 자체로 보

282) 같은 취지로 유상호, "미국의 인장크션(Injunction) 제도", 재판자료 제6집, 법원도서관(1980), 55면.

283) 송덕수, 「채권법총론」, 박영사(2013), 198-199면.

284) 권창영, "민사보전상의 간접강제제도", 사법논집 제50집, 법원도서관(2010), 22-23면.

아 제3자의 소유임이 명백한 물건에 집행한 경우, 제3자가 점유하는 채무자 소유의 물건을 그 제3자의 동의 없이 집행한 경우, 가압류물건의 보관방법에 관하여 필요한 방법을 취하지 아니한 경우 등을 말하고, 부당집행은 집행법상으로는 적법하나 채권자가 채무자 또는 제3자와의 관계에 있어서 집행의 신청과 속행 그리고 그 집행의 결과를 정당화시킬 실체법상의 근거가 결여된 집행을 뜻한다.[285)]

부당한 보전처분의 예로는 ①압력을 행사하여 법적 의무 없는 자로부터 변제를 받을 목적으로 연대보증 사실이 없는 가족의 급여에 대해 가압류 신청을 하는 경우, ②동업이나 공사도급 등 이해관계가 복잡한 당사자들의 상호정산 중에 협의가 잘 되지 않을 경우 유리한 지위를 점하기 위하여 가압류를 하는 경우, ③채권자가 가압류를 신청하면서 청구금액을 과다하게 기재하거나 채권자나 채무자가 수인인데 채권자나 채무자별로 청구금액을 특정하지 아니하고 청구금액을 과다하게 기재한 경우, ④이의신청이나 취소신청에 의하여 보전처분의 취소판결을 받고도 재신청하는 경우, ⑤채무자가 직장에서 가압류 사실이 알려질 경우 인사상 기타 사실상의 불이익이 생길 것을 예상하고 압박수단으로 보전처분을 신청하는 경우, ⑥영업을 고의적으로 마비시킬 목적으로 영업 중인 채무자의 운영자금에 채권가압류나 영업시설에 유체동산 가압류를 신청하는 경우, ⑦채무자의 여러 재산 별로 여러 건의 가압류를 신청하여 채무자가 해방공탁금을 공탁하는데 불필요한 노력과 비용을 들게 하는 경우 등을 들 수 있다.[286)]

Ⅱ. 손해배상청구의 법적 성질

1. 독일 민사소송법(ZPO) 제945조는 "가압류 또는 가처분 명령이 당초부터 부당한 것으로 판명되거나, 제926조 제2항 또는 제942조 제3항에

285) 김상원, 「주석 강제집행법(Ⅳ)」, 사법행정학회(1993), 259-260면

286) 이동연, "가압류제도의 적정한 운영방안-남용방지방안을 중심으로-", 법조 제652호, 법조협회(2011. 1.), 158-161면.

따라 그 처분이 취소된 경우에는, 그 명령을 얻은 당사자는 그 처분의 집행으로 인하여 상대방이 입은 손해 또는 상대방이 집행을 면하기 위하여 혹은 처분의 취소를 얻기 위하여 담보를 제공함으로써 입은 손해를 상대방에게 배상할 의무를 진다"고 규정하고 있고, 독일학설은 이 손해배상책임이 무과실책임설이라는 데 대해서는 일치하나,[287] 그것이 불법행위책임인가 아닌가에 대해서는 위법성의 요부를 중심으로 하여 견해가 나뉘고 있다.[288]

2. 대법원 2002. 10. 11. 선고 2002다35461 판결은 "고의 또는 과실에 의하여 부당한 가압류나 가처분 등 보전처분을 집행할 경우 그 보전처분의 집행은 불법행위를 구성한다 할 것이고, 그 집행 후에 집행채권자가 본안소송에서 패소 확정되었다면 그 보전처분의 집행으로 인하여 채무자가 입은 손해에 대하여는 특별한 반증이 없는 한 집행채권자에게 고의 또는 과실이 있다고 추정되는 것이며, 집행채권자가 아닌 자도 집행채권자의 보전처분 신청이 사실적 법률적 근거가 없는 권리 또는 법률관계에 기인한 것임을 알면서, 혹은 통상인이라면 그 점을 용이하게 알 수 있음에도 불구하고, 집행채권자의 보전처분 신청을 방조하는 행위를 하여 재판제도의 취지와 목적에 비추어 현저 하게 상당성을 잃었다고 인정되는 보전처분 신청을 하게 만든 경우에는, 그 자도 공동불법행위자로서의 책임을 면할 수 없다."고 판시하여 부당한 보전처분의 집행으로 인한 손해배상책임은 불법행위책임이라는 입장에 서있다.

Ⅲ. 판례의 태도

1. 보전처분은 그 집행 후에 채권자가 본안소송에서 패소확정되었다면 특별한 반증이 없는 한 채권자에게 고의 또는 과실이 있다고 추정되고,

287) 반정모, "부당한 보전처분으로 인한 채권자의 손해배상책임", 판례와 실무, 인천지방법원(2004), 188면.

288) 장철익, "부당한 보전처분으로 인한 손해배상책임-대법원 2002. 10. 11. 2002다35461-", 민사판례연구 제26권, 박영사(2002), 301면.

따라서 부당한 집행으로 인한 손해를 배상할 책임이 있다.[289]

2. 가처분은 그 실체상의 청구권이 있는 여부는 그 본안소송에 맡기고 단지 소명에 의하여 신청인의 책임 하에 하는 것이므로 가처분집행 후에 그것이 이유 없는 것으로 판명된 때에는 그 부당한 집행으로 인한 일체의 책임을 져야 한다.[290]

2. 가압류신청을 한 후 채권자가 본안의 소를 제기하고 이에 대하여 채무자가 반소를 제기한 끝에 법원의 조정에 갈음하는 결정을 쌍방 당사자가 받아들여 확정된 경우, 비록 그 결정의 내용이 채권자가 채무자로부터 지급받을 금액은 없는 것으로 하고 오히려 채권자로 하여금 채무자에게 채무자가 반소로서 구하는 금원의 일부를 지급할 것을 명하는 것이라 하더라도, 이로써 집행채권자가 그 집행 후의 본안소송에서 패소 확정된 경우와 같이 볼 것은 아닌바, 그 이유는 법원이 조정절차에서 당사자 사이에 합의가 성립되지 아니하는 경우에 조정에 갈음하는 결정을 하는 것은 당사자의 이익 기타 제반 사정을 참작하여 사건의 공평한 해결을 도모하고자 하는 것으로서, 반드시 청구채권의 존재 유무만을 판단한 것이라고 볼 수 없기 때문이다.[291]

3. 가압류나 가처분 등 보전처분은 법원의 재판에 의하여 집행되는 것이기는 하나 그 실체상 청구권이 있는지 여부는 본안소송에 맡기고 단지 소명에 의하여 채권자의 책임 아래 하는 것이므로, 그 집행 후에 집행채권자가 본안소송에서 패소 확정되었다면 그 보전처분의 집행으로 인하여 채무자가 입은 손해에 대하여는 특별한 반증이 없는 한 집행채권자에게 고의 또는 과실이 있다고 추정되고, 따라서 부당한 집행으로 인한 손해에 대하여 이를 배상할 책임이 있고, 부당한 보전처분으로 인한

289) 대법원 2008. 6. 26. 2006다84874; 대법원 1976. 7. 27. 76다570 "피고가 가압류 집행을 한 본안사건에서 패소 확정되었다면 반증이 없는한 그 가압류 집행으로 인한 권리침해에 대하여 채권자에게 고의 또는 과실이 있었다고 추정할 것이다."

290) 대법원 1966. 7. 26. 64다1306

291) 대법원 2001. 9. 25. 2001다39947

손해배상책임이 성립하기 위하여 일반적인 불법행위의 성립에 있어서 필요한 고의 또는 과실 이외에 오로지 채무자에게 고통을 주기 위하여 보전처분을 하였다는 점까지 필요한 것은 아니다.[292)]

4. 가압류신청에서 채권액보다 지나치게 과다한 금액을 주장하여 그 청구금액대로 가압류결정이 된 경우, 본안판결에서 피보전권리가 없는 것으로 확인된 범위 내에서는 가압류채권자의 고의·과실이 추정되며, 부당한 보전처분으로 인하여 그 채권금을 제때에 지급받지 못함으로써 발생하는 통상의 손해액은 그 채권금에 대한 민법 소정의 연5%의 비율에 의한 지연이자 상당액이고, 채무자가 실제로 부당하게 가압류된 금원을 활용하여 얻을 수 있었던 금융상의 이익이나 공탁한 돈을 조달하기 위한 금융상의 이자 상당액은 특별손해로서 채권자가 이를 알았거나 알 수 있었을 경우에 한하여 배상책임이 있다.[293)]

5. 가압류채무자가 가압류 이후 가압류청구금액을 공탁하고 그 집행취소 판결을 받았다면, 가압류채무자는 적어도 가압류집행으로 인하여 공탁금에 대한 민사법정이율인 연5% 상당의 이자와 공탁금이율 상당 이자의 차액 상당의 손해를 입었다고 보아야 한다.[294)]

6. "가압류신청 당시에는 그 신청이 부당함을 알지 못한 것에 과실이 있다고 단정하기 어렵다고 하더라도 위 가압류집행 후 원고측으로부터 항의와 설명을 들은 후에는 위 인형관광에 가서 관계서류 등에 의하여 사실을 확인하여 보았다면 위 을 제1호증이 운송사업면허의 이전절차상의 편의를 위하여 형식적으로 작성된 것이고 실제로 그가 최고받은 할부대금을 원고가 채무인수한 것은 아닌 것을 알 수 있었고 따라서 자기의 위 가압류집행을 계속 유지하는 것이 부당함을 알 수 있었다고 할 것이므로 피고가 원고로부터 항의와 설명을 들은 이후에도 위 가압류집행을

292) 대법원 1999. 4. 13. 98다52513

293) 대법원 1999. 9. 3. 98다3757

294) 대법원 1995. 12. 12. 95다34095, 34101

계속 유지한 것에 과실이 있고 원고가 위약하는 경우 계약금 상당액을 위약금으로서 배상하여야 함을 알 수 있었다고 할 것이다."[295]

7. 부당한 채권가압류의 집행이 있었다 하더라도 그 집행기간 동안 기한의 미도래나 조건의 불성취 등의 사유로 인해 가압류채무자가 제3채무자로부터 채권을 바로 지급받을 수 없는 사정이 있었다면 가압류채무자가 부당한 채권가압류의 집행으로 인하여 어떤 손해를 입었다고 할 수는 없다.[296]

8. 부동산의 등기청구권을 보전하기 위한 처분금지가처분이 부당하게 집행되었다 하더라도 그 가처분의 존재로 인하여 처분기회를 상실하였거나 그 대가를 제때 지급받지 못하는 불이익이 당해 부동산을 보유하면서 얻는 점용이익을 초과하지 않는 한 손해가 발생하였다고 보기 어렵고, 설사 점용이익을 초과하는 불이익을 입어 손해가 발생하였다고 하더라도 그 손해는 특별손해로 보아야 한다.[297]

9. 분양할 목적으로 신축한 연립주택이 부당한 가처분으로 인하여 처분이 제한된 경우와 같이 채무자가 목적물을 사용·수익하지 않는 경우에는 처분이 지연된 기간 동안 입은 손해 중 적어도 부동산의 처분대금에 대한 법정이율에 따른 이자 상당의 금액은 통상손해에 속한다.[298]

10. 가처분에 있어서 집행채권자가 본안에서 패소하였다면 그 가처분집행으로 인하여 채무자가 입은 손해에 대하여는 가처분 채권자에게 고의, 과실이 없다는 특별한 반증이 없는 한 이를 배상할 책임이 있다고 할 것이므로, 설령 피고가 그 가처분을 함에 있어서 이 사건 기계가 소외 법인과 소외 (갑), (을)의 합유재산인데 조합원의 일부에 불과한 위 소

295) 대법원 1992. 12. 22. 92다28518 [가압류신청 및 가압류집행에 있어서는 과실이 있다고 할 수 없으나 가압류집행 후 피보전권리가 없었음을 알 수 있어 집행을 계속 유지함에 과실이 있다고 본 사례]

296) 대법원 2006. 6. 15. 2006다10408

297) 대법원 2001. 1. 19. 2000다58132

298) 대법원 2001. 11. 13. 2001다26774

외 (갑),(을)이 소외 법인의 동의없이 위 기계를 처분한 행위를 무효라고 믿었고 또 변호사와도 상의하여 그 의견에 따랐다고 할지라도 이러한 사정만으로써는 곧 피고에게 과실이 없다고 단정하기는 어렵다.

피고의 이 사건 기계들에 대한 해체 및 반출금지가처분으로 말미암아 원고들이 그 주강공장의 기본설비인 전기주강로를 포함한 이 사건 기계들을 그 설치된 장소에서나 또는 타에 이전하여 사용할 수 없게 된 이상 결국 전공장을 가동할 수 없게 되었다 할 것이므로 이 사건 부당가처분으로 인한 손해액은 특별한 사정이 없는 한 그 공장을 가동함으로써 얻을 수 있는 이익에 상응하는 주강 공장전체에 대한 차임상당액을 기준으로 하여 산출하여야 할 것이고, 이는 이 사건 부당가처분과 상당인과 관계에 있는 통상의 손해라고 할 수 있으므로, 동 차임상당액에서 그 공장의 경영과 불가분의 관계를 이루고 있는 소론 기계부대시설, 원고회사 명의의 운영권, 입찰찬가 자격, 특허실시권 등을 기계들과 분리, 독립하여 타에 임대함으로써 얻을 수 있었던 수익상당액을 공제하기 아니하였다 하여도 거기에 손해배상 산정에 관한 위법이 없다.[299)]

11. 그 인정사실에 의하여 원고의 피용자들인 위 박운희와 유영진이 위 기계들을 유송하는 과정에서 위 인정과 같은 잘못을 범하여 피고 소유의 위 기계들을 전소케 하는 사고를 야기하였다면 일반거래통념에 비추어 볼 때 피고가 위 소외인들의 사용자인 원고에게 위 화재사고로 입은 손해를 배상할 청구권이 있다고 믿고 이를 피보전권리로 삼아 이 사건 가압류집행에 이른데 대하여 어떤 잘못이 있다고 보기는 어려울 뿐만 아니라 나아가 그 본안소송에서도 대법원이 그 손해배상청구권을 부인하게 된 사유가 사실관계의 차이에서 기인하는 것이 아니라 실화책임에관한법률 소정의 '중대한 과실'의 유무에 관한 법적 해석 내지 평가상의 차이에서 기인된 것이고 또한 이 사건 본안소송의 항소심에서 피고의 일부승소판결이 선고된 바도 있다는 점까지 보태어 보면

299) 대법원 1983. 2. 8. 80다300

그 후 이 판결이 대법원에서 파기되어 결과적으로 피고의 청구가 인용되지 아니하였다는 점만을 들어 이로서 곧 이 사건 가압류로 인한 손해배상책임이 있다고 할 수는 없다 할 것이고 또 피고가 전소된 위 경기9타1604호 트럭을 이 사건 가압류의 목적물에 포함시켰다 하더라도 이 사건 가압류신청 당시는 이 사건 사고 직후라 그의 손해액을 구체적으로 확정할 수 있는 상황이 아니었던 데다가 피고로서는 위 가압류의 목적물의 가액을 확인할 수도 없었던 사정 등에 비추어 보면 피고가 원고에게 손해를 끼칠 목적으로 부당하게 과도한 가압류집행을 하였다고 볼 수는 없다.[300]

12. 피고 갑이 피고 을의 동의를 얻어 원고로부터 교부받은 백지 약속어음의 수취인란을 제3자인 피고 을로 보충하고 신탁법 제7조에 위반하여 피고 을의 이름으로 원고 소유의 토지에 대하여 가압류결정을 받아 집행을 한 뒤 원고가 제기한 가압류이의소송에 피고 을로 하여금 응소하게 하고, 약속어음의 원인인 대여금채권에 대한 담보조로 원고 소유의 다른 부동산에 관하여 피고 갑 앞으로 마쳐진 가등기에 기하여 제소전화해에 의하여 본등기를 마치고서도 가압류이의소송을 그대로 유지하는 한편, 피고 을 이름으로 다시 가압류의 본안인 대여금청구의 소를 제기한 일련의 행위는 부당소송행위로서 불법행위를 구성한다. 부당소송을 당한 상대방이 입게 되는 정신상의 고통은 통상 당해 소송에서 승소하는 것에 의하여 회복되고 승소하여도 회복할 수 없는 정신적 고통은 특별사정으로 인한 손해라고 볼 것이므로, 부당소송으로 인한 위자료청구가 인용되기 위해서는 승소나 재산적 손해의 배상만으로는 회복될 수 없는 정신적 고통을 입었다고 인정될 만한 특별사정의 존재와 그러한 특별사정에 대한 예견가능성이 전제되어야 한다.[301]

---

300) 대법원 1993. 3. 23. 92다49454 [운송 도중 화재로 운송물이 전소된 데 대하여 화주가 운송인을 상대로 손해배상청구권을 피보전권리로 한 가압류집행을 하고 본안소송이 대법원에서 파기환송되자 소를 취하하였지만, 그 사유가 실화책임에관한법률 소정의 "중대한 과실" 유무에 대한 법적 해석 및 평가상의 차이에 기인한 것이라고 보아 부당가압류로 인한 손해배상책임을 부정한 사례]

13. 원·피고간의 가처분 재판 제1심의 주문에서 가처분의 효력 시기에 관하여 "제1심 본안판결 선고시까지"라고 표시하여 그 제1심 본안판결의 결과 여하에 불구하고 그 선고와 동시에 가처분집행의 효력이 소멸하는 것이라 하더라도 가처분의 집행기관은 법원이므로 가처분채권자인 원고 스스로 집행기관에 대하여 집행취소 신청을 하여 집행상태를 풀어야 할 것인데 그렇지 아니하고 가처분채무자인 피고가 오히려 그 가처분의 집행해제를 위하여 이른바 집행방법에 관한 이의까지 제기하여도 법원이 그것을 들어주지 아니하였음은 을 28호증의 1-3의 기재에 의하여 명백하므로 가처분집행상태가 제1심 본안판결 이후에도 계속된 책임이 가처분채무자인 피고에게 있다는 논지 이유없고 그 기간동안 전체의 손해를 원고가 배상하여야 한다는 취지의 원심판단은 상당하다 할 것이다. 부당한 가처분으로 인하여 회사의 사회적 신용과 명예가 침해된 경우 법원은 이를 회복하기 위한 적당한 처분을 명할 수 있으므로 가처분채권자에게 사죄광고를 명할 수 있다.[302]

301) 대법원 1994. 9. 9. 93다50116

302) 대법원 1980. 2. 26. 79다2138,2139

제2부 민사집행

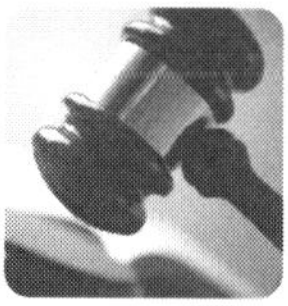

제2부

민사집행

제1편 민사집행 총론

제1장 서설

Ⅰ. 민사집행은 ① 강제집행, ② 담보권 실행을 위한 경매, ③ 민법·상법, 그 밖의 법률의 규정에 의한 경매를 의미한다(제1조).

1. 강제집행은 국가의 공권력을 행사하여 민사소송절차에 의한 판결을 기초로 한 집행권원을 강제적으로 실현시키기 위한 절차이다. 강제집행은 일반적으로 채무자의 재산압류, 현금화, 배당의 절차를 거친다.

2. 담보권 실행을 위한 경매는 저당권·가등기담보권·질권·전세권 등 담보권에 내재된 환가권(경매권)을 실행하여 피담보채권의 만족을 얻는 절차이다. 담보권 실행을 위한 경매에는 집행권원 대신 담보권증명서류를 제출하도록 한다(제264조 제1항).[1] 채무자 등은 담보권의 부존

---

1) 담보권증명서류는 주로 등기부등본이다. 저당권·가등기담보권·전세권 등이 실제로 존재하나 등부에 말소되어 있는 경우에는 담보권존재확인소송의 승소판결이나 말소등기회복등기청구소송의 승소판결이 담보권증명서류에 해당한다. 채권자는 피담보채권의 존재를 증명할 필요가 없다(대법원 2000. 10. 25. 2000마5110). 담보권의 승계가 있는 경우에는 승계집행문 제도가 없으므로 승계증명서류를 제출하여야 한다. 승계증명서류도 같이 송달하여야 한다(제264조 제3항).

재・소멸, 피담보채권이 불발생・소멸 또는 변제기의 연기 등 실체법상의 사유로 경매개시결정에 대하여 이의할 수 있다(제265조).[2] 담보권의 부존재・무효 등의 경우에는 매수인은 소유권을 취득할 수 없지만, 경매개시결정 뒤 담보권의 소멸이나 피담보채권의 소멸의 경우에는 매수인은 소유권을 취득한다. 부동산담보권실행을 위한 경매절차에는 강제경매 규정이 준용된다(제268조). 채권자대위권에 의한 대위경매신청도 가능하다. 근저당권에 기한 경매의 경우 경매신청시에 근저당채권액이 확정되며, 확정 후에 발생하는 원금채권은 근저당권으로 담보되지 않는다.[3] 유체동산을 목적으로 하는 담보권경매는 채권자가 그 목적물을 제출하거나 그 목적물의 점유자가 압류를 승낙한 때에 개시한다(제271조). 채권 그 밖의 재산권을 목적으로 하는 담보권경매는 담보권을 증명하는 서류가 제출된 때에 개시된다. 다만 권리이전에 등기・등록을 필요로 하는 재산권을 목적으로 하는 담보권의 행사인 경우에는 그 등기사항증명서 또는 등록원부의 등본을 제출하여야 한다(제273조 제1항).[4] 질권자・저당권자에게 물상대위권이 생

---

2) 대법원 2013. 2. 28. 2010다57350 "상사유치권은 민사유치권과 달리 피담보채권이 '목적물에 관하여' 생긴 것일 필요는 없지만 유치권의 대상이 되는 물건은 '채무자 소유'일 것으로 제한되어 있다(상법 제58조, 민법 제320조 제1항). 이와 같이 상사유치권의 대상이 되는 목적물을 '채무자 소유의 물건'에 한정하는 취지는, 상사유치권의 경우에는 목적물과 피담보채권 사이의 견련관계가 완화됨으로써 피담보채권이 목적물에 대한 공익비용적 성질을 가지지 않아도 되므로 피담보채권이 유치권자와 채무자 사이에 발생하는 모든 상사채권으로 무한정 확장될 수 있고, 그로 인하여 이미 제3자가 목적물에 관하여 확보한 권리를 침해할 우려가 있어 상사유치권의 성립범위 또는 상사유치권으로 대항할 수 있는 범위를 제한한 것으로 볼 수 있다. 즉 상사유치권이 채무자 소유의 물건에 대해서만 성립한다는 것은, 상사유치권은 성립 당시 채무자가 목적물에 대하여 보유하고 있는 담보가치만을 대상으로 하는 제한물권이라는 의미를 담고 있다 할 것이고, 따라서 유치권 성립 당시에 이미 목적물에 대하여 제3자가 권리자인 제한물권이 설정되어 있다면, 상사유치권은 그와 같이 제한된 채무자의 소유권에 기초하여 성립할 뿐이고, 기존의 제한물권이 확보하고 있는 담보가치를 사후적으로 침탈하지는 못한다고 보아야 한다. 그러므로 채무자 소유의 부동산에 관하여 이미 선행저당권이 설정되어 있는 상태에서 채권자의 상사유치권이 성립한 경우, 상사유치권자는 채무자 및 그 이후 채무자로부터 부동산을 양수하거나 제한물권을 설정받는 자에 대해서는 대항할 수 있지만, 선행저당권자 또는 선행저당권에 기한 임의경매절차에서 부동산을 취득한 매수인에 대한 관계에서는 상사유치권으로 대항할 수 없다."

3) 대법원 1988. 10. 11. 87다카545

졌을 때에는 경매신청을 할 수 있다(제273조 제2항).[5]

3. 유치권에 의한 경매와 민법·상법, 그 밖의 법률이 규정하는 바에 따른 경매는 담보권 실행을 위한 경매의 예에 따라 실시한다(제274조 제1항).

   유치권에 의한 경매의 신청은 유치권의 존재를 증명하는 서류를 집행기관에 제출하여야 한다. 유치권[6]에 의한 경매도 강제경매나 담보권경매와 마찬가지로 목적부동산 위의 부담을 소멸시키는 것을 법정매각조건으로 하여 실시되고 유치권자는 일반채권자와 동일한 순위로 배당을 받을 수 있다. 다만 집행법원은 부동산 위의 이해관계를 살펴 위와 같은 법정매각조건과는 달리 매각조건변경결정을 통하여

---

4) 채권질의 경우에는 민법 제353조에 근거하여 직접 청구가 가능하다. 따라서 채권질이 아닌 특허권, 저작권, 사원의 지분권, 예탁유가증권 등에 대한 질권의 경우에 제273조에 의한다.

5) 대법원 2014. 10. 27. 2013다91672 "전세권을 목적으로 한 저당권이 설정된 경우, 전세권의 존속기간이 만료되면 전세권의 용익물권적 권능이 소멸하기 때문에 더 이상 전세권 자체에 대하여 저당권을 실행할 수 없게 되고, 저당권자는 저당권의 목적물인 전세권에 갈음하여 존속하는 것으로 볼 수 있는 전세금반환채권에 대하여 압류 및 추심명령 또는 전부명령을 받거나 제3자가 전세금반환채권에 대하여 실시한 강제집행절차에서 배당요구를 하는 등의 방법으로 물상대위권을 행사하여 전세금의 지급을 구하여야 한다. 전세권저당권자가 위와 같은 방법으로 전세금반환채권에 대하여 물상대위권을 행사한 경우, 종전 저당권의 효력은 물상대위의 목적이 된 전세금반환채권에 존속하여 저당권자가 전세금반환채권으로부터 다른 일반채권자보다 우선변제를 받을 권리가 있으므로, 설령 전세금반환채권이 압류된 때에 전세권설정자가 전세권자에 대하여 반대채권을 가지고 있고 반대채권과 전세금반환채권이 상계적상에 있다고 하더라도 그러한 사정만으로 전세권설정자가 전세권저당권자에게 상계로써 대항할 수는 없다. 그러나 전세금반환채권은 전세권이 성립하였을 때부터 이미 발생이 예정되어 있다고 볼 수 있으므로, 전세권저당권이 설정된 때에 이미 전세권설정자가 전세권자에 대하여 반대채권을 가지고 있고 반대채권의 변제기가 장래 발생할 전세금반환채권의 변제기와 동시에 또는 그보다 먼저 도래하는 경우와 같이 전세권설정자에게 합리적 기대 이익을 인정할 수 있는 경우에는 특별한 사정이 없는 한 전세권설정자는 반대채권을 자동채권으로 하여 전세금반환채권과 상계함으로써 전세권저당권자에게 대항할 수 있다."

6) 대법원 2011. 12. 22. 2011다84298 "채무자 소유의 목적물에 이미 저당권 기타 담보물권이 설정되어 있는데 채권자가 자기 채권의 우선적 만족을 위하여 채무자와 의도적으로 유치권의 성립요건을 충족하는 내용의 거래를 하고 목적물을 점유함으로써 유치권이 성립한 경우, 유치권을 저당권자 등에게 주장하는 것이 허용되지 않으며, 이 경우 저당권자 등이 경매절차 기타 채권실행절차에서 유치권을 배제하기 위하여 그 부존재확인 등을 소로써 청구할 수 있다."

목적부동산 위의 부담을 소멸시키지 않고 매수인으로 하여금 인수하도록 정할 수 있다.[7] 유치권에 의한 경매절차가 정지된 상태에서 그 목적물에 대한 강제경매 또는 담보권경매 절차가 진행되어 매각이 이루어진 경우에는 유치권에 의한 경매절차가 소멸주의의 원칙으로 하여 진행된 경우와는 달리 그 유치권은 소멸하지 않는다.[8]

민법・상법, 그 밖의 법률이 규정하는 바에 따른 경매를 형식적 경매라 한다. 민법의 규정에 의한 경매에는 공유물분할을 위한 경매(민법 제269조 제2항)[9], 청산을 위한 경매(민법 제1037조, 제1051조 제3항)[10] 등이 있다. 상법의 규정에 의한 경매에는 상사매매에 있어서 자조(自助)매각으로서의 경매(상법 제67조), 단주(端株)의 매매(상법 제443조 제1항, 제461조 제2항)이 있다. 형식적 경매는 경매 대상물의 압류와 현금화까지만 진행되고, 여러 채권자들에 대한 배당절차는 없다. "동산・채권 등의 담보에 관한 법률"에 의한 담보권실행도 형식적 경매에 속한다.

Ⅱ. 강제집행절차는 권리의 실현을 목적으로 하는 절차이고, 판결절차는 권리의 확정을 목적으로 절차로서, 양자는 별개의 독립된 기관이 하는

---

7) 대법원 2011. 6. 15. 2010마1059; 대법원 2011. 8. 18. 2011다35593

8) 대법원 2011. 8. 18. 2011다35593

9) 대법원 2013. 9. 13. 2011다69190 "민사집행법 제81조 제1항 제2호 단서는 등기되지 아니한 건물에 대한 강제경매신청서에는 그 건물에 관한 건축허가 또는 건축신고를 증명할 서류를 첨부하여야 한다고 규정함으로써 적법하게 건축허가나 건축신고를 마친 건물이 사용승인을 받지 못한 경우에 한하여 부동산 집행을 위한 보존등기를 할 수 있게 하였고, 같은 법 제274조 제1항은 공유물분할을 위한 경매와 같은 형식적 경매는 담보권 실행을 위한 경매의 예에 따라 실시한다고 규정하며, 같은 법 제268조는 부동산을 목적으로 하는 담보권 실행을 위한 경매절차에는 같은 법 제79조 내지 제162조의 규정을 준용한다고 규정하고 있으므로, 건축허가나 신고 없이 건축된 미등기 건물에 대하여는 경매에 의한 공유물분할이 허용되지 않는다."

10) 대법원 2013. 9. 12. 2012다33709 "민법 제1037조에 근거하여 민사집행법 제274조에 따라 행하여지는 상속재산에 대한 형식적 경매는 한정승인자가 상속재산을 한도로 상속채권자나 유증받은 자에 대하여 일괄하여 변제하기 위하여 청산을 목적으로 당해 재산을 현금화하는 절차이므로, 제도의 취지와 목적, 관련 민법 규정의 내용, 한정승인자와 상속채권자 등 관련자들의 이해관계 등을 고려할 때 일반채권자인 상속채권자로서는 민사집행법이 아닌 민법 제1034조, 제1035조, 제1036조 등의 규정에 따라 변제받아야 한다고 볼 것이고, 따라서 그 경매에서는 일반채권자의 배당요구가 허용되지 아니한다."

독립된 절차이다. 집행증서에 기초한 강제집행의 경우 그에 앞서는 재판절차가 없으며, 확인판결이나 형성판결 또는 이행판결 중 강제집행에 적합하지 아니한 것 등은 강제집행을 수반하지 않는다. 가집행선고가 있는 판결에 터 잡아 판결의 확정 전에 강제집행이 행하여지는 경우 강제집행절차와 판결절차가 병행하여 진행될 수 있다. 청구이의의 소나 제3자이이의 소와 같이 강제집행을 계기로 다시 판결절차가 개시되는 수도 있다.[11]

Ⅲ. 민사집행법에 특별한 규정이 있는 경우를 제외하고는 민사집행절차에 관하여는 민사소송법의 규정을 준용한다(제23조).

Ⅳ. 민사집행법은 일정한 금전의 지급을 목적으로 하는 금전채권집행을 중심으로 규정하고 있다. 금전채권집행은 집행의 대상에 따라 부동산집행, 선박집행, 동산집행, 채권집행으로 나뉜다. 비금전채권의 집행에 관하여는 동산인도청구 집행, 부동산등인도청구 집행, 목적물을 제3자가 점유하는 경우 인도청구 집행, 대체집행, 간접강제, 의사표시의무의 집행에 관한 7개 조문만 두고 있다.

Ⅴ. 채권자에게 종국적 만족을 주는 집행이 만족집행이고, 장래에 할 만족집행을 위하여 현상을 보전하는 것을 목적으로 하는 집행이 보전집행이다.[12] 보전집행에는 장래의 집행 보전을 위한 가압류·계쟁물가처분 결정의 집행과 현재의 위험방지를 위한 임시지위가처분 결정의 집행이 있다.

11) 사법연수원, 「민사집행법 (2012)」, 6면.
12) 사법연수원, 「민사집행법 (2012)」, 8면.

제2장 집행기관

제1절 서설

Ⅰ. 민사집행법에 의하여 강제집행권의 행사를 담당하는 국가기관을 집행기관이라 한다. 집행기관에는 집행관[13], 집행법원[14], 제1심 법원[15], 그 밖의 집행기관이 있다.

Ⅱ. 국세체납처분절차에 따른 압류재산의 공매는 자산관리공사가 대행한다. 민사집행은 민사집행법에 특별한 규정이 없으면 집행관[16]이 실시한다(제2조).

Ⅲ. 실력행사를 수반하는 사실적 행동을 요하고, 비교적 간이한 절차를 취

---

13) 집행관의 직무관할에는 유체동산에 대한 금전집행, 동산의 인도집행, 부동산과 선박의 인도집행, 유체동산에 대한 가압류의 집행, 인도단행가처분 등 일정한 내용의 가처분의 집행, 담보권의 실행 등을 위한 유체동산의 경매, 지시증권상의 채권의 압류를 위한 증권의 점유, 채권 압류를 위한 채권증서의 취득, 유체동산에 관한 청구권에 대한 집행을 위한 목적물의 수령과 현금화, 채권 그 밖의 재산권에 대한 매각명령의 집행, 부동산의 강제경매 · 강제관리 · 임의경매를 위한 목적물의 현황조사, 부동산 · 선박의 강제경매 · 임의경매를 위한 경매 또는 입찰의 실시, 부동산 강제관리를 위한 관리인의 부동산 점유 시의 참여, 매각부동산 인도명령의 집행 등이 속하며, 이러한 직무관할은 전속관할이므로 이에 위반한 집행관의 집행행위는 무효이다.

14) 집행법원의 직무관할에는 부동산 · 선박 · 자동차 · 건설기계 · 소형선박 · 항공기에 대한 금전집행, 채권과 그 밖의 재산권에 대한 금전집행, 동산에 대한 집행에서의 배당절차, 물건의 인도를 목적으로 하는 집행에 있어 제3자가 목적물을 점유하고 있는 경우의 집행, 채권과 그 밖의 재산권 · 부동산 · 선박 · 자동차 · 건설기계 · 소형선박 · 항공기에 대한 가압류 · 가처분의 집행, 공휴일 · 야간집행의 허가, 집행에 관한 이의신청에 대한 재판, 급박한 경우 집행의 정지 또는 속행에 관한 잠정처분, 집행에 관한 특별대리인의 선임 등 업무가 속하며, 전속관할이다.

15) 수소법원은 집행에 따라 실현될 청구권의 존부를 확정하고 집행권원을 형성하는 소송절차를 관할하는 법원을 뜻하는데, 제1심 수소법원이 집행기관으로 행하는 것은 대체집행과 간접강제이며, 집행공조기관으로 행하는 것은 외국에서의 강제집행 촉탁이다.

16) 집행관은 10년 이상 법원주사보, 등기주사보, 검찰주사보 또는 마약수사주사보 이상의 직급으로 근무했던 사람 중에서 소속지방법원장이 임명한다(법원조직법 제55조 제1항). 집행관은 그 직무를 성실히 수행할 것을 보증하기 위하여 소속지방법원에 보증금을 납부해야 한다(법원조직법 제55조 제3항). 집행관은 소속지방법원의 관할구역 안에서 지방법원장 또는 지원장이 지정한 곳에 사무소를 설치해야 하며, 사무소 조재지에 주거를 정해야 한다(집행관법 제8조 제1항, 제12조). 집행관은 법원으로부터 급여를 받지 않고, 집행당사자들로부터 받은 수수료를 수입으로 한다(집행관법 제19조).

하는 집행은 집행관의 직무관할에, 관념적인 재판으로써 족한 채권에 대한 집행 또는 신중한 절차를 요하는 부동산에 대한 집행은 집행법원의 직무관할에, 집행할 청구권과 집행방법 사이에 상당한 재량판단을 요하는 행위는 수소법원의 직무관할에 속한다.[17]

제2절 집행관

Ⅰ. 집행관은 재판의 집행, 서류의 송달, 그 밖에 법령에 따른 사무에 종사하는 독립적인 단독제 사법기관이다(법원조직법 제55조 제2항, 집행관법 제2조). 집행관은 국가공무원은 아니지만, 집행관이 국가의 집행업무를 수행하는 과정에서 불법행위로 타인에게 손해를 끼친 경우에는 국가가 배상책임을 진다.[18] 집행관은 법정의 자격이 있는 사람 중에서 지방법원장이 임병한다(법원조직법 제55조, 집행관법 제3조). 지방법원장은 집행관이 없거나 집행관이 직무를 수행할 수 없는 때에는, 법원서기관, 등기사무관, 법원주사, 법원주사보 또는 등기주사보로 하여금 집행관의 직무를 대행하게 할 수 있다(집행관법 제 11조 제16조). 집행관은 소속 지방법원장으로부터 사법행정상의 감독을 받는다(집행관법 제7조). 집행관은 특별한 규정이 없는 한 임명받은 지방법원 본원 및 지원의 관할구역외에서 그 직무를 행할 수 없다(집행관규칙 제4조 제1항). 채권자는 그 관내의 집행관 중 누구에게라도 집행을 위임할 수 있다.[19] 이 위임은 민법상의 위임과는 다르며 집행의 개시를 구하는 신청이다.[20] 집행위임은 서면으로 한다(제4조).

---

17) 「민사집행법」, 사법연수원(2012), 10-11면.

18) 대법원 1966. 7. 26. 66다854

19) 집행관이 집행을 위임받기를 거부하거나 집행행위를 지체하는 경우 또는 집행관이 계산한 수수료에 대하여 다툼이 있는 경우에는 법원에 이의를 신청할 수 있다(제16조 제3항). 집행절차를 취소하는 결정, 집행절차를 취소한 집행관의 처분에 대한 이의신청을 기각·각하하는 결정 또는 집행관에게 집행절차의 취소를 명하는 결정에 대하여는 즉시항고를 할 수 있으며(제17조 제1항), 이 결정은 확정되어야 효력을 가진다(제17조 제2항).

20) 「민사집행법」, 사법연수원(2012), 141면.

Ⅱ. 채권자가 집행관에게 집행력 있는 정본을 교부하고 강제집행을 위임한 때에는 집행관은 특별한 권한을 받지 못하였더라도 지급이나 그 밖의 이행을 받고 그에 대한 영수증서를 작성하고 교부할 수 있다. 집행관은 채무자가 그 의무를 완전히 이행한 때에는 집행력 있는 정본을 채무자에게 교부하여야 한다(제42조 제1항). 채무자가 그 의무의 일부를 이행한 때에는 집행관은 집행력 있는 정본에 그 사유를 덧붙여 적고 영수증서를 채무자에게 교부하여야 한다(제42조 제2항). 채무자의 채권자에 대한 영수증 청구는 위 집행관에 의한 영수증의 작성·교부에 의하여 영향을 받지 아니한다(제42조 제3항). 집행관은 집행현장에 가서 집행 전에 임의이행을 촉구할 것이며, 집행을 개시한 후에도 임의이행을 거절할 수 없다. 집행관은 집행력 있는 정본을 가지고 있으면 채무자와 제3자에 대하여 강제집행을 하고 제42조에 규정된 행위를 할 수 있는 권한을 가지며, 채권자는 그에 대하여 위임의 흠이나 제한을 주장하지 못한다(제43조 제1항). 집행관은 집행력 있는 정본을 가지고 있다가 관계인이 요청할 때에는 그 자격을 증명하기 위하여 이를 내보여야 한다(제43조 제2항). 집행관은 집행력 있는 정본과 신분증을 지니고 제시할 의무가 있다(제43조 제2항, 집행관법 제17조 제1항). 집행관은 이해관계 있는 사람이 신청하면 집행기록을 볼 수 있도록 허가하고, 기록에 있는 서류의 등본을 교부하여야 한다(제9조). 집행관 외의 사람으로서 법원의 명령에 의하여 민사집행에 관한 직무를 행하는 사람은 그 신분 또는 자격을 증명하는 문서를 지니고 있다가 관계인이 신청할 때에는 이를 내보여야 한다(제7조).

Ⅲ. 집행관의 직무를 사실행위를 수반하는 집행처분에 한한다. 집무관하에 위반된 집행관의 집행행위는 무효이다. 집행관의 독립한 집행행위에는 ①유체동산에 대한 금전집행, ②동산의 인도집행, ③부동산·선박의 인도집행, ④유체동산에 대한 가압류 집행, ⑤인도단행가처분 등 일정한 내용의 가처분 집행, ⑥담보권 실행 등을 위한 유체동산의 경매가 있고, 집행법원이 행하는 집행절차에 부수한 행위에는 ①지시증

권상의 채권의 압류를 위한 증권의 점유, ②채권압류를 위한 채권증서의 취득, ③유체동산에 관한 청구권에 대한 집행을 위한 목적물의 수령과 현금화, ④채권 그 밖의 재산권에 대한 매각명령의 집행, ⑤부동산의 강제경매 · 강제관리 · 임의경매를 위한 목적물의 현황 조사, ⑥부동산 · 선박의 강제집행 · 임의경매를 위한 경매 또는 입찰의 실시, ⑦부동산 강제관리를 위한 관리인의 부동산 점유시의 참여, ⑧매각부동산 인도명령의 집행이 있다.

Ⅳ. 집행관은 집행을 하기 위하여 필요한 경우에는 채무자의 주거 · 창고 그 밖의 장소를 수색하고, 잠근 문과 기구를 여는 등 적절한 조치를 할 수 있다(제5조 제1항). 이 때 저항을 받으면 집행관은 경찰 또는 국군의 원조를 요청할 수 있다(제5조 2항). 국군의 원조는 법원에 신청하여야 한다(제5조 제3항). 집행관은 집행하는 데 저항을 받거나 채무자의 주거에서 집행을 실시하려는데 채무자나 사리를 분별할 지능이 있는 그 친족 · 고용인을 만나지 못한 때에는 성년 두 사람이나 특별시 · 광역시의 구 또는 동 직원, 시 · 읍 · 면 직원(도농복합형태의 시의 경우 동지역에서는 시 직원, 읍 · 면지역에서는 읍 · 면 직원) 또는 경찰공무원 중 한 사람을 증인으로 참여하게 하여야 한다(제6조).

Ⅴ. 집행관은 집행조서를 작성하여야 한다(제10조 제1항). 집행조서는 변론조서와 달리 집행에 관한 유일한 증거방법으로서의 법정 증거력을 갖는 것은 아니다. 집행조서에는 집행한 날짜와 장소, 집행의 목적물과 그 중요한 사정의 개요, 집행참여자의 표시, 집행참여자의 서명날인, 집행참여자에게 조서를 읽어 주거나 보여 주고, 그가 이를 승인하고 서명날인한 사실, 집행관의 기명날인 또는 서명이 있어야 한다(제10조 제2항). 집행조서에 서명날인할 수 없는 경우에는 그 이유를 적어야 한다(제10조 제3항). 집행행위에 속한 최고 그 밖의 통지는 집행관이 말로 하고 이를 조서에 적어야 한다(제11조 제1항). 말로 최고나 통지를 할 수 없는 경우에는 그 조서의 등본을 송달한다(제11조 제2항). 이 경우 송달증서를 작성하지 아니한 때에는 조서에 송달한 사유

를 적어야 한다(제11조 제3항).

Ⅵ. 공휴일과 야간에는 법원의 허가가 있어야 집행행위를 할 수 있다(제8조 제1항).

제3절 집행법원

Ⅰ. 강제집행에 있어서 직접적인 실력행위를 요하지 않고 법률적 판단을 필요로 하는 경우에는 집행법원이 집행기관이 된다. 민사집행법에서 규정한 집행행위에 관한 법원의 처분이나 그 행위에 관한 법원의 협력사항을 관할하는 집행법원은 법률에 특별히 지정되어 있지 아니하면 집행절차를 실시할 곳이나 실시한 곳을 관할하는 지방법원이 된다(제3조 제1항). 다만, 부동산・채권에 대한 가압류・가처분의 집행의 경우 가압류・가처분명령을 한 법원이 집행법원이다.

Ⅱ. 집행법원의 직무관할에는 집행법원이 직접 집행행위를 담당하여 실시하는 경우로 ①부동산, 선박, 자동차・건설기계・소형선박 및 항공기에 대한 금전집행, ②채권과 그 밖의 재산권에 대한 금전집행, ③동산에 대한 집행에서의 배당절차, ④물건의 인도를 목적으로 하는 집행에서 제3자가 목적물을 점유하고 있는 경우의 집행, ⑤채권과 그 밖의 재산권, 부동산, 선박, 자동차・건설기계・소형선박 및 항공기에 대한 가압류・가처분의 집행이 있고, 집행관이 할 집행행위를 보조하거나 시정, 간섭하는 경우로 ①국군에 대한 원조청구, ②공휴일・야간집행의 허가, ③공공기관에 대한 원조청구, ④압류금지물건을 정하는 재판, ⑤유체동산의 특별한 현금화명령, ⑥부동산인도청구에 관한 집행에서 집행의 목적물이 아닌 동산의 처분을 허가, ⑦집행에 관한 이의신청에 대한 재판, ⑧급박한 경우 집행의 정지 또는 속행에 관한 잠정처분, ⑨집행에 관한 특별대리인의 선임이 있다.

Ⅲ. 집행법원의 재판은 변론 없이 할 수 있다(제3조 제2항). 집행법원이 집행에 관하여 하는 행위는 모두 판결이 아닌 결정으로 한다. 집행법

원의 결정은 상당한 방법으로 고지함으로써 효력이 생긴다. 채무자에게 송달하여야 하는 경우에는 부동산에 대한 강제경매개시결정이 있고, 채무자와 제3채무자에게 송달하여야 하는 경우에는 채권과 그 밖의 재산권에 대한 압류명령, 추심명령, 전부명령, 양도명령, 관리명령이 있다.

Ⅳ. 집행절차에 관한 집행법원의 재판에 대하여는 특별한 규정이 있어야만 즉시항고를 할 수 있다(제15조 제1항). 즉시항고는 집행정지의 효력을 가지지 아니한다. 다만, 항고법원(재판기록이 원심법원에 남아있는 때에는 원심법원)은 즉시항고에 대한 결정이 있을 때까지 담보를 제공하게 하거나 담보를 제공하게 하지 아니하고 원심재판의 집행을 정지하거나 집행절차의 전부 또는 일부를 정지하도록 명할 수 있고, 담보를 제공하게 하고 그 집행을 계속하도록 명할 수 있다(제15조 제6항). 항고인은 재판을 고지받은 날부터 1주의 불변기간 이내에 항고장을 원심법원에 제출하여야 한다(제15조 제2항). 항고장에 항고이유를 적지 아니한 때에는 항고인은 항고장을 제출한 날부터 10일 이내에 항고이유서를 원심법원에 제출하여야 한다(제15조 제3항). 항고법원은 항고장 또는 항고이유서에 적힌 이유에 대하여서만 조사한다. 다만, 원심재판에 영향을 미칠 수 있는 법령위반 또는 사실오인이 있는지에 대하여 직권으로 조사할 수 있다(제15조 제7항).

Ⅴ. 집행법원의 집행절차에 관한 재판으로서 즉시항고를 할 수 없는 것과, 집행관의 집행처분, 그 밖에 집행관이 지킬 집행절차에 대하여서는 법원에 이의를 신청할 수 있다(제16조 제1항). 법원은 위 이의신청에 대한 재판에 앞서, 채무자에게 담보를 제공하게 하거나 제공하게 하지 아니하고 집행을 일시정지하도록 명하거나, 채권자에게 담보를 제공하게 하고 그 집행을 계속하도록 명하는 등 잠정처분을 할 수 있다(제16조 제2항).

Ⅵ. 법원조직법 제54조는 대법원과 각급 법원에 사법보좌관을 두어 민사

소송법, 민사집행법 등에 규정된 법원의 업무 중 일부를 처리하도록 하고 있다. 사법보좌관은 ①집행문부여명령에 관한 사무, ②채무불이행자명부등재 및 재산조회절차에서의 사무, ③부동산과 자동차・건설기계・소형선박에 대한 강제경매절차에서의 사무, ④유체동산집행 중 압류물의 인도명령 및 특별현금화명령에 관한 사무, ⑤채권과 그 밖의 재산권에 대한 강제집행절차에서의 사무, ⑥동산집행의 배당절차에서의 사무, ⑦부동산과 자동차・건설기계・소형선박, 유체동산, 채권과 그 밖의 재산권을 목적으로 하는 담보권 실행을 위한 경매절차에서의 사무, ⑧유치권 등에 의한 경매절차에서의 사무, ⑨집행의 정지 및 제한, 집행제한의 취소 및 일시유지, 담보권 실행을 위한 경매절차에서의 사무 등이 있다(사법보좌관규칙 제2조 제1항). 다만 위 사무 중에서 경매개시결정에 대한 이의신청에 대한 재판, 부동산의 인도명령 및 관리명령, 채권추심액의 제한허가, 특별현금화명령, 압류금지채권의 범위변경 등 사무를 사법보좌관의 업무가 아니다(사법보좌관규칙 제2조 제1항 7호, 9호).

제4절 수소법원

Ⅰ. 수소법원은 집행에 따라 실현될 청구권의 존부를 확정하고 집행법원을 형성하는 소송절차를 관할하는 법원이다.[21)]

Ⅱ. 수소법원이 집행기관으로서 하는 직무에는 대체집행과 간접강제가 있다. 집행공조기관으로서 하는 직무에는 외국에서의 강제집행 촉탁이 있다.

Ⅲ. 수소법원의 재판은 결정의 형식으로 한다. 대체집행과 간접강제 재판에는 채무자의 심문이 필요하다(제262조).

---

21) 「민사집행법」, 사법연수원(2012), 22면.

제3장 집행당사자, 채무자의 사망, 군인 · 군무원에 대한 강제집행

Ⅰ. 강제집행절차에서 대립하는 두 당사자를 채권자, 채무자라 한다. 집행절차에서의 채권자 · 채무자는 집행문이 누구를 위하여 또는 누구에 대하여 부여되는가에 따라 정해진다(제39조 제1항). 집행문이 필요없는 가압류 · 가처분결정은 결정문에 표시된 당사자가 집행당사자이다.

Ⅱ. 판결이 그 판결에 표시된 당사자 외의 사람에게 효력이 미치는 때에는 그 사람에 대하여 집행하거나 그 사람을 위하여 집행할 수 있다. 다만, 민사소송법 제71조[22)]의 규정에 따른 참가인(보조참가인)에 대하여는 그러하지 아니하다(제25조 제1항). 인낙조서, 화해조서, 조정조서, 확정된 지급명령, 확정된 이행권고결정도 판결의 경우와 마찬가지로 집행력이 미친다. 집행증서의 경우에는 집행증서상의 채권자와 채무자 그리고 집행증서 작성 후 포괄승계 또는 특정승계인에게 집행력이 미친다.

Ⅲ. 강제집행을 개시한 뒤에 채무자가 죽은 때에는 상속재산에 대하여 강제집행을 계속하여 진행한다(제52조 제1항). 채무자에게 알려야 할 집행행위를 실시할 경우에 상속인이 없거나 상속인이 있는 곳이 분명하지 아니하면 집행법원은 채권자의 신청에 따라 상속재산 또는 상속인을 위하여 특별대리인을 선임하여야 한다(제52조 제2항).

Ⅳ. 군인 · 군무원에 대하여 병영 · 군사용 청사 또는 군용 선박에서 강제집행을 할 경우 법원은 채권자의 신청에 따라 군판사 또는 부대장이나 선장에게 촉탁하여 이를 행한다(제54조 제1항). 촉탁에 따라 압류한 물건은 채권자가 위임한 집행관에게 교부하여야 한다(제54조 제2항).

---

22) 민사소송법 제71조(보조참가) 소송결과에 이해관계가 있는 제3자는 한 쪽 당사자를 돕기 위하여 법원에 계속 중인 소송에 참가할 수 있다. 다만, 소송절차를 현저하게 지연시키는 경우에는 그러하지 아니하다.

제4장 외국재판의 강제집행, 외국에서 할 집행

제1절 외국재판의 강제집행 · 집행판결

Ⅰ. 외국법원의 확정판결 또는 이와 동일한 효력이 인정되는 재판(이하 "확정재판등"이라 한다)에 기초한 강제집행은 대한민국 법원에서 집행판결로 그 강제집행을 허가하여야 할 수 있다(제26조 제1항). 집행판결을 청구하는 소(訴)는 채무자의 보통재판적이 있는 곳의 지방법원이 관할하며, 보통재판적이 없는 때에는 민사소송법 제11조[23]의 규정에 따라 채무자에 대한 소를 관할하는 법원이 관할한다(제26조 제2항).

Ⅱ. 집행판결은 재판의 옳고 그름을 조사하지 아니하고 하여야한다(제27조 제1항). 집행판결을 청구하는 소는 외국법원의 확정재판등이 확정된 것을 증명하지 아니한 때, 외국법원의 확정재판등이 민사소송법 제217조[24]의 조건을 갖추지 아니한 때 가운데 어느 하나에 해당하면 각하하여야 한다(제27조 제2항).

제2절 외국에서 할 집행

Ⅰ. 외국에서 강제집행을 할 경우에 그 외국 공공기관의 법률상 공조를 받을 수 있는 때에는 제1심 법원이 채권자의 신청에 따라 외국 공공기관

23) 민사소송법 제11조(재산이 있는 곳의 특별재판적) 대한민국에 주소가 없는 사람 또는 주소를 알 수 없는 사람에 대하여 재산권에 관한 소를 제기하는 경우에는 청구의 목적 또는 담보의 목적이나 압류할 수 있는 피고의 재산이 있는 곳의 법원에 제기할 수 있다.

24) 민사소송법 제217조(외국재판의 승인) ① 외국법원의 확정판결 또는 이와 동일한 효력이 인정되는 재판(확정재판등)은 다음 각호의 요건을 모두 갖추어야 승인된다. 1. 대한민국의 법령 또는 조약에 따른 국제재판관할의 원칙상 그 외국법원의 국제재판관할권이 인정될 것 2. 패소한 피고가 소장 또는 이에 준하는 서면 및 기일통지서나 명령을 적법한 방식에 따라 방어에 필요한 시간여유를 두고 송달받았거나(공시송달이나 이와 비슷한 송달에 의한 경우를 제외한다) 송달받지 아니하였더라도 소송에 응하였을 것 3. 그 확정재판등의 내용 및 소송절차에 비추어 그 확정재판등의 승인이 대한민국의 선량한 풍속이나 그 밖의 사회질서에 어긋나지 아니할 것 4. 상호보증이 있거나 대한민국과 그 외국법원이 속하는 국가에 있어 확정재판등의 승인요건이 현저히 균형을 상실하지 아니하고 중요한 점에서 실질적으로 차이가 없을 것 ② 법원은 제1항의 요건이 충족되었는지에 관하여 직권으로 조사하여야 한다.

에 이를 촉탁하여야 한다(제55조 제1항).

Ⅱ. 외국에 머물고 있는 대한민국 영사에 의하여 강제집행을 할 수 있는 때에는 제1심 법원은 그 영사에게 이를 촉탁하여야 한다(제55조 제2항).

제5장 집행권원

Ⅰ. 원칙적으로 강제집행은 확정된 종국판결이나 가집행의 선고가 있는 종국판결에 기초하여 한다(제24조). 이 때 확정된 종국판결, 가집행선고가 있는 종국판결을 집행권원이라 한다. 채무명의란 용어도 같은 의미이다. 집행권원(채무명의)은 강제집행의 근거가 되는 문서로서, 실체법상의 청구권의 존재와 범위를 표시하고 법률상 집행력을 인정한 공문서를 의미한다. 집행권원만 있으면 실체법상 청구권이 실제 존재하지 않더라도 그 집행권원에 기한 강제집행은 적법한 것이 되는 것이나, 집행권원만으로 집행에 착수하는 것을 불가능하고, 반드시 집행문이 있어야 한다.[25] 집행권원은 집행당사자적격을 가진 자의 범위를 정하고, 그 중 특정인을 위하여 또는 그 자에 대하여 집행문이 부여됨으로써 집행당사자가 확정되는 것이다. 집행권원의 내용이 되는 급부의무는 그 이행이 가능한 것이고, 당연히 특정되어 있어야 하며, 강제이행이 가능하여야 한다.

Ⅱ. 집행권원에 표시된 액수 이상의 채권이 실제 있다 하더라도 집행채권에 표시된 채권을 넘는 부분은 집행할 수 없다.[26] 한편 1,000,000원의 지급을 명한 제1심 판결에 대하여 피고가 항소하였는데, 항소심에서 원고가 700,000원을 구하는 것으로 청구를 감축한 결과 항소가

25) 이시윤, 「신민사집행법 6판」, 박영사(2013), 108-109면. "집행권원이 집행청구권의 요건이라며, 집행문은 집행청구권 행사의 요건에 해당한다."

26) 대법원 1994. 5. 13. 94마542,543 "강제집행에 있어서 채권자가 채무자에 대하여 가지는 집행채권의 범위는 집행권원에 표시된 바에 의하여 정하여지므로, 집행권원인 집행력 있는 공정증서정본상 차용원금채권 및 이에 대한 그 변제기까지의 이자 이외에 변제기 이후 다 갚을 때까지의 지연손해금채권에 대하여는 아무런 표시가 되어 있지 않는 한 그 지연손해금채권에 대하여는 강제집행을 청구할 수 없다."

기각되었다면, 집행권원으로 되는 것은 여전히 제1심 판결이고 그 판결에 형식상 표시되어 있는 것은 1,000,000원이라 하여도 집행할 수 있는 금액은 700,000원에 한하고, 이때에는 집행문에 집행이 가능한 범위를 적어야 한다(규칙 제20조 제1항).[27]

Ⅲ. 집행권원의 종류에는 확정된 종국판결(제24조), 가집행선고가 있는 종국판결(제24조), 외국법원의 판결에 대한 집행판결(제26조)[28], 소송상 화해조서와 제소전 화해조서(제56조), 인낙조서(제56조), 조정조서(민사조정법 제29조), 확정된 조정에 갈음하는 결정(민사조정법 제30조, 제32조, 제34조), 확정된 지급명령(제56조), 확정된 이행권고결정(소액사건심판법 제5조의7 제1항), 가압류・가처분명령(제291조, 제301조), 집행증서(제56조), 과태료의 재판에 대한 검사의 집행명령(제60조), 중재판정에 대한 집행판결(중재법 제37조), 회생절차 또는 파산선고시의 법인의 이사 등에 대한 출자이행청구권 또는 그 책임에 기한 손해배상청구권의 조사확정재판(채무자회생및파산에관한법률 제117조, 제354조), 회생채권자표 및 회생담보권자표(채무자회생및파산에관한법률 제168조), 파산채권자표(채무자회생및파산에관한법률 제460조), 개인회생채권자표(채무자회생및파산에관한법률 제603조 제3항), 제3자의 소송비용 상환결정(민사소송법 제107조), 소송비용의 액수와 부담을 정하는 결정(민사소송법 제114조), 대체집행에서 채무자에게 비용의 지급을 명하는 결정(민사집행법 제260조), 간접강제에서 금전배상을 명하는 결정(민사집행법 제261조) 등이 있다.

27) 「민사집행법」, 사법연수원(2012), 29면.

28) 외국법원의 확정판결 또는 이와 동일한 효력이 인정되는 재판에 기초한 강제집행은 대한민국 법원에서 집행판결로 그 강제집행을 허가하여야 할 수 있다. 이러한 집행판결을 청구하는 소는 채무자의 보통재판적이 있는 곳의 지방법원이 관할하며, 보통재판적이 없는 때에는 민사소송법 제11조의 규정에 따라 채무자에 대한 소를 관할하는 법원이 관할한다. 집행판결은 재판의 옳고 그름을 조사하지 아니하고 하여야한다. 집행판결을 청구하는 소는 외국법원의 확정재판등이 확정된 것을 증명하지 아니한 때나 외국법원의 확정재판등이 민사소송법 제217조의 조건을 갖추지 아니한 때는 각하하여야 한다.

제6장 집행문

Ⅰ. 강제집행은 집행문이 있는 판결정본(집행력 있는 정본, 집행정본)이 있어야 할 수 있다(제28조 제1항).[29] 즉 모든 집행권원에는 원칙적으로 집행문이 필요한 것이다. 가집행선고가 있는 종국판결, 집행판결, 집행증서와 같이 집행권원 자체에 집행할 수 있다는 취지가 적혀 있는 경우라도 집행문이 필요하다.[30] 그러나 보전처분(가압류·가처분)명령, 집행법원이 집행절차의 일환으로 하는 재판의 집행(채권압류명령에 따른 채권증서의 인도집행과 강제관리 개시결정에 따른 부동산의 점유집행), 벌금 등의 형사재판과 과태료에 대한 검사의 집행명령, 소유권이전등기절차를 이행하라는 판결처럼 의사의 진술을 명하는 주문의 판결, 확정된 지급명령과 이행권고결정, 확정된 배상명령 또는 가집행선고가 있는 배상명령이 적힌 유죄판결의 경우에는 집행문이 원칙적으로 필요치 않다.[31]

---

29) 대법원 1978. 6. 27. 선고 78다446 판결 "원심은 그 판시 증거들에 의하여 피고가 경락을 받아 소유권이전등기를 경료한 본건 토지에 관한 강제 경매절차에 있어서는 원심판시약속어음금 지급에 관하여 그 어음금 지급이 지체될 경우에는 즉시 강제집행할 것을 수락한다는 공정증서가 붙은 채무명의에 집행문이 첨부되지 아니한 채 경매절차가 진행된 결과 이루어진 것이라는 사실을 확정한 다음 이와 같이 집행문이 없는 채무명의에 기하여 이루어진 강제경매는 절대적으로 무효이고 따라서 그 결과 경락허가결정을 원인으로 한 피고명의의 소유권이전등기는 원인무효의 등기로서 말소를 면치 못한다고 판단하고 있다. 원심이 채택한 증거들을 기록에 의하여 대조 검토하면 본건 부동산에 관한 강제집행절차에 있어서 집행문이 없이 약속어음금의 지급에 관한 채무명의만에 의하여 이루어진 것이라는 원심의 위 인정사실이 충분히 긍인되는 바로서 원심의 사실 인정과정에 소론과 같은 채증법칙의 위배나 사실오인 등의 위법이 있다고 할 수 없다."

30) 「민사집행법」, 사법연수원(2012), 41면.

31) 이 경우에도 집행에 조건이 붙어 있는 경우, 당사자의 승계가 이루어진 경우에는 집행문이 필요하다. 이와 관련하여 대법원 1993. 7. 13. 선고 92다33251 판결 "수인의 보증인이 있는 경우에 어느 보증인이 자기의 부담부분을 넘은 변제를 한 때에는 다른 보증인에 대하여 구상권을 행사할 수 있고(민법 제448조 제2항, 제425조), 그 구상권의 범위내에서 종래 채권자가 가지고 있던 채권 및 그 담보에 관한 권리는 법률상 당연히 그 변제자에게 이전되는 것이므로(민법 제482조 제1항), 채권자가 어느 공동보증인의 재산에 대하여 가압류결정을 받은 경우에, 그 피보전권리에 관하여 채권자를 대위하는 변제자는 채권자의 승계인으로서, 가압류의 집행이 되기 전이라면 민사소송법 제708조 제1항에 따라 승계집행문을 부여받아 가압류의 집행을 할 수 있고, 가압류의 집행이 된 후에는 위와 같은 승계집행문을 부여받지 않더라도 가압류에 의한 보전의 이익을 자신을 위하여

Ⅱ. 집행문은 신청에 따라 제1심 법원의 법원서기관·법원사무관·법원주사 또는 법원주사보가 내어 주며, 소송기록이 상급심에 있는 때에는 그 법원의 법원사무관등이 내어 준다(제28조 제2항). 집행문을 내어 달라는 신청은 말로 할 수 있다(제28조 제3항). 집행문을 내어 주는 경우에는 판결원본 또는 상소심 판결정본에 원고 또는 피고에게 이를 내어 준다는 취지와 그 날짜를 적어야 한다(제36조). 집행력 있는 정본의 효력은 전국 법원의 관할구역에 미친다(제37조).

Ⅲ. 집행문은 판결정본의 끝에 덧붙여 적는다(제29조 제1항). 집행문에는 "이 정본은 피고 아무개 또는 원고 아무개에 대한 강제집행을 실시하기 위하여 원고 아무개 또는 피고 아무개에게 준다."라고 적고 법원사무관등이 기명날인하여야 한다(제29조 제2항). 집행문은 판결이 확정되거나 가집행의 선고가 있는 때에만 내어 준다(제30조 제1항).

Ⅳ. 판결을 집행하는 데에 조건(정지조건, 불확정기한, 선이행의무[32])이 붙어 있어 그 조건이 성취되었음을 채권자가 증명하여야 하는 때에는 이를 증명하는 서류를 제출하여야만 집행문을 내어 준다. 다만, 판결의 집행이 담보의 제공을 조건으로 하는 때에는 그러하지 아니하다(제30조 제2항).

Ⅴ. 선택적 이행의무 선택절차를 거쳐야만 집행이 가능하다. 선택절차를 거친 것은 민사집행법 제30조 제2항의 조건 성취에 해당하는 집행문 부여의 요건이다.

Ⅵ. 집행문은 판결에 표시된 채권자의 승계인을 위하여 내어 주거나 판결에 표시된 채무자의 승계인에 대한 집행을 위하여 내어 줄 수 있다(승계집행문)[33]. 다만, 그 승계가 법원에 명백한 사실이거나, 증명서로 승

주장할 수 있다고 보아야 할 것이다."

32) 동시이행의무가 있는 급부의 이행 또는 이행의 제공은 집행개시 요건이고, 집행문 부여 요건인 조건에 해당하지 않는다.

33) 대법원 2010. 1. 14. 자 2009그196 결정 "민사집행법 제31조 제1항에서 '집행문은 판결에 표시된 채권자의 승계인을 위하여 내어 주거나 판결에 표시된 채무자의 승계인에 대

계를 증명한 때에 한한다(제31조 제1항). 승계가 법원에 명백한 사실인 때에는 이를 집행문에 적어야 한다(제31조 제2항).

Ⅶ. 재판을 집행하는 데에 조건을 붙인 경우와 승계집행문의 경우에는 집행문은 재판장(합의부의 재판장 또는 단독판사)의 명령이 있어야 내어 준다(제32조 제1항). 재판장은 그 명령에 앞서 서면이나 말로 채무자를 심문할 수 있다(제32조 제2항). 재판장의 명령은 집행문에 적어야 한다(제32조 제3항). 채권자가 여러 통의 집행문을 신청하거나[34] 전에 내어 준 집행문을 돌려주지 아니하고 다시 집행문을 신청한 때에는 재판장의 명령이 있어야만 이를 내어 준다(제35조 제1항). 재판장은 그 명령에 앞서 서면이나 말로 채무자를 심문할 수 있으며, 채무자를 심문하지 아니하고 여러 통의 집행문을 내어 주거나 다시 집행문을 내어 준 때에는 채무자에게 그 사유를 통지하여야 한다(제35조 제2항). 여러 통의 집행문을 내어 주거나 다시 집행문을 내어 주는 때에는 그 사유를 원본과 집행문에 적어야 한다(제35조 제3항).

Ⅷ. 집행권원상의 청구권이 양도되어 대항요건을 갖춘 경우 집행당사자적격이 양수인으로 변경되고, 양수인이 승계집행문을 부여받음에 따라 집행채권자는 양수인으로 확정되는 것이므로, 승계집행문의 부여로 인하여 양도인에 대한 기존 집행권원의 집행력은 소멸한다. 따라서 그 후 양도인을 상대로 제기한 청구이의의 소는 피고적격이 없는 자를 상대로 한 소이거나 이미 집행력이 소멸한 집행권원의 집행력 배제를 구하는 것으로 권리보호의 이익이 없어 부적법하고, 이러한 법리는 소액사건심판법상의 확정된 이행권고결정과 같이 위 법 제5조의8 제1항에

한 집행을 위하여 내어 줄 수 있다'고 규정하고 있는바, 채무자의 채무를 소멸시켜 당사자인 채무자의 지위를 승계하는 이른바 면책적 채무인수는 위 조항에서 말하는 승계인에 해당한다고 볼 수 있지만, 중첩적 채무인수는 당사자의 채무는 그대로 존속하며 이와 별개의 채무를 부담하는 것에 불과하므로 소극적으로 해석하여야 한다."

34) 채권자가 한 지역에서 또는 한 가지 방법으로 강제집행을 하여도 모두 변제를 받을 수 없는 때에는 여러 통의 집행력 있는 정본에 의하여 여러 지역에서 또는 여러 가지 방법으로 동시에 강제집행을 할 수 있다(제38조).

의하여 집행문을 별도로 부여받을 필요 없이 이행권고결정서의 정본에 의하여 강제집행이 가능한 경우에도 마찬가지이다. 집행권원상의 청구권을 양도한 채권자가 집행력이 소멸한 이행권고결정서의 정본에 기하여 강제집행절차에 나아간 경우에 채무자는 민사집행법 제16조의 집행이의의 방법으로 이를 다툴 수 있다.[35]

강제집행절차에 있어서는 권리관계의 공권적인 확정 및 그 신속·확실한 실현을 도모하기 위하여 절차의 명확·안정을 중시하여야 하므로, 집행권원을 가진 채권자의 지위를 승계한 자라고 하더라도 기존 집행권원에 기하여 강제집행을 신청하려면 승계집행문을 부여받아야 하고, 집행권원에 의한 강제집행이 개시된 후 신청채권자의 지위를 승계한 경우라도 승계인이 자기를 위하여 강제집행 속행을 신청하기 위하여는 승계집행문이 붙은 집행권원의 정본을 제출하여야 하며 그 경우 법원사무관등 또는 집행관은 그 취지를 채무자에게 통지하도록 하고 있다. 따라서 채권자가 집행권원에 기하여 압류 및 추심명령을 받은 후 그 집행권원상의 채권을 양도하였다고 하더라도 그 채권의 양수인이 기존 집행권원에 대하여 승계집행문을 부여받지 않았다면, 집행채권자의 지위에서 압류채권을 추심할 수 있는 권능이 있다고 볼 수 없다.[36]

제7장 지급명령·공정증서와 집행

제1절 지급명령과 집행

Ⅰ. 확정된 지급명령에 기한 강제집행은 집행문을 부여받을 필요없이 지급명령 정본에 의하여 행한다. 다만, 지급명령의 집행에 조건을 붙인 경우, 당사자의 승계인을 위하여 강제집행을 하는 경우, 당사자의 승계인에 대하여 강제집행을 하는 경우 중 어느 하나에 해당하는 경우

---

35) 대법원 2008. 2. 1. 2005다23889

36) 대법원 2008. 8. 11. 2008다32310

에는 그러하지 아니하다(제58조 제1항). 채권자가 여러 통의 지급명령 정본을 신청하거나, 전에 내어준 지급명령 정본을 돌려주지 아니하고 다시 지급명령 정본을 신청한 때에는 법원사무관등이 이를 부여한다. 이 경우 그 사유를 원본과 정본에 적어야 한다(제58조 제2항).

Ⅱ. 확정된 지급명령에 기한 강제집행에 대한 청구이의의 소에 있어서는 청구이유의 이유가 변론이 종결된 뒤(변론 없이 한 판결의 경우에는 판결이 선고된 뒤)에 생긴 것에 한정되지 않는다(제58조 제3항). 확정된 지급명령에 기한 강제집행에 대한 집행문부여의 소, 청구에 관한 이의의 소 또는 집행문부여에 대한 이의의 소는 지급명령을 내린 지방법원이 관할하는데(제58조 제4항), 그 청구가 합의사건인 때에는 그 법원이 있는 곳을 관할하는 지방법원의 합의부에서 재판한다(제58조 제5항).

제2절 공정증서와 집행

Ⅰ. 공증인이 작성한 증서의 집행문은 그 증서를 보존하는 공증인이 내어준다(제59조 제1항). 집행문을 내어 달라는 신청에 관한 공증인의 처분에 대하여 이의신청이 있는 때에는 그 공증인의 사무소가 있는 곳을 관할하는 지방법원 단독판사가 결정으로 재판한다(제59조 제2항).

Ⅱ. 공정증서에 기한 강제집행에 대한 청구이의의 소에 있어서는 청구이유의 이유가 변론이 종결된 뒤(변론 없이 한 판결의 경우에는 판결이 선고된 뒤)에 생긴 것에 한정되지 않는다(제59조 제3항). 집행문부여의 소, 청구에 관한 이의의 소 또는 집행문부여에 대한 이의의 소는 채무자의 보통재판적이 있는 곳의 법원이 관할한다. 다만, 그러한 법원이 없는 때에는 민사소송법 제11조의 규정에 따라 채무자에 대하여 소를 제기할 수 있는 법원이 관할한다(제59조 제4항).

Ⅲ. 공증인 또는 공증업무를 인가받은 법무법인·법무법인(유한)·법무조합이 일정한 금액의 지급을 목적으로 하는 청구에 관하여 작성한 공정

증서로서 채무자가 강제집행을 승낙한 취지가 적혀 있는 증서와 공증인 또는 공증업무를 인가받은 법무법인·법무법인(유한)·법무조합이 어음·수표에 부착하여 강제집행을 인낙한 취지를 적어 작성한 증서(제56조 제4호, 공증인법 제56조의2, 변호사법 제58조 제2항, 제58조의17, 제58조의31)을 집행증서라고 한다. 이는 집행권원이다.

Ⅳ. 집행증서에 집행수락문언이 적혀 있으나 그것이 미성년자 또는 무권대리인이 한 것으로 추인이 없는 경우에는 무효이다.[37] 추인의 의사표시 또한 당해 공정증서를 작성한 공증인에 대하여 그 의사표시를 공증하는 방식으로 하여야 한다. 그러한 방식에 의하지 아니한 추인행위의 경우 채무자가 그 추인행위로 인해 실체법상의 채무를 부담하게 됨은 별론으로 하고 무효인 집행증서가 집행권원으로 유효하게 되지 않는다.[38] 무효인 집행증서에 터 잡아 내려진 채권압류 및 전부명령은 채무자에 대한 관계에서 효력이 없다.[39]

Ⅴ. 무권대리인의 촉탁에 의하여 공정증서가 작성된 경우 그 공정증서는 집행권원으로서 효력이 없다.[40] 그러한 무효인 집행증서에 기한 경매절차에서 부동산을 매수한 자는 소유권을 취득할 수 없다. 이 경우 원소유자는 집행증서의 무효를 주장하여 경락을 원인으로 소유권이전등기를 마친 매수인에 대하여 소유권이전등기의 말소를 청구할 수 있다.[41]

Ⅵ. 집행증서에 적힌 내용이 객관적 사실과 일치하지 않거나 증서에 적힌 청구권의 성립원인인 법률행위에 무효·취소사유가 있는 경우라도 그 집행증서는 일단 유효한 것으로 취급된다.[42] 다만 청구이의의 소로써

37) 대법원 1991. 4. 26. 90다20473
38) 대법원 2006. 3. 24. 2006다2803
39) 대법원 1989. 12. 12. 87다카3125
40) 대법원 2001. 2. 23. 2000다45303,45310
41) 대법원 1991. 4. 26. 90다20473
42) 대법원 1989. 9. 12. 88다카34117

그 집행력의 배제를 구할 수 있다.

제8장 강제집행 개시의 요건

Ⅰ. 강제집행은 이를 신청한 사람과 집행을 받을 사람의 성명이 판결이나 이에 덧붙여 적은 집행문에 표시되어 있고 판결을 이미 송달하였거나 동시에 송달한 때에만 개시할 수 있다(제39조 제1항). 판결의 집행이 그 취지에 따라 채권자가 증명할 사실에 매인 때 또는 판결에 표시된 채권자의 승계인을 위하여 하는 것이거나 판결에 표시된 채무자의 승계인에 대하여 하는 것일 때에는 집행할 판결 외에, 이에 덧붙여 적은 집행문을 강제집행을 개시하기 전에 채무자의 승계인에게 송달하여야 한다(제39조 제2항). 증명서에 의하여 집행문을 내어 준 때에는 그 증명서의 등본을 강제집행을 개시하기 전에 채무자에게 송달하거나 강제집행과 동시에 송달하여야 한다(제39조 제3항).

Ⅱ. 집행을 받을 사람이 일정한 시일에 이르러야 그 채무를 이행하게 되어 있는 때에는 그 시일이 지난 뒤에 강제집행을 개시할 수 있다(제40조 제1항).[43] 확정기한의 도래는 집행개시 요건이지만, 불확정기한의 도래와 정지조건의 상취는 집행문부여의 요건이다(제30조 제2항). 해제조건의 성취는 청구권 소멸사유이므로 상대방(채무자)이 주장·입증해야 한다.

Ⅲ. 집행이 채권자의 담보제공에 매인 때에는 채권자는 담보를 제공한 증명서류를 제출하여야 한다. 이 경우의 집행은 그 증명서류의 등본을

43) 대법원 2002. 1. 25. 2000다26388 "담보권자가 피담보채권의 이행기의 도래전에 담보권을 실행하여 경매절차가 개시되었다 하더라도 그 경매신청이나 경매개시결정이 무효로 되는 것은 아니고, 이러한 경우 채무자나 소유자는 경매개시결정에 대한 이의신청 등으로 경매절차의 진행을 저지하여야 하며, 이러한 조치를 취하지 아니하여 경매절차가 진행되고 경락허가결정에 따라 경락대금이 납입되었다면, 이로써 경락인은 유효하게 경락부동산의 소유권을 취득하고 신청채권자의 담보권은 소멸한다." 즉 확정기한이 경우 이행기 전에 집행이 이루어지더라도 기한이 도래하면 그 흠이 치유된다. 그러나 불확정기한의 경우 지행개시 요건이 아니고 집행문의 부여에 필요한 조건에 해당한다.

채무자에게 이미 송달하였거나 동시에 송달하는 때에만 개시할 수 있다(제40조 제2항).

Ⅳ. 반대의무의 이행과 동시에 집행할 수 있다는 것을 내용으로 하는 집행권원의 집행은 채권자가 반대의무의 이행 또는 이행의 제공을 하였다는 것을 증명하여야만 개시할 수 있다(제41조 제1항). 반대의무의 이행과 상환으로 일정 의무의 이행을 명한 집행권원의 집행에 관하여 집행문 부여 전에 채권자가 반대의무를 이행한 것을 증명하도록 하면 채권자로부터 동시이행의 이익을 박탈하여 선이행을 하도록 하는 결과가 되므로, 반대의무의 이행을 제공하였음을 집행기관에 증명하면 족하도록 한 것이다. 다만, 반대의무의 이행과 상환으로 권리관계의 인낙이나 의사진술을 할 의무에 대하여는 그 판결이 확정된 뒤에 채권자가 그 반대의무를 이행한 사실을 증명하고 재판장 또는 사법보좌관의 명령에 따라 집행문을 받았을 때 의사표시의 효력이 생기므로(민사집행법 제263조 제2항), 이 경우에는 반대의무의 이행 또는 이행의 제공은 집행문 부여의 요건이 된다.[44]

Ⅴ. 다른 의무의 집행이 불가능한 때에 그에 갈음하여 집행할 수 있다는

44) 「민사집행법」, 사법연수원(2011), 50-51면 "임차인이 임차주택에 대하여 보증금반환청구소송의 확정판결 기타 이에 준하는 집행권원에 기한 경매를 신청하는 경우에는 반대의무의 이행 도는 이행의 제공조차 필요하지 않다(주택임대차보호법 제3조의 2 제1항; 상가건물 임대차보호법 제5조 제1항도 같다). 따라서 판결주문에 건물의 인도와 동시이행으로 보증금지급을 명하였다 하여도 이행제공 여부를 따질 것 없이 경매개시결정을 할 수 있다. 다만, 이 경우에도 임차인이 배당금을 수령할 때는 인도확인서를 제출하여야 한다. 한편, 전세권자가 전세권에 기하여 경매신청을 하는 경우 전세권자의 전세목적물 인도의무 및 전세권설정등기말소의무와 전세권설정자의 전세금반환의무가 동시이행관계에 있으므로, 전세권자인 채권자가 전세목적물에 대한 경매를 신청하려면 우선 전세권설정자에 대하여 전세목적물의 인도의무 및 전세권설정등기말소의무의 이행제공을 하여 전세권설정자를 이행지체에 빠뜨려야 한다(대법원1977. 4. 13. 77마90). 따라서 경매를 신청하는 전세권자는 전세권설정자에게 이행의 제공을 한 사실을 소명하여야 하며, 그 방법으로는 전세권자가 "전세목적물을 인도하고 전세권설정등기말소에 필요한 서류를 교부할 테니, 그때까지 전세금을 지급하여 주기 바란다."라는 정도의 내용을 상대방에게 내용증명우편으로 보낸 서류를 법원에 제출하면 된다. 전세권의 말소에는 전세권설정등기필증만 있으면 족하므로 전세권자가 말소용 인감증명서를 발급받아 소지하고 있을 필요는 없다(부동산등기규칙 제53조)."

것을 내용으로 하는 집행권원의 집행은 채권자가 그 집행이 불가능하다는 것을 증명하여야만 개시할 수 있다(제41조 제2항). 예비적 이행의무(대상판결)의 경우에는 본래의 의무가 집행불능이여야만 이행이 가능하기 때문이다. 예비적 의무의 집행을 위하여 다시 집행문을 받을 필요는 없다.

Ⅵ. 집행의 개시가 된 후에 채무자에 대하여 회생절차 또는 개인회생절차가 개시되거나 파산이 선고된 경우에는 회생절차의 회생계획, 개인회생절차의 변제계획, 파산절차에 따라야 한다.

제9장 강제집행과 회생 · 파산절차

Ⅰ. 채무자에 대하여 회생절차가 개시되면 회생채권 및 회생담보권은 회생계획에 따라야 한다(채무자회생및파산에관한법률 제131조, 제141조 제2항). 회생절차개시결정이 있으면 회생채권 및 회생담보권에 기한 강제집행 · 가압류 · 가처분 · 담보권실행을 위한 경매는 금지된다(동법 제58조 제1항 제2호, 제44조 제1항 제2호). 이미 행한 절차는 중지되나, 법원은 회생에 지장이 없다고 인정하는 때에는 중지한 절차의 속행을, 회생을 위하여 필요하다고 인정하는 때에는 그 절차의 취소를 명할 수 있다(동법 제58조 제2항 제2호, 제5항). 중지된 절차는 회생계획인가결정이 있으면 효력을 잃게 된다(동법 제256조 제1항). 회생계획인가결정 전에 회생절차가 종료되는 경우에는 당연히 속행된다(동법 제255조 제2항).

Ⅱ. 채무자에 대하여 파산이 선고되면 파산채권은 파산절차에 의하지 아니하고는 행사할 수 없다(동법 제424조). 파산선고가 있으면 파산채권에 기하여 파산재단에 속하는 재산에 대하여 행하여진 강제집행 · 가압류 · 가처분은 파산재단에 대하여 효력을 잃는다(동법 제348조 제1항). 파산재단에 속하는 재산상에 존재하는 유치권 · 질권 · 저당권 · 전세권을 가진 자는 그 목적인 재산에 대하여 별제권을 가진다.

별제권은 파산절차에 의하지 아니하고 행사한다(동법 제411조, 제412조).

Ⅲ. 채권자목록에 기재된 개인회생채권에 관하여 변제계획에 의하지 아니하고는 변제하거나 변제받는 등 이를 소멸하게 하는 행위(면제는 제외)를 하지 못한다(동법 제582조). 개인회생절차개시결정이 있으면 채권자목록에 기재된 개인회생채권에 기하여 개인회생재단에 속하는 재산에 대한 강제집행・가압류・가처분이나 개인회생채권을 변제받거나 변제를 요구하는 소송 외 행위는 중지 또는 금지된다(동법 제600조 제1항 제2호, 제3호). 변제계획의 인가결정일 또는 절차폐지결정의 확정일 중 먼저 도래하는 날까지 개인회생재단에 속하는 재산에 대한 담보권의 설정 또는 담보권의 실행 등을 위한 경매는 중지 또는 금지된다(동법 제600조 제2항). 변제계획인가결정이 있으면 중지한 개인회생채권에 기한 강제집행・가압류・가처분은 효력을 잃는다(동법 제615조 제3항). 개인회생재단에 속하는 재산상에 존재하는 유치권・질권・저당권・전세권을 가진 자는 그 목적인 재산에 관하여 별제권을 가지고, 별제권은 개인회생절차에 의하지 아니하고 행사한다(동법 제586조, 제411조, 제412조).

제10장 강제집행의 정지・취소

제1절 강제집행의 정지와 제한

Ⅰ. 민사집행법 제49조 제1항[집행의 필수적 정지・제한] 강제집행은 다음 각호 가운데 어느 하나에 해당하는 서류를 제출한 경우에 정지하거나 제한하여야 한다.

제1호 집행할 판결 또는 그 가집행을 취소하는 취지나, 강제집행을 허가하지 아니하거나 그 정지를 명하는 취지 또는 집행처분의 취소를 명한 취지를 적은 집행력 있는 재판의 정본

제2호 강제집행의 일시정지를 명한 취지를 적은 재판의 정본

제3호 집행을 면하기 위하여 담보를 제공한 증명서류

제4호 집행할 판결이 있은 뒤에 채권자가 변제를 받았거나, 의무이행을 미루도록 승낙한 취지를 적은 증서

제5호 집행할 판결, 그 밖의 재판이 소의 취하 등의 사유로 효력을 잃었다는 것을 증명하는 조서등본 또는 법원사무관등이 작성한 증서

제6호 강제집행을 하지 아니한다거나 강제집행의 신청이나 위임을 취하한다는 취지를 적은 화해조서의 정본 또는 공정증서의 정본

Ⅱ. 민사집행법 제50조[집행처분의 취소・일시유지] 제1항

제49조 제1호・제3호・제5호 및 제6호의 경우에는 이미 실시한 집행처분을 취소하여야 하며, 제2호 및 제4호의 경우에는 이미 실시한 집행처분을 일시적으로 유지하게 하여야 한다.

제4호의 증서 가운데 변제를 받았다는 취지를 적은 증서를 제출하여 강제집행이 정지되는 경우 그 정지기간은 2월로 한다.

제4호의 증서 가운데 의무이행을 미루도록 승낙하였다는 취지를 적은 증서를 제출하여 강제집행이 정지되는 경우 그 정지는 2회에 한하며 통산하여 6월을 넘길 수 없다.

Ⅲ. 강제집행의 정지결정이 있으면 결정즉시로 당연히 집행정지의 효력이 있는 것이 아니고 그 정지결정 정본을 집행기관에 제출함으로써 집행정지의 효력이 발생한다.[45] 가집행선고부 제1심판결 중 항소심판결에 의하여 취소된 부분의 가집행선고는 항소심판결의 선고로 인하여 그 효력을 잃게 되어 피고로서는 이 부분의 강제집행을 정지하기 위하여는 항소심판결의 정본을 집행법원에 제출하기만 하면 되는 것이므로 별도로 강제집행정지신청을 할 이익이 없어 이 부분 신청은 부적법하다.[46]

45) 대법원 1966. 8. 12. 65마1059

Ⅳ. 강제경매의 경우에도 임의경매의 경우와 마찬가지로 경락인은 경락대금을 지급한 때에 경매부동산에 관한 소유권을 취득하는 것이므로, 강제경매절차에서 경락허가결정이 된 후에라도 경락인이 경락대금을 지급하기 전까지는 경매법원에 경매절차의 일시정지를 명하는 결정정본을 제출할 수 있고, 이 경우 경매법원은 필요적으로 그 경매절차의 진행을 정지하여야 하고 이를 무시하고 그대로 진행하여 경락인으로부터 경락대금을 지급받는 것은 위법하다. 강제집행의 정지사유가 있음에도 불구하고 경매법원이 이를 정지하지 아니하고 대금지급기일을 정하고, 대금납부를 받는 등 경매절차를 진행하는 경우에 이해관계인은 집행에 관한 이의, 나아가 즉시항고에 의하여 그 시정을 구할 수 있는바, 이러한 불복의 절차 없이 경매절차가 그대로 완결된 경우에는 그 집행행위에 의하여 발생된 법률효과는 부인할 수 없다.[47]

경락허가결정이 된 후 경락대금이 납부되기 이전에 강제집행정지결정이 제출되어 강제경매절차를 필요적으로 정지하여야 함에도, 경매법원이 대금납부기일을 지정하고 이에 따라 경락인들이 경락대금을 완납하였다면 이러한 대금납부 기일지정 조치 등은 위법하다 할 것이나, 경락대금이 완납된 이후에는 이해관계인이 이러한 위법한 처분들에 관하여 집행에 관한 이의, 나아가 즉시항고에 의하여 그 시정을 구할 수 없으며, 또한 집행처분의 취소신청도 할 수 없다.[48]

Ⅴ. 강제집행 진행 중 강제집행취소결정 정본이나 청구이의의 소를 인용한 종국판결정본을 집행기관에 제출하면 집행기관은 필요적으로 강제집행을 취소하여야 하므로 집행법원에 청구이의의 소를 인용한 확정판결 정본을 첨부하여 강제집행취소신청을 하였다 하더라도 이와 같은 신청은 강제집행의 필요적 취소를 촉구하는 의미를 가질 뿐이고 집행법원이 강제집행취소결정 정본을 제출받고도 강제집행을 계속 진

46) 대법원 2000. 7. 19. 2000카기90
47) 대법원 1992. 9. 14. 92다28020
48) 대법원 1995. 2. 16. 94마1871

행할 때에는 집행에 관한 이의신청을 할 수 있을 따름이다. 강제경매절차에 있어서 경락허가결정이 있은 후에 민사집행법 제49조 소정의 서류가 제출되었다고 하더라도 이러한 사유는 적법하게 이루어진 경락허가결정의 효력을 좌우할 수 없다.[49] 소송기관인 법원에 대하여 한 집행취소신청은 부적법하다.[50]

제11장 집행비용

Ⅰ. 민사집행의 신청을 하는 때에는 채권자는 민사집행에 필요한 비용으로서 법원이 정하는 금액을 미리 내야 한다. 법원이 부족한 비용을 미리 내라고 명하는 때에도 또한 같다(제18조 제1항). 채권자가 민사집행에 필요한 비용을 미리 내지 아니한 때에는 법원은 결정으로 신청을 각하하거나 집행절차를 취소할 수 있다(제18조 제2항). 각하·취소결정에 대하여는 즉시항고를 할 수 있다(제18조 제3항).

Ⅱ. 강제집행에 필요한 비용은 채무자가 부담하고 그 집행에 의하여 우선적으로 변상을 받는다(제53조 제1항). 강제집행의 기초가 된 판결이 파기된 때에는 채권자는 위 비용을 채무자에게 변상하여야 한다(제53조 제2항).

Ⅲ. 민사집행법 제53조 제1항에 의하여 강제집행에 필요한 비용은 채무자가 부담하고 그 집행에서 우선적으로 변상을 받는 것이고, 이와 같은 집행비용은 별도의 집행권원 없이 그 집행의 기본이 되는 당해 집행권원에 터잡아 당해 강제집행절차에서 그 집행권원에 표시된 채권과 함께 추심할 수 있는 것이므로, 청구이의 사건에 있어서 집행권원에 표시된 본래의 채무가 변제나 공탁에 의하여 소멸되었다고 하여도 채무자가 변상하여야 할 집행비용이 상환되지 아니한 이상 당해 집행권원의 집행력 전부의 배제를 구할 수는 없다. 원심판결 이유에 의하면, 원

49) 대법원 1986. 3. 26. 85그130
50) 대법원 1957. 6. 13. 4290민재항29

심은 원고가 이 사건 집행권원인 대상판결의 원리금 일부를 변제공탁하고, 나머지 원리금은 자신이 부담하였던 집행비용 잔액과 대등액에서 상계한 사실을 인정하여 대상판결의 집행력 배제를 구하는 원고의 이 사건 청구를 인용하였다. 그런데 기록에 의하면, 피고는 2009. 12. 3.자 및 2010. 10. 1.자 준비서면으로 피고가 대상판결에서 인정된 원리금의 회수를 위해 강제집행신청을 하였는데 그 집행비용을 지급받지 못하였으므로 원고는 위 판결의 집행력 배제를 구할 수 없다는 취지의 주장을 한 사실을 알 수 있는바, 위 법리에 비추어 보면 원심으로서는 원고가 변상하여야 할 집행비용이 있는지 있다면 변제되었는지 여부를 심리하였어야 함에도 불구하고 원심이 여기에 이르지 아니한 것은 청구이의의 소에 관한 법리를 오해하여 심리를 다하지 아니한 잘못이 있다.[51]

제12장 강제집행에서 채권자의 구제

제1절 집행문 부여 거절처분에 대한 이의신청

Ⅰ. 채권자는 집행문 부여기관이 집행문 부여신청에 대하여 거절처분을 내릴 경우 이에 대하여 이의신청을 할 수 있다(제34조 제1항, 제59조 제2항). 재판장 또는 사법보좌관의 명령을 얻지 못하여 집행문 부여기관이 내어 주기를 거절한 경우에도 집행문 부여의 주체는 그 부여기관이므로 그 거절처분에 대하여 거절한 경우에도 집행문 부여의 주체는 그 부여기관이므로 그 거절처분에 대하여 이의신청을 하여야 하며, 재판장 또는 사법보좌관이 집행문 부여 명령을 내리지 않은 것에 대하여 불복할 것이 아니다[52].

Ⅱ. 이의신청은 서면 또는 말로 할 수 있다(제23조 제1항). 법원은 이의신청이 정당하면 거절처분을 취소하고 부여기관에 대하여 집행문을 내

51) 대법원 2012. 5. 24. 2011다105195

52) 대법원 1967. 10. 1. 67마530

어 줄 것을 명한다. 채무자는 이 인용결정에 대하여 직접 항고 할수 없고, 이 결정에 기초하여 부여된 집행문에 대하여 집행문 부여에 대한 이의신청으로 다투어야 한다.[53)]

제2절 집행문 부여의 소

Ⅰ. 채권자가 집행문을 부여받기 위하여 증명서로 조거느이 이행, 승계 또는 집행력이 미치는 사유(제30조 제2항, 제31조 제1항, 제25조 제1항)를 증명하여야 할 필요가 있는 경우에, 이를 증명서로써 증명할 수 없는 때에는 채권자는 채무자를 상대로 소를 제기하여 그 판결에 따라 집행문을 받을 수 있다(제33조). 이 소는 집행문을 내어 줄 것을 신청하여 거절된 때에도 제기할 수 있고, 아예 집행문을 신청하지 않고 직접 이 소를 제기할 수도 있다. 다만, 수통 q여, 재도 부여 신청을 하여 거절된 경우에는 이 소를 제기할 여지가 없고, 거절처분에 대한 이의신청으로 다투어야 한다.[54)]

Ⅱ. 집행문부여의 소의 원고는 채권자이고, 피고는 채무자이다. 집행문 부여기관은 피고가 아니다. 집행문부여의 소는 일반 판결절차와 마찬가지로 변론을 거쳐 심리하며 모든 증거방법을 제출할 수 있다. 집행문부여의 소 판결이 확정되면 채권자는 그 정본을 붙여 집행문을 내어 줄 것을 신청할 수 있다. 이 경우 재판장 명령을 기다릴 필요가 없다.

Ⅲ. 판결에 대하여 집행문을 부여하기 위해서는 그 판결의 집행력이 유효하게 발생하고 존재할 것을 요건으로 한다. 따라서 집행력이 발생하지 않는 당연무효의 판결에 대하여는 집행문을 부여할 수 없고, 이러한 법리는 민사집행법 제33조에 의하여 집행문부여의 소를 제기한 경우에도 마찬가지로 적용된다 할 것이다.

원심판결 이유에 의하면, 원고가 소외 1의 상속인인 피고 2를 상대

53) 대법원 1977. 11. 23. 77마348

54) 「민사집행법」, 사법연수원(2012), 74면

로 승계집행문의 부여를 구하는 청구에 관하여, 원심은 소외 2가 소외 1을 상대로 서울지방법원 동부지원 92가합6837로 소유권이전등기청구의 소를 제기하기 훨씬 전인 1990. 2. 9. 소외 1이 이미 사망하였음에도 이를 간과한 채 판결이 선고된 사실을 인정한 다음, 위 판결 중 소외 1에 대한 청구 부분은 당연무효이고, 이러한 당연무효의 판결에 대한 승계집행문의 부여를 구하는 원고의 피고 2에 대한 청구는 받아들일 수 없다고 판단하였다. 앞서 본 법리에 비추어 살펴보면, 위와 같은 원심판단은 정당하고, 거기에 상고이유로 주장하는 바와 같은 법리오해 등의 위법이 있다고 할 수 없다.

민사집행법 제33조에 규정된 집행문부여의 소는 채권자가 집행문을 부여받기 위하여 증명서로써 증명하여야 할 사항에 대하여 그 증명을 할 수 없는 경우에 증명방법의 제한을 받지 않고 그러한 사유에 터잡은 집행력이 현존하고 있다는 점을 주장·증명하여 판결로써 집행문을 부여받기 위한 소이고, 민사집행법 제44조에 규정된 청구이의의 소는 채무자가 집행권원에 표시되어 있는 청구권에 관하여 생긴 이의를 내세워 그 집행권원이 가지는 집행력을 배제하는 소이다. 민사집행법이 집행문부여의 소와 청구이의의 소를 각각 인정한 취지에 비추어 보면 집행문부여의 소에 있어서 심리의 대상은 조건의 성취 또는 승계사실을 비롯하여 집행문부여의 요건에 한하는 것으로 보아야 한다. 따라서 채무자가 민사집행법 제44조에 규정된 청구에 관한 이의의 소에서의 이의 사유를 집행문 부여의 소에서 주장하는 것은 허용되지 아니한다.

원심판결 이유에 의하면, 원고가 피고 1을 상대로 승계집행문의 부여를 구하는 이 사건 선행판결에 표시된 소외 2의 피고 1에 대한 소유권이전등기청구권의 소멸시효가 이미 완성되었으므로 원고의 승계집행문 부여 청구에 응할 수 없다는 피고 1의 주장에 대하여, 원심은 승계집행문 부여의 소에서 집행채무자가 청구에 관한 이의사유를 청구이의의 반소를 제기하지 않은 채 단순히 항변으로만 주장하는 것은 허용될 수 없다는 이유로 피고 1의 위 주장을 배척하였다. 앞서 본 법리에 비추어 살펴보면, 위와 같은 원심판단은 정당하고, 거기에 상고이유로 주장하는 바와 같은 승계집행문 부여의 소에 관한 법리를 오해한 위법이 있다고 할 수 없다.[55]

Ⅳ. 계속적 부작위의무를 명한 가처분에 기한 간접강제결정이 발령된 상태에서 의무위반행위가 계속되던 중 채무자가 그 행위를 중지하고 장래의 의무위반행위를 방지하기 위한 적당한 조치를 취했다거나 가처분에서 정한 금지기간이 경과하였다고 하더라도, 그러한 사정만으로는 처음부터 가처분위반행위를 하지 않은 것과 같이 볼 수 없고 간접강제결정 발령 후에 행해진 가처분위반행위의 효과가 소급적으로 소멸하는 것도 아니므로, 채무자는 간접강제결정 발령 후에 행한 의무위반행위에 대하여 배상금의 지급의무를 면하지 못하고 채권자는 위반행위에 상응하는 배상금의 추심을 위한 강제집행을 할 수 있다. 채권자가 부작위채무에 대한 간접강제결정을 집행권원으로 하여 강제집행을 하기 위하여는 집행문을 받아야 하는데, 채무자의 부작위의무위반은 부작위채무에 대한 간접강제결정의 집행을 위한 조건에 해당하므로 민사집행법 제30조 제2항에 의하여 채권자가 조건의 성취를 증명하여야 집행문을 받을 수 있다. 그리고 집행문부여 요건인 조건의 성취 여부는 집행문부여와 관련된 집행문부여의 소 또는 집행문부여에 대한 이의의 소에서 주장·심리되어야 할 사항이지, 집행권원에 표시되어 있는 청구권에 관하여 생긴 이의를 내세워 집행권원이 가지는 집행력의 배제를 구하는 청구이의의 소에서 심리되어야 할 사항은 아니다. 따라서 부작위채무에 대한 간접강제결정의 집행력 배제를 구하는 청구이의의 소에서 채무자에게 부작위의무위반이 없었다는 주장을 청구이의사유로 내세울 수 없다.[56]

Ⅴ. 집행권원상의 의사표시를 하여야 하는 채무가 반대급부 이행 등 조건이 붙은 경우에는 채권자가 조건 등의 성취를 증명하여 재판장의 명령

55) 대법원 2012. 4. 13. 2011다93087

56) 대법원 2012. 4. 13. 2011다92916

에 의하여 집행문을 받아야만 의사표시 의제의 효과가 발생한다. 따라서 반대급부 이행 등 조건이 성취되지 않았는데도 등기신청의 의사표시를 명하는 판결 등 집행권원에 집행문이 잘못 부여된 경우에는 그 집행문부여는 무효이나, 이러한 집행문부여로써 강제집행이 종료되고 더 이상의 집행 문제는 남지 않는다는 점을 고려하면 집행문부여에 대한 이의신청이나 집행문부여에 대한 이의의 소를 제기할 이익이 없으므로, 채무자로서는 집행문부여에 의하여 의제되는 등기신청에 관한 의사표시가 무효라는 것을 주장하거나 그에 기초하여 이루어진 등기의 말소 또는 회복을 구하는 소를 제기하여야 한다.[57]

제3절 즉시항고와 집행에 관한 이의신청

Ⅰ. 집행절차에 관한 집행법원의 재판에 대하여는 특별한 규정이 있는 경우 채권자는 즉시항고할 수 있다(제15조 제1항). 재판을 고지받은 날부터 1주의 불변기간 이내에 항고장을 원심법원에 제출하여야 한다(제15조 제2항). 항고장에 항고이유를 적지 아니한 때에는 항고인은 항고장을 제출한 날부터 10일 이내에 항고이유서를 원심법원에 제출하여야 한다(제15조 제3항).

Ⅱ. 집행법원의 집행절차에 관한 재판으로서 즉시항고를 할 수 없는 것과,

57) 대법원 2012. 3. 15. 2011다73021 [토지 2/5 지분 소유권자인 갑이 나머지 3/5 지분 소유권자인 을을 상대로 제기한 공유물분할청구소송에서 '을은 갑에게서 매매대금을 지급받음과 동시에 갑에게 3/5 지분에 관하여 소유권이전등기절차를 이행한다'는 내용의 조정에 갈음하는 결정이 확정되었는데, 갑이 을에게 반대의무를 이행하지 않았고 재판장의 명령이 없었음에도 위 결정 정본에 집행문이 부여되어 갑 명의로 을 지분에 관한 이전등기가 경료되고, 이후 이를 기초로 병 등 명의로 소유권일부이전등기 등이 경료된 사안에서, 갑이 위 결정에 기하여 을의 3/5 지분에 관하여 소유권이전등기절차를 마치기 위하여는 동시이행관계에 있는 자신의 반대의무인 금전지급채무가 이행되었음을 증명하여 집행문을 부여받아야 하는데, 갑의 금전지급채무가 이행되지도 않았음에도 발급된 집행문부여는 그 자체가 무효이고 그에 따른 을의 3/5 지분 이전에 관한 의사진술의 효과도 발생하지 아니하므로, 위 결정에 기하여 3/5 지분에 관하여 갑 앞으로 경료된 등기는 원인 없는 등기로서 무효이고 원인 무효인 위 등기를 기초로 마쳐진 병 등 명의의 등기들도 모두 무효라는 이유로, 병 등은 을에게 을 지분에 관하여 마쳐진 등기의 말소등기절차를 이행할 의무가 있다고 본 원심판단을 정당하다고 한 사례]

집행관의 집행처분, 그 밖에 집행관이 지킬 집행절차에 대하여서는 채권자는 법원에 이의를 신청할 수 있다(제16조 제1항). 이의신청은 집행법원이 실시하는 기일에 출석하여 하는 경우가 아니면 서면으로 하여야 하고, 이의의 이유를 구체적으로 밝혀야 한다(규칙 제15조). 기간에 관하여는 정함이 없으므로 집행이 개시되고 나서 개개의 집행절차가 마치기 전까지는 언제든지 신청할 수 있다. 강제집행이 종료된 후에 한 강제집행방법에 대한 이의신청은 부적법하므로 기각하여야 한다.[58)]

제13장 강제집행에서 채무자의 구제

제1절 집행문 부여에 대한 이의신청

Ⅰ. 채무자는 집행문 부여 요건의 흠을 이유로 하여 집행문의 취소를 구하는 경우 집행문 부여에 대한 이의신청을 하여야 한다. 집행문을 내어 달라는 신청에 관한 법원사무관등의 처분에 대하여 채무자의 이의신청이 있는 경우에는 그 법원사무관등이 속한 법원이 결정으로 재판한다(제34조 제1항). 채무자의 집행문 부여에 대한 이의신청은 집행문을 내어 준 뒤면 언제든지 할 수 있으나, 집행권원의 내용이 완전히 실현된 뒤에는 할 수 없다.[59)] 판결에 표시된 채무자의 승계인에 대한 집행을 위하여 집행문이 부여된 경우에는 승계인만이 이의할 수 있을 뿐, 판결에 표시된 원래 채무자는 이의할 수 없다.[60)]

Ⅱ. 이의사유는 집행문 부여시에 조사하여야 할 부여요건의 흠 모두이다. 집행증서의 무효, 판결 후 소의 취하, 판결의 미확정, 청구이의의 소 판결의 확정, 재판장의 명령이 없는 경우, 재도 부여 사유가 없는 경우, 조건 성취 사실이 없는 경우, 승계 사실이 존재하지 않는 경우 등

58) 대법원 1979. 10. 29. 79마150
59) 대법원 1992. 3. 6. 92마46
60) 대법원 2002. 8. 21. 2002카기124

이다. 이의사유의 존부에 관한 판단의 기준시는 집행문을 내어 준 시점이 아니라 이의를 판단하는 시점(재판시)이다.[61]

제2절 집행문 부여에 대한 이의의 소

Ⅰ. 채권자의 집행문 부여의 소에 대응하여 채무자가 집행문 부여시에 증명된 조건의 성취 또는 당사자의 승계라는 사유를 다투어 집행문의 부여에 관한 위법을 주장하여 제기하는 소를 채무자의 집행문부여에 대한 이의의 소라 한다. 이 소는 강제집행을 계속하여 진행하는 데에는 영향을 미치지 아니한다(제46조 제1항). 이의를 주장한 사유가 법률상 정당한 이유가 있다고 인정되고, 사실에 대한 소명이 있을 때에는 수소법원은 당사자의 신청에 따라 판결이 있을 때까지 담보를 제공하게 하거나 담보를 제공하게 하지 아니하고 강제집행을 정지하도록 명할 수 있으며, 담보를 제공하게 하고 그 집행을 계속하도록 명하거나 실시한 집행처분을 취소하도록 명할 수 있다(제46조 제2항).

Ⅱ. 집행문부여에 대한 이의의 소는 조건의 불성취와 당사자 승계의 부존재만이 사유가 될 수 있다(제45조). 그 외 사유는 집행문부여에 대한 이의신청만이 가능하다. 집행문에 표시된 채무자가 집행문부여에 대한 이의의 소에서 원고가 되며, 집행문에 표시된 채권자가 피고가 된다. 조건의 성취와 승계사실의 입증책임은 채권자인 피고에게 있다.

Ⅲ. 집행채권자가 집행채무자의 상속인들에 대하여 승계집행문을 부여받았으나 상속인들이 적법한 기간 내에 상속을 포기함으로써 그 승계적격이 없는 경우에 상속인들은 그 집행정본의 효력 배제를 구하는 방법으로서 집행문 부여에 대한 이의신청을 할 수 있는 외에 집행문 부여에 대한 이의의 소를 제기할 수도 있다. 채무명의에 표시된 채무가 여러 사람에게 공동상속된 경우에 그 채무가 가분채무인 경우에는 그 채무는 공동상속인 사이에서 상속분에 따라 분할되는 것이고, 따라서 이

61) 「민사집행법」, 사법연수원(2012), 77면

경우 부여되는 승계집행문에는 상속분의 비율 또는 그에 기한 구체적 수액을 기재하여야 하며, 비록 그와 같은 기재를 누락하였다고 하더라도 그 승계집행문은 각 공동상속인에 대하여 각 상속분에 따라 분할된 채무 금액에 한하여 효력이 있는 것으로 보아야 할 것이고, 또한 이 경우 승계집행문 부여의 적법 여부 및 그 효력의 유무를 심사함에 있어서도 각 공동상속인 별로 개별적으로 판단하여야 한다. 집행문 부여에 대한 이의의 소는 집행문이 부여된 후 강제집행이 종료될 때까지 제기할 수 있는 것으로서 강제집행이 종료된 이후에는 이를 제기할 이익이 없는 것인바, 집행력 있는 채무명의에 터잡아 집행채권의 일부에 관하여 채권의 압류 및 전부명령이 발하여진 경우에 전부명령에 포함된 집행채권과 관련하여서는 그 전부명령의 확정으로 집행절차가 종료하게 되므로 그 부분에 관한 한 집행문 부여에 대한 이의의 소를 제기할 이익이 없다 할 것이나, 전부명령에 포함되지 아니하여 만족을 얻지 못한 잔여 집행채권 부분에 관하여는 아직 압류사건이 존속하게 되므로 강제집행절차는 종료되었다고 볼 수 없고, 한편 추심명령의 경우에는 그 명령이 발령되었다고 하더라도 그 이후 배당절차가 남아 있는 한 아직 강제집행이 종료되었다고 할 수 없다.[62]

Ⅳ. 승계집행문은 판결에 표시된 채무자의 포괄승계인이나 판결에 기한 채무를 특정하여 승계한 자에 대한 집행을 위하여 부여하는 것인데, 이와 같은 강제집행절차에서는 권리관계의 공권적인 확정 및 그 신속·확실한 실현을 도모하기 위하여 절차의 명확·안정을 중시하여야 하므로, 기초되는 채무가 판결에 표시된 채무자 이외의 자가 실질적으로 부담하여야 하는 채무라거나 채무가 발생하는 기초적인 권리관계가 판결에 표시된 채무자 이외의 자에게 승계되었다고 하더라도, 그 자가 판결에 표시된 채무자의 포괄승계인이거나 판결상의 채무 자체를 특정하여 승계하지 아니한 이상, 그 자에 대하여 새로이 채무의 이행을 소구하는 것은 별론으로 하고, 판결에 표시된 채무자에 대한 판

62) 대법원 2003. 2. 14. 2002다64810

결의 기판력 및 집행력의 범위를 채무자 이외의 자에게 확장하여 승계집행문을 부여할 수는 없으며, 승계집행문 부여에 대한 이의의 소에서 승계사실에 대한 증명책임은 채권자인 피고에게 있다.[63)]

제3절 즉시항고와 집행에 관한 이의신청

Ⅰ. 집행절차에 관한 집행법원의 재판에 대하여는 특별한 규정이 있는 경우 채무자는 즉시항고할 수 있다(제15조 제1항).

Ⅱ. 집행법원의 집행절차에 관한 재판으로서 즉시항고를 할 수 없는 것과, 집행관의 집행처분, 그 밖에 집행관이 지킬 집행절차에 대하여서는 채무자는 법원에 이의를 신청할 수 있다(제16조 제1항).

제4절 청구이의의 소

Ⅰ. 채무자가 판결에 따라 확정된 청구에 관하여 이의하려면 제1심 판결법원에 청구에 관한 이의의 소를 제기하여야 한다(제44조 제1항). 청구이의의 소는 그 이유가 변론이 종결된 뒤(변론 없이 한 판결의 경우에는 판결이 선고된 뒤)에 생긴 것이어야 한다(제44조 제2항). 이 소는 강제집행을 계속하여 진행하는 데에는 영향을 미치지 아니한다(제46조 제1항). 이의를 주장한 사유가 법률상 정당한 이유가 있다고 인정되고, 사실에 대한 소명이 있을 때에는 수소법원은 당사자의 신청에 따라 판결이 있을 때까지 담보를 제공하게 하거나 담보를 제공하게 하지 아니하고 강제집행을 정지하도록 명할 수 있으며, 담보를 제공하게 하고 그 집행을 계속하도록 명하거나 실시한 집행처분을 취소하도록 명할 수 있다(제46조 제2항). 이의이유가 여러 가지인 때에는 동시에 주장하여야 한다.

Ⅱ. 청구이의의 소는 집행권원의 성립절차와 집행절차를 분리하고 있는

63) 대법원 2015. 1. 29. 2012다111630

제도에서 실체적 권리상태를 제대로 반영하지 않는 집행권원의 집행력을 배제하여 집행을 막는 구제방법이다.64)

Ⅲ. 청구 이의의 이유에는 변제, 대물변제, 경개, 소멸시효 완성65), 면제, 포기, 상계, 공탁66), 화해, 채무자의 책임 없는 사유로 발생한 이행불능, 청구권의 양도, 청구권에 대한 전부명령의 확정, 면책적 채무인수, 부집행의 합의, 한정승인67), 권리남용68) 등이 대표적이다. 확정판결

64) 「민사집행법」, 사법연수원(2011), 91면.

65) 그러나 변론종결 전에 이미 소멸시효가 완성되어 있었기 때문에 이를 주장할 수 있었음에도 이를 주장하지 않고 있다가 변론종결 후에 이를 이유로 청구이의의 소를 제기할 수 있는지에 대하여는 부정적으로 보는 견해가 다수이다.

66) 대법원 2008. 7. 10. 2008다10051 "채무자가 공탁원인이 있어서 공탁에 의하여 그 채무를 면하려면 채무액 전부를 공탁하여야 할 것이고, 일부의 공탁은 그 채무를 변제함에 있어서 일부의 제공이 유효한 제공이라고 시인될 수 있는 특별한 사정이 있는 경우를 제외하고는 채권자가 이를 수락하지 아니하는 한 그에 상응하는 효력을 발생할 수 없다고 할 것이다. 소송비용액확정결정에 따른 소송비용액상환의무는 소송비용액확정결정이 확정됨으로써 비로소 이행기가 도래하고, 채무자가 그 이행기가 도래하였음을 안 때로부터 지체책임을 진다고 할 것이다. 채무자가 1개 또는 수개의 채무의 비용 및 이자를 지급할 경우에 변제자가 그 전부를 소멸하게 하지 못한 급여를 한 때에는 비용, 이자, 원본의 순서로 변제에 충당하여야 하고, 강제집행에 필요한 비용은 채무자가 부담하고 그 집행에 의하여 우선적으로 변상을 받는 것이므로 금전의 지급을 명한 집행권원에 대하여는 그 집행비용을 변상하지 아니하는 한 그 집행력 전부의 배제를 구할 수 없다고 할 것이다."

67) 대법원 2006. 10. 13. 2006다23138 "한정승인에 의한 책임의 제한은 상속채무의 존재 및 범위의 확정과는 관계가 없고 다만 판결의 집행대상을 상속재산의 한도로 한정함으로써 판결의 집행력을 제한할 뿐이다. 특히 채권자가 피상속인의 금전채무를 상속한 상속인을 상대로 그 상속채무의 이행을 구하여 제기한 소송에서 채무자가 한정승인 사실을 주장하지 않으면, 책임의 범위는 현실적인 심판대상으로 등장하지 아니하여 주문에서는 물론 이유에서도 판단되지 않는 것이므로 그에 관하여는 기판력이 미치지 않는다. 그러므로 채무자가 한정승인을 하고도 채권자가 제기한 소송의 사실심 변론종결시까지 그 사실을 주장하지 아니하는 바람에 책임의 범위에 관하여 아무런 유보가 없는 판결이 선고되어 확정되었다고 하더라도, 채무자는 그 후 위 한정승인 사실을 내세워 청구에 관한 이의의 소를 제기하는 것이 허용된다고 봄이 옳다." 그러나 상속포기의 경우에는 청구이의의 소를 제기할 수 없다. 대법원 2009. 5. 28. 2008다79876 "채무자가 한정승인을 하였으나 채권자가 제기한 소송의 사실심 변론종결시까지 이를 주장하지 아니하는 바람에 책임의 범위에 관하여 아무런 유보 없는 판결이 선고·확정된 경우라 하더라도 채무자가 그 후 위 한정승인 사실을 내세워 청구에 관한 이의의 소를 제기하는 것이 허용되는 것은, 한정승인에 의한 책임의 제한은 상속채무의 존재 및 범위의 확정과는 관계없이 다만 판결의 집행 대상을 상속재산의 한도로 한정함으로써 판결의 집행력을 제한할 뿐으로, 채권자가 피상속인의 금전채무를 상속한 상속인을 상대로 그 상속채무의 이

과 달리 기판력이 없는 집행증서, 확정된 지급명령, 확정된 이행권고 결정의 경우에는 사회질서 위반, 대리권의 흠, 불공정 법률행위 등 사유도 이의이유가 된다.[69]

Ⅳ. 채무자의 의사의 진술을 구하는 소송은 판결이 확정되면, 채무자가 의사를 진술한 것과 동일한 효력이 발생하는 것이므로 강제집행은 이로써 완료되는 것이고 집행기관에 의한 별도의 집행절차가 필요한 것이 아니므로, 집행절차가 계속됨을 전제로 하여 그 채무명의가 가지는 집행력의 배제를 구하는 청구이의의 소는 허용될 수 없다.[70]

Ⅴ. 항소심 계속 중에 가집행 선고 있는 판결에 의하여 지급한 것은 변론

행을 구하여 제기한 소송에서 채무자가 한정승인 사실을 주장하지 않으면 책임의 범위는 현실적인 심판대상으로 등장하지 아니하여 주문에서는 물론 이유에서도 판단되지 않는 관계로 그에 관하여는 기판력이 미치지 않기 때문이다. 위와 같은 기판력에 의한 실권효 제한의 법리는 채무의 상속에 따른 책임의 제한 여부만이 문제되는 한정승인과 달리 상속에 의한 채무의 존재 자체가 문제되어 그에 관한 확정판결의 주문에 당연히 기판력이 미치게 되는 상속포기의 경우에는 적용될 수 없다."

68) 대법원 2006. 7. 6. 2004다17436 "확정판결에 의한 권리라고 하더라도 신의에 좇아 성실히 행사되어야 하고 그 판결에 기한 집행이 권리남용이 되는 경우에는 허용되지 않는 것이므로 집행채무자는 청구이의의 소에 의하여 그 집행의 배제를 구할 수 있다고 할 것인바, 확정판결의 내용이 실체적 권리관계에 배치되는 경우 그 판결에 의하여 집행할 수 있는 것으로 확정된 권리의 성질과 그 내용, 판결의 성립 경위 및 판결 성립 후 집행에 이르기까지의 사정, 그 집행이 당사자에게 미치는 영향 등 제반 사정을 종합하여 볼 때, 그 확정판결에 기한 집행이 현저히 부당하고 상대방으로 하여금 그 집행을 수인하도록 하는 것이 정의에 반함이 명백하여 사회생활상 용인할 수 없다고 인정되는 경우에는 그 집행은 권리남용으로서 허용되지 않는다고 할 것이며, 민사집행법 제44조에서 청구에 관한 이의의 소를 규정한 것은 부당한 강제집행이 행하여지지 않도록 하려는 데 있다 할 것이므로, 판결에 의하여 확정된 청구가 그 판결의 변론종결 후에 변경·소멸된 경우뿐만 아니라 판결을 집행하는 자체가 불법한 경우에는 그 불법은 당해 판결에 의하여 강제집행에 착수함으로써 외부에 나타나 비로소 이의의 원인이 된다고 보아야 하기 때문에 이 경우에도 이의의 소를 허용함이 상당하다 할 것이다."

69) 「민사집행법」, 사법연수원(2011), 92면.

70) 대법원 1995. 11. 10. 95다37568 "대지에 대한 수분양자 명의변경 절차의 이행을 소구함은 채무자의 의사의 진술을 구하는 소송으로서 그 청구를 인용하는 판결이 선고되고 그 소송이 확정되었다면, 그와 동시에 채무자가 수분양자 명의변경 절차의 이행의 의사를 진술한 것과 동일한 효력이 발생하는 것이므로 위 확정판결의 강제집행은 이로써 완료되는 것이고 집행기관에 의한 별도의 집행절차가 필요한 것이 아니므로, 특별한 사정이 없는 한 위 확정판결 이후에 집행절차가 계속됨을 전제로 하여 그 채무명의가 가지는 집행력의 배제를 구하는 청구이의의 소는 허용될 수 없다."

종결 후 변제에 해당하므로, 청구이의의 이유가 된다.[71)]

Ⅵ. 청구이의의 소는 집행권원이 가지는 집행력의 배제를 목적으로 하는 것으로서 청구이의의 소의 판결이 확정되더라도 당해 집행권원의 원인이 된 실체법상 권리관계에 관하여 기판력이 미치지 않으므로, 채무자가 채권자에 대하여 채무부담행위를 하고 그에 관하여 강제집행승낙문구가 기재된 공정증서를 작성하여 주었으나, 그 공정증서에 관한 청구이의의 소를 제기하지 않고 그 공정증서의 작성원인이 된 채무에 관하여 채무부존재확인의 소를 제기한 경우 채무자의 목적이 오로지 공정증서의 집행력 배제에 있다고 할 수 없는 이상 청구이의의 소를 제기할 수 있다는 사정만으로 채무부존재확인소송이 확인의 이익이 없어 부적법하다고 볼 것은 아니다. 그럼에도 원심은, 원고들이 이 사건 청구로써 목적하는 바는 피고가 이 사건 공정증서를 집행권원으로 하여 원고들 소유의 재산에 대하여 강제집행을 하는 것을 배제하는 데 있는 것으로 보인다고 전제한 다음, 이러한 목적을 달성하기 위하여는 피고를 상대로 이 사건 공정증서에 관하여 청구이의의 소로써 다투는 것으로 충분하고 이와 별도로 공정증서에 표시된 채무에 관하여 부존재의 확인을 구할 이익은 없다는 이유로, 이 사건 공정증서에 표시된 채무에 관하여 부존재확인을 구하는 이 사건 소는 부적법하다고 판단하였는바, 이는 채무부존재확인의 소의 이익에 관한 법리를 오해하여 판결을 그르친 것이다. 이를 지적하는 상고이유 주장은 이유

71) 대법원 1995. 6. 30. 95다15827 "원고는 제1심 판결이 인용한 금액에 상당하는 채무가 있음을 스스로 인정하고 이에 대한 확정적 변제행위로 위 공사금채권에 대하여 추심권을 취득한 대한민국에게 위 금원을 지급한 것이 아니라, 제1심 판결이 인용한 지연손해금의 확대를 방지하고 위 판결에 붙은 가집행선고에 기한 강제집행을 면하기 위하여 위와 같이 추심권을 취득한 대한민국에게 위 금원을 지급한 것으로 봄이 상당하고, 이와 같이 제1심 판결에 붙은 가집행선고에 의하여 지급된 금원은 확정적으로 변제의 효과가 발생하는 것이 아니어서 원고가 위와 같은 금원의 지급사실을 항소심에서 주장하더라도 항소심은 그러한 사유를 참작하지 아니하므로, 위와 같은 금원 지급에 의한 위 공사대금채권의 소멸의 효과는 위 판결이 확정된 때에 비로소 발생한다고 할 것이며, 따라서 원고가 위와 같이 금원을 지급하였다는 사유는 위 공사대금 청구 소송의 확정판결의 집행력을 배제하는 적법한 청구이의 사유가 된다고 할 것이다."

있다.[72)]

Ⅶ. 집행증서상 청구권은 의무의 단순 이행을 내용으로 하는 것인데 그 청구권이 반대의무의 이행과 상환으로 이루어져야 하는 동시이행관계에 있으므로 집행증서에 기한 집행이 불허되어야 한다는 주장은, 집행증서상으로는 단순 이행의무로 되어 있는 청구권이 반대의무와 동시이행관계의 범위 내에서만 집행력이 있고 그것을 초과하는 범위에서의 집행력은 배제되어야 한다는 것을 의미한다. 따라서 이러한 사유는 본래 집행권원에 표시된 청구권의 변동을 가져오는 청구이의의 소의 이유가 된다. 그리고 이러한 사유를 이유로 하는 청구이의의 소에 관한 재판에서 집행권원상의 청구권과 동시이행관계에 있는 반대의무의 존재가 인정되는 경우, 법원으로서는 본래의 집행권원에 기한 집행력의 전부를 배제하는 판결을 할 것이 아니라 집행청구권이 반대의무와 동시이행관계에 있음을 초과하는 범위에서 집행력의 일부 배제를 선언하는 판결을 하여야 한다.[73)]

제14장 강제집행에서 제3자의 구제

제1절 집행에 관한 이의신청과 즉시항고

Ⅰ. 집행절차에 관한 집행법원의 재판에 대하여는 특별한 규정이 있는 경우 제3자는 즉시항고할 수 있다(제15조 제1항).

Ⅱ. 집행법원의 집행절차에 관한 재판으로서 즉시항고를 할 수 없는 것과, 집행관의 집행처분, 그 밖에 집행관이 지킬 집행절차에 대하여서는 제3자는 법원에 이의를 신청할 수 있다(제16조 제1항).

---

72) 대법원 2013. 5. 9. 2012다4381

73) 대법원 2013. 1. 10. 2012다75123,75130

제2절 제3자이의의 소

Ⅰ. 제3자가 강제집행의 목적물에 대하여 소유권이 있다고 주장하거나 목적물의 양도나 인도를 막을 수 있는 권리가 있다고 주장하는 때에는 채권자를 상대로 그 강제집행에 대한 이의의 소를 제기할 수 있다. 다만, 채무자가 그 이의를 다투는 때에는 채무자를 공동피고로 할 수 있다(제48조 제1항). 제3자이의의 소는 집행법원이 관할한다. 다만, 소송물이 단독판사의 관할에 속하지 아니할 때에는 집행법원이 있는 곳을 관할하는 지방법원의 합의부가 이를 관할한다(제48조 제2항).

Ⅱ. 강제집행은 채무자의 책임재산만을 대상으로 하여야 한다. 하지만 집행기관은 외관에 따라서만 책임재산 여부를 판단하기 때문에 채무자의 책임재산이 아닌 제3자가 권리를 가지고 있는 재산에 강제집행이 되는 경우가 발생한다. 이러한 경우 제3자가 채권자의 강제집행을 다투는 절차가 제3자이의의 소이다. 제3자가 소유권을 주장하여 제3자이의의 소를 제기한 경우에 있어서 선고하는 판결은 제3자의 집행이의권의 존부를 확정하는 것이고 제3자의 소유권의 존부를 확정하는 것은 아니므로 피고의 원고에 대한 목적물에 대한 제3자이의의 소에서 피고가 패소확정되었다 하더라도 그것 때문에 목적물에 대한 피고의 소유권이 없다는 기판력이 생기는 것은 아니다.[74]

Ⅲ. 강제집행에 대한 제3자 이의의 소는 이미 개시된 집행목적물에 대하여 소유권 기타 목적물의 양도나 인도를 저지하는 권리를 주장함으로써 그에 대한 집행의 배제를 구하는 것이니만큼 그 소의 원인이 되는 권리는 집행채권자에 대항할 수 있는 것이어야 할 것인 바, 집행목적물인 이 사건 토지에 관하여 매매로 인한 소유권이전등기절차를 이행할 의무가 있다는 이유만으로 제3자 이의의 소에 의한 청구를 인용할 수 없다.[75] 채무자 소유의 집행목적물에 대하여 제3자가 계약에 기한

74) 대법원 1977. 10. 11. 77다1041
75) 대법원 1980. 1. 29. 79다1223

채권적 청구권만을 근거로 제3자이의의 소를 제기할 수 없다. 그러나 양도담보권자는 제3자에 대하여 소유권을 주장할 수 있는 지위를 가지므로 제3자이의의 소를 제기할 수 있다.[76] 지상권, 전세권, 유치권 등은 인도를 막을 수 있는 권리로서 이러한 권리를 침해하는 집행에 대하여 제3자이의의 소를 제기할 수 있다. 그러나 부동산강제경매에서는 점유사용이 방해받는 경우가 될 수 없기 때문에 제3자이의의 소를 제기할 수 없다. 공유권자 중 1인에 대한 집행권원으로써 공유물 전부에 대하여 집행이 행하여진 때는 다른 공유자는 제3자이의의 소를 제기할 수 있다. 그러나 부부 공유 유체동산에 대하여 압류가 행하여 진 경우에는 한쪽 배우자가 제3자이이의 소를 제기할 수는 없다.

Ⅳ. 제3자이의의 소의 이의원인은 소유권에 한정되는 것이 아니고 집행목적물의 양도나 인도를 막을 수 있는 권리이면 족하다. 따라서 집행목적물이 집행채무자의 소유에 속하지 아니한 경우에는 집행채무자와의 계약관계에 의거하여 집행채무자에 대하여 목적물의 반환을 구할 수 있는 채권적 청구권을 가지고 있는 제3자도 집행에 의한 양도나 인도를 막을 이익이 있으므로 그 채권적 청구권도 제3자이의의 소의 이의원인이 될 수 있다.[77] 원고는 그 소유의 이 사건 건설기계를 ㅇㅇ무역을 운영하는 소외인에게 임대한 것이라고 주장하고 있고, 원고의 위와 같은 주장은 단순히 소유권에 기한 것만이 아니라 소외인에 대한 임대물반환청구권에 기하여 이 사건 소를 제기한 것으로 볼 여지가 있다. 그렇다면 원심으로서는 원고가 소외인에 대하여 이 사건 건설기계의 반환을 구할 수 있는 채권자의 지위에 있는지를 따져보고 그 결과에 따라 원고의 청구에 대한 당부를 판단하였어야 함에도, 원심이 이에 이르지 아니하고 단지 원고가 이 사건 건설기계의 소유권을 취득하였음을 인정할 증거가 없다는 이유만으로 원고의 청구를 배척하였는바, 이는 제3자이의의 소의 이의원인에 관한 법리를 오해하여 심리를 다

76) 대법원 1994. 8. 26. 93다44739

77) 대법원 2003. 6. 13. 2002다16576

하지 아니한 잘못을 범한 것이다.[78)]

Ⅴ. 민사집행법 제48조의 강제집행에 대한 제3자이의의 소는 이미 개시된 집행의 목적물에 대하여 소유권 기타 목적물의 양도나 인도를 막을 수 있는 권리가 있다고 주장함으로써 그에 대한 집행의 배제를 구하는 것이므로 그 소의 원인이 되는 권리는 집행채권자에게 대항할 수 있는 것이어야 한다. 한편 「부동산 실권리자명의 등기에 관한 법률」 제4조 제3항에 의하면 명의신탁약정 및 이에 따른 등기로 이루어진 부동산에 관한 물권변동의 무효는 제3자에게 대항하지 못하는데, 여기서 '제3자'는 명의신탁약정의 당사자 및 포괄승계인 이외의 자로서 명의수탁자가 물권자임을 기초로 그와 사이에 직접 새로운 이해관계를 맺은 사람으로서 소유권이나 저당권 등 물권을 취득한 자뿐만 아니라 압류 또는 가압류채권자도 포함하고 그의 선의·악의를 묻지 않는다. 원심은, 그 판시와 같은 사실관계를 기초로, 소외 1과 소외 2 사이에 체결된 이 사건 부동산에 관한 매매계약 및 그에 기하여 경료된 소외 2 명의의 소유권이전등기는 부동산실명법 제4조 제1항, 제2항 본문에 따라 무효로 되고, 소외 1은 그 등기명의의 회복 여부를 불문하고 이 사건 부동산의 진정한 소유자로서 피고의 이 사건 강제집행에 대하여 이의를 주장하고 집행의 배제를 구할 수 있는 권리가 있다고 할 것이고, 원고는 소외 1에 대하여 이 사건 부동산에 관한 소유권이전청구권을 가지고 있는 채권자로서 채무자인 소외 1의 위 권리를 대위 행사할 수 있다는 이유로 피고의 이 사건 강제집행은 불허되어야 한다고 판단하였다. 그러나 원심이 인정한 사실관계에 의하더라도 피고는 소외 2에 대한 금전소비대차계약공정증서에 기해 소외 2 명의로 소유권이전등기가 마쳐진 이 사건 부동산에 관하여 부동산강제경매신청을 하였고, 이에 따라 2011. 2. 9. 광주지방법원 2011타경1553호로 강제경매개시결정이 내려져 같은 날 이 사건 부동산에 관하여 강제경매개시결정기입등기까지 마쳐졌음을 알 수 있다. 이를 앞서 본 법리에 비추어 보면,

78) 대법원 2013. 3. 28. 2012다112381

피고는 부동산실명법 제4조 제3항에서 말하는 '제3자'에 해당한다고 보아야 하므로 원고뿐만 아니라 소외 1도 피고에게 소외 2 명의의 소유권이전등기가 부동산실명법 제4조 제1항, 제2항 본문에 따라 무효임을 대항하지 못한다고 할 것이다. 따라서 원심이 이와 달리 소외 1이 집행채권자인 피고에게 대항할 수 있는 권리가 있고 원고가 이를 대위 행사할 수 있음을 전제로 이 사건 부동산에 관한 피고의 이 사건 강제집행이 불허되어야 한다고 판단한 조치에는 부동산실명법 제4조 제3항의 제3자에 관한 법리를 오해한 잘못이 있고, 이는 판결에 영향을 미쳤다고 할 것이다. 이를 지적하는 취지의 상고이유 주장은 이유 있다.[79]

Ⅵ. 제3자이의의 소는 모든 재산권을 대상으로 하는 집행에 대하여 적용되는 것이므로, 금전채권에 대하여 압류 및 추심명령이 있은 경우에 집행채무자 아닌 제3자가 자신이 진정한 채권자로서 자신의 채권의 행사에 있어 압류 등으로 인하여 사실상 장애를 받았다면 그 채권이 자기에게 귀속한다고 주장하여 집행채권자에 대하여 제3자이의의 소를 제기할 수 있다. 조합의 채권은 조합원 전원에게 합유적으로 귀속하는 것이어서, 특별한 사정이 없는 한 조합원 중 1인이 임의로 조합의 채무자에 대하여 출자지분의 비율에 따른 급부를 청구할 수 없는 것이므로, 조합원 중 1인의 채권자가 그 조합원 개인을 집행채무자로 하여 조합의 채권에 대하여 강제집행하는 경우, 다른 조합원으로서는 보존행위로서 제3자이의의 소를 제기하여 그 강제집행의 불허를 구할 수 있다.[80]

제3자이의의 소는 등기청구권을 포함하여 모든 재산권을 대상으로 하는 집행에 대하여 적용되는 것이므로, 등기청구권에 대하여 압류명령이 있은 경우에 집행채무자 아닌 제3자가 자신이 진정한 등기청구권의 귀속자로서 자신의 등기청구권의 행사에 있어 위 압류로 인하여

79) 대법원 2013. 3. 14. 2012다107068

80) 대법원 1997. 8. 26. 97다4401

장애를 받는 경우에는 그 등기청구권이 자기에게 귀속함을 주장하여 집행채권자에 대하여 제3자이의의 소를 제기할 수 있다.[81)]

Ⅶ. 대지 소유권에 기한 방해배제청구로서 그 지상건물의 철거를 구하여 승소확정판결을 얻은 경우 그 지상건물에 관하여 위 확정판결의 변론종결 전에 경료된 소유권이전청구권가등기에 기하여 위 확정판결의 변론종결 후에 소유권이전등기를 경료한 자가 있다면 그는 민사소송법 제204조 제1항의 변론종결 후의 승계인이라 할 것이어서 위 확정판결의 기판력이 미친다. 제3자이의의 소의 원고적격은 집행의 목적물에 대하여 양도 또는 인도를 저지할 권리가 있음을 주장하는 제3자에게 있고, 제3자란 채무명의 또는 집행문에 채권자, 채무자 또는 그 승계인으로 표시된 자 이외의 자를 말하며, 승계집행문으로 인하여 피고의 승계인으로 표시된 자가 그 채무명의의 집행력의 배제를 구하는 소는 제3자이의의 소라 할 수 없다.[82)]

제2편 금전채권에 기초한 강제집행

제1장 서설

Ⅰ. 민사집행법은 강제집행을 금전채권집행(부동산 집행, 선박・항공기・건설기계・자동차 집행, 유체동산 집행, 채권 그 밖의 재산권 집행)과 비금전채권집행(물건인도채권, 작위・부작위채권, 의사표시에 갈음하는 재판)으로 나누고 있다. 금전채권집행을 하려는 채권자는 우선 채무자의 책임재산을 찾아야 한다. 이를 위하여 민사집행법은 재산명시절차 및 채무불이행자명부제도를 두고 있다. 책임재산은 집행개시 당시에 채무자에게 속하는 현금화할 수 있는 모든 재산을 말한다.[83)]

---

81) 대법원 1999. 6. 11. 98다52995

82) 대법원 1992. 10. 27. 92다10883

83) 당사자 특약에 따른 양도금지재산은 책임재산에 포함되지만, 채무자의 재산이라 하더라

Ⅱ. 강제집행은 채무자의 개별적인 재산을 대상으로 하지만, 공장재단(공장 및 광업재단저당법 제14조) · 광업재단(공장 및 광업재단저당법 제54조)의 경우 채무자에 속하는 재산의 집단을 집행대상으로 삼는다.

Ⅲ. 책임재산 가운데 어떤 재산에 대해 어떤 순서로 강제집행을 할 것인지는 채권자의 의사에 따를 뿐이다. 등기부상 소유자가 바로 가려지는 부동산의 경우에는 문제가 없으나 유체동산의 경우 집행절차에서 채권자가 채무자의 책임재산으로 보아 일단 집행에 착수하면 강제집행절차가 진행이 되고, 제3자가 유체동산의 소유자인 경우에는 그 제3자는 제3자이의의 소를 통해 구제된다.

제2장 재산명시 · 재산조회 · 채무불이행자명부

제1절 재산명시

Ⅰ. 금전의 지급을 목적으로 하는 집행권원에 기초하여 강제집행을 개시할 수 있는 채권자는 채무자의 보통재판적이 있는 곳의 법원에 채무자의 재산명시를 요구하는 신청을 할 수 있다(제61조 제1항). 재산명시신청에는 집행력 있는 정본과 강제집행을 개시하는데 필요한 문서를 붙여야 한다(제61조 제2항).

Ⅱ. 재산명시신청에 정당한 이유가 있는 때에는 법원은 채무자에게 재산상태를 명시한 재산목록을 제출하도록 명할 수 있다(제62조 제1항). 재산명시신청에 정당한 이유가 없거나, 채무자의 재산을 쉽게 찾을 수 있다고 인정한 때에는 법원은 결정으로 이를 기각하여야 한다(제62조

도 법률상 금전으로 환산할 수 없는 재산, 채무자의 인격이나 신분에 전속하는 권리(생명권, 성명권 등), 독립하여 재산적 가치를 가지지 않는 권리(취소권, 해제권, 등), 압류가 금지 내지 제한된 재산(제195조, 제246조), 가처분에 의해 양도가 금지된 재산 등은 책임재산에서 제외된다. 부동산 · 선박 · 항공기 · 자동차 · 건설기계는 등기부 또는 등록부등본으로 책임재산을 판단한다. 유체동산은 채무자가 목적물을 소지하고 있는지 여부에 따라 판단한다. 채권과 그 밖의 재산권에 대한 집행을 할 때에는 채권자의 압류명령신청이 있으면 채무자에게 귀속한 것으로 인정하여 압류명령을 발할 수 있다.(강대성, 「신민사집행법」, 탑북스(2014), 90-91면).

제2항).

Ⅲ. 채무자는 재산명시명령을 송달받은 날부터 1주 이내에 이의신청을 할 수 있다(제63조 제1항). 재산명시명령에 대하여 채무자의 이의신청이 없거나 이를 기각한 때에는 법원은 재산명시를 위한 기일을 정하여 채무자에게 출석하도록 요구하여야 한다(제64조 제1항). 이 기일은 채권자에게도 통지하여야 한다. 채무자는 위 기일에 강제집행의 대상이 되는 재산과 재산명시명령이 송달되기 전 1년 이내에 채무자가 한 부동산의 유상양도, 재산명시명령이 송달되기 전 1년 이내에 채무자가 배우자, 직계혈족 및 4촌 이내의 방계혈족과 그 배우자, 배우자의 직계혈족과 형제자매에게 한 부동산 외의 재산의 유상양도, 재산명시명령이 송달되기 전 2년 이내에 채무자가 한 재산상 무상처분에 관한 내용을 명시한 재산목록을 제출하여야 한다(제64조 제2항). 기일에 출석한 채무자가 3월 이내에 변제할 수 있음을 소명한 때에는 법원은 그 기일을 3월의 범위내에서 연기할 수 있으며, 채무자가 새 기일에 채무액의 3분의 2 이상을 변제하였음을 증명하는 서류를 제출한 때에는 다시 1월의 범위내에서 연기할 수 있다(제64조 제3항).

Ⅳ. 채무자는 재산명시기일에 재산목록이 진실하다는 것을 선서하여야한다(제65조 제1항). 채무자는 명시기일에 제출한 재산목록에 형식적인 흠이 있거나 불명확한 점이 있는 때에는 위 선서를 한 뒤라도 법원의 허가를 얻어 이미 제출한 재산목록을 정정할 수 있다(제66조 제1항).

Ⅴ. 채무자가 정당한 사유 없이 명시기일 불출석, 재산목록 제출 거부, 선서 거부에 해당하는 행위를 한 경우에는 법원은 결정으로 20일 이내의 감치에 처한다. 채무자가 법인 또는 민사소송법이 인정하는 비법인 사단이나 재단인 때에는 그 대표자 또는 관리인을 감치에 처한다(제68조 제1항). 채무자가 거짓의 재산목록을 낸 때에는 3년 이하의 징역 또는 500만원 이하의 벌금에 처한다(제68조 제9항).

Ⅵ. 채권자가 확정판결에 기한 채권의 실현을 위하여 채무자에 대하여 민

사집행법상 재산명시신청을 하고 그 결정이 채무자에게 송달되었다면 거기에 소멸시효 중단사유인 '최고'로서의 효력만이 인정되므로, 재산명시결정에 의한 소멸시효 중단의 효력은, 그로부터 6월 내에 다시 소를 제기하거나 압류 또는 가압류, 가처분을 하는 등 민법 제174조에 규정된 절차를 속행하지 아니하는 한, 상실된다.[84)]

제2절 재산조회

재산명시절차의 관할 법원은 그 재산명시를 신청한 채권자의 신청에 따라 채권자가 부득이하게 채무자의 주소를 알 수 없는 일정한 경우이거나 재산명시절차에서 채무자가 제출한 재산목록의 재산만으로는 집행채권의 만족을 얻기에 부족한 경우 등에는 개인의 재산 및 신용에 관한 전산망을 관리하는 공공기관・금융기관・단체 등에 채무자명의의 재산에 관하여 조회할 수 있다(제74조 제1항).

제3절 채무불이행자명부

Ⅰ. 채무자가 금전의 지급을 명한 집행권원이 확정된 후 또는 집행권원을 작성한 후 6월 이내에 채무를 이행하지 아니하는 때에는 채권자는 그 채무자를 채무불이행자명부에 올리도록 신청할 수 있다(제70조 제1항). 등재신청에 정당한 이유가 없거나 쉽게 강제집행할 수 있다고 인정할 만한 명백한 사유가 있는 때에는 법원은 결정으로 이를 기각하여야 한다(제70조 제2항).[85)]

Ⅱ. 채무불이행자명부는 등재결정을 한 법원에 비치한다(제72조 제1항). 법원은 채무불이행자명부의 부본을 채무자의 주소지(채무자가 법인인 경우에는 주된 사무소가 있는 곳) 시(구가 설치되지 아니한 시)・구・

84) 대법원 2012. 1. 12. 2011다78606

85) 쉽게 찾을 수 있지만, 집행에 많은 비용이나 시간이 걸린다면 "쉽게 강제집행할 수 없다"고 해석하여 등재신청을 할 수 있다고 봐야 할 것이다(강대성, 전게서, 162면; 이시윤, 전게서, 215면).

읍・면의 장(도농복합형태의 시의 경우 동지역은 시・구의 장, 읍・면지역은 읍・면의 장으로 한다.)에게 보내야 한다(제72조 제2항). 법원은 채무불이행자명부의 부본을 대법원규칙이 정하는 바에 따라 일정한 금융기관의 장이나 금융기관 관련단체의 장에게 보내어 채무자에 대한 신용정보로 활용하게 할 수 있다(제72조 제3항). 채무불이행자명부나 그 부본은 누구든지 보거나 복사할 것을 신청할 수 있다(제72조 제4항). 채무불이행자명부는 인쇄물 등으로 공표되어서는 아니된다(제72조 제5항).

Ⅲ. 변제, 그 밖의 사유로 채무가 소멸되었다는 것이 증명된 때에는 법원은 채무자의 신청에 따라 채무불이행자명부에서 그 이름을 말소하는 결정을 하여야 한다(제73조 제1항). 채무불이행자명부에 오른 다음 해부터 10년이 지난 때에는 법원은 직권으로 그 명부에 오른 이름을 말소하는 결정을 하여야 한다(제73조 제3항).

제3장 부동산에 대한 강제집행

제1절 집행대상으로서 부동산

Ⅰ. 토지, 미등기토지, 토지의 정착물, 미분리 천연과실

1. 토지는 강제집행이다. 채무자 명의로 등기할 수 있음을 증명할 수 있는 경우에는 지번이 없는 토지도 집행대상이다. 채무자 명의로 등기할 수 있음을 증명할 서류는 토지대장, 소유권확인판결[86], 수용증명서 등이다(부동산등기법 제130조).

2. 돌담, 다리, 도랑 등은 토지와 일체를 이루는 토지의 정착물로 독립하여 강제집행의 대상이 될 수 없다. 농작물, 입목법에 따르지 않는

86) 대법원 1994. 3. 11. 93다57704 "부동산등기법 제130조 제2호 소정의 판결은 그 내용이 신청인에게 소유권이 있음을 증명하는 확정판결이면 족하고, 그 종류에 관하여 아무런 제한이 없어 반드시 확인판결이어야 할 필요는 없고, 이행판결이든 형성판결이든 관계가 없으며, 또한 화해조서 등 확정판결에 준하는 것도 포함한다."

수목, 건물 이외의 공작물 등에 대해서는 부합의 정도를 기준으로 처리한다. 즉 민법 제258조 본문의 적용을 받을 물건은 토지와 일체를 이루어서 부동산집행으로, 동조 단서의 적용을 받을 물건은 부합된 재산에 상응하는 집행으로 처리한다. 공장재단을 구성하고 있는 물건은 공장재단을 하나의 부동산으로 처리한다(공장 및 광업재단 저당법 제12조 제1항, 제14조).[87]

3. 등기할 수 없는 토지의 정착물로서 독립하여 거래의 객체가 될 수 있는 것은 유체동산으로 처리한다(제189조 제2항). 미분리 천연과실은 토지의 구성부분이므로 토지에 대한 압류의 효력이 이에 미친다. 다만 민법 제102조에 의하면 원물로 분리하는 때에 이를 수취할 권리자에게 속하게 되고, 민사집행법 제189조 제2항 제2호에 의해 토지에서 분리하기 전의 과실로서 1월 이내에 수확할 수 있는 것은 유체동산으로 압류할 수 있으므로 과실에 관하여는 수확 전 1개월 내부터는 과실수취권자를 채무자로 하여 유체동산에 대한 강제집행으로 집행할 수 있다.

Ⅱ. 건물, 미등기건물

1. 건물, 건물의 공유지분, 건물의 구분소유권은 토지로부터 독립된 부동산으로 강제집행의 대상이 된다. 건물은 토지에 정착되어 있어야만 한다. 토지에 정착되어 있는 않은 컨테이너 박스나 조립식 건물은 건물이 아니다. 사회통념상 아직 건물로 볼 수 없는 단계에 있는 물건은 유체동산으로 취급한다.[88] 지붕, 기둥, 주벽을 갖춘 구조물이어야 건물로 인정된다.[89] 비닐하우스는 견고하게 지어져도 건물이 아

87) 강대성, 전게서, 164-165면.

88) 대법원 1994. 4. 12. 93마1933 “건축 중에 있는 건물로서 사회통념상 아직 독립된 부동산으로 볼 수 없고, 분리가 가능하다면 개개의 건축자재나 공작물을 유체동산 압류방법에 따라 집행할 수밖에 없다. 채무자가 이 집행을 무시하고 건축공사를 계속하여 경매할 시점에 이르러 건물이 성립되어 독립된 부동산이 되는 단계에 이르면 집행관은 유체동산집행으로서 경매 등을 더 이상 속행할 수 없다.”

89) 대법원 2001. 1. 16. 2000다51872

니다. 그러나 신축중인 건물의 지상층 부분이 골조공사만 진행되었을 뿐이 하더라도 지하 부분만으로도 독립된 건물로서의 요건을 갖추었다고 인정할 수 있는 경우도 있다.[90]

2. 건물이 증축된 경우에 증축 부분이 독립된 부동산인지 아니면 기존 건물에 부합되었는지 여부는 증축 부분이 기존 건물에 부착된 물리적 구조뿐만 아니라, 그 용도와 기능면에서 기존 건물과 독립한 경제적 효용을 가지고 거래상 별개의 소유권의 객체가 될 수 있는지의 여부 및 증축하여 이를 소유하는 자의 의사 등을 종합하여 판단하여야 한다.[91]

3. 미등기건물에는 무허가건물과 사용승인만 없을 뿐 사회통념상 완전한 건물 두 가지가 있다. 미등기건물은 보존등기가 되어 있지 않아 압류등기를 할 수 없다. 그러나 민사집행법은 적법하게 건축허가나 건축신고를 마친 건물이 사용승인을 받지 못한 경우에 한정하여 강제집행을 위한 보존등기를 할 수 있게 하도록 하여 미등기부동산에 대하여 제한적으로 강제집행을 할 수 있는 길을 열어 두고 있다. 불법 건축물은 강제집행을 이용하여 보존등기를 할 수 없다.

Ⅲ. 개별법에 의하여 부동산집행방법에 따르는 경우

입목법에 의한 입목, 공장 및 광업재단 저당법에 의한 공장저당목적물이 된 유체동산의 집합물・광업재단, 광업법에 의한 광업권 등은 부동산집행방법에 따른다.

Ⅳ. 압류금지부동산

1. 학교부지・교사 등은 사립학교법 제28조에 의하여, 전통사찰은 전통사찰의 보전 및 지원에 관한 법률 제14조에 의하여 경매신청을 할 수 없다.

---

90) 대법원 2003. 5. 30. 2002다21592,21608

91) 대법원 1996. 6. 14. 94다53006

2. 압류는 할 수 있으나 처분시 관할청의 허가를 요하는 경우에는 관할청의 허가를 받을 수 없는 사정이 확실하다고 인정되는 등의 특별한 사정이 없는 한, 압류가 허용되므로 경매신청을 할 수 있으나 매각결정기일까지 관할청의 허가가 없는 경우 매수인은 소유권을 취득할 수 없다.[92)]

제2절 강제경매와 강제관리

Ⅰ. 부동산에 대한 강제집행은 채권자의 신청에 따라 법원이 하며, 그 방법에는 강제경매 또는 강제관리가 있다(제78조 제2항).

Ⅱ. 강제경매는 채무자 소유 부동산을 압류 후 현금화하여 그 매각대금으로 채권자의 금전채권을 만족시키는 강제집행절차를 말한다. 부동산 압류를 위해서는 강제경매신청이 있어야 한다. 강제경매는 채무자의 부동산을 매각하여 그 대금으로 채권의 만족을 얻는 방법으로 압류, 매각, 배당 3단계로 이루어진다.

Ⅲ. 강제관리는 관리인이 채무자의 부동산을 관리하여 얻은 임대료 등으로 채권의 만족을 얻는 강제집행절차이다. 강제관리의 대상은 부동산에서 생긴 수익에는 천연과실과 법정과실이 있다. 이 때 부동산은 민사집행법상 부동산이다. 그러나 부동산 강제경매의 규정이 준용되는 선박, 자동차, 건설기계, 소형선박, 항공기 등은 포함되지 않는다.

Ⅳ. 강제경매와 마찬가지로 강제관리의 신청에도 집행력 있는 정본이 있어야 한다. 강제관리를 개시하는 결정에는 채무자에게는 관리사무에 간섭하여서는 아니되고 부동산의 수익을 처분하여서도 아니된다고 명하여야 하며, 수익을 채무자에게 지급할 제3자에게는 관리인에게 이를 지급하도록 명하여야 한다(제164조 제1항). 관리인은 집행법원이

92) 대법원 1994. 1. 25. 93다42993, 대법원 1994. 9. 27. 93누22784에 따르면 사립학교법 제28조 제1항에서 정한 기본재산이 관할청의 허가 없이 양도된 경우 그것이 학교법인의 의사에 기한 것이든 강제집행절차에 의한 것이든 무효이다.

정한 기간(규칙 제91조 제1항)마다 배당 등에 충당할 금전을 계산하여 배당 등을 실시해야 한다. 관리인은 부동산수익에서 그 부동산이 부담하는 조세, 그 밖의 공과금을 뺀 뒤에 관리비용을 변제하고, 그 나머지 금액을 채권자에게 지급한다(제169조 제1항).

Ⅴ. 강제경매를 채무자 소유의 부동산에 대한 집행이고, 그 결과 채무자는 소유권을 잃을 수밖에 없다. 따라서 가압류를 집행할 때 강제경매는 이용될 수 없다. 하지만 강제관리는 채부자의 소유권에 영향을 주지 않기 때문에 가압류를 집행할 때에도 할 수 있다. 그러나 실무에서 강제관리는 이용되지 않는다.

제3절 관할

부동산에 대한 강제집행은 그 부동산이 있는 곳의 지방법원이 관할한다(제79조 제1항). 부동산이 여러 지방법원의 관할구역에 있는 때에는 각 지방법원에 관할권이 있다. 이 경우 법원이 필요하다고 인정한 때에는 사건을 다른 관할 지방법원으로 이송할 수 있다(제79조 제2항).

제4절 경매절차의 이해관계인

Ⅰ. 강제경매절차의 이해관계인은 ① 압류채권자(경매신청을 한 채권자, 제2경매신청채권자)와 집행력 있는 정본에 의하여 배당을 요구한 채권자[93], ② 채무자(집행채무자) 및 소유자, ③ 등기부에 기입된 부동산 위의 권리자[94], ④ 부동산 위의 권리자로서 그 권리를 증면한 사람[95]이다(제90조).

---

93) 집행정본에 의하지 않고 배당요구를 한 채권자는 이해관계인이 아니고 단지 배당절차에 참가할 수 있을 뿐이다.

94) 경매개시결정 기입등기 당시에 이미 등기가 되어 등기부에 나타난 저당권자, 저당채권의 질권자, 전세권자. 환매권자, 등기된 임차권자, 가등기 권리자 등이다.

95) 유치권자, 점유권자, 특수지역권자, 민법 제622조의 토지임차인, 인도 및 주민등록을 마친 주택임대차보호법상의 우선변제권자, 인도 및 사업자등록을 마친 상가임대차보호법상의 우선변제권자, 경매개시결정기입등기 후에 소유권을 취득한 제3취득자・용익권

Ⅱ. 이해관계인은 ① 부동산침해행위방지신청(제83조 제3항), ② 경매개시결정에 대한 이의신청(제86조 제1항)을 할 수 있다. 또한 ③ 각종 통지를 받을 수 있고(제89조, 제146조), ④ 매각조건변경의 합의(제110조), ⑤ 매각기일에의 출석(제116조 제2항), ⑥ 매각허가에 관한 의견진술(제120조 제1항), ⑦ 배당표에 대한 이의(제151조) 등을 할 수 있다.

Ⅲ. 채무자 아닌 이해관계인에게는 경매개시결정을 송달할 필요가 없다.[96] 경매개시결정 뒤에 이해관계인이 사망하여 경매절차에 관여할 수 없게 되더라도 그 때문에 경매절차가 중단되지는 않는다.[97]

Ⅳ. 법원은 경매기일과 경락기일을 이해관계인에게 통지하여야 하는바, 여기서 이해관계인이라 함은 압류채권자와 집행력 있는 정본에 의하여 배당을 요구한 채권자, 채무자 및 소유자, 등기부에 기입된 부동산 위의 권리자, 부동산 위의 권리자로서 그 권리를 증명한 자를 말하는 것이고, 경매절차에 관하여 사실상의 이해관계를 가진 자라 하더라도 위 조항에서 열거한 자에 해당하지 아니한 경우에는 경매절차에 있어서의 이해관계인이라고 할 수 없으므로, 가압류를 한 자는 강제경매절차에서의 이해관계인이라고 할 수 없다.[98] 경매개시결정기입등기 전에 가압류권한 자는 배당요구하지 않았다하더라도 당연히 배당요구한 것과 동일하게 취급되지만 이해관계인은 아니다.[99] 가처분권자도 마찬가지다.[100]

또는 담보권을 취득한 자 등과 같이 등기가 없어도 대항할 수 있는 권리를 가진 자를 말한다.

96) 대법원 1986. 3. 28. 자 86마70

97) 대법원 1964. 3. 24. 자 63마55

98) 대법원 2004. 7. 22. 2002다52312

99) 대법원 1999. 4. 9. 98다53240

100) 대법원 1994. 9. 30. 94마1534

제5절 압류의 효력

Ⅰ. 압류는 채무자에게 경매개시결정이 송달된 때 또는 등기가 된 때에 효력이 생긴다(제83조 제4항). 부동산강제경매에서 경매개시결정 기입등기 후에 경매개시결정이 송달되므로, 등기관이 경매개시결정 기입등기시에 압류의 효력이 발생한다.

Ⅱ. 제3자는 권리를 취득할 때에 경매신청 또는 압류가 있다는 것을 알았을 경우에는 압류에 대항하지 못한다(제92조 제1항). 부동산이 압류채권을 위하여 의무를 진 경우에는 압류한 뒤 소유권을 취득한 제3자가 소유권을 취득할 때에 경매신청 또는 압류가 있다는 것을 알지 못하였더라도 경매절차를 계속하여 진행하여야 한다(제92조 제2항).

Ⅲ. 채무자의 부동산이 압류되면 채무자는 자신의 부동산을 매각하거나 제한물권을 설정 할 수 없다(압류의 처분금지적 효력). 따라서 경매개시결정의 기입등기가 되고 나면 그 이후 채무자로부터 소유권을 취득한 제3자는 제3자이의의 소를 제기할 수 없다. 그러나 채무자의 부동산에 대하여 경매개시결정에 따른 압류의 효력이 발생한 후에도 채무자는 제3자에게 자신의 부동산을 매도하거나 제한물권을 설정할 수 있으며, 이 경우 경매절차가 취하되거나 취소된 경우에는 그 제3자는 완전히 유효하게 소유권이나 제한물권을 취득한다. 즉 압류의 처분금지효력은 상대적인 것이다. 경매절차에서 경락을 받은 자가 매각대금을 완납하면 그 완납시에 소유권을 취득하고, 그 전에 이루어진 제3자 명의의 소유권이전등기는 직권으로 말소된다.

Ⅳ. 1. 채무자 소유의 건물 등 부동산에 강제경매개시결정의 기입등기가 경료되어 압류의 효력이 발생한 이후에 채무자가 위 부동산에 관한 공사대금 채권자에게 그 점유를 이전함으로써 그로 하여금 유치권을 취득하게 한 경우, 그와 같은 점유의 이전은 목적물의 교환가치를 감소시킬 우려가 있는 처분행위에 해당하여 민사집행법 제92조 제1항, 제83조 제4항에 따른 압류의 처분금지효에 저촉되므로 점

유자로서는 위 유치권을 내세워 그 부동산에 관한 경매절차의 매수인에게 대항할 수 없다.[101]

2. 채무자 소유의 부동산에 경매개시결정의 기입등기가 경료되어 압류의 효력이 발생한 이후에 채권자가 채무자로부터 위 부동산의 점유를 이전받고 이에 관한 공사 등을 시행함으로써 채무자에 대한 공사대금채권 및 이를 피담보채권으로 한 유치권을 취득한 경우, 이러한 점유의 이전은 목적물의 교환가치를 감소시킬 우려가 있는 처분행위에 해당하여 민사집행법 제92조 제1항, 제83조 제4항에 따른 압류의 처분금지효에 저촉되므로, 위와 같은 경위로 부동산을 점유한 채권자로서는 위 유치권을 내세워 그 부동산에 관한 경매절차의 매수인에게 대항할 수 없고, 이 경우 위 부동산에 경매개시결정의 기입등기가 경료되어 있음을 채권자가 알았는지 여부 또는 이를 알지 못한 것에 관하여 과실이 있는지 여부 등은 채권자가 그 유치권을 매수인에게 대항할 수 없다는 결론에 아무런 영향을 미치지 못한다.[102]

3. 부동산 경매절차에서의 매수인은 민사집행법 제91조 제5항에 따라 유치권자에게 그 유치권으로 담보하는 채권을 변제할 책임이 있는 것이 원칙이나, 채무자 소유의 건물 등 부동산에 경매개시결정의 기입등기가 경료되어 압류의 효력이 발생한 후에 채무자가 위 부동산에 관한 공사대금 채권자에게 그 점유를 이전함으로써 그로 하여금 유치권을 취득하게 한 경우, 그와 같은 점유의 이전은 목적물의 교환가치를 감소시킬 우려가 있는 처분행위에 해당하여 민사집행법 제92조 제1항, 제83조 제4항에 따른 압류의 처분금지효에 저촉되므로 점유자로서는 위 유치권을 내세워 그 부동산에 관한 경매절차의 매수인에게 대항할 수 없다. 그러나 이러한 법리는 경매로 인한 압류의 효력이 발생하기 전에 유치권을 취득한 경우에는 적용되지 아니하고, 유치권 취득시기가 근저당권설정 후라거나 유치권 취득 전에 설

101) 대법원 2005. 8. 19. 2005다22688
102) 대법원 2006. 8. 25. 2006다22050

정된 근저당권에 기하여 경매절차가 개시되었다고 하여 달리 볼 것은 아니다.[103]

4. 부동산에 가압류등기가 경료되면 채무자가 당해 부동산에 관한 처분행위를 하더라도 이로써 가압류채권자에게 대항할 수 없게 되는데, 여기서 처분행위란 당해 부동산을 양도하거나 이에 대해 용익물권, 담보물권 등을 설정하는 행위를 말하고 특별한 사정이 없는 한 점유의 이전과 같은 사실행위는 이에 해당하지 않는다. 다만 부동산에 경매개시결정의 기입등기가 경료되어 압류의 효력이 발생한 후에 채무자가 제3자에게 당해 부동산의 점유를 이전함으로써 그로 하여금 유치권을 취득하게 하는 경우 그와 같은 점유의 이전은 처분행위에 해당한다는 것이 당원의 판례이나, 이는 어디까지나 경매개시결정의 기입등기가 경료되어 압류의 효력이 발생한 후에 채무자가 당해 부동산의 점유를 이전함으로써 제3자가 취득한 유치권으로 압류채권자에게 대항할 수 있다고 한다면 경매절차에서의 매수인이 매수가격 결정의 기초로 삼은 현황조사보고서나 매각물건명세서 등에서 드러나지 않는 유치권의 부담을 그대로 인수하게 되어 경매절차의 공정성과 신뢰를 현저히 훼손하게 될 뿐만 아니라, 유치권신고 등을 통해 매수신청인이 위와 같은 유치권의 존재를 알게 되는 경우에는 매수가격의 즉각적인 하락이 초래되어 책임재산을 신속하고 적정하게 환가하여 채권자의 만족을 얻게 하려는 민사집행제도의 운영에 심각한 지장을 줄 수 있으므로, 위와 같은 상황하에서는 채무자의 제3자에 대한 점유이전을 압류의 처분금지효에 저촉되는 처분행위로 봄이 타당하다는 취지이다. 따라서 이와 달리 부동산에 가압류등기가 경료되어 있을 뿐 현실적인 매각절차가 이루어지지 않고 있는 상황하에서는 채무자의 점유이전으로 인하여 제3자가 유치권을 취득하게 된다고 하더라도 이를 처분행위로 볼 수는 없다.[104]

---

103) 대법원 2009. 1. 15. 2008다70763

104) 대법원 2011. 11. 24. 2009다19246

5. 유치권은 목적물에 관하여 생긴 채권이 변제기에 있는 경우에 비로소 성립하고(민법 제320조), 한편 채무자 소유의 부동산에 경매개시결정의 기입등기가 마쳐져 압류의 효력이 발생한 후에 유치권을 취득한 경우에는 그로써 부동산에 관한 경매절차의 매수인에게 대항할 수 없는데, 채무자 소유의 건물에 관하여 증·개축 등 공사를 도급받은 수급인이 경매개시결정의 기입등기가 마쳐지기 전에 채무자에게서 건물의 점유를 이전받았다 하더라도 경매개시결정의 기입등기가 마쳐져 압류의 효력이 발생한 후에 공사를 완공하여 공사대금채권을 취득함으로써 그때 비로소 유치권이 성립한 경우에는, 수급인은 유치권을 내세워 경매절차의 매수인에게 대항할 수 없다.[105]

6. 채무자가 채무초과의 상태에 이미 빠졌거나 그러한 상태가 임박함으로써 채권자가 원래라면 자기 채권의 충분한 만족을 얻을 가능성이 현저히 낮아진 상태에서 이미 채무자 소유의 목적물에 저당권 기타 담보물권이 설정되어 있어서 유치권의 성립에 의하여 저당권자 등이 그 채권 만족상의 불이익을 입을 것을 잘 알면서 자기 채권의 우선적 만족을 위하여 위와 같이 취약한 재정적 지위에 있는 채무자와의 사이에 의도적으로 유치권의 성립요건을 충족하는 내용의 거래를 일으키고 그에 기하여 목적물을 점유하게 됨으로써 유치권이 성립하였다면, 유치권자가 그 유치권을 저당권자 등에 대하여 주장하는 것은 다른 특별한 사정이 없는 한 신의칙에 반하는 권리행사 또는 권리남용으로서 허용되지 아니한다. 그리고 저당권자 등은 경매절차 기타 채권실행절차에서 위와 같은 유치권을 배제하기 위하여 그 부존재의 확인 등을 소로써 청구할 수 있다고 할 것이다.[106]

7. 어느 부동산에 관하여 경매개시결정등기가 된 뒤에 비로소 민사유치권을 취득한 사람은 경매절차의 매수인에 대하여 그의 유치권을 주장할 수 없다(대법원 2005. 8. 19. 2005다22688). 이러한 법리는 어

105) 대법원 2011. 10. 13. 2011다55214

106) 대법원 2011. 12. 22. 2011다84298

디까지나 경매절차의 법적 안정성을 보장하기 위한 것이므로, 경매개시결정등기가 되기 전에 이미 그 부동산에 관하여 민사유치권을 취득한 사람은 그 취득에 앞서 저당권설정등기나 가압류등기 또는 체납처분압류등기가 먼저 되어 있다 하더라도 경매절차의 매수인에게 자기의 유치권으로 대항할 수 있다(대법원 2014. 3. 20. 2009다60336 전원합의체). 민사집행법 제91조 제3항이 "지상권 · 지역권 · 전세권 및 등기된 임차권은 저당권 · 압류채권 · 가압류채권에 대항할 수 없는 경우에는 매각으로 소멸된다"고 규정하고 있는 것과는 달리, 같은 조 제5항은 "매수인은 유치권자에게 그 유치권으로 담보하는 채권을 변제할 책임이 있다"고 규정하고 있으므로, 유치권은 특별한 사정이 없는 한 그 성립시기에 관계없이 경매절차에서의 매각으로 인하여 소멸하지 않고, 그 성립시기가 저당권 설정 후라고 하여 달리 볼 것이 아니다(대법원 2009. 1. 15. 2008다70763).[107]

Ⅴ. 1. 부동산에 대하여 가압류등기가 먼저 되고 나서 담보가등기가 마쳐진 경우에 그 담보가등기는 가압류에 의한 처분금지의 효력때문에 그 집행보전의 목적을 달성하는데 필요한 범위안에서 가압류채권자에 대한 관계에서만 상대적으로 무효라 할 것이고 따라서 담보가등기권자는 그 보다 선순위의 가압류채권자에 대항하여 우선변제를 받을 권리는 없으나 한편 가압류채권자도 우선변제청구권을 가지는 것은 아니므로 가압류채권자보다 후순위의 담보가등기권자라 하더라도 가등기담보등에관한법률 제16조 제1, 2항에 따라 법원의 최고에 의한 채권신고를 하면 가압류채권자와 채권액에 비례하여 평등하게 배당받을 수 있다.[108]

2. 부동산에 대하여 가압류등기가 먼저 되고 나서 근저당권설정등기가 마쳐진 경우에 그 근저당권등기는 가압류에 의한 처분금지의 효력 때문에 그 집행보전의 목적을 달성하는 데 필요한 범위 안에서 가압

107) 대법원 2014. 4. 10. 2010다84932

108) 대법원 1987. 6. 9. 86다카2570

류채권자에 대한 관계에서만 상대적으로 무효라 할 것인 바, 이 경우 가압류채권자와 근저당권자 및 위 근저당권설정등기 후 강제경매신청을 한 압류채권자 사이의 배당관계에 있어서, 근저당권자는 선순위 가압류채권자에 대하여는 우선변제권을 주장할 수 없으므로 1차로 채권액에 따른 안분비례에 의하여 평등배당을 받은 다음, 후순위 경매신청압류채권자에 대하여는 우선변제권이 인정되므로 경매신청 압류채권자가 받을 배당액으로부터 자기의 채권액을 만족시킬 때까지 이를 흡수하여 배당받을 수 있다 할 것이다.[109)]

3. 부동산에 대하여 가압류등기가 먼저 되고 나서 근저당권설정등기가 마쳐진 경우에 경매절차의 배당관계에서 근저당권자는 선순위 가압류채권자에 대하여는 우선변제권을 주장할 수 없으므로 그 가압류채권자는 근저당권자와 일반 채권자의 자격에서 평등배당을 받을 수 있고, 따라서 가압류채권자는 채무자의 근저당권설정행위로 인하여 아무런 불이익을 입지 않으므로 채권자취소권을 행사할 수 없다. 그러나 채권자의 실제 채권액이 가압류 채권금액보다 많은 경우 그 초과하는 부분에 관하여는 가압류의 효력이 미치지 아니하여 그 범위 내에서는 채무자의 처분행위가 채권자들의 공동담보를 감소시키는 사해행위가 되므로 그 부분 채권을 피보전채권으로 삼아 채권자취소권을 행사할 수 있다.[110)]

제6절 강제경매의 신청

Ⅰ. 강제집행 절차는 채권자가 부동산 강제경매 신청서를 작성하여 법원에 신청하는 것으로 시작된다(제78조 제1항). 부동산압류는 강제경매개시결정이므로 부동산압류를 위해서는 먼저 강제경매신청이 있어야만 한다.

---

109) 대법원 1994. 11. 29. 94마417
110) 대법원 2008. 2. 28. 2007다77446

Ⅱ. 강제경매신청은 서면으로 해야 한다(제4조). 강제경매신청서에는 채권자 · 채무자[111]와 법원의 표시, 부동산의 표시[112], 경매의 이유가 된 일정한 채권과 집행할 수 있는 일정한 집행권원에 대한 사항을 적어야 한다(제80조). 신청서에는 집행정본 외에 집행개시요건을 증명하는 서류(제39조, 제40조, 제41조)도 첨부해야 한다. 그 밖에 채무자의 소유로 등기된 부동산에 대하여는 등기사항증명서, 채무자의 소유로 등기되지 아니한 부동산에 대하여는 즉시 채무자명의로 등기할 수 있다는 것을 증명할 서류(그 부동산이 등기되지 아니한 건물인 경우에는 그 건물이 채무자의 소유임을 증명할 서류[113], 그 건물의 지번 · 구조 · 면적을 증명할 서류 및 그 건물에 관한 건축허가 또는 건축신고를 증명할 서류)를 붙여야 한다(제81조).[114]

Ⅲ. 채무자가 사망하였음에도 그러한 사실을 모르는 채권자가 사망한 자를 상대로 경매신청을 한 결과 경매개시결정이 내려진 경우 그에 따라 진행된 경매절차는 무효다.[115]

---

111) 채권자 · 채무자는 원칙적으로 집행문에 표시되어 있는 채권자와 채무자를 말한다. 대리신청하는 경우에는 대리인도 적어야 한다. 채무자가 미성년자인 경우에는 그 법정대리인도 적어야 한다. 승계가 있는 경우에는 승계인의 명의를 적는다.

112) 부동산의 표시는 부동산등기부에 따른다. 부동산의 현황이 등기부 기재와 다른 경우 현황도 함께 적는다. 미등기부동산인 경우 토지대장이나 건축물관리대장 등 채무자의 소유임을 증명할 서류에 기재된 대로, 건축 중인 건물에 대해서는 건축허가 또는 건축신고를 증명할 서류에 기재된 대로 적으면 된다(제81조 제1항 제2호 참조)

113) 실무에서는 통상 건축허가서나 건축신고서를 제출받고 있다. 미흡할 경우에는 건축도급계약서 등을 추가로 제출하도록 하고 있다. 미등기 건물은 완공되어 건축허가 또는 건축신고를 마친 뒤 상요승인을 받지 못한 경우에만 집행의 대상이다.

114) 채권자가 건물의 지번 · 구조 · 면적을 증명하지 못한 때에는 채권자는 경매신청과 동시에 그 조사를 집행법원에 신청할 수 있다(제81조 제3항). 신청을 받은 집행법원은 집행관으로 하여금 미등기 건물의 구조 및 면적을 조사하게 하여야 한다(제81조 제4항). 집행관이 건물을 조사한 때에는 사건의 표시, 조사의 일시 · 장소 · 방법, 건물의 지번 · 구조 · 면적, 조사한 건물의 지번 · 구조 · 면적이 건축허가 또는 건축신고를 증명하는 서류의 내용과 다른 때에는 그 취지와 구체적인 내역에 건물의 도면과 사진을 붙여 정해진 날까지 법원에 제출하여야 한다(규칙 제42조 제1항). 집행관이 제출한 서면에 의하여 강제경매신청을 한 건물이 건축허가 또는 건축신고된 사항과 동일하다고 인정되지 않으면 법원은 강제경매신청을 각하하여야 한다(규칙 제42조 제2항).

115) 대법원 1966. 10. 21. 66다1584

제7절 강제경매신청에 대한 재판

Ⅰ. 재판과 불복의 형식

강제경매신청이 적법하면 경매개시결정을 하고, 신청이 이유 없거나 부적법하면 신청기각이나 각하결정을 한다. 경매개시결정에 대해 이해관계인은 즉시항고할 수 없고, 이의신청을 할 수 있다(제86조 제1항). 신청기각이나 각하 결정에 대해서는 즉시항고를 할 수 있다(제83조 제5항).

Ⅱ. 강제경매개시결정

1. 의의

강제경매를 신청하면 집행법원은 신청서와 첨부서류를 검토하여 강제경매개시 결정여부를 결정한다. 경매신청이 적법하면 집행법원은 경매개시결정을 하고, 이 때 법원사무관등은 즉시 그 사유를 등기부에 기입하도록 등기관에게 촉탁하여야 한다(제94조 제1항). 경매개시결정으로 채무자의 부동산에 대한 처분권이 집행기관으로 귀속된다. 경매절차를 개시하는 결정에는 동시에 그 부동산의 압류를 명하여야 한다(제83조 제1항). 압류는 부동산에 대한 채무자의 관리·이용에 영향을 미치지 아니한다(제83조 제2항).

2. 송달 및 통지

가. 경매개시결정은 반드시 채무자에게 송달하여야 한다. 경매개시결정의 고지 없이는 유효하게 매각절차를 속행할 수 없고, 채무자가 아닌 이해관계인도 채무자에 대한 경매개시결정 송달의 흠을 매각허가결정에 대한 항고사유로 삼을 수 있다.[116)]

나. 실무상 법원사무관 등이 경매개시결정에 대한 기입등기를 촉탁하여 등기관으로부터 제95조에 따른 등기사항증명서 또는 이에 갈음하는 통지서를 송부받은 후 또는 기입등기를 촉탁하고 그로부터 상당한 기간(보통 1주 정도)이 지난 후에 채무자에게 송달한다.[117)]

116) 대법원 1997. 6. 10. 자 97마814 결정

다. 경매신청을 한 압류채권자가 매각부동산에 저당권 등 담보물권을 가지고 있더라도 이러한 담보물권을 실행하지 아니하고 집행권원에 기하여 강제경매신청을 하는 경우 그 채권자가 담보물권의 효력으로 우선변제를 받게 되는 권리가 없어지는 것은 아니므로, 압류 후 경매개시결정등기 전에 소유권을 취득한 제3자는 압류채권자에게 대항할 수 없다. 경매신청시 제3자가 이미 소유권등기를 경료하고 있는 경우에는 제3자 소유의 부동산에 대한 경매신청이므로 이는 각하될 수밖에 없으므로, 채권자는 담보권실행을 위한 경매절차에 의할 수밖에 없다.[118]

라. 경매개시결정은 압류채권자에게도 고지하여야 한다. 부동산 공유지분을 경매하는 경우에는 다른 공유자에게 그 경매개시결정이 있다는 것을 통지해야 한다(제139조 제1항).

3. 현황조사

법원(사법보좌관)은 경매개시결정을 한 뒤에 바로 집행관에게 부동산의 현상, 점유관계, 차임 또는 보증금의 액수, 그 밖의 현황에 관하여 조사하도록 명하여야 한다(제85조). 현황조사명령을 받은 집행관은 집행보조기관으로서 현황조사보고서를 사법보좌관에게 제출하여야 한다. 집행관은 현황을 조사한 후 현황조사보고서를 작성하여 매각물건명세서 사본과 함께 일반에 공시한다. 집행관이 현황조사를 함에 있어 기울여야 할 주의의무를 현저하게 결여한 중대한 과실이 있는 경우에는 국가는 국가배상법상 손해배상책임이 있다.[119] 그러나 집행관의 현황조사과정에 직무상 과실이 있고, 그 때문에 임차인인 원고가 경매절차의 진행에 관한 통지를 집행법원으로부터 받지 못하여 그 결과 우선변제권의 행사에 필요한 조치를 취하지 못해 손해를 입게 되었다 하더라도 그러한 사정만으로 민사집행법 제90조 4호에 따른 권리신고절차를 취하지 아니하여 경매절차상 이해관

117) 김홍엽, 전게서, 158면.

118) 황진구, 「주석민사집행법(3)」, 한국사법행정학회(2012), 339면.

119) 대법원 2003. 2. 11. 2002다65929

계인이 아니게 된 임차인에 대한 관계에서 불법행위를 구성한다거나 그 스스로 우선변제권의 행사에 필요한 법령상 조치를 취하지 아님한으로써 발생한 임차인의 손해와 사이에 상당인과관계가 있다고 할 수는 없다.[120]

4. 압류 등기

사법보좌관은 경매개시결정을 하면 법원조사관은 즉시 그 사유를 등기부에 기입하도록 등기관에 촉탁을 하고, 등기관은 위 촉탁에 따라 경매개시결정사유를 기입하여야 한다(제94조 제2항). 이를 압류등기라 한다. 등기관은 경매개시결정사유를 등기부에 기입한 뒤 그 등기사항증명서를 법원에 보내야 한다(제95조). 미등기부동산의 경우 등기관은 직권으로 먼저 보존등기를 한 뒤 압류등기를 한다.

5. 배당요구의 종기 결정

가. 경매개시결정에 따른 압류의 효력이 생긴 때(그 경매개시결정전에 다른 경매개시결정이 있은 경우를 제외한다)에는 집행법원은 절차에 필요한 기간을 감안하여 배당요구를 할 수 있는 종기를 첫 매각기일 이전으로 정한다(제84조 제1항). 사법보좌관은 경매개시결정을 한 취지 및 배당요구종기를 공고하고, 매각으로 소멸하는 전세권을 가진 전세권자 및 배당요구를 할 수 있는 채권자 중에서 사법보좌관이 알고 있는 자에게 이를 고지하여야 한다(제84조 제2항). 이러한 종기결정 및 공고는 압류의 효력이 생긴 때부터 1주 이내에 하여야 한다(제84조 제3항).

나. 배당요구의 종기가 정하여진 때에는 법원은 경매개시결정을 한 취지 및 배당요구의 종기를 공고한다. 법원사무관등은 첫 경매개시결정등기 전에 등기되었고 매각으로 소멸하는 것을 가진 채권자, 조세, 그 밖의 공과금을 주관하는 공공기관에 대하여 채권의 유무, 그 원인 및 액수(원금·이자·비용, 그 밖의 부대채권을 포함한다)를 배당요구의 종기까지 법원에 신고하도록 최고하여야 한다(제84조 제4항).

---

120) 대법원 2008. 11. 13. 2008다43976

이러한 채권자가 위 최고에 대한 신고를 하지 아니한 때에는 그 채권자의 채권액은 등기사항증명서 등 집행기록에 있는 서류와 증빙에 따라 계산하는데, 이 경우 다시 채권액을 추가하지 못한다(제84조 제5항). 법원은 특별히 필요하다고 인정하는 경우에는 배당요구의 종기를 연기할 수 있다(제84조 제6항).[121] 연기를 할 때에는 역시 위 고지나 최고를 해야 하는데, 이미 배당요구 또는 채권신고를 한 사람에게는 고지나 최고를 하지 않는다(제84조 제7항).

6. 경매개시결정에 대한 이의신청

가. 이해관계인은 매각대금이 모두 지급될 때까지 강제경매개시결정에 대한 이의로써 불복할 수 있다(제86조 제1항). 이의신청에 관한 재판에 대하여 이해관계인은 즉시항고를 할 수 있다(제86조 제3항). 법원이 이의신청을 인용하면 경매개시결정을 취소하는 결정을 하고, 이 결정은 확정되어야 효력이 발생한다(제17조 제2항). 경매개시결정의 취소결정이 확정되면 법원사무관 등은 직권으로 경매개시결정등기를 말소하도록 등기관에게 촉탁하여야 한다(제141조).

나. 경매신청 요건의 흠이나 경매개시 요건의 흠 등 형식적·절차적 흠

121) 대법원 2013. 7. 25. 2013다204324 "민사집행법 제84조 제6항은 법원이 특별히 필요하다고 인정하는 경우에는 배당요구의 종기를 연기할 수 있다고 규정하고 있는바, 주채무자 소유 부동산에 대한 강제경매절차에서 집행법원이 배당요구의 종기를 결정하였는데, 보증인이 채무를 대위변제한 후 주채무자에 대한 구상권을 행사하는 과정에서 위 종기를 준수하지 못하여 그 연기를 구하여 온 경우에, 집행법원은 경매절차의 진행 경과, 보증인이 위 종기를 준수하지 못한 데에 귀책사유가 있는지 여부, 위 종기를 준수하지 못한 기간의 크기, 채권자 등 이해관계인이나 경매절차에 미치는 영향 등을 고려하여 특별히 필요하다고 인정하는 경우에 한하여 배당요구의 종기를 연기할 수 있고, 위와 같은 사유로 배당요구종기 연기 신청을 인용하거나 기각하는 집행법원의 결정은 위 조항에 따른 재량에 의한 것이다. 이 사건 사실관계에 의하여 보건대, 개인회생절차에서 이 사건 경매절차에 대한 중지명령이 내려짐에 따라 이 사건 경매절차는 최초 배당요구종기가 지나도록 중지되어 있었던 점, 피고는 소외인의 개인회생절차개시신청이 기각된 후 상당한 기간 안에 소외인의 채무를 대위변제하고 가압류 결정을 받아 집행법원에 배당요구종기의 연기를 신청한 점, 배당요구종기가 연장된 기간이 2개월 정도에 불과하여 이 사건 경매절차가 불안정하게 되었다고 보기 어려운 점 등에 비추어 보면, 집행법원이 배당요구종기를 연기한 것은 합리적 재량 범위 내의 결정으로서 적법하고, 그와 같이 연기된 배당요구종기 안에 이루어진 피고의 배당요구 또한 적법하다."

을 이유로만 이의할 수 있다.[122] 이의신청에는 집행정지 효력이 없다. 따라서 사법보좌관은 이의신청에 대한 재판에 앞서 잠정처분을 할 수 있다(제86조 제2항, 제16조 제2항).

다. 신청채권자로부터 변제유예를 받았음을 원인으로 한 임의경매개시결정에 대한 이의신청의 경우, 이해관계인인 채무자로서는 경락대금 완납시까지는 그 이의를 신청할 수 있고, 매수의 신고가 있은 후에도 그 이의신청에 최고가매수신고인 등의 동의를 필요로 하지는 않는다 할 것이므로, 변제유예 사실이 인정된다면 그 이의신청이 신의칙에 반하거나 권리남용에 해당하는 경우와 같은 특별한 사정이 없는 한 이를 인용하여야 한다.[123]

라. 임의경매개시결정에 대한 이의는 강제경매개시결정에 대한 이의와 달리 절차상 흠뿐만 아니라 저당권의 부존재나 무효· 피담보채권의 불성립, 변제, 피담보채권의 이행기 미도래 등과 같은 실체상 흠도 주장할 수 있다.

7. 채권의 일부만 강제경매 신청 한 후 경매절차에서의 청구금액 확장 가능성

가. 강제경매에 있어서 채권의 일부청구를 한 경우에 그 경매절차 개시를 한 후에는 청구금액의 확장은 허용되지 않고 그 후에 청구금액을 확장하여 잔액의 청구를 하였다 하여도 배당요구의 효력밖에는 없는 것이므로 강제경매 개시결정에 의하여 압류의 효력이 발생한 후에 채무자가 경매부동산을 처분하여 그 등기를 경료하였고, 그 후에 청구금액 확장신청이 있고 먼저 한 강제경매 사건이 강제경매절차에 의하지 않고 종료하였다면 청구금액 확장신청 이전에 소유권이전등기를 경료한 제3취득자는 그 소유권 취득을 확장신청인에

122) 대법원 2004. 9. 8. 2004마408 "강제경매개시결정에 대한 이의신청은 경매개시결정에 관한 형식적인 절차상의 하자에 대한 불복방법이기 때문에 실체적 권리관계에 관한 사유를 경매개시결정에 대한 이의의 원인으로 주장할 수 없다."

123) 대법원 2000. 6. 28. 99마7385

게 대항할 수 있다.[124)]

나. 담보권 실행을 위한 경매절차에서 신청채권자가 그 경매신청서에 피담보채권 중 일부만을 청구금액으로 기재하여 경매를 신청하였을 경우에는 다른 특별한 사정이 없는 한 신청채권자가 당해 경매절차에서 배당을 받을 금액은 처음 기재된 채권액을 한도로 확정되고, 그 후 신청채권자가 채권계산서를 제출하는 방법에 의하여 그 청구금액을 확장할 수 없다. 근저당권의 실행을 위한 경매절차에 있어서는 경매신청서에 피담보채권으로 기재한 채권이 변제 등에 의하여 소멸하였으나 당해 근저당권의 피담보채권으로서 다른 채권이 있는 경우, 신청채권자는 그 청구채권을 소멸된 당초의 채권으로부터 그 다른 채권으로 교환적으로 변경하여 그 다른 채권에 대하여 배당을 구하는 내용의 채권계산서 등을 제출하는 방법으로 그 다른 채권에 대하여 배당을 받을 수 있고, 다만 변경 후의 피담보채권액이 경매신청서에 기재되어 있는 청구채권액을 초과하는 때에는 그 초과하는 부분에 대하여는 배당을 받을 수 없다.[125)]

다. 담보권실행경매에서 경매채권자가 피담보채권의 일부에 대하여만 담보권을 실행하겠다는 취지로 경매신청서에 피담보채권의 원금 중 일부만을 청구금액으로 하여 경매를 신청하였을 경우에는 경매채권자의 청구금액은 그 기재된 채권액을 한도로 확정되고 경매채권자는 채권계산서에 청구금액을 확장하여 제출하는 방법에 의하여 청구금액을 확장할 수 없는 것이고, 이는 피담보채권 중 일부 채권의 변제기가 도래하지 아니한 경우에도 마찬가지라 할 것이다.[126)]

라. 담보권의 실행을 위한 경매절차에서 경매신청채권자에 우선하는 근저당권자는 배당요구를 하지 아니하더라도 당연히 등기부상 기재된

124) 대법원 1983. 10. 15. 83마393
125) 대법원 1997. 1. 21. 96다457
126) 대법원 1995. 6. 9. 95다15261

채권최고액의 범위 내에서 그 순위에 따른 배당을 받을 수 있으므로, 그러한 근저당권자가 채권계산서를 제출하지 않았다고 하더라도 배당에서 제외할 수 없고, 또한 위 근저당권자는 경락기일 전에 일응 피담보채권액을 기재한 채권계산서를 제출하였다고 하더라도 그 후 배당표가 작성될 때까지 피담보채권액을 보정하는 채권계산서를 다시 제출할 수 있다고 할 것이며, 이 경우 배당법원으로서는 특단의 사정이 없는 한 배당표 작성 당시까지 제출한 채권계산서와 증빙 등에 의하여 위 근저당권자가 등기부상 기재된 채권최고액의 범위 내에서 배당받을 채권액을 산정하여야 한다.[127]

마. 신청채권자가 경매신청서에 피담보채권의 일부만을 청구금액으로 하여 경매를 신청하였을 경우에는 다른 특별한 사정이 없는 한 신청채권자의 청구금액은 그 기재된 채권액을 한도로 확정되고 그 후 신청채권자가 채권계산서에 청구금액을 확장하여 제출하는 등 방법에 의하여 청구금액을 확장할 수 없으나, 이러한 법리는 신청채권자가 경매신청서에 경매청구채권으로 이자 등 부대채권을 표시한 경우에 나중에 채권계산서에 의하여 부대채권을 증액하는 방법으로 청구금액을 확장하는 것까지 금지하는 취지는 아니라고 할 것이다. 신청채권자를 포함한 각 채권자는 경락기일까지 채권계산서를 제출하여야 하고, 경락기일까지 채권계산서를 제출하지 아니하면 경매신청서 등 집행기록에 있는 서류와 증빙에 의하여 채권을 계산하여 배당하고, 거기서 인정되지 아니한 채권은 보충을 불허하는 것으로 하고 있는 민사소송법 규정의 취지를 종합하여 보면, 담보권 실행을 위한 경매절차에 있어 신청채권자가 이자 등 부대채권을 표시하였다가 나중에 채권계산서에 의하여 그 부대채권을 증액하는 방법으로 청구금액을 확장하는 경우 그 확장은 늦어도 채권계산서의 제출시한인 경락기일까지는 이루어져야 하고, 그 이후에는 허용되지 않는다고 보아야 한다.[128]

---

127) 대법원 1999. 1. 26. 98다21946

바. 담보권의 실행을 위한 경매에서 신청채권자가 경매를 신청함에 있어서 경매신청서에 피담보채권 중 일부만을 청구금액으로 기재하였을 경우에는 다른 특별한 사정이 없는 한 신청채권자가 당해 경매절차에서 배당을 받을 금액이 그 기재된 채권액을 한도로 확정되고, 신청채권자가 채권계산서를 제출하는 방법에 의하여 청구금액을 확장할 수 없다고 할 것이므로, 설사 신청채권자가 경매신청서에 기재하지 아니한 다른 피담보채권을 가지고 있었다고 하더라도 청구금액을 확장한 채권계산서를 제출하는 방법으로는 피담보채권액 중 경매신청 당시의 청구금액을 초과하는 금액에 관하여는 배당에 참가할 수 없으며, 배당법원으로서는 경매신청 당시의 청구금액만을 신청채권자에게 배당하면 족하다. 따라서 근저당권자가 경매신청서에 피담보채권 중 일부만을 청구금액으로 기재하여 담보권의 실행을 위한 경매를 신청한 후 청구금액을 확장한 채권계산서를 제출하였을 뿐 달리 경락기일까지 이중경매를 신청하는 등 필요한 조치를 취하지 아니한 채 그대로 경매절차를 진행시켜 경매신청서에 기재된 청구금액을 기초로 배당표가 작성·확정되고 그에 따라 배당이 실시되었다면, 신정채권자가 정구하지 아니한 부분의 해당 금원이 후순위채권자들에게 배당되었다 하여 이를 법률상 원인이 없는 것이라고 볼 수는 없다.[129]

Ⅲ. 경매신청의 취하·취소

1. 압류채권자는 경매절차가 개시된 뒤에도 대금완납시까지 경매신청을 취하할 수 있다. 경매신청이 취하되면 압류의 효력은 소멸된다(제93조 제1항). 별도의 취소결정은 없으며, 법원사무관등은 압류등기의 말소를 촉탁한다.

2. 매수신고가 있은 뒤 경매신청을 취하하는 경우에는 최고가매수신고

---

128) 대법원 2001. 3. 23. 99다11526

129) 대법원 1997. 2. 28. 96다495

인 또는 매수인과 차순위매수신고인의 동의를 받아야 그 효력이 생긴다(제93조 제2항).

3. 집행을 면하기 위한 담보제공증명서, 강제집행을 하지 않는다거나 취하의 취지를 적은 화해조서의 정본이나 공정증서의 정본을 제출하면 압류의 효력은 소멸하지만, 이때에도 매수신고가 있고 나서 이러한 서류를 제출한 때에는 최고가매수신고인 등의 동의를 받아야 한다(제93조 제3항 전단). 그리고 집행할 판결이 있은 뒤에 채권자가 변제증서·의무유예증서를 매수신고 뒤에 제출하여 집행을 정지시킬 때에도 최고가매수인 등의 동의를 받아야 한다. 이 경우는 경매절차가 정지되는 것뿐이고 압류의 효력이 소멸되는 것은 아니다(제93조 제3항 후단).

4. 부동산이 없어지거나 매각 등으로 말미암아 권리를 이전할 수 없는 사정이 명백하게 된 때에는 법원은 강제경매의 절차를 취소하여야 한다(제96조 제1항).[130] 이 취소결정에 대하여는 즉시항고를 할 수 있다(제96조 제2항).

제8절 집행참가

집행참가제도는 이미 진행하고 있는 집행절차에 다른 채권자가 관여하는 것으로 이중경매개시결정과 배당요구가 있다.

---

130) 공매절차의 경우에는 매수대금이 완납된 이후 압류나 공매절차의 단순한 흠을 이유로 공매처분을 취소할 수 없다. 대법원 2006. 5. 12. 2004두14717 "공매절차에서 매수인이 매각결정에 따른 매수대금을 완납한 이후에는 매수 부동산의 소유권을 취득한 것으로 신뢰한 매수인의 권리·이익을 보호하여 거래의 안전을 도모하여야 할 필요성이 있는 점, 체납처분의 전제요건으로서의 독촉은 체납자로 하여금 당해 체납세액을 납부하여 체납처분을 당하는 것을 피할 수 있는 기회를 제공하기 위한 것인데, 설사 독촉장의 송달이 흠결되었다고 하더라도 그 이후에 이루어진 공매절차에서 공매통지서가 체납자에게 적법하게 송달된 경우에는 실질적으로 체납자의 절차상의 권리나 이익이 침해되었다고 보기 어려운 점 등에 비추어 보면, 비록 압류처분의 단계에서 독촉의 흠결과 같은 절차상의 하자가 있었다고 하더라도 그 이후에 이루어진 공매절차에서 공매통지서가 적법하게 송달된 바가 있다면 매수인이 매각결정에 따른 매수대금을 납부한 이후에는 다른 특별한 사정이 없는 한, 당해 공매처분을 취소할 수 없다."

Ⅰ. 이중경매개시결정(압류의 경합)

1. 강제경매절차 또는 담보권 실행을 위한 경매절차를 개시하는 결정을 한 부동산에 대하여 다른 강제경매의 신청이 있는 때에는 법원은 다시 경매개시결정을 하고, 먼저 경매개시결정을 한 집행절차에 따라 경매한다(제87조 제1항).[131]

2. 이중경매개시결정이 있는 경우 집행법원은 기입등기를 촉탁하고(제94조), 이중경매개시결정을 채무자에게 송달하여야 하며(제83조 제4항)[132], 먼저 경매개시결정을 한 경매절차의 이해관계인에 대한 통지를 하여야 한다(제89조).

3. 먼저 경매개시결정을 한 경매신청이 취하되거나 그 절차가 취소된 때에는 법원은 뒤의 경매개시결정에 따라 절차를 계속 진행하여야 한다(제87조 제2항).[133] 이 경우에 뒤의 경매개시결정이 배당요구의

---

131) 대법원 1976. 6. 30. 75마97 "같은 경매목적물에 대하여 이중의 경매개시결정을 하고 앞의 경매개시결정이 폐기되지 않은 채 뒤의 경매개시결정에 의하여 경매절차를 진행하는 것은 위법이라고 할 것이나 뒤의 경매절차의 진행을 정지하는 조처를 취함이 없이 그대로 진행되어 경락허가결정이 확정되고 경락대금 납입기일이 지정되어 그 경락대금이 완납되었다면 이로써 경매목적물에 대한 소유권은 경락인에게 이전되는 것이라고 보아야 할 것이다."

132) 대법원 1995. 7. 11. 95마147 "경매법원이 이중경매 신청에 기한 경매개시결정을 하면서 그 결정을 채무자에게 송달함이 없이 경매절차를 진행하였다면 그 경매는 경매개시결정이 효력을 발생하지 아니한 상태에서 이루어진 것이어서 당연히 무효라고 보아야 하므로, 그 개시결정이 채무자에게 송달되기 전에 경매대금의 납부를 명하고 이에 따라 경매대금을 납부한 것은 경매절차를 속행할 수 없는 상태에서의 대금납부로서 부적법하여 대금납부의 효력을 인정할 수 없다. 이와 같이 무효인 경매절차가 그대로 진행되어 경매목적물의 제3취득자인 소유자가 경락대금 중 채권자들에게 순차로 배당되고 남은 금원을 지급받기까지 하였으며, 채무자가 위 경매절차에 관하여 아무런 이의를 제기하지 아니하였다고 하더라도, 그와 같은 사정만으로 그 경매로 인하여 경매목적물에 관한 소유권을 상실할 우려가 있는 제3취득자인 소유자가 그 경매개시결정이 채무자에게 송달되지 아니하여 무효라고 주장하는 것을 가리켜 신의칙에 반한다거나 권리남용에 해당한다고 볼 수 없다. 경매법원이 제3취득자인 소유자의 집행방법에 대한 이의를 받아들여 대금납부명령이 무효임을 선언하는 의미에서 이를 취소하는 경우에 있어서, 무효인 배당절차에서 이미 경락대금을 지급받은 채권자들이나 소유자에게 그 지급받은 금원을 경매법원에 반환하도록 함께 명하여야 한다고 볼 아무런 법률상의 근거가 없으므로, 그와 같은 반환 명령을 동시에 하지 아니한 원심의 대금납부명령 취소결정은 위법하다 할 수 없다."

종기 이후의 신청에 의한 것인 때에는 집행법원은 새로이 배당요구를 할 수 있는 종기를 정하여야 한다(제87조 제3항).

4. 먼저 경매개시결정을 한 경매절차가 정지된 때에는 법원은 신청에 따라 결정으로 뒤의 경매개시결정(배당요구의 종기까지 행하여진 신청에 의한 것에 한한다)에 기초하여 절차를 계속하여 진행할 수 있다(제87조 제4항).

5. 이중경매신청은 매수인이 대금을 완납하여 경매부동산의 소유권이 매수인에게 이전될 때까지 할 수 있다.[134] 다만 배당요구의 종기까지 이중경매신청을 하지 않으면 압류채권자의 자격으로 배당받을 채권자가 될 수 없고(제148조 제1호), 선행절차가 집행정지된 때에도 후행절차에 의한 속행신청을 할 수 없다(제87조 제4항).

6. 민사집행법 제87조 제1항은 강제경매절차 또는 담보권실행을 위한 경매절차를 개시하는 결정을 한 부동산에 대하여 다른 강제경매의 신청이 있는 때에는 법원은 다시 경매개시결정을 하고, 먼저 경매개시결정을 한 집행절차에 따라 경매한다고 규정하고 있으므로, 이러한 경우 이해관계인의 범위도 선행의 경매사건을 기준으로 정하여야 하는바, 선행사건의 배당요구의 종기 이후에 설정된 후순위 근저당권자로서 위 배당요구의 종기까지 아무런 권리신고를 하지 아니한 위 배당요구의 종기 이후의 이중경매신청인은 선행사건에서 이루어진 낙찰허가결정에 대하여 즉시항고를 제기할 수 있는 이해관

---

133) 대법원 2001. 7. 10. 2000다66010 "강제경매 또는 담보권실행을 위한 경매개시결정이 이루어진 부동산에 대하여 다른 채권자로부터 또 다시 경매신청이 있어 이중경매개시결정을 하는 경우에 먼저 개시결정한 경매신청이 취하되거나 그 절차가 취소 또는 정지되지 아니하는 이상 뒤의 경매개시결정에 의하여 경매절차를 진행할 수는 없는 것이지만, 선행한 경매신청이 취하되거나 그 절차가 취소 또는 정지된 경우에는 후행의 경매신청인을 위하여 그때까지 진행되어 온 선행의 경매절차를 인계하여 당연하게 경매절차를 속행하여야 하는 것이고, 이 경우에 선행한 경매절차의 결과는 후행한 경매절차에서 유효한 범위에서 그대로 승계되어 이용되는 것이므로, 선행한 경매절차에서 경매채무자가 주소변경신고를 하였다면 선행절차가 취소되었다고 하더라도 그 주소변경신고는 후행절차에 의하여 속행된 경매절차에서 당연하게 효력이 있다."

134) 김홍엽, 전게서, 168면; 이시윤, 전게서, 271면.

계인이 아니다.[135)]

7. 강제경매 또는 담보권 실행을 위한 경매개시결정을 한 부동산에 대하여 저당권설정등기가 이루어지고 그 후 다른 채권자로부터 또다시 강제경매신청이 있어 이중경매개시결정을 한 경우에 선행 경매신청이 취하되거나 그 절차가 취소되어 법원이 민사집행법 제91조 제1항의 규정에 어긋나지 아니하는 한도 안에서 후행 경매개시결정에 따라 경매절차를 계속 진행하는 때에는 위 저당권설정등기는 후행 경매개시결정에 의한 압류에 대항할 수 있다. 한편 위와 같이 이중경매개시결정 후 선행 경매신청이 취하되거나 그 절차가 취소된 때에는 후행 경매신청인을 위하여 그때까지 진행되어 온 선행 경매절차를 인계하여 당연하게 경매절차를 속행하여야 하고, 선행 경매절차의 결과는 후행 경매개시결정에 따른 경매절차에 유효한 범위에서 그대로 승계되어 이용된다. 다만 민사집행법 제87조 제3항은 후행 경매개시결정에 따라 경매절차를 계속 진행하는 경우 후행 경매개시결정이 선행 경매절차의 배당요구 종기 이후의 신청에 의한 것인 때에는 배당요구의 종기를 새로 정하여야 하고, 이때 선행 경매절차에서 배당요구를 한 사람에 대하여는 다시 배당요구의 종기를 고지하지 아니한다고 규정하고 있는데, 이는 선행 경매절차에서 배당요구를 한 채권자에 대하여는 후행 경매절차가 진행되는 경우 다시 배당요구를 하지 않아도 후행 경매절차에서 배당요구를 한 것으로 취급하겠다는 의미일 뿐이고, 선행 경매절차에서 한 배당요구의 효력이 후행 경매절차에서 인정된다고 하여 그러한 배당요구의 효력에 대상 부동산에 대한 처분금지효 등 압류의 일반적인 효력이 포함된다는 뜻은 아니다.[136)]

---

135) 대법원 2005. 5. 19. 2005마59

136) 대법원 2014. 1. 16. 2013다62315 "원심판결 이유에 의하면, 이 사건 선행 경매절차에서 피고들이 각 집행력 있는 지급명령 정본에 기하여 각 배당요구를 한 후 원고가 이 사건 부동산에 관하여 이 사건 근저당권을 설정받은 사실, 그런데 그 후 이 사건 후행 경매개시결정이 이루어지고, 이 사건 선행 경매신청은 취하되어 이 사건 후행 경매절차가 계속 진행된 사실을 알 수 있는바, 앞서 본 법리에 비추어 살펴보면, 피고들이 이

Ⅱ. 배당요구

1. 집행력 있는 정본을 가진 채권자, 경매개시결정이 등기된 뒤에 가압류를 한 채권자, 민법·상법, 그 밖의 법률에 의하여 우선변제청구권이 있는 채권자는 배당요구를 할 수 있다(제88조 제1항).

2. 배당요구에 따라 매수인이 인수하여야 할 부담이 바뀌는 경우 배당요구를 한 채권자는 배당요구의 종기가 지난 뒤에 이를 철회하지 못한다(제88조 제2항).

제9절 매각절차

Ⅰ. 매각방법

1. 압류 후 매각절차가 진행된다. 부동산의 매각은 집행법원이 정한 매각방법에 따른다(제103조 제1항). 부동산의 매각은 매각기일에 하는 호가경매, 매각기일에 입찰 및 개찰하게 하는 기일입찰 또는 입찰기간 이내에 입찰하게 하여 매각기일에 개찰하는 기간입찰의 세 가지 방법으로 한다(제103조 제2항). 매각은 보통 기일입찰로 진행된다. 매각기일은 법원안에서 진행하여야 한다. 다만, 집행관은 법원의 허가를 얻어 다른 장소에서 매각기일을 진행할 수 있다(제107조).

2. 법원은 등기관으로부터 기입등기의 통지를 받은 후 3일 내에 평가명령을 하여 감정인에게 부동산을 평가하게 하고 그 평가액을 참작하여 최저매각가격을 정하여야 한다(제97조 제1항). 최저매각가격은

사건 후행 경매절차에서 다시 배당요구를 하지 않아도 그 배당요구 채권자의 지위는 유지된다고 할 것이나, 그 때문에 이 사건 후행 경매절차에서 이 사건 근저당권의 설정이 위 각 배당요구의 처분금지효에 저촉됨을 전제로 원고와 피고들 사이의 배당순위를 정할 것은 아니다. 그럼에도 원심은, 피고들이 이 사건 선행 경매절차에서 한 각 배당요구에는 압류에 준하는 효력이 있고, 그 효력은 이 사건 후행 경매절차에 그대로 유지되어, 피고들은 위 각 배당요구 이후에 이 사건 근저당권을 설정받은 원고에게 그 효력을 주장할 수 있다면서 원고와 피고들은 이 사건 부동산의 매각대금 중 선순위자에게 배당되고 남은 금원을 그 채권액의 비율에 따라 평등하게 배당받는다고 판단하였는데, 원심의 위와 같은 판단에는 배당요구의 효력에 관한 법리를 오해하여 판결에 영향을 미친 위법이 있다고 할 것이다."

매각을 허가하는 최저의 가격이므로 이에 미치지 못하는 매수신청에 대하여는 매각을 허가할 수 없다. 최저경매가격의 결정에 중대한 하자가 있다고 하려면 그 결정이 법에 정한 절차에 위반하여 이루어지거나 감정인의 자격 또는 평가방법에 위법사유가 있어 이에 기초한 결정이 위법한 것으로 되는 등의 사정이 있어야 할 것이고, 단순히 감정인의 평가액과 이에 의하여 결정한 최저경매가격이 매우 저렴하다는 사유는 이의사유가 될 수 없으나, 감정에 의하여 산정한 평가액이 감정 평가의 일반적 기준에 현저하게 반한다거나 사회통념상 현저하게 부당하다고 인정되는 경우에는 그러한 사유만으로도 최저경매가격의 결정에 중대한 하자가 있는 것으로 보아야 한다.[137]

3. 법원은 최저매각가격으로 압류채권자의 채권에 우선하는 부동산 위의 모든 부담과 절차비용을 변제하고 남을 것이 있다고 인정하거나 압류채권자가 제102 제2항의 신청을 하고 충분한 보증을 제공한 때에는 직권으로 매각기일과 매각결정기일을 정하여 공고한다(제104조 제1항). 이와 별도로 법원사무관 등은 공고사항의 요지를 매각기일 또는 입찰기일 개시일의 2주 전까지 인터넷 법원경매공고란에 게시하여야 한다.[138] 매각기일공고에 기재할 사항으로 부동산의 표시, 부동산의 점유관계, 최저매각가격 등에 관하여 제106조가 정하고 있다.[139] 채권자 또는 채권자의 동의를 얻은 채무자는 매각기일의 변경을 신청할 수 있다. 매각기일 변경은 연기의 경우 2회에 한하며, 6개월을 넘을 수 없다(제51조 제2항 준용).[140]

137) 대법원 2004. 11. 9. 2004마94

138) 재판예규 제1326호 "부동산등에 대한 경매절차 처리지침(재민 2004-3, 2010. 12. 23. 개정)"

139) 대법원 1994. 11. 11. 94마1453 "민사집행법 제106조가 경매기일을 공고함에 있어서 부동산의 표시를 요구하고 있는 것은 경매목적물의 특정과 경매목적물에 대한 객관적 실가를 평가할 자료를 이해관계인에게 주지케 하자는데 그 뜻이 있는 것이므로, 이 사건 입찰기일을 신문에 공고함에 있어서 입찰부동산의 표시부분에서 입찰목적부동산 중 건물부분에 관하여 실제면적인 248.37㎡보다 0.002㎡가 많은 248.372㎡로 잘못 기재되었다 하더라도 그 평수의 차이가 극히 미미한 것일 뿐이므로, 이해관계인에게 목적물을 오인하게 하거나 평가를 그릇치게 할 정도의 위법한 표시라고 볼 수는 없다."

4. 법원은 부동산의 표시, 부동산의 점유자와 점유의 권원, 점유할 수 있는 기간, 차임 또는 보증금에 관한 관계인의 진술, 등기된 부동산에 대한 권리 또는 가처분으로서 매각으로 효력을 잃지 아니하는 것, 매각에 따라 설정된 것으로 보게 되는 지상권의 개요 등을 적은 매각물건명세서를 작성한다(제105조 제1항).[141] 법원은 매각물건명세서, 현황조사보고서, 감정평가서의 사본을 매각기일의 1주일 전까지 법원에 비치하여 누구든지 볼 수 있도록 하여야 한다(제105조 제2항). 3-4회의 매각기일 및 매각결정기일을 일괄하여 정한 경우에도 매각물건명세서는 매번 기일마다 1주일 전까지 작성, 비치하여야 한다. 매각물건명세서의 작성에 중대한 흠이 있는 때에는 매각허가에 대한 이의 및 매각허가결정에 대한 즉시항고 사유가 된다.

5. 매각결정기일은 매각기일부터 1주 이내로 정하여야 한다(제109조 제1

---

140) 이시윤, 전게서, 289면.

141) 대법원 2008. 1. 31. 2006다913 "민사집행법이 제105조에서 집행법원은 매각물건명세서를 작성하여 현황조사보고서 및 평가서의 사본과 함께 법원에 비치하여 누구든지 볼 수 있도록 하여야 한다고 규정하고 있는 취지는 경매절차에 있어서 매각대상 부동산의 현황을 되도록 정확히 파악하여 일반인에게 그 현황과 권리관계를 공시함으로써 매수희망자가 매각대상 부동산에 필요한 정보를 쉽게 얻을 수 있도록 하여 예측하지 못한 손해를 입는 것을 방지하고자 함에 있다. 따라서 집행법원으로서는 매각대상 부동산에 관한 이해관계인이나 그 현황조사를 실시한 집행관 등으로부터 제출된 자료를 기초로 매각대상 부동산의 현황과 권리관계를 되도록 정확히 파악하여 이를 매각물건명세서에 기재하여야 하고, 만일 경매절차의 특성이나 집행법원이 가지는 기능의 한계 등으로 인하여 매각대상 부동산의 현황이나 관리관계를 정확히 파악하는 것이 곤란한 경우에는 그 부동산의 현황이나 권리관계가 불분명하다는 취지를 매각물건명세서에 그대로 기재함으로써 매수신청인 스스로의 판단과 책임 하에 매각대상 부동산의 매수신고가격이 결정될 수 있도록 하여야 할 것이다. 그럼에도 집행법원이나 경매담당 공무원이 위와 같은 직무상의 의무를 위반하여 매각물건명세서에 매각대상 부동산의 현황과 권리관계에 관한 사항을 제출된 자료와 다르게 작성하거나 불분명한 사항에 관하여 잘못된 정보를 제공함으로써 매수인의 매수신고가격 결정에 영향을 미쳐 매수인으로 하여금 불측의 손해를 입게 하였다면, 국가는 이로 인하여 매수인에게 발생한 손해에 대한 배상책임을 진다고 할 것이다....매각물건명세서상의 불분명한 기재와 경매담당 공무원의 잘못된 답변으로 최선순위 전세권자인 소외인보다 후순위로 이루어진 나머지 전세권설정등기가 매각으로 인하여 모두 말소되는 것으로 오인한 상태에서 매수신고가격을 결정함으로써 그 각 전세권을 인수하여야 하는 예상하지 못한 손해를 입게 되었다고 할 것이므로, 피고로서는 위와 같은 경매담당 공무원 등의 직무의무 위반행위로 인하여 원고가 입게 된 손해를 배상할 책임이 있다."

항). 매각결정절차는 법원안에서 진행하여야 한다(제109조 제2항).

6. 법원은 매각기일과 매각결정기일을 이해관계인에게 통지하여야 한다(제104조 제2항). 민사집행법 법원은 경매기일과 경락기일을 이해관계인에게 통지하도록 규정하고 있으므로, 이해관계인이 기일 통지를 받지 못하였더라도 그 이해관계인이 입찰기일을 스스로 알고 그 기일에 출석하여 입찰에 참가함으로써 자신의 권리보호에 필요한 조치를 취할 수 있었다는 등의 특별한 사유가 없는 한 그와 같은 기일 통지 없이는 강제집행을 적법하게 속행할 수 없을 것이고 이러한 기일 통지의 누락은 경락에 대한 이의사유가 된다.[142] 입찰절차의 이해관계인에게 입찰기일과 낙찰기일을 통지하도록 규정하고 있는 취지는, 입찰절차의 이해관계인은 입찰기일에 출석하여 목적 부동산이 지나치게 저렴하게 매각되는 것을 방지하기 위하여 필요한 조치를 취할 수도 있고, 채무자를 제외하고는 스스로 매수신청을 하는 등 누구에게 얼마에 매각되느냐에 대하여 직접적인 이해관계를 가지고 있을 뿐 아니라, 입찰기일에 출석하여 의견진술을 할 수 있는 권리가 있는 이해관계를 가진 사람들이므로, 입찰기일과 낙찰기일을 공고만으로 고지하는 것은 충분하지 못하다는 점을 고려하여 개별적으로 이러한 기일에 관하여 통지를 함으로써 입찰절차에 참여할 기회를 부여한다는 데에 있다.

두 번째 이후의 입찰 및 낙찰기일을 선행 입찰기일에서 입찰불능이 된 경우에 한하여 실시하는 것을 조건으로 '수회 입찰 및 낙찰기일 일괄지정 방식'에 의하여 부동산 입찰절차를 진행하는 경우에 있어서도 일괄지정 이후에 새로이 이해관계인의 지위를 취득한 자에 대하여는 별도의 기일 통지를 하여야 하고, 일괄지정 당시의 이해관계인에 대한 기일 통지만으로써 이에 갈음할 수는 없다.

입찰기일의 공고 및 다른 이해관계인에 대한 입찰 및 낙찰기일에 대한 통지절차가 완료된 후에 비로소 권리신고가 있는 경우에는 비

142) 대법원 2000. 1. 31. 99마7663

록 그 신고가 입찰기일 전에 행하여졌다고 할지라도 당해 이해관계인에게 입찰 및 낙찰기일을 통지하지 아니하였다고 하여 위법하다고 할 수 없는 것인바, '수회 입찰 및 낙찰기일 일괄지정 방식'에 의한 입찰절차에 있어서 선행 기일에 입찰불능이 되어 그 다음 기일을 실시하는 경우에 기존의 이해관계인에 대하여는 다시 기일을 통지할 필요가 없이 그 통지절차가 이미 완료된 것이므로, 입찰불능이 된 선행 기일 이후 새로운 권리신고가 행하여졌다고 하더라도 입찰불능이 된 선행 기일의 바로 다음 기일에 관한 한 위 권리신고를 한 이해관계인에 대하여 기일 통지를 누락한 것이 위법하다고 볼 수는 없다. 민사집행법이 이해관계인에게 입찰기일과 낙찰기일을 통지하도록 규정하고 있는 취지에 비추어 볼 때, 이해관계인이 기일 통지를 받지 못하였더라도 그 이해관계인이 입찰기일을 스스로 알고 그 기일에 출석하여 입찰에 참가함으로써 자신의 권리보호에 필요한 조치를 취할 수 있었다면, 그 이해관계인에 대한 입찰 및 낙찰기일 통지의 누락은 특별한 사정이 없는 한 경락이의사유가 아니다.[143]

7. 매각기일은 집행관이 주재하며, 집행법원이 정한 매각방법에 따른다. 집행관은 기일입찰 또는 호가경매의 방법에 의한 매각기일에는 매각물건명세서·현황조사보고서 및 평가서의 사본을 볼 수 있게 하고, 특별한 매각조건이 있는 때에는 이를 고지하며, 법원이 정한 매각방법에 따라 매수가격을 신고하도록 최고하여야 한다(제112조). 기일입찰의 경우 매각기일에 입찰표를 집행관에게 제출하는 방법으로 한다(규칙 제62조 제1항). 집행관이 입찰을 최고하는 때에는 입찰마감시간과 개찰시간을 고지하여야 한다. 다만 입찰표의 제출을 최고한 후 1시간이 지나지 아니하면 입찰을 마감하지 못한다(규칙 제65조 제1항). 집행관은 입찰표를 개봉할 때에 입찰목적물, 입찰자의 이름 및 입찰가격을 불러야 한다(규칙 제65조 제3항).

8. 매수신청인은 집행법원이 정하는 금액과 방법에 맞는 보증을 집행관

143) 대법원 1999. 11. 15. 99마5256

에게 제공하여야 한다(제113조). 매수신청의 보증은 최저매각가격의 1/10이다.[144] 유찰된 경우 실무상 최저매각가격의 20%를 저감한다. 매수신청은 민사소송법 제87조의 재판상 행위라 볼 수 없으므로 변호사가 아닌 임의대리인에 의해서도 가능하며 법원의 허가도 필요 없다.[145] 채무자, 매각절차에 관여한 집행관, 매각부동산을 평가한 감정인 등은 매수신청을 할 수 없다(규칙 제59조). 부동산 입찰절차에서 수인이 공동입찰한 경우 그 수인의 공동입찰인은 각자 매수할

---

144) 대법원 1998. 6. 5. 98마626 "입찰자가 입찰표와 함께 집행관에게 제출한 보증이 법정매각조건인 입찰가액의 10분의 1에 미달하는 경우에는 민사집행법 제113조, 규칙 제63조, 제64조 규정에 의하여 그 입찰가액으로서의 매수를 허가할 수 없음은 물론, 일단 제출된 입찰표는 취소·변경 또는 교환할 수 없어 그 보증의 10배의 가액을 입찰가액으로 하는 입찰로 변경시킬 수도 없으므로 집행관으로서는 그 입찰표를 무효로 처리하고 차순위자를 최고가입찰자로 결정하여야 한다."; 대법원 2008. 7. 11. 2007마911 "원심은, 매수신청의 보증제도가 진지한 매수의사가 없는 사람의 매수신청을 배제하여 매각의 적정성을 보장하기 위한 것이라는 점에 비추어 볼 때, 소외 2가 141,143,700원이나 되는 다액의 보증금에서 불과 20원이 모자라는 금액을 보증으로 제공하였음에도, 소외 2의 매수신고를 무효로 하고 차순위매수신고인인 재항고인을 최고가매수신고인으로 결정하는 것이 매수신청의 보증제도의 취지에 부합하는 것이라고 보기 어려울 뿐 아니라, 채무자 및 채권자 등 이 사건 임의경매절차에 관한 이해관계인들의 이익도 해하게 된다고 할 것이므로, 수원지방법원 소속 집행관이 재항고인을 최고가매수신고인으로 결정한 것은 이 사건 경매절차에 중대한 잘못이 있는 경우에 해당하고, 따라서 집행법원이 사법보좌관의 매각불허가결정을 인가한 것은 정당하다고 판단하였다. 그러나 원심의 위와 같은 판단은 다음과 같은 이유로 수긍하기 어렵다. 원심도 적시하고 있는 바와 같이 민사집행법 제113조는 매수신청인으로 하여금 대법원규칙이 정하는 바에 따라 집행법원이 정하는 금액과 방법에 맞는 보증을 집행관에게 제공하도록 하고 있고, 이를 받아 민사집행규칙 제63조는 기일입찰에서 매수신청의 보증금액을 최저매각가격의 10분의 1로 하되 법원이 상당하다고 인정하는 때에는 매수신청의 보증금액을 그와 달리 정할 수 있도록 하고 있으며, 한편 민사집행규칙 제64조는 매수신청보증은 입찰표와 함께 집행관에게 제출하는 방법으로 제공하도록 하고 있다. 입찰자가 입찰표와 함께 집행관에게 제출한 보증이 최저매각가격의 10분의 1 또는 집행법원이 정한 기준에 미달하는 경우에는 민사집행법 제113조, 민사집행규칙 제63조, 제64조의 각 규정에 따라 그 입찰자에게 매수를 허가할 수 없으므로, 집행관으로서는 그 입찰표를 무효로 처리하고 차순위자를 최고가매수신고인으로 결정하여야 한다. 이러한 원칙은 입찰절차에서 요구되는 신속성, 명확성, 예측가능성 등을 감안할 때 획일적으로 적용되어야 하고, 입찰자가 제공한 보증의 미달액이 극히 근소하다고 하여 그 적용을 달리할 것이 아니며, 그와 같은 획일적인 취급이 매수신청 보증제도의 취지에 어긋난다고 할 수도 없다. 집행절차에 있어서 채무자, 채권자 등 이해관계인들의 이익을 고려하여야 한다는 원심의 견해에 일리가 있음은 분명하지만, 그것이 정당한 입찰자의 희생을 전제로 한 것이어서는 안 될 것이다."

145) 대법원 1985. 10. 12. 85마613

지분을 정하여 입찰하였더라도 일체로서 그 권리를 취득하고 의무를 부담하는 관계에 있으므로, 그 공동입찰인에 대하여는 일괄하여 그 낙찰허부를 결정하여야 하고 공동입찰인 중의 일부에 낙찰불허가 사유가 있으면 전원에 대하여 낙찰을 불허하여야 한다.[146] 경매목적물을 취득하는데 관할청의 증명・허가가 필요한 경우에는 매각허가 결정전이나 늦어도 항고심 심리종결시까지는 제출하여야 한다. 토지거래허가는 경매절차에 적용되지 않는다.[147] 경매법원에 의하여 경락불허가결정이 내려진 이후 그 결정에 대한 항고사건 계속중에 농지취득자격증명이 제출된 경우에는 항고법원으로서는 이와 같은 사유까지 고려하여 경락불허가결정의 당부를 판단하여야 할 것이다.[148]

9. 최고가매수신고인 외의 매수신고인은 매각기일을 마칠 때까지 집행관에게 최고가매수신고인이 대금지급기한까지 그 의무를 이행하지 아니하면 자기의 매수신고에 대하여 매각을 허가하여 달라는 취지의 신고(차순위매수신고)를 할 수 있다(제114조 제1항). 차순위매수신고는 그 신고액이 최고가매수신고액에서 그 보증액을 뺀 금액을 넘는 때에만 할 수 있다(제114조 제2항). 집행관은 최고가매수신고인의 성명과 그 가격을 부르고 차순위매수신고를 최고한 뒤, 적법한 차순위매수신고가 있으면 차순위매수신고인을 정하여 그 성명과 가격을 부른 다음 매각기일을 종결한다고 고지하여야 한다(제115조 제1항). 차순위매수신고를 한 사람이 둘 이상인 때에는 신고한 매수가격이 높은 사람을 차순위매수신고인으로 정한다. 신고한 매수가격이 같은 때에는 추첨으로 차순위매수신고인을 정한다(제115조 제2항). 최고가매수신고인과 차순위매수신고인을 제외한 다른 매수신고인은 매수의 책임을 벗게 되고, 즉시 매수신청의 보증을 돌려 줄 것을 신청

146) 대법원 2001. 7. 16. 2001마1226

147) 국토의 계획 및 이용에 관한 법률 제121조 제2항 제2호; 대법원 1990. 11. 6. 90마769 "지목이 농지로 된 토지라도 도시계획구역 내에 들어있는 토지를 경매하는 경우에는 농지매매증명이 필요없는 것이고 토지거래허가는 경매절차에는 적용되지 아니하는 것이므로 논지도 이유없는 것이다."

148) 대법원 2004. 2. 25. 2002마4061

할 수 있다(제115조 제3항).

10. 매각기일에는 매각기일조서가 작성된다(제116조). 부동산의 경매절차에 있어서의 절차가 적법히 행하여졌느냐의 여부는 민사소송법 제147조를 준용하여 경매조서의 기재만이 유일한 증명자료가 된다.[149)]

Ⅱ. 매각조건

1. 법정매각조건

가. 잉여주의

(1) 압류채권자의 채권에 우선하는 채권에 관한 부동산의 부담을 매수인에게 인수하게 하거나, 매각대금으로 그 부담을 변제하는 데 부족하지 아니하다는 것이 인정된 경우가 아니면 그 부동산을 매각하지 못한다(제91조 제1항).[150)]

---

149) 대법원 1994. 8. 22. 94마1121

150) 대법원 2010. 11. 26. 2010마1650 "민사집행법 제102조 제1항은 "법원은 최저매각가격으로 압류채권자의 채권에 우선하는 부동산의 모든 부담과 절차비용을 변제하면 남을 것이 없겠다고 인정한 때에는 압류채권자에게 이를 통지하여야 한다."라고 규정하고, 제2항은 "압류채권자가 제1항의 통지를 받은 날부터 1주 이내에 제1항의 부담과 비용을 변제하고 남을 만한 가격을 정하여 그 가격에 맞는 매수신고가 없을 때에는 자기가 그 가격으로 매수하겠다고 신청하면서 충분한 보증을 제공하지 아니하면, 법원은 경매절차를 취소하여야 한다."라고 규정하고 있다. 원심결정 이유에 의하면, 원심은, 채권자(2, 3순위 근저당권자)의 이 사건 신청으로 신청외 1 소유의 군산시 조촌동 지상 4층 건물에 관하여 2008타경14594호로 임의경매절차가 개시된 사실, 채권자는 경매절차가 진행 중 선순위 채권자(1순위 근저당권자)인 신청외 2로부터 채권을 양도받고 같은 날 근저당권(채권최고액 60억 원)의 이전등기를 마친 후, 집행법원에 위 선순위 근저당권자 변경에 따른 권리신고를 하였고, 그에 관한 채권계산서(원금 40억 원)를 제출한 사실, 재항고인은 위 경매절차의 매각기일에 참가하여 최고가의 매수신고(3,303,144,000원)를 하였으나, 집행법원은 2010. 4. 5. '재항고인으로부터 최고가매수신고가 있었으나, 위 매각금액으로는 선순위채권을 변제하면 남을 것이 없다'는 이유로 매각불허가결정을 한 사실을 인정한 다음, ① 민사집행법 제102조는 우선채권자가 압류채권자와 동일인인 경우를 제외하고 있지 않으며, ② 우선채권자의 지위에 기하여 이중경매신청을 함으로써 선행 경매절차의 계속적인 진행을 구하는 의사를 적극적으로 표시하지 않은 경우에는 민사집행법 제102조에 우선채권자에 대한 보호기능(우선채권자의 의사에 반하여 불리한 시기에 불충분한 채권의 회수를 강요당하지 않도록 하는 기능)이 없다고 할 수 없다는 이유로, 부동산임의경매 신청채권자가 경매절차진행 중에

(2) 법원은 최저매각가격으로 압류채권자의 채권에 우선하는 부동산의 모든 부담과 절차비용을 변제하면 남을 것이 없겠다고 인정한 때에는 압류채권자에게 이를 통지하여야 한다(제102조 제1항). 압류채권자가 위 통지를 받은 날부터 1주 이내에 제1항의 부담과 비용을 변제하고 남을 만한 가격을 정하여 그 가격에 맞는 매수신고가 없을 때에는 자기가 그 가격으로 매수하겠다고 신청하면서 「충분한 보증」[151]을 제공하지 아니하면, 법원은 경매절차를 취소하여야 한다(제102조 제2항).

(3) 민사집행법 제102조 "압류채권자의 채권에 우선하는 부동산의 모든 부담"에는 ①선순위 저당권으로 담보되는 채권(피담보채권의 원본과 이자 및 원본의 이행기를 지난 뒤 1년분의 지연손해금), ② 배당요구한 선순위 전세권의 전세금반환채권, ③담보가등기로 신고된 선순위 가등기담보권으로 담보되는 채권, ④그 순위가 압류채권자에 우선하는 국세·지방세, 국민건강보험료, 고용보험료, 산업재해보험료, 지방자치단체의 사용료·수수료 등, ⑤배당요구한 임금, 퇴직금, 재해보상금 그 밖의 근로관계로

신청채권과 별개의 선순위 채권 및 근저당권을 양수받은 경우에도 역시 선순위 근저당권의 피담보채권액을 선순위 채권액의 계산에 포함시켜 잉여 여부를 계산하여야 한다는 취지로 판단하였다. 앞서 본 관련 규정 및 남을 가망이 없는 경우 경매절차를 취소하도록 한 취지 등에 비추어 보면, 원심의 위와 같은 판단은 정당한 것으로 수긍할 수 있고, 거기에 민사집행법 제102조의 해석에 관한 법리오해 등의 잘못이 없다. 최저매각가격이 압류채권자의 채권에 우선하는 채권과 절차비용에 미달함에도 불구하고 집행법원이 이를 간과하고 민사집행법 제102조 소정의 조치를 취하지 아니한 채 경매절차를 진행한 경우에, 만일 최고가매수신고인의 매수신고가액이 우선채권 총액과 절차비용을 초과한다면 그 절차 위반의 하자가 치유되지만, 그렇지 않고 그 매수신고가액이 우선채권 총액과 절차비용에 미달하는 때에는 집행법원은 매각불허가결정을 하여야 하며(민사집행법 제121조 제1호, 제7호), 집행법원이 절차를 그대로 진행하였다고 하여 위 법조항 위반의 하자가 치유되는 것은 아니다(대법원 1995. 12. 1.자 95마1143 결정 참조). 이러한 법리에 비추어 보면, 이 사건에서 재항고인이 매수신고한 매각대금으로는 선순위 채권액에도 미달하므로 집행법원이 압류채권자에게 무잉여 통지를 하지 않고 매각절차를 진행한 하자가 치유될 수 없다고 본 원심의 판단은 정당하고, 거기에 매각절차의 하자 치유에 관한 법리오해 등의 잘못이 없다."

151) 이 때 「충분한 보증」은 최저매각가격과 압류채권자가 신청한 가격의 차액 정도의 보증을 뜻한다.

인한 채권, ⑥배당요구한 주택임대차보호법 제8조 제1항의 요건을 갖춘 소액보증금 중 일정액 및 같은 법 제3조의2 제2항의 요건을 갖춘 임차보증금 등을 의미한다.

나. 소멸주의와 인수주의

매각부동산 위의 모든 저당권은 매각으로 소멸된다(제91조 제2항). 지상권・지역권・전세권 및 등기된 임차권은 저당권・압류채권・가압류채권에 대항할 수 없는 경우에는 매각으로 소멸된다(제91조 제3항).[152] 이 경우 외의 지상권・지역권・전세권 및 등기된 임차권은 매수인이 인수한다. 다만, 그중 전세권의 경우에는 전세권자가 배당요구를 하면 매각으로 소멸된다(제91조 제4항). 매수인은 유치권자에게 그 유치권으로 담보하는 채권을 변제할 책임이 있다(제91조 제4항).

2. 합의에 의한 특별매각조건

최저매각가격 외의 매각조건은 법원이 이해관계인의 합의에 따라 바꿀 수 있다(제110조 제1항). 이해관계인은 배당요구의 종기까지 위 합의를 할 수 있다(제110조 제2항). 예컨대, 매각대금을 내는 시기나 방법, 매각대상 부동산상 제한물권의 인수・소멸에 관한 매각조건은 협의하여 바꿀 수 있는 것이다. 부동산 위 저당권을 존속시키기로 하는 합의에 있어서 그 저당권자만 이해관계인이고, 그보다 후순위의 저당권자는 이해관계인이 아니다.[153]

---

152) 「민사집행법」, 사법연수원(2011), 169면 "1순위로 근저당권, 2순위로 가처분등기, 3순위로 전세권, 4순위로 근저당권이 설정되어 있는 부동산에 관하여 매각이 이루어진 경우에는 최선순위가 근저당권(언제나 매각으로 소멸)이므로, 최선순위의 근저당권 및 이에 뒤지는 가처분, 전세권 등 부담은 모두 소멸한다. 1순위로 가처분, 2순위로 근저당권, 3순위로 전세권이 설정되어 있는 경우에는 근저당권이 최선순위가 아니므로 이에 앞서는 가처분은 매수인이 인수하여야 할 부담으로 되고, 2순위 근저당권 및 이에 뒤지는 전세권 등 부담은 매각으로 소멸한다. 1순위로 가등기(단, 담보가등기로 신고된 경우), 2순위로 가처분, 3순위로 근저당권, 4순위로 전세권이 설정되어 있는 경우에는 최선순위인 가등기가 담보가등기이므로 저당권과 마찬가지로 소멸하고, 따라서 이에 뒤지는 가처분, 근저당권, 전세권 등 부담은 매각으로 소멸하나, 만일 위 경우에 가등기가 소유권이전을 위한 가등기인 경우에는 그 가등기와 근저당권에 앞서는 가처분은 매수인이 인수하여야 할 부담이 되고, 근저당권과 전세권만이 소멸한다."

153) 「법원실무제요 민사집행(2)」, 법원행정처(2003), 221면.

3. 직권에 의한 특별매각조건

거래의 실상을 반영하거나 경매절차를 효율적으로 진행하기 위하여 필요한 경우에 법원은 배당요구의 종기까지 매각조건을 바꾸거나 새로운 매각조건을 설정할 수 있다(제111조 제1항).[154]

4. 일괄매각

가. 법원은 여러 개의 부동산의 위치·형태·이용관계 등을 고려하여 이를 일괄매수하게 하는 것이 알맞다고 인정하는 경우에는 직권으로 또는 이해관계인의 신청에 따라 일괄매각하도록 결정할 수 있다(제98조 제1항). 법원은 부동산을 매각할 경우에 그 위치·형태·이용관계 등을 고려하여 다른 종류의 재산(금전채권을 제외한다)을 그 부동산과 함께 일괄매수하게 하는 것이 알맞다고 인정하는 때에는 직권으로 또는 이해관계인의 신청에 따라 일괄매각하도록 결정할 수 있다(제98조 제2항).

경매목적 부동산이 2개 이상 있는 경우 분할경매를 할 것인지 일괄경매를 할 것인지 여부는 집행법원의 자유재량에 의하여 결정할 성질의 것이나, 토지와 그 지상건물이 동시에 매각되는 경우, 토지와 건물이 하나의 기업시설을 구성하고 있는 경우, 2필지 이상의 토지를 매각하면서 분할경매에 의하여 일부 토지만 매각되면 나머지 토지가 맹지 등이 되어 값이 현저히 하락하게 될 경우 등 분할경매를 하는 것보다 일괄경매를 하는 것이 당해 물건 전체의 효용을 높이고 그 가액도 현저히 고가로 될 것이 명백히 예측되는 경우 등에는 일괄경매를 하는 것이 부당하다고 인정할 특별한 사유가 없는 한 일괄경

---

154) 대법원 1994. 11. 30. 94마1673 "최저입찰가격은 입찰법원이 직권으로 변경할 수 있지만, 그 변경은 수긍할 만한 합리적인 이유가 있는 경우에 한하여 허용되고, 한편 입찰기일에 허가할 입찰신고가 없으면 입찰법원은 신기일을 정하면서 최저입찰가격을 상당히 저감할 수 있으나, 이는 어디까지나 그 입찰기일이 적법하게 열린 입찰기일이어야 하는 것이므로 입찰기일의 공고내용에 흠결사항이 있는 등 입찰기일이 적법하게 열릴 수 없는 경우라면 그 입찰기일에 허가할 입찰신고가 없더라도 최저입찰가격을 저감할 수는 없으며, 따라서 입찰기일공고 등의 위법으로 낙찰을 불허하고 다시 입찰을 하는 경우에 있어서 최저입찰가격은 당초의 최저가격에 의하여야 하고 위법한 절차에 의하여 저감된 가격에 의할 수는 없다."

매의 방법에 의하는 것이 타당하고, 이러한 경우에도 이를 분할경매하는 것은 그 부동산이 유기적 관계에서 갖는 가치를 무시하는 것으로써 집행법원의 재량권의 범위를 넘어 위법한 것이 된다.[155]

나. 법원은 각각 경매신청된 여러 개의 재산 또는 다른 법원이나 집행관에 계속된 경매사건의 목적물에 대하여 일괄매각 결정을 할 수 있다(제99조 제1항). 다른 법원이나 집행관에 계속된 경매사건의 목적물의 경우에 그 다른 법원 또는 집행관은 그 목적물에 대한 경매사건을 일괄매각 결정을 한 법원에 이송한다. 이 경우 법원은 그 경매사건들을 병합한다(제99조 제2항).

다. 여러 개의 재산을 일괄매각하는 경우에 그 가운데 일부의 매각대금으로 모든 채권자의 채권액과 강제집행비용을 변제하기에 충분하면 다른 재산의 매각을 허가하지 아니한다. 다만, 토지와 그 위의 건물을 일괄매각하는 경우나 재산을 분리하여 매각하면 그 경제적 효용이 현저하게 떨어지는 경우 또는 채무자의 동의가 있는 경우에는 그러하지 아니하다(제101조 제3항).

라. 민사집행법 제98조에서 일괄경매의 요건으로 수개의 부동산의 상호간 이용관계에 있어서 견련성을 요구하고 있는 것은 일괄경매 여부를 전적으로 집행법원의 재량에 맡기게 되면 당사자나 사회적 관점에서 일괄경매가 불필요한 경우에도 경매절차의 간이화를 위하여 안이하게 일괄경매의 방법이 채택될 우려가 있고, 불필요하게 일괄경매를 하게 되면 최저경매가격이 지나치게 높아지게 되어 오히려 매수희망자를 감소시키는 결과가 될 수 있기 때문이다. 집행법원은 그 재량에 의하여 수개의 부동산을 일괄하여 동일인에게 매수시키는 것이 상당하다고 인정하는 것만으로는 일괄경매를 할 수는 없고, 그러한 수개의 부동산 상호간의 이용관계에 있어서 견련성이 있어야 하는 것이며, 상호간의 이용관계에 있어서 견련성은 집행법원이 일괄경매의 상당성을 판단하는 경우에 있어서 요건의

155) 대법원 2004. 11. 9. 2004마94

예시가 아니고, 일괄경매의 상당성을 판단하는 유일한 기준이 되는 것이므로, 상호간의 이용관계에서 견련성이 없는 수개의 부동산의 경우에는 가사 일괄경매를 함으로써 보다 높은 가액으로 또는 보다 신속하게 매각할 수 있을 가능성이 있다고 하더라도 그것만으로는 일괄하여 경매하는 것은 허용되지 아니한다.[156]

마. 농지와 농지가 아닌 토지는 특별한 사정이 없는 한 그 상호간에 이용관계에 있어서 견련성이 없으며, 농지법상의 농지인 경우에는 매수인의 자격이 법령에 의하여 제한되므로 농지와 농지가 아닌 토지를 일괄하여 매각하게 되면 농지취득자격증명을 받을 수 없는 사람은 매수신고를 할 수 없게 되어 매수희망자를 제한하게 되므로 경매목적인 토지 중 일부 토지만이 농지에 해당하는 경우에는 일괄매각의 요건을 갖추지 못한 것이다.[157]

바. 대지와 건물을 일괄경매하더라도 배당절차는 기본적으로 개별경매의 경우와 다르지 않으므로, 대지와 건물을 개별경매하는 경우와 마찬가지로 대지에 대한 권리자는 대지매삭대금에서, 건물에 대한 권리자는 건물매각대금에서 각 배당을 받아야 하고, 따라서 대지와 건물을 일괄매각하는 경우 각 재산의 매각대금에서 배당받을 채권자 및 채권이 다른 때에는 각 부동산의 매각대금마다 구분하여 이른바 개별배당재단을 형성한 후 각 대금마다 따로 배당표를 작성하여야 하며, 이 경우 배당표에 대한 이의는 각 물건마다 작성된 배당표를 대상으로 따로 처리되어야 하는 것이고, 설령 대지와 건물에 대한 배당표가 하나로 작성되었다고 하더라도 이는 대지매각대금에 대한 배당표와 건물매각대금에 대한 배당표의 각 채권자의 배당액이 합산되어 하나로 작성된 것에 불과하므로, 대지 매각대금이 모두 대지에 대한 권리자들에게 배당되었는데, 다만 그들 사이의 배당순위만 문제되는 경우 대지에 대한 선순위 채권자로서 배당을 받지 못한 자는

156) 대법원 2001. 8. 22. 2001마3688
157) 대법원 2004. 11. 30. 2004마796

대지에 대한 후순위 채권자로서 선순위 채권자에 우선하여 배당받은 채권자를 상대로 배당이의를 할 수 있는 것이고, 후순위권자가 건물 매각대금으로부터 배당을 받을 수 있어서 결과적으로 후순위 채권자의 배당액에 변경이 없을 것이라고 하여 달리 볼 것이 아니다.[158]

제10절 매각허가결정

Ⅰ. 집행법원은 매각결정기일에 매각기일에서의 최고가매수신고인에 대하여 매각을 허가하거나 허가하지 않는 결정을 내려야 한다. 최고가매수인은 매각허가결정을 받아야 매수인이 된다. 매수인의 지위는 양도할 수 없다.[159] 집행법원은 매각기일의 최고가매수신고인에 대하여 매각을 허가하거나 허가하지 아니하는 결정을 하여야 하는 것이므로(민사집행법 제126조), 집행법원이 최고가매수신고인임이 명백한 자에 대하여 특별한 사정이 없이 매각허가 여부의 결정을 하지 아니하는 때에는 최고가매수신고인은 민사집행법 제16조에 정한 '집행에 관한 이의'에 의하여 불복할 수 있다.[160]

Ⅱ. 최고가매수신고인에게 매각을 허가할지 여부에 대하여 법원은 매각결정기일에 출석한 이해관계인에게 의견을 물어야 한다(제120조 제1항). 매각허가에 관한 이의는 매각허가가 있을 때까지 신청하여야 한다. 이미 신청한 이의에 대한 진술도 또한 같다(제120조 제2항). 이의는 다른 이해관계인의 권리에 관한 이유로 신청하지 못한다(제122조).[161]

---

158) 대법원 2003. 9. 5. 2001다66291

159) 이시윤, 전게서, 323면.

160) 대법원 2008. 12. 29. 2008그205

161) 대법원 2004. 11. 9. 2004마94 "민사집행법 제121조가 정한 이의사유는 이해관계인 개인의 권리와 관계없는 공익적 규정 위배인 경우와 개인의 권리에 관계되는 사익적 규정 위배인 경우로 나누어지고, 공익적 규정을 위배한 경우 이의가 없더라도 법원이 직권으로 참작하여 경락불허의 결정을 하여야 하므로 이의의 제한은 의미가 없고, 사익적 규정을 위배한 경우 다른 이해관계인의 권리에 관한 위법을 가지고 이의사유를 주장하는 것은 이의진술자에게 아무런 이익이 없기 때문에 다른 이해관계인의 권리에 관한 사유로 이의를 진술하는 것을 금지하고 있는 것이다."

민사집행법 제121조[매각허가에 대한 이의신청사유] 매각허가에 관한 이의는 다음 각호 가운데 어느 하나에 해당하는 이유가 있어야 신청할 수 있다.

1. 강제집행을 허가할 수 없거나 집행을 계속 진행할 수 없을 때[162)]
2. 최고가매수신고인이 부동산을 매수할 능력이나 자격이 없는 때[163)]
3. 부동산을 매수할 자격이 없는 사람이 최고가매수신고인을 내세워 매수신고를 한 때
4. 최고가매수신고인, 그 대리인 또는 최고가매수신고인을 내세워 매수신고를 한 사람이 제108조 각호 가운데 어느 하나에 해당되는 때
5. 최저매각가격의 결정, 일괄매각의 결정 또는 매각물건명세서의 작성에 중대한 흠이 있는 때[164)]

---

162) 강제집행의 요건이나 강제집행개시의 요건 또는 강제경매신청의 요건 등 집행절차상 하자가 있는 경우를 말하는 것이고, 실체상 하자는 이의사유가 아니다.

163) 무능력은 경제적 능력이 없음을 말하는 것이 아니라 매수인이 제한능력자여서 독립하여 법률행위를 할 수 없는 경우를 말한다. 무자격은 법령에 의하여 입찰 참가 자격이 제한되거나 매각조건에 자격제한이 있는 경우를 말한다. 입찰표 제출 당시 무능력과 무자격 사유가 있어도 매각결정시가지 추완이 가능하다(제123조 제2항). 매각허부결정에 대한 항고가 있는 경우에는 늦어도 항고에 대한 재판이 있을 때까지 추완하여야 한다. 대법원 1985. 2. 8. 84마카31 "경매절차에서 경락받을 목적으로 경매사무를 취급하는 담당공무원에게 뇌물을 공여하는 범법행위를 함으로써 경매절차의 공정을 해한 경우 이는 최고가경매인이 매매계약을 체결하거나 부동산을 취득할 능력이 없는 경우에 해당하여 경락불허가사유가 된다."; 대법원 2004. 2. 25. 2002마4061 "경락불허가결정이 내려진 이후 그 결정에 대한 항고사건 계속 중에 농지취득자격증명이 제출된 경우 항고법원으로서는 이와 같은 사유까지 고려하여 경락허가결정의 당부를 판단하여야 할 것이다."

164) 대법원 2000. 11. 2. 2000마3530 "감정인이 일부 경매대상 물건에 대하여 소재불명이라 하여 평가하지 못한 경우, 그 소재불명의 원인이나 경위 추급에 의한 원상회복의 가능 여부를 기록상 알 수 없고 저당권자나 소유자가 추급권을 행사하지도 아니한 상황이라면 경매법원이 추급의 가능 여부를 조사하여 추급할 책무가 있는 것도 아니므로, 경매법원이 추급권의 행사 없이 사실상 현존하는 물건에 대하여 경매절차를 진행하였다 하여 중대한 하자가 있다고 할 수 없다. 일부 경매대상 물건이 감정평가에서 누락되었다 하더라도 감정인의 총평가액과 누락부분의 가액, 후순위 근저당권자의 배당가능성 등을 고려하여 그 누락부분이 낙찰을 허가하지 아니하여야 할 정도로 중대한 것인 경우에만 최저경매가격의 결정에 중대한 하자가 있는 것으로 판단될 수 있다. 경매 목적 토지 및 건물과 별개의 독립한 시설 또는 건물에 대하여 경매신청인의 별도의 경매청구는 물론이고 어느 누구로부터도 일괄경매의 대상이 된다는 주장이나 소명조차 없는 상태에서 경매절차가 진행되어 입찰 대상 토지 및 건물에 대한 낙찰허가결정까지 있게 되었다면, 그 후 후순위 저당권자로서는 그와 같은 별개의 독립한 건물에 대하여 일괄경매를 하여야 한다는 소명자료를 제출하면서 경매절차에 있어 최저경매가격결정이나 일괄경매결정에 하자가 있다고 주장할 수 없다."; 대법원 2000. 6. 23.

6. 천재지변, 그 밖에 자기가 책임을 질 수 없는 사유로 부동산이 현저

2000마1143 "민사집행법 121조 제5호는 경락에 관한 이의사유의 하나로서 최저경매가격의 결정에 중대한 하자가 있는 경우를 들고 있는바, 최저경매가격의 결정에 중대한 하자가 있다고 하려면 그 결정이 법에 정한 절차에 위반하여 이루어지거나 감정인의 자격 또는 평가방법에 위법사유가 있어 이에 기초한 결정이 위법한 것으로 되는 등의 사정이 있어야 할 것이고, 단순히 감정인의 평가액과 이에 의하여 결정한 최저경매가격이 저렴하다는 사유만으로는 여기에 해당한다고 볼 수 없을 것이지만, 감정에 의하여 산정한 평가액이 감정평가의 일반적 기준에 현저하게 반한다거나 사회통념상 현저하게 부당하다고 인정되는 경우라면 그로써 최저경매가격의 결정에 중대한 하자가 있는 것으로 봄이 상당하다. [경매부동산에 설정된 근저당권들의 채권최고액이 추가담보로 제공된 다른 부동산의 담보가치나 사실상 같은 담보 목적으로 양도된 건물 기성 부분에 대한 담보가치까지 아울러 고려하여 정해진 것이라는 등의 사정들을 감안하더라도 경매부동산에 설정된 근저당권들의 채권최고액의 합계액이 감정인의 경매부동산에 대한 감정평가 금액의 수배에 달하고 있는 점 등에 비추어 그 감정평가는 감정평가의 일반적 기준에 현저하게 반하거나 사회통념상 현저하게 부당하여 이를 최저경매가격으로 정한 집행법원의 결정에 중대한 하자가 있다고 한 사례]; 대법원 1999. 9. 6. 99마2696 "입찰기일까지 입찰물건명세서에 입찰 목적물인 주택의 임차인의 전입신고일자가 저당권 설정일자보다 앞선 일자로 잘못 기재되어 있어 임차인이 대항력을 갖춘 것처럼 보이게 되었는데 임차인이 입찰기일까지 배당요구를 하지 않은 경우, 일반 매수희망자들은 그 주택을 낙찰받을 경우 임대인으로서의 지위를 승계하게 될 것으로 생각할 것이므로, 그러한 입찰물건명세서상의 하자는 매수희망자들이 매수의사나 매수신고가격을 결정함에 있어 중대한 영향을 미치는 중대한 하자에 해당한다."; 대법원 1999. 11. 15. 99마4498 "입찰물건명세서에 선순위 임차인의 배당요구 사실이 기재되지 않았다는 사정만으로는 민사소송법 제633조 제6호 소정의 '물건명세서의 작성에 중대한 하자가 있는 때'에 해당하지 않는다."; 대법원 2001. 9. 25. 2001다1942 "주택임대차보호법상 제3자에 대한 대항요건과 확정일자를 갖춘 선순위 임차인이 입찰기일까지 배당요구를 하지 않은 경우에 일반 매수희망자는 그 주택을 낙찰받게 되면 그 임대차에 관한 권리·의무를 승계하여야 할 것으로 예상하고 입찰에 참가하게 되는 것인바, 위 임차인이 입찰이 끝난 후 낙찰기일 전에 배당요구를 하였으나 임대차가 아직 종료되지 아니하였고 법원에 의한 배당요구 사실의 통지가 임대인인 채무자 또는 소유자에게 도달되지도 아니한 결과 위 배당요구에도 불구하고 임차주택의 환가대금에서 임차보증금을 우선변제받을 수 없고, 따라서 일반 매수희망자(또는 최고가매수신고인)가 여전히 위 권리·의무를 승계하게 된다고 하더라도, 이는 당초부터 예상한 바와 같은 것이어서 입찰물건명세서에 임차인의 배당요구 사실이 기재되어 있지 않았다는 사정만으로는 일반 매수희망자가 그 매수의사나 매수신고가격을 결정함에 있어서 어떠한 영향을 받게 되었다고 보기는 어렵고, 뿐더러 배당요구 사실의 통지 여부나 그 도달 여부는 경매물건명세서의 기재사항이 아님은 민사소송법 제617조의2의 문언상 명백하므로, 물건명세서상 임차인의 배당요구나 그 통지에 관한 사항이 기재되지 아니하였다고 하여 낙찰불허가 사유가 되는'물건명세서의 작성에 중대한 하자가 있는 때'에 해당하는 것으로 볼 수는 없다고 할 것이다(만일 입찰 후 낙찰기일 전에 우선변제권 있는 임차인에 의한 배당요구가 있었고 그 임대차가 이미 종료된 것이거나 배당요구 사실이 임대인에게 통지됨으로써 임대차 종료의 효력이 발생되었다면, 경매법원으로서는 낙찰을 불허가하고 다시 경매에 부치는 등의 조치를 취하여야 할 것이다)."

하게 훼손된 사실 또는 부동산에 관한 중대한 권리관계가 변동된 사실이 경매절차의 진행중에 밝혀진 때165)

7. 경매절차에 그 밖의 중대한 잘못이 있는 때

Ⅲ. 법원은 이의신청이 정당하다고 인정한 때에는 매각을 허가하지 아니한다(제123조 제1항). 이 경우 법원은 직권으로 새 매각기일을 정하여야 한다(제125조 제1항). 여러 개의 부동산을 매각하는 경우에 한 개의 부동산의 매각대금으로 모든 채권자의 채권액과 강제집행비용을 변제하기에 충분하면 다른 부동산의 매각을 허가하지 아니한다(제123조 제1항 본문).

Ⅳ. 매각을 허가하거나 허가하지 아니하는 결정은 선고하여야 한다(제126조 제1항). 이 결정은 확정되어야 효력을 가진다(제126조 제3항). 매각허가결정에는 매각한 부동산, 매수인과 매수가격을 적고 특별한 매각조건으로 매각한 때에는 그 조건을 적어야 한다(제128조 제1항).

---

165) 대법원 1993. 9. 27. 93마480 "경매부동산의 일부가 수용되거나 멸실된 때에는 그 수용되거나 멸실된 부분에 대하여는 구 민사소송법 제633조 제1호 후단의 "집행을 속행하지 못할 일" 및 제635조 제2항 단서의 "경매한 부동산이 양도할 수 없는 것"에 해당하고, 또 경매법원에 의하여 경락허가결정이 내려진 이후 그 결정에 대한 항고사건 계속중에 경매부동산의 일부가 수용되거나 멸실된 경우에는 항고법원으로서는 이와 같은 사유까지 고려하여 경락허가결정의 당부를 판단하여야 할 것이므로, 항고법원은 그 수용이나 멸실된 부분에 대하여는 민사소송법 제643조 제3항, 구 민사소송법 제635조 제2항, 제633조 제1호 등에 의하여 직권으로 경락허가결정을 취소하고 경락을 불허하여야 하고, 수용되거나 멸실된 부분을 제외한 부분의 상황 등에 비추어 경락인이 잔존부분만을 매수할 의사가 있다고 인정되지 아니하는 경우에는 그 부동산 전부에 대하여 경락을 불허하여야 한다."; 대법원 2001. 8. 22. 2001마2652 "부동산에 물리적 훼손이 없는 경우라도 부동산의 교환가치가 감손된 때에는 민사집행법 제121조 제6호 규정이 유추적용된다 할 것이고, 또한 부동산의 훼손이 매수가격의 신고 전에 있었던 경우라도 그 훼손 및 이를 간과한 것이 자기가 책임을 질 수 없는 사유로 인한 것인 때에도 위 규정이 유추적용된다."; 대법원 2007. 5. 15. 2007마128 "부동산 임의경매절차에서 매수신고인이 당해 부동산에 관하여 유치권이 존재하지 않는 것으로 알고 매수신청을 하여 이미 최고가매수신고인으로 정하여졌음에도 그 이후 매각결정기일까지 사이에 유치권의 신고가 있을 뿐만 아니라 그 유치권이 성립될 여지가 없음이 명백하지 아니한 경우, 집행법원으로서는 장차 매수신고인이 인수할 매각부동산에 관한 권리의 부담이 현저히 증가하여 민사집행법 제121조 제6호가 규정하는 이의 사유가 발생된 것으로 보아 이해관계인의 이의 또는 직권으로 매각을 허가하지 아니하는 결정을 하는 것이 상당하다."

Ⅴ. 이해관계인은 매각허부여부의 결정에 따라 손해를 볼 경우에만 그 결정에 대하여 즉시항고할 수 있다(제129조 제1항). 매각허가에 정당한 이유가 없거나 결정에 적은 것 외의 조건으로 허가하여야 한다고 주장하는 매수인 또는 매각허가를 주장하는 매수신고인도 즉시항고 할 수 있다(제129조 제2항). 위 매각허가를 주장하는 매수신고인은 그 신청한 가격에 대하여 구속을 받는다(제129조 제3항).

Ⅵ. 매각허가결정에 대한 항고는 민사집행법에 규정한 매각허가에 대한 이의신청사유가 있다거나, 그 결정절차에 중대한 잘못이 있다는 것을 이유로 드는 때에만 할 수 있지만(제130조 제1항), 「민사소송법 제451조제1항 각호의 사유」[166]는 언제나 매각허가 또는 불허가결정에 대한 항고의 이유로 삼을 수 있다(제130조 제2항). 매각허가결정에 대하여 항고를 하고자 하는 사람은 보증으로 매각대금의 10분의 1에 해당하는 금전 또는 법원이 인정한 유가증권을 공탁하여야 한다(제130조 제3항).[167]

---

166) 민사소송법 제451조(재심사유) ① 다음 각호 가운데 어느 하나에 해당하면 확정된 종국판결에 대하여 재심의 소를 제기할 수 있다. 1. 법률에 따라 판결법원을 구성하지 아니한 때 2. 법률상 그 재판에 관여할 수 없는 법관이 관여한 때 3. 법정대리권·소송대리권 또는 대리인이 소송행위를 하는 데에 필요한 권한의 수여에 흠이 있는 때. 다만, 제60조 또는 제97조의 규정에 따라 추인한 때에는 그러하지 아니하다. 4. 재판에 관여한 법관이 그 사건에 관하여 직무에 관한 죄를 범한 때 5. 형사상 처벌을 받을 다른 사람의 행위로 말미암아 자백을 하였거나 판결에 영향을 미칠 공격 또는 방어방법의 제출에 방해를 받은 때 6. 판결의 증거가 된 문서, 그 밖의 물건이 위조되거나 변조된 것인 때 7. 증인·감정인·통역인의 거짓 진술 또는 당사자신문에 따른 당사자나 법정대리인의 거짓 진술이 판결의 증거가 된 때 8. 판결의 기초가 된 민사나 형사의 판결, 그 밖의 재판 또는 행정처분이 다른 재판이나 행정처분에 따라 바뀐 때 9. 판결에 영향을 미칠 중요한 사항에 관하여 판단을 누락한 때 10. 재심을 제기할 판결이 전에 선고한 확정판결에 어긋나는 때 11. 당사자가 상대방의 주소 또는 거소를 알고 있었음에도 있는 곳을 잘 모른다고 하거나 주소나 거소를 거짓으로 하여 소를 제기한 때

167) 항고를 제기하면서 항고장에 위 보증을 제공하였음을 증명하는 서류를 붙이지 아니한 때에는 원심법원은 항고장을 받은 날부터 1주 이내에 결정으로 이를 각하하여야 한다(제130조 제4항). 채무자 및 소유자가 한 위 항고가 기각되거나 위 항고를 취하한 때에는 항고인은 보증으로 제공한 금전이나 유가증권을 돌려 줄 것을 요구하지 못한다(제130조 6항). 채무자 및 소유자 외의 사람이 한 위 항고가 기각되거나 위 항고를 취하한 때에는 항고인은 보증으로 제공한 금전이나, 유가증권을 현금화한 금액 가운데 항고를 한 날부터 항고기각결정이 확정된 날까지의 매각대금에 대한 대법원규칙이 정하는 이

Ⅶ. 매각허가결정이 확정되면 법원은 대금의 지급기한을 정하고, 이를 매수인과 차순위매수신고인에게 통지하여야 한다(제142조). 대금지급기한은 매각허가결정이 확정된 날로부터 1월 내의 날로 정한다. 다만 경매사건기록이 상소법원에 있는 때에는 그 기록을 송부받은 날부터 1월 안의 날로 정하여야 한다(규칙 제78조). 매수인은 법원이 정한 대금지급기한까지는 어느 때라도 매각대금을 집행법원에 지급할 수 있다(제142조 제2항). 매수인이 매각대금을 다 낸 때에 매각대상인 부동산의 소유권을 취득한다(제135조). 매수신청의 보증으로 금전이 제공된 경우에 그 금전은 매각대금에 넣는다(제142조 제3항).[168]

매수인은 매각조건에 따라 부동산의 부담을 인수하는 외에 배당표의 실시에 관하여 매각대금의 한도에서 관계채권자의 승낙이 있으면 대금의 지급에 갈음하여 채무를 인수할 수 있다(제143조 제1항). 인수신청을 받아들이는 경우에는 대금지급기한을 정함이 없이 바로 배당기일을 정한다. 채권자가 매수인인 경우에는 매각결정기일이 끝날 때까지 법원에 신고하고 배당받아야 할 금액을 제외한 대금을 배당기일에 낼 수 있다(제143조 제2항). 이 경우도 대금지급기한을 정함이 없이 바로 배당기일을 정한다.

매각대금이 지급되면 법원사무관등은 매각허가결정의 등본을 붙여 매수인 앞으로 소유권을 이전하는 등기, 매수인이 인수하지 아니한 부동산의 부담에 관한 기입을 말소하는 등기, 경매개시결정등기를 말소하는 등기를 촉탁하여야 한다(제144조 제1항). 이 때 등기에 드는 비용은 매수인이 부담한다(제144조 제3항).

율에 의한 금액(보증으로 제공한 금전이나, 유가증권을 현금화한 금액을 한도로 한다)에 대하여는 돌려 줄 것을 요구할 수 없다. 다만, 보증으로 제공한 유가증권을 현금화하기 전에 위의 금액을 항고인이 지급한 때에는 그 유가증권을 돌려 줄 것을 요구할 수 있다(제130조 제7항).

168) 매수신청의 보증으로 금전 외의 것이 제공된 경우로서 매수인이 매각대금중 보증액을 뺀 나머지 금액만을 낸 때에는, 법원은 보증을 현금화하여 그 비용을 뺀 금액을 보증액에 해당하는 매각대금 및 이에 대한 지연이자에 충당하고, 모자라는 금액이 있으면 다시 대금지급기한을 정하여 매수인으로 하여금 내게 한다(제142조 제4항).

제11절 배당절차

Ⅰ. 매각대금이 지급되면 법원은 배당절차를 밟아야 한다(제145조 제1항). 매각대금으로 배당에 참가한 모든 채권자를 만족하게 할 수 없는 때에는 법원은 민법・상법, 그 밖의 법률에 의한 우선순위에 따라 배당하여야 한다(제145조 제2항). 매수인이 매각대금을 지급하면 법원은 배당에 관한 진술 및 배당을 실시할 기일을 정하고 이해관계인과 배당을 요구한 채권자에게 이를 통지하여야 한다. 다만, 채무자가 외국에 있거나 있는 곳이 분명하지 아니한 때에는 통지하지 아니한다(제146조).

Ⅱ. 집행력 있는 정본을 가진 채권자, 경매개시결정이 등기된 뒤에 가압류를 한 채권자, 민법・상법, 그 밖의 법률에 의하여 우선변제청구권이 있는 채권자는 배당요구를 할 수 있다(제88조 제1항). 배당요구에 따라 매수인이 인수하여야 할 부담이 바뀌는 경우 배당요구를 한 채권자는 배당요구의 종기가 지난 뒤에 이를 철회하지 못한다(제88조 제2항). 배당요구는 채권의 원인과 액수를 적은 서면으로 한다. 여기에 배당요구의 자격을 소명하는 서면(집행력 있는 정본 또는 사본, 가압류등기가 되어 있는 등기부등본, 임금대장사본, 임대차계약서사본 등)을 붙여야 한다.

민사집행법 제58조 제1항 본문, 제88조 제1항, 민사집행규칙 제48조 제2항에 따르면, 확정된 지급명령의 채권자가 집행력 있는 정본을 가진 채권자로서 배당요구를 하기 위해서는 배당요구서에 지급명령 정본(다만 민사집행법 제58조 제1항 단서 각 호의 사유가 있는 경우에는 집행문을 부여받아야 한다) 등을 첨부하여 제출하여야 한다. 그러므로 지급명령이 확정되어 지급명령 정본 등을 가지기 전에 지급명령 신청 접수증명원만을 제출하여 미리 배당요구를 하였다면 그 배당요구는 부적법하고, 다만 그 후에 지급명령 정본 등을 제출하면 하자가 치유된다. 그런데 이 경우에도 다른 특별한 사정이 없는 한 배당요구의 종기까지는 지급명령 정본 등이 제출되어야 한다.[169)]

169) 대법원 2014. 4. 30. 2012다96045

Ⅲ. 1. 배당받을 채권자는 배당요구의 종기까지 경매신청을 한 압류채권자, 배당요구의 종기까지 배당요구를 한 채권자, 첫 경매개시결정등기전에 등기된 가압류채권자, 저당권·전세권, 그 밖의 우선변제청구권으로서 첫 경매개시결정등기전에 등기되었고 매각으로 소멸하는 것을 가진 채권자로 한다(제148조).

2. 집행력 있는 정본을 가진 채무자(지급명령, 이행권고결정 포함), 경매개시결정이 등기된 뒤에 가압류한 채권자, 주택임대차보호법 또는 상가건물임대차보호법에 의해 우선변제권이 인정되는 임차보증금반환채권, 근로기준법 제38조에서 정한 임금채권, 경매개시결정이 등기 된 뒤 한 저당권과 등기된 임차권, 경매개시결정 등기 전에 체납처분절차에 의한 압류등기를 하지 못한 조세 기타 공과금채권, 최선수위 전세권 등은 배당요구(조세 기타 공과금채권은 교부청구)를 하여야 배당에 참가할 수 있다.

3. 주택임대차보호법 제3조의3 규정에 의한 임차권등기는 이미 임대차계약이 종료하였음에도 임대인이 그 보증금을 반환하지 않는 상태에서 경료되게 되므로, 이미 사실상 이행지체에 빠진 임대인의 임대차보증금의 반환의무와 그에 대응하는 임차인의 권리를 보전하기 위하여 새로이 경료하는 임차권등기에 대한 임차인의 말소의무를 동시이행관계에 있는 것으로 해석할 것은 아니고, 특히 위 임차권등기는 임차인으로 하여금 기왕의 대항력이나 우선변제권을 유지하도록 해 주는 담보적 기능만을 주목적으로 하는 점 등에 비추어 볼 때, 임대인의 임대차보증금의 반환의무가 임차인의 임차권등기 말소의무보다 먼저 이행되어야 할 의무이다.[170)]

임차권등기명령의 집행에 의한 임차권등기가 첫 경매개시결정등기 전에 등기된 경우의 임차인은 별도의 배당요구를 하지 않아도 배당받을 채권자에 속한다.[171)]

170) 대법원 2005. 6. 9. 2005다4529
171) 대법원 2005. 9. 15. 2005다33039

4. 가등기담보권자는 담보권자이지만 등기의 기재만으로는 순수한 순위 보전의 가등기인지 담보가등기인지를 알 수 없으므로 채권신고를 하여야 배당을 받을 수 있고, 최선순위 전세권자는 배당요구에 의하여 소멸하므로, 배당요구해야 배당에 참가할 수 있다.[172]

5. 임금채권[173], 주택임대차보증금(소액보증금포함)반환채권 등 우선변제권이 있는 채권자라 하더라도 집행법원이 정한 배당요구의 종기까지 배당요구를 하여야만 배당을 받을 수 있을 뿐이며, 위 시기에 배당요구를 하지 않고 있다가 나중에 배당을 받은 후순위자를 상대로 자신이 배당받을 금액에 대한 부당이득반환청구를 하는 것은 허용되지 않는다.[174]

6. 집합건물이 되기 전의 상태에서 건물 일부만에 관하여 전세권이 설정되었다가 그 건물이 집합건물로 된 후 그 전세권이 구분건물의 전유 부분만에 관한 전세권으로 이기된 경우, 구분소유자가 가지는 전유 부분과 대지사용권의 분리처분이 가능하도록 규약으로 정하는 등의 특별한 사정이 없는 한, 그 전유 부분의 소유자가 대지사용권을 취득함으로써 전유 부분과 대지권이 동일소유자에게 귀속하게 되었

172) 「민사집행법」, 사법연수원(2011), 208면

173) 대법원 1996. 2. 23. 95다48650 "근로기준법 제30조의2 제2항에서 규정한 근로자의 최종 3월분의 임금에 대한 우선특권은 사용자의 총 재산에 대하여 일반 담보물권의 효력을 일부 제한하고 임금채권을 우선 변제받을 수 있는 권리로서, 근로자의 최저 생활을 보장하고자 하는 공익적 요청에서 나온 규정이므로, 이에 의하여 보호되는 임금채권의 범위는 퇴직의 시기를 묻지 아니하고 사용자로부터 지급받지 못한 최종 3월분의 임금을 말하고, 반드시 사용자의 도산 등 사업 폐지시로부터 소급하여 3월 내에 퇴직한 근로자의 임금채권에 한정하여 보호하는 취지라고 볼 수 없다."; 대법원 2000. 2. 12. 99마5143 "임금 등에 대한 지연손해금 채권에 대하여는 최우선변제권이 인정되지 않는다고 봄이 상당하다."; 대법원 2002. 12. 10. 2002다48399 "사용자 소유의 부동산을 가압류한 임금채권자가 다른 부동산의 경매절차에서 우선특권에 따라 우선변제를 받고 이로 인하여 불이익을 받은 저당권자가 임금채권자가 가압류한 부동산의 경매절차에서 임금채권자를 대위하여 배당받는 경우에는 배당표가 확정되기 전까지 그 가압류의 피보전채권이 우선특권 있는 임금채권으로서 그 임금채권자를 대위할 권리가 있음을 소명하면 경락기일까지 배당요구를 하지 아니하였다고 하더라도 임금채권자를 대위하여 배당에 참가할 수 있다고 보아야 한다."

174) 대법원 1996. 12. 20. 95다28304

다면 위 전세권의 효력은 그 대지권에 까지 미친다고 보아야 할 것이고, 위 집합건물에 관하여 경매가 실행된 경우 대지권의 환가대금에 대한 배당순위에 있어서, 위 전세권이, 대지사용권이 성립하기 전의 토지에 관하여 이미 설정된 저당권보다 우선한다고 할 수는 없는바, 이는 대지사용권에 대한 전세권의 효력은 대지사용권이 성립함으로써 비로소 미치게 되는 것이므로 대지사용권이 성립하기 전에 그 토지에 관하여 이미 저당권을 가지고 있는 자의 권리를 해쳐서는 안되기 때문이다.[175]

7. 등기는 물권의 효력 발생 요건이고 존속 요건은 아니어서 등기가 원인 없이 말소된 경우에는 그 물권의 효력에 아무런 영향이 없고, 그 회복등기가 마쳐지기 전이라도 말소된 등기의 등기명의인은 적법한 권리자로 추정되므로, 근저당권설정등기가 위법하게 말소되어 아직 회복등기를 경료하지 못한 연유로 그 부동산에 대한 경매절차의 배당기일에서 피담보채권액에 해당하는 금액을 배당받지 못한 근저당권자는 배당기일에 출석하여 이의를 하고 배당이의의 소를 제기하여 구제를 받을 수 있고, 가사 배당기일에 출석하지 않음으로써 배당표가 확정되었다고 하더라도, 확정된 배당표에 의하여 배당을 실시하는 것은 실체법상의 권리를 확정하는 것이 아니기 때문에 위 경매절차에서 실제로 배당받은 자에 대하여 부당이득반환 청구로서 그 배당금의 한도 내에서 그 근저당권설정등기가 말소되지 아니하였더라면 배당받았을 금액의 지급을 구할 수 있다.[176]

8. 주택에 관하여 최선순위로 전세권설정등기를 마치고 등기부상 새로운 이해관계인이 없는 상태에서 전세권설정계약과 계약당사자, 계약목적물 및 보증금(전세금액) 등에 있어서 동일성이 인정되는 임대차계약을 체결하여 주택임대차보호법상 대항요건을 갖추었다면, 전세권자로서의 지위와 주택임대차보호법상 대항력을 갖춘 임차인으로

175) 대법원 2002. 6. 14. 2001다68389

176) 대법원 2002. 10. 22. 2000다59678

서의 지위를 함께 가지게 된다. 이러한 경우 전세권과 더불어 주택임대차보호법상의 대항력을 갖추는 것은 자신의 지위를 강화하기 위한 것이지 원래 가졌던 권리를 포기하고 다른 권리로 대체하려는 것은 아니라는 점, 자신의 지위를 강화하기 위하여 설정한 전세권으로 인하여 오히려 주택임대차보호법상의 대항력이 소멸된다는 것은 부당하다는 점, 동일인이 같은 주택에 대하여 전세권과 대항력을 함께 가지므로 대항력으로 인하여 전세권 설정 당시 확보한 담보가치가 훼손되는 문제는 발생하지 않는다는 점 등을 고려하면, 최선순위 전세권자로서 배당요구를 하여 전세권이 매각으로 소멸되었다 하더라도 변제받지 못한 나머지 보증금에 기하여 대항력을 행사할 수 있고, 그 범위 내에서 임차주택의 매수인은 임대인의 지위를 승계한 것으로 보아야 한다.[177)]

9. 민사집행법 제91조 제3항은 "전세권은 저당권 · 압류채권 · 가압류채권에 대항할 수 없는 경우에는 매각으로 소멸된다"라고 규정하고, 같은 조 제4항은 "제3항의 경우 외의 전세권은 매수인이 인수한다. 다만, 전세권자가 배당요구를 하면 매각으로 소멸된다"라고 규정하고 있고, 이는 저당권 등에 대항할 수 없는 전세권과 달리 최선순위의 전세권은 오로지 전세권자의 배당요구에 의하여만 소멸되고, 전세권자가 배당요구를 하지 않는 한 매수인에게 인수되며, 반대로 배당요구를 하면 존속기간에 상관없이 소멸한다는 취지라고 할 것인 점, 주택임차인이 그 지위를 강화하고자 별도로 전세권설정등기를 마치더라도 주택임대차보호법상 임차인으로서 우선변제를 받을 수 있는 권리와 전세권자로서 우선변제를 받을 수 있는 권리는 근거규정 및 성립요건을 달리하는 별개의 권리라고 할 것인 점 등에 비추어 보면, 주택임대차보호법상 임차인으로서의 지위와 전세권자로서의 지위를 함께 가지고 있는 자가 그 중 임차인으로서의 지위에 기하여 경매법원에 배당요구를 하였다면 배당요구를 하지 아니한 전

177) 대법원 2010. 7. 26. 2010마900

세권에 관하여는 배당요구가 있는 것으로 볼 수 없다.[178)]

10. 전세권은 전세금을 지급하고 타인의 부동산을 점유하여 그 부동산의 용도에 좇아 사용·수익하며 그 부동산 전부에 대하여 후순위권리자 기타 채권자보다 전세금의 우선변제를 받을 권리를 내용으로 하는 물권이지만, 임대차는 당사자 일방이 상대방에게 목적물을 사용·수익하게 할 것을 약정하고 상대방이 이에 대하여 차임을 지급할 것을 약정함으로써 그 효력이 발생하는 채권계약으로서, 주택임차인이 주택임대차보호법 제3조 제1항의 대항요건을 갖추거나 민법 제621조의 규정에 의한 주택임대차등기를 마치더라도 채권계약이라는 기본적인 성질에 변함이 없다. 주택임차인이 그 지위를 강화하고자 별도로 전세권설정등기를 마치더라도 주택임대차보호법상 주택임차인으로서의 우선변제를 받을 수 있는 권리와 전세권자로서 우선변제를 받을 수 있는 권리는 근거 규정 및 성립요건을 달리하는 별개의 것이라는 점, 주택임대차보호법 제3조의3 제1항에서 규정한 임차권등기명령에 의한 임차권등기와 동법 제3조의4 제2항에서 규정한 주택임대차등기는 공통적으로 주택임대차보호법상의 대항요건인 '주민등록일자', '점유개시일자' 및 '확정일자'를 등기사항으로 기재하여 이를 공시하지만 전세권설정등기에는 이러한 대항요건을 공시하는 기능이 없는 점, 주택임대차보호법 제3조의4 제1항에서 임차권등기명령에 의한 임차권등기의 효력에 관한 동법 제3조의3 제5항의 규정은 민법 제621조에 의한 주택임대차등기의 효력에 관하여 이를 준용한다고 규정하고 있을 뿐 주택임대차보호법 제3조의3 제5항의 규정을 전세권설정등기의 효력에 관하여 준용할 법적 근거가 없는 점 등을 종합하면, 주택임차인이 그 지위를 강화하고자 별도로 전세권설정등기를 마쳤더라도 주택임차인이 주택임대차보호법 제3조 제1항의 대항요건을 상실하면 이미 취득한 주택임대차보호법상의 대항력 및 우선변제권을 상실한다.[179)]

---

178) 대법원 2010. 6. 24. 2009다40790

11. 주택임대차보호법 제2조 소정의 주거용 건물이란 공부상의 표시에 불구하고 그 실지용도에 따라서 정하여야 하고 또한 한 건물의 비주거용 부분과 아울러 주거용 부분이 함께 임대차의 목적이 되어 각기 그 용도에 따라 사용되는 경우 그 주거용 부분에 관하여 본법이 적용되느냐의 여부는 구체적인 경우에 따라 합목적적으로 결정하여야 하며, 더우기 위 주택임대차보호법이 적용되려면 먼저 임대차계약 체결당시를 기준으로 하여 그 건물의 구조상 주거용 또는 그와 겸용될 정도의 건물의 형태가 실질적으로 갖추어져 있어야 하고, 만일 그 당시에는 주거용 건물부분이 존재하지 아니하였는데 임차인이 그 후 임의로 주거용으로 개조하였다면 임대인이 그 개조를 승낙하였다는 등의 특별한 사정이 없는 한 위 법의 적용은 있을 수 없다.[180]

12. 임차주택의 환가대금 및 주택가액에 건물뿐만 아니라 대지의 환가대금 및 가액도 포함된다고 규정하고 있는 주택임대차보호법 제3조의2 제1항 및 제8조 제3항의 각 규정과 같은 법의 입법 취지 및 통상적으로 건물의 임대차에는 당연히 그 부지 부분의 이용을 수반하는 것인 점 등을 종합하여 보면, 주택임대차보호법 제2조에서 같은 법의 적용 대상으로 규정하고 있는 '주거용 건물'의 임대차라 함은 임차목적물 중 건물의 용도가 점포나 사무실 등이 아닌 주거용인 경우의 임대차를 뜻하는 것일 뿐이지, 같은 법의 적용 대상을 대지를 제외한 건물에만 한정하는 취지는 아니다.[181]

13. 임차주택의 일부가 주거외의 목적으로 사용되는 경우에도 주택임대차보호법 제2조의 규정에 의하여 그 법률의 적용을 받는 주거용 건

179) 대법원 2007. 6. 28. 2004다69741

180) 대법원 1986. 1. 21. 85다카1367

181) 대법원 1996. 6. 14. 96다7595 [다가구용 단독주택의 대지 및 건물에 관한 근저당권자가 그 대지 및 건물에 관한 경매를 신청하였다가 그 중 건물에 대한 경매신청만을 취하함으로써 이를 제외한 대지 부분만이 낙찰되었다고 하더라도, 그 주택의 소액임차인은 그 대지에 관한 낙찰대금 중에서 소액보증금을 담보물권자보다 우선하여 변제받을 수 있다고 한 사례]

물에 포함되나 주거생활의 안정을 보장하기 위한 입법의 목적에 비추어 거꾸로 비주거용 건물에 주거의 목적으로 일부를 사용하는 경우에는 동법 제2조가 말하고 있는 일부라는 범위를 벗어나 이를 주거용 건물이라 할 수 없고 이러한 건물은 위 법률의 보호대상에서 제외된다.[182)]

14. 주택임대차보호법은 주거용 건물의 임대차에 관하여 민법에 대한 특례를 규정함으로써 국민 주거생활의 안정을 보장함을 목적으로 하고 있으므로(제1조), 합리적 이유나 근거 없이 그 적용대상을 축소하거나 제한하는 것은 허용되지 않는다고 할 것인바, 주택임대차보호법 제2조가 주거용 건물의 전부 또는 일부의 임대차에 관하여 적용된다고 규정하고 있을 뿐 임차주택이 관할관청의 허가를 받은 건물인지, 등기를 마친 건물인지 아닌지를 구별하고 있지 아니하며, 건물 등기부상 '건물내역'을 제한하고 있지도 않으므로, 점포 및 사무실로 사용되던 건물에 근저당권이 설정된 후 그 건물이 주거용 건물로 용도 변경되어 이를 임차한 소액임차인도 특별한 사정이 없는 한 주택임대차보호법 제8조에 의하여 보증금 중 일정액을 근저당권자보다 우선하여 변제받을 권리가 있다.[183)]

15. 주택임대차보호법 제4조 제1항은 같은 법 제10조의 취지에 비추어 보면 임차인의 보호를 위한 규정이라고 할 것이므로, 그 규정에 위반되는 당사자의 약정을 모두 무효라고 할 것은 아니고 그 규정에 위반하는 약정이라도 임차인에게 불리하지 아니한 것은 유효하다고 풀이함이 상당한바, 임대차 기간을 2년 미만으로 정한 임대차의 임차인이 스스로 그 약정 임대차 기간이 만료되었음을 이유로 임차보증금의 반환을 구할 수 있다. 주택임대차보호법이 적용되는 임대차로서는, 반드시 임차인과 주택의 소유자인 임대인 사이에 임대차계약이 체결된 경우에 한정된다고 할 수는 없고, 나아가 주택의 소유

182) 대법원 1987. 4. 28. 86다카2407
183) 대법원 2009. 8. 20. 2009다26879

자는 아니지만 주택에 관하여 적법하게 임대차계약을 체결할 수 있는 권한(적법한 임대 권한)을 가진 임대인과 사이에 임대차계약이 체결된 경우도 포함된다.[184)]

16. 매매계약의 이행으로 매매목적물인 주택을 인도받은 매수인이 매도인으로부터 그 주택의 임대권한을 명시적 또는 묵시적으로 부여받은 경우, 매수인으로부터 매매계약이 해제되기 전에 매매목적물인 주택을 임차하여 그 주택의 인도와 주민등록을 마침으로써 주택임대차보호법 제3조 제1항에 의한 대항요건을 갖춘 임차인은 민법 제548조 제1항 단서의 규정에 따라 계약해제로 인하여 권리를 침해받지 않는 제3자에 해당하므로 임대인의 임대권원의 바탕이 되는 매매계약의 해제에도 불구하고 자신의 임차권을 들어 매도인의 명도청구에 대항할 수 있다.[185)]

17. 주택임대차보호법상의 대항력과 우선변제권이라는 두 가지 권리를 겸유하고 있는 임차인이 먼저 우선변제권을 선택하여 임차주택에 대하여 진행되고 있는 경매절차에서 보증금 전액에 대하여 배당요구를 하였다고 하더라도, 그 순위에 따른 배당이 실시된 경우 보증금 전액을 배당받을 수 없었던 때에는 보증금 중 경매절차에서 배당받을 수 있었던 금액을 공제한 잔액에 관하여 경락인에게 대항하여 이를 반환받을 때까지 임대차관계의 존속을 주장할 수 있다고 봄이 상당하고, 이 경우 임차인의 배당요구에 의하여 임대차는 해지되어 종료되고, 다만 같은 법 제4조 제2항에 의하여 임차인이 보증금의 잔액을 반환받을 때까지 임대차관계가 존속하는 것으로 의제될 뿐이므로, 경락인은 같은 법 제3조 제2항에 의하여 **임대차가 종료된 상태에서의 임대인의 지위**를 승계한다. 임대차 종료 후 임차인의 임차목적물 명도의무와 임대인의 연체임료 기타 손해배상금을 공제하고 남은 임차보증금 반환의무와는 동시이행의 관계에 있으므

184) 대법원 1995. 10. 12. 95다22283
185) 대법원 2009. 1. 30. 2008다65617

로, 임차인이 동시이행의 항변권에 기하여 임차목적물을 점유하고 사용·수익한 경우 그 점유는 불법점유라 할 수 없어 그로 인한 손해배상책임은 지지 아니하되, 다만 사용·수익으로 인하여 실질적으로 얻은 이익이 있으면 부당이득으로서 반환하여야 한다. 주택임대차보호법상의 대항력과 우선변제권을 겸유하고 있는 임차인이 배당요구를 하였으나 보증금 전액을 배당받지 못하였다면 임차인은 임차보증금 중 배당받지 못한 금액을 반환받을 때까지 그 부분에 관하여는 임대차관계의 존속을 주장할 수 있으나 그 나머지 보증금 부분에 대하여는 이를 주장할 수 없으므로, 임차인이 그의 배당요구로 임대차계약이 해지되어 종료된 다음에도 계쟁 임대 부분 전부를 사용·수익하고 있어 그로 인한 실질적 이익을 얻고 있다면 그 임대 부분의 적정한 임료 상당액 중 임대차관계가 존속되는 것으로 보는 배당받지 못한 금액에 해당하는 부분을 제외한 나머지 보증금에 해당하는 부분에 대하여는 부당이득을 얻고 있다고 할 것이어서 이를 반환하여야 한다.[186)]

18. 주택임대차보호법 제3조 제2항에서 말하는 임대인의 지위를 승계한 것으로 보는 임차주택의 양수인이라 함은 같은 법 제1조 및 제2조의 규정 내용에 비추어 보면 임대차의 목적이 된 주거용 건물의 양수인을 의미하고, 같은 법 제3조의2 제1항이 같은 법에서 정한 대항요건을 갖춘 임차인에게 경매 또는 공매에 의한 임차주택의 대지의 환가대금에서 후순위권리자들보다 보증금을 우선변제받을 권리를 인정하였다고 하여도 그 대지를 경락받은 자를 위에서 말하는 임차주택의 양수인이라고 할 수는 없다.[187)]

19. 주택임대차보호법의 입법목적은 주거용건물에 관하여 민법에 대한 특례를 규정함으로써 국민의 주거생활의 안정을 보장하려는 것이고(제1조), 주택임대차보호법 제8조 제1항에서 임차인이 보증금 중

186) 대법원 1998. 7. 10. 98다15545
187) 대법원 1998. 4. 10. 98다3276

일정액을 다른 담보물권자보다 우선하여 변제받을 수 있도록 한 것은, 소액임차인의 경우 그 임차보증금이 비록 소액이라고 하더라도 그에게는 큰 재산이므로 적어도 소액임차인의 경우에는 다른 담보권자의 지위를 해하게 되더라도 그 보증금의 회수를 보장하는 것이 타당하다는 사회보장적 고려에서 나온 것으로서 민법의 일반규정에 대한 예외규정인 바, 그러한 입법목적과 제도의 취지 등을 고려할 때, 채권자가 채무자 소유의 주택에 관하여 채무자와 임대차계약을 체결하고 전입신고를 마친 다음 그곳에 거주하였다고 하더라도 실제 임대차계약의 주된 목적이 주택을 사용수익하려는 것에 있는 것이 아니고, 실제적으로는 소액임차인으로 보호받아 선순위 담보권자에 우선하여 채권을 회수하려는 것에 주된 목적이 있었던 경우에는 그러한 임차인을 주택임대차보호법상 소액임차인으로 보호할 수 없다.[188)]

20. 주택임차인이 대항력을 갖는지 여부는, 주택임대차보호법 제3조 제1항에서 정한 요건, 즉 임대차계약의 성립, 주택의 인도, 주민등록의 요건을 갖추었는지 여부에 의하여 결정되는 것이므로, 당해 임대차계약이 통정허위표시에 의한 계약이어서 무효라는 등의 특별한 사정이 있는 경우는 별론으로 하고 임대차계약 당사자가 기존 채권을 임대차보증금으로 전환하여 임대차계약을 체결하였다는 사정만으로 임차인이 같은 법 제3조 제1항 소정의 대항력을 갖지 못한다고 볼 수는 없다.[189)]

21. 주택임대차보호법의 입법목적과 주택임차인의 임차보증금반환채권에 우선변제권을 인정한 제도의 취지, 주택임대차보호법상 관련 규정의 문언 내용 등에 비추어 볼 때, 비록 채권양수인이 우선변제권을 행사할 수 있는 주택임차인으로부터 임차보증금반환채권을 양수하였다고 하더라도 임차권과 분리된 임차보증금반환채권만을 양수

188) 대법원 2001. 5. 8. 2001다14733

189) 대법원 2002. 1. 8. 2001다47535

한 이상 그 채권양수인이 주택임대차보호법상의 우선변제권을 행사할 수 있는 임차인에 해당한다고 볼 수 없다. 따라서 위 채권양수인은 임차주택에 대한 경매절차에서 주택임대차보호법상의 임차보증금 우선변제권자의 지위에서 배당요구를 할 수 없고, 이는 채권양수인이 주택임차인으로부터 다른 채권에 대한 담보 목적으로 임차보증금반환채권을 양수한 경우에도 마찬가지이다. 다만, 이와 같은 경우에도 채권양수인이 일반 금전채권자로서의 요건을 갖추어 배당요구를 할 수 있음은 물론이다.[190)]

22. 주택임대차보호법 제3조 제1항에서 규정하고 있는 주민등록이라는 대항요건은 임차인 본인뿐만 아니라 그 배우자나 자녀 등 가족의 주민등록을 포함한다. 주택 임차인이 그 가족과 함께 그 주택에 대한 점유를 계속하고 있으면서 그 가족의 주민등록을 그대로 둔 채 임차인만 주민등록을 일시 다른 곳으로 옮긴 경우라면, 전체적으로나 종국적으로 주민등록의 이탈이라고 볼 수 없는 만큼, 임대차의 제3지에 대한 대항력을 상실하지 아니한다.[191)]

23. 주택임대차보호법 제3조 제1항 소정의 대항력은 임차인이 당해 주택에 거주하면서 이를 직접 점유하는 경우뿐만 아니라 타인의 점유를 매개로 하여 이를 간접점유하는 경우에도 인정될 수 있을 것이나, 그 경우 당해 주택에 실제로 거주하지 아니하는 간접점유자인 임차인은 주민등록의 대상이 되는 '당해 주택에 주소 또는 거소를 가진 자'(주민등록법 제6조 제1항)가 아니어서 그 자의 주민등록은 주민등록법 소정의 적법한 주민등록이라고 할 수 없고, 따라서 간접점유자에 불과한 임차인 자신의 주민등록으로는 대항력의 요건을 적법하게 갖추었다고 할 수 없으며, 임차인과의 점유매개관계에 기하여 당해 주택에 실제로 거주하는 직접점유자가 자신의 주민등록을 마친 경우에 한하여 비로소 그 임차인의 임대차가 제3자에 대

190) 대법원 2010. 5. 27. 2010다10276
191) 대법원 1996. 1. 26. 95다30338

하여 적법하게 대항력을 취득할 수 있다.[192]

24. 주택임대차보호법 제3조 제1항에서 주택의 인도와 더불어 대항력의 요건으로 규정하고 있는 주민등록은 거래의 안전을 위하여 임차권의 존재를 제3자가 명백히 인식할 수 있게 하는 공시방법으로서 마련된 것이므로, 주민등록이 어떤 임대차를 공시하는 효력이 있는지 여부는 일반 사회통념상 그 주민등록으로 당해 임대차건물에 임차인이 주소 또는 거소를 가진 자로 등록되어 있다고 인식할 수 있는지 여부에 따라 판단하여야 한다. 처음에 다가구용 단독주택으로 소유권보존등기가 경료된 건물의 일부를 임차한 임차인은 이를 인도받고 임차 건물의 지번을 정확히 기재하여 전입신고를 하면 주택임대차보호법 소정의 대항력을 적법하게 취득하고, 나중에 다가구용 단독주택이 다세대 주택으로 변경되었다는 사정만으로 임차인이 이미 취득한 대항력을 상실하게 되는 것은 아니다.[193]

25. 경매목적 부동산이 경락된 경우에는 소멸된 선순위 저당권보다 뒤에 등기되었거나 대항력을 갖춘 임차권은 함께 소멸하는 것이고, 따라서 그 경락인은 주택임대차보호법 제3조에서 말하는 임차주택의 양수인 중에 포함된다고 할 수 없을 것이므로 경락인에 대하여 그 임차권의 효력을 주장할 수 없다. 주택임대차보호법 제3조 제1항에서 주택의 인도와 더불어 대항력의 요건으로 규정하고 있는 주민등록은 거래의 안전을 위하여 임차권의 존재를 제3자가 명백히 인식할 수 있게 하는 공시방법으로 마련된 것으로서, 주민등록이 어떤 임대차를 공시하는 효력이 있는가의 여부는 그 주민등록으로 제3자가 임차권의 존재를 인식할 수 있는가에 따라 결정된다고 할 것이므로, 주민등록이 대항력의 요건을 충족시킬 수 있는 공시방법이 되려면 단순히 형식적으로 주민등록이 되어 있다는 것만으로는 부족하고, 주민등록에 의하여 표상되는 점유관계가 임차권을 매개

192) 대법원 2001. 1. 19. 2000다55645
193) 대법원 2007. 2. 8. 2006다70516

로 하는 점유임을 제3자가 인식할 수 있는 정도는 되어야 한다. 갑이 주택에 관하여 소유권이전등기를 경료하고 주민등록 전입신고까지 마친 다음 처와 함께 거주하다가 을에게 매도함과 동시에 그로부터 이를 다시 임차하여 계속 거주하기로 약정하고 임차인을 갑의 처로 하는 임대차계약을 체결한 후에야 을 명의의 소유권이전등기가 경료된 경우, 제3자로서는 주택에 관하여 갑으로부터 을 앞으로 소유권이전등기가 경료되기 전에는 갑의 처의 주민등록이 소유권 아닌 임차권을 매개로 하는 점유라는 것을 인식하기 어려웠다 할 것이므로, 갑의 처의 주민등록은 주택에 관하여 을 명의의 소유권이전등기가 경료되기 전에는 주택임대차의 대항력 인정의 요건이 되는 적법한 공시방법으로서의 효력이 없고 을 명의의 소유권이전등기가 경료된 날에야 비로소 갑의 처와 을 사이의 임대차를 공시하는 유효한 공시방법이 된다고 할 것이며, 주택임대차보호법 제3조 제1항에 의하여 유효한 공시방법을 갖춘 다음날인 을 명의의 소유권이전등기일 익일부터 임차인으로서 대항력을 갖는다.[194)]

26. 갑이 병 회사 소유 임대아파트의 임차인인 을로부터 아파트를 임차하여 전입신고를 마치고 거주하던 중, 을이 병 회사로부터 위 아파트를 분양받아 자기 명의로 소유권이전등기를 경료한 후 근저당권을 설정한 사안에서, 비록 임대인인 을이 갑과 위 임대차계약을 체결한 이후에, 그리고 갑이 위 전입신고를 한 이후에 위 아파트에 대한 소유권을 취득하였다고 하더라도, 주민등록상 전입신고를 한 날로부터 소유자 아닌 갑이 거주하는 것으로 나타나 있어서 제3자들이 보기에 갑의 주민등록이 소유권 아닌 임차권을 매개로 하는 점유라는 것을 인식할 수 있었으므로 위 주민등록은 갑이 전입신고를 마친 날로부터 임대차를 공시하는 기능을 수행하고 있었다고 할 것이고, 따라서 갑은 을 명의의 소유권이전등기가 경료되는 즉시 임차권의 대항력을 취득하였다고 보아야 한다.[195)]

194) 대법원 2000. 2. 11. 99다59306

27. 경매절차에서 낙찰인이 주민등록은 되어 있으나 대항력은 없는 종전 임차인과의 사이에 새로이 임대차계약을 체결하고 낙찰대금을 납부한 경우, 종전 임차인의 주민등록은 낙찰인의 소유권취득 이전부터 낙찰인과 종전 임차인 사이의 임대차관계를 공시하는 기능을 수행하고 있었으므로, 종전 임차인은 당해 부동산에 관하여 낙찰인이 낙찰대금을 납부하여 소유권을 취득하는 즉시 임차권의 대항력을 취득한다.[196)]

28. 실제 임대차계약의 주된 목적이 주택을 사용·수익하려는 것인 이상, 처음 임대차계약을 체결할 당시에는 보증금액이 많아 주택임대차보호법상 소액임차인에 해당하지 않았지만 그 후 새로운 임대차계약에 의하여 정당하게 보증금을 감액하여 소액임차인에 해당하게 되었다면, 그 임대차계약이 통정허위표시에 의한 계약이어서 무효라는 등의 특별한 사정이 없는 한 그러한 임차인은 같은 법상 소액임차인으로 보호받을 수 있다.[197)]

29. 공시방법이 없는 주택임대차에 있어서 주택의 인도와 주민등록이라는 우선변제의 요건은 그 우선변제권 취득시에만 구비하면 족한 것이 아니고, 민사집행법상 배당요구의 종기까지 계속 존속하고 있어야 한다.[198)]

30. 대항요건 및 확정일자를 갖춘 임차인과 소액임차인은 임차주택과 그 대지가 함께 경매될 경우뿐만 아니라 <u>임차주택과 별도로 그 대지만이 경매될 경우에도 그 대지의 환가대금에 대하여 우선변제권을 행사할 수 있고</u>,[199)] 이와 같은 우선변제권은 이른바 법정담보물

195) 대법원 2001. 1. 30. 2000다58026,58033
196) 대법원 2002. 11. 8. 2002다38361,38378
197) 대법원 2008. 5. 15. 2007다23203
198) 대법원 2007. 6. 14. 2007다17475
199) 대법원 1999. 7. 23. 99다25532 "임차주택의 환가대금 및 주택가액에 건물뿐만 아니라 대지의 환가대금 및 가액도 포함된다고 규정하고 있는 주택임대차보호법 제3조의2 제1항 및 제8조 제3항의 각 규정과 같은 법의 입법 취지 및 통상적으로 건물의 임대차에

권의 성격을 갖는 것으로서 임대차 성립시의 임차 목적물인 임차 주택 및 대지의 가액을 기초로 임차인을 보호하고자 인정되는 것이므로, 임대차 성립 당시 임대인의 소유였던 대지가 타인에게 양도되어 임차주택과 대지의 소유자가 서로 달라지게 된 경우에도 마찬가지이다.

주택임대차보호법은 주택의 임대차에 관하여 민법에 대한 특례를 규정함으로써 국민의 주거생활의 안정을 보장함을 목적으로 하고 있고, 주택의 전부 또는 일부의 임대차에 관하여 적용된다고 규정하고 있을 뿐 임차주택이 관할관청의 허가를 받은 건물인지, 등기를 마친 건물인지 아닌지를 구별하고 있지 아니하므로, 어느 건물이 국민의 주거생활의 용도로 사용되는 주택에 해당하는 이상 비록 그 건물에 관하여 아직 등기를 마치지 아니하였거나 등기가 이루어질 수 없는 사정이 있다고 하더라도 다른 특별한 규정이 없는 한 같은 법의 적용대상이 된다. 대항요건 및 확정일자를 갖춘 임차인과 소액임차인에게 우선변제권을 인정한 주택임대차보호법 제3조의2 및 제8조가 미등기 주택을 달리 취급하는 특별한 규정을 두고 있지 아니하므로, 대항요건 및 확정일자를 갖춘 임차인과 소액임차인의 임차주택 대지에 대한 우선변제권에 관한 법리는 임차주택이 미등기인 경우에도 그대로 적용된다. 이와 달리 임차주택의 등기 여부에 따라 그 우선변제권의 인정 여부를 달리 해석하는 것은 합리적 이유나 근거 없이 그 적용대상을 축소하거나 제한하는 것이 되어 부당하고, 민법과 달리 임차권의 등기 없이도 대항력과 우선변제권을 인정하는 같은 법의 취지에 비추어 타당하지 아니하

는 당연히 그 부지 부분의 이용을 수반하는 것인 점 등을 종합하여 보면, 대지에 관한 저당권의 실행으로 경매가 진행된 경우에도 그 지상 건물의 소액임차인은 대지의 환가대금 중에서 소액보증금을 우선변제받을 수 있다고 할 것이나, 이와 같은 법리는 대지에 관한 저당권 설정 당시에 이미 그 지상 건물이 존재하는 경우에만 적용될 수 있는 것이고, 저당권 설정 후에 비로소 건물이 신축된 경우에까지 공시방법이 불완전한 소액임차인에게 우선변제권을 인정한다면 저당권자가 예측할 수 없는 손해를 입게 되는 범위가 지나치게 확대되어 부당하므로, 이러한 경우에는 소액임차인은 대지의 환가대금에 대하여 우선변제를 받을 수 없다고 보아야 한다."

다. 다만, 소액임차인의 우선변제권에 관한 같은 법 제8조 제1항이 그 후문에서 '이 경우 임차인은 주택에 대한 경매신청의 등기 전에' 대항요건을 갖추어야 한다고 규정하고 있으나, 이는 소액보증금을 배당받을 목적으로 배당절차에 임박하여 가장 임차인을 급조하는 등의 폐단을 방지하기 위하여 소액임차인의 대항요건의 구비시기를 제한하는 취지이지, 반드시 임차주택과 대지를 함께 경매하여 임차주택 자체에 경매신청의 등기가 되어야 한다거나 임차주택에 경매신청의 등기가 가능한 경우로 제한하는 취지는 아니라 할 것이다. 대지에 대한 경매신청의 등기 전에 위 대항요건을 갖추도록 하면 입법 취지를 충분히 달성할 수 있으므로, 위 규정이 미등기 주택의 경우에 소액임차인의 대지에 관한 우선변제권을 배제하는 규정에 해당한다고 볼 수 없다.[200)]

31. 주택임대차보호법 제3조의2 제1항은 대항요건(주택인도와 주민등록전입신고)과 임대차계약증서상의 확정일자를 갖춘 주택임차인은 후순위권리자 기타 일반채권자보다 우선하여 보증금을 변제받을 권리가 있음을 규정하고 있는바, 이는 임대차계약증서에 확정일자를 갖춘 경우에는 부동산 담보권에 유사한 권리를 인정한다는 취지이므로, 부동산 담보권자보다 선순위의 가압류채권자가 있는 경우에 그 담보권자가 선순위의 가압류채권자와 채권액에 비례한 평등배당을 받을 수 있는 것과 마찬가지로 위 규정에 의하여 우선변제권을 갖게 되는 임차보증금채권자도 선순위의 가압류채권자와는 평등배당의 관계에 있게 된다. 가압류채권자가 주택임차인보다 선순위인지 여부는, 주택임대차보호법 제3조의2의 법문상 임차인이 확정일자 부여에 의하여 비로소 우선변제권을 가지는 것으로 규정하고 있음에 비추어, 임대차계약증서상의 확정일자 부여일을 기준으로 삼는 것으로 해석함이 타당하므로, 대항요건을 미리 갖추었다

200) 대법원 2007. 6. 21. 2004다26133 전원합의체 [종전에 미등기 주택 대지의 환가대금에 대한 소액임차인의 우선변제권에 관하여 이와 견해를 달리한 대법원 2001. 10. 30. 2001다39657 판결은 이를 변경하기로 한다]

고 하더라도 확정일자를 부여받은 날짜가 가압류일자보다 늦은 경우에는 가압류채권자가 선순위라고 볼 수밖에 없다.[201)]

32. 주택임대차보호법상의 대항력과 우선변제권의 두 가지 권리를 함께 가지고 있는 임차인이 우선변제권을 선택하여 제1경매절차에서 보증금 전액에 대하여 배당요구를 하였으나 보증금 전액을 배당받을 수 없었던 때에는 경락인에게 대항하여 이를 반환받을 때까지 임대차관계의 존속을 주장할 수 있을 뿐이고, 임차인의 우선변제권은 경락으로 인하여 소멸하는 것이므로 제2경매절차에서 우선변제권에 의한 배당을 받을 수 없는바, 이는 근저당권자가 신청한 1차 임의경매절차에서 확정일자 있는 임대차계약서를 첨부하거나 임차권등기명령을 받아 임차권등기를 하였음을 근거로 하여 배당요구를 하는 방법으로 우선변제권을 행사한 것이 아니라, 임대인을 상대로 보증금반환청구 소송을 제기하여 승소판결을 받은 뒤 그 확정판결에 기하여 1차로 강제경매를 신청한 경우에도 마찬가지이다.
보증금이 전액 변제되지 아니한 대항력 있는 임차권은 소멸하지 아니한다는 내용의 주택임대차보호법 제3조의5 단서를 신설한 입법 취지가 같은 법 제4조 제2항의 해석에 관한 종전의 대법원판례(대법원 1997. 8. 22. 선고 96다53628 판결 등)를 명문화하는 데에 있는 점 등으로 보아, "임대차가 종료된 경우에도 임차인이 보증금을 반환받을 때까지 임대차관계는 존속하는 것으로 본다."라고 규정한 같은 법 제4조 제2항과 동일한 취지를 경락에 의한 임차권 소멸의 경우와 관련하여 주의적·보완적으로 다시 규정한 것으로 보아야 하므로, 소멸하지 아니하는 임차권의 내용에 대항력뿐만 아니라, 우선변제권도 당연히 포함되는 것으로 볼 수는 없다.[202)]

33. 대지와 건물을 일괄경매하더라도 배당절차는 기본적으로 개별경매의 경우와 다르지 않으므로, 대지와 건물을 개별경매하는 경우와

201) 대법원 1992. 10. 13. 92다30597
202) 대법원 2006. 2. 10. 2005다21166

마찬가지로 대지에 대한 권리자는 대지매각대금에서, 건물에 대한 권리자는 건물매각대금에서 각 배당을 받아야 하고, 따라서 대지와 건물을 일괄매각하는 경우 각 재산의 매각대금에서 배당받을 채권자 및 채권이 다른 때에는 각 부동산의 매각대금마다 구분하여 이른바 개별배당재단을 형성한 후 각 대금마다 따로 배당표를 작성하여야 하며, 이 경우 배당표에 대한 이의는 각 물건마다 작성된 배당표를 대상으로 따로 처리되어야 하는 것이고, 설령 내시와 선물에 대한 배당표가 하나로 작성되었다고 하더라도 이는 대지매각대금에 대한 배당표와 건물매각대금에 대한 배당표의 각 채권자의 배당액이 합산되어 하나로 작성된 것에 불과하므로, 대지 매각대금이 모두 대지에 대한 권리자들에게 배당되었는데, 다만 그들 사이의 배당순위만 문제되는 경우 대지에 대한 선순위 채권자로서 배당을 받지 못한 자는 대지에 대한 후순위 채권자로시 선순위 채권자에 우선하여 배당받은 채권자를 상대로 배당이의를 할 수 있는 것이고, 후순위권자가 건물매각대금으로부터 배당을 받을 수 있어서 결과적으로 후순위 채권자의 배당액에 변경이 없을 것이라고 하여 달리 볼 것이 아니다.

주택임대차보호법 제8조에 규정된 소액보증금반환청구권은 임차목적 주택에 대하여 저당권에 의하여 담보된 채권, 조세 등에 우선하여 변제받을 수 있는 이른바 법정담보물권으로서, 주택임차인이 대지와 건물 모두로부터 배당을 받는 경우에는 마치 그 대지와 건물 전부에 대한 공동저당권자와 유사한 지위에 서게 되므로 대지와 건물이 동시에 매각되어 주택임차인에게 그 경매대가를 동시에 배당하는 때에는 민법 제368조 제1항을 유추적용하여 대지와 건물의 경매대가에 비례하여 그 채권의 분담을 정하여야 한다.[203)]

34. 주택임대차보호법 제3조의2 제2항은 대항요건(주택인도와 주민등록전입신고)과 임대차계약증서상의 확정일자를 갖춘 주택임차인에

203) 대법원 2003. 9. 5. 2001다66291

게 부동산 담보권에 유사한 권리를 인정한다는 취지로서, 이에 따라 대항요건과 확정일자를 갖춘 임차인들 상호간에는 대항요건과 확정일자를 최종적으로 갖춘 순서대로 우선변제받을 순위를 정하게 되므로, 만일 대항요건과 확정일자를 갖춘 임차인들이 주택임대차보호법 제8조 제1항에 의하여 보증금 중 일정액의 보호를 받는 소액임차인의 지위를 겸하는 경우, 먼저 소액임차인으로서 보호받는 일정액을 우선 배당하고 난 후의 나머지 임차보증금채권액에 대하여는 대항요건과 확정일자를 갖춘 임차인으로서의 순위에 따라 배당을 하여야 하는 것이다.[204)]

35. 주택임대차보호법상의 대항력과 우선변제권의 두 가지 권리를 겸유하고 있는 임차인이 먼저 우선변제권을 선택하여 임차주택에 대하여 진행되고 있는 경매절차에서 보증금 전액에 대하여 배당요구를 하였으나 그 순위에 따른 배당이 실시될 경우 보증금 전액을 배당받을 수 없었던 때에는 보증금 중 경매절차에서 배당받을 수 있었던 금액을 공제한 잔액에 관하여 경락인에게 대항하여 이를 반환받을 때까지 임대차관계의 존속을 주장할 수 있는바, 여기서 경락인에게 대항할 수 있는 보증금잔액은 보증금 중 경매절차에서 올바른 배당순위에 따른 배당이 실시될 경우의 배당액을 공제한 나머지 금액을 의미하는 것이지 임차인이 배당절차에서 현실로 배당받은 금액을 공제한 나머지 금액을 의미하는 것은 아니라 할 것이고, 따라서 임차인이 배당받을 수 있었던 금액이 현실로 배당받은 금액보다 많은 경우에는 임차인이 그 차액에 관하여는 과다 배당받은 후순위 배당채권자를 상대로 부당이득의 반환을 구하는 것은 별론으로 하고 경락인을 상대로 그 반환을 구할 수는 없다고 할 것이다.[205)]

36. 임차인이 임차건물에 관한 저당권설정등기 이전에 대항력을 갖춘 임차권을 취득한 경우에는 그 임차권으로써 저당권자에게 대항할

204) 대법원 2007. 11. 15. 2007다45562

205) 대법원 2001. 3. 23. 2000다30165

수 있음은 물론이나, 저당권설정등기 후에 임대인과 사이에 임차보증금을 증액하기로 합의하고 증액된 부분의 보증금을 지급하였다면 그 합의는 저당권자의 권리를 해하는 것이므로 저당권자에게는 대항할 수 없다고 할 것이다. 따라서 임차인은 위 저당권에 기하여 건물을 경락받은 소유자의 건물명도 청구에 대하여 증액전 임차보증금을 상환받을 때까지 그 건물을 명도할 수 없다고 주장할 수 있을 뿐이고 저당권설정등기 이후에 증액한 임차보증금으로써는 소유자에게 대항할 수 없는 것이다(대법원 1990. 8. 14. 선고 90다카11377 판결). 이러한 법리는 대항력을 갖춘 임차인이 체납처분에 의한 압류등기 이후에 임대인과 보증금을 증액하기로 합의하고 초과부분을 지급한 경우에도 마찬가지로 적용된다고 할 것이다.[206]

Ⅳ. 배당기일이 지정되면 법원사무관 등은 각 채권자에게 채권의 원금, 이사 등의 계산서를 제출하도록 최고해야 한다(민사집행규칙 제81조). 법원은 채권자와 채무자에게 보여 주기 위하여 배당기일의 3일전에 배당표원안(配當表原案)을 작성하여 법원에 비치하여야 한다(제149조 제1항). 법원은 출석한 이해관계인과 배당을 요구한 채권자를 심문하여 배당표를 확정하여야 한다(제149조 제2항). 배당표에는 매각대금, 채권자의 채권의 원금, 이자, 비용, 배당의 순위와 배당의 비율을 적어야 한다(제150조 제1항). 출석한 이해관계인과 배당을 요구한 채권자가 합의한 때에는 이에 따라 배당표를 작성하여야 한다(제150조 제2항).

확정된 배당표에 의하여 배당을 실시하는 것은 실체법상의 권리를 확정하는 것이 아니므로, 배당을 받아야 할 자가 배당을 받지 못하고 배당을 받지 못할 자가 배당을 받은 경우에는 배당에 관하여 이의를 한 여부 또는 형식상 배당절차가 확정되었는지 여부에 관계없이 배당을 받지 못한 우선채권자는 배당받은 자에 대하여 부당이득반환을 청구할 수 있다.[207]

206) 대법원 2010. 5. 13. 2010다12753
207) 대법원 1988. 11. 8. 86다카2949

Ⅴ. 배당기일에 출석한 채무자는 채권자의 채권 또는 그 채권의 순위에 대하여 이의할 수 있다(제151조 제1항) 채무자는 법원에 배당표원안이 비치된 이후 배당기일이 끝날 때까지 채권자의 채권 또는 그 채권의 순위에 대하여 서면으로 이의할 수 있다(제151조 제2항). 기일에 출석한 채권자는 자기의 이해에 관계되는 범위 안에서는 다른 채권자를 상대로 그의 채권 또는 그 채권의 순위에 대하여 이의할 수 있다(제151조 제3항). 위 이의에 관계된 채권자는 이에 대하여 진술하여야 한다(제1522조 제1항). 관계인이 위 이의를 정당하다고 인정하거나 다른 방법으로 합의한 때에는 이에 따라 배당표를 경정하여 배당을 실시하여야 한다(제152조 제2항). 이의가 완결되지 아니한 때에는 이의가 없는 부분에 한하여 배당을 실시하여야 한다(제152조 제3항). 기일에 출석하지 아니한 채권자는 배당표와 같이 배당을 실시하는 데에 동의한 것으로 본다(제153조 제1항). 기일에 출석하지 아니한 채권자가 다른 채권자가 제기한 이의에 관계된 때에는 그 채권자는 이의를 정당하다고 인정하지 아니한 것으로 본다(제153조 제2항).

Ⅵ. 법원은 배당표에 따라 배당을 실시하여야 한다(제159조 제1항). 채권 전부의 배당을 받을 채권자에게는 배당액지급증을 교부하는 동시에 그가 가진 집행력 있는 정본 또는 채권증서를 받아 채무자에게 교부하여야 한다(제159조 제2항). 채권 일부의 배당을 받을 채권자에게는 집행력 있는 정본 또는 채권증서를 제출하게 한 뒤 배당액을 적어서 돌려주고 배당액지급증을 교부하는 동시에 영수증을 받아 채무자에게 교부하여야 한다(제159조 제3항). 이상의 배당실시절차는 조서에 명확히 적어야 한다(제159조 제4항). 배당을 받아야 할 채권자의 채권에 대하여 채권에 정지조건 또는 불확정기한이 붙어 있는 때, 가압류채권자의 채권인 때[208], 저당권설정의 가등기가 마쳐져 있는 때, 배당이의

208) 대법원 2013. 6. 13. 2011다75478 "가압류의 효력은 가압류를 청구한 피보전채권액에 한하여 미치므로, 가압류결정에 피보전채권액으로서 기재된 액(가압류 청구금액)이 가압류채권자에 대한 배당액의 산정 기준이 되며, 배당법원이 배당을 실시할 때에 가압류채권자의 피보전채권은 공탁하여야 하고, 그 후 피보전채권의 존재가 본안의 확정판

의 소가 제기된 때 등의 경우에는 그에 대한 배당액을 공탁하여야 한다(제160조 제1항).[209] 채권자가 배당기일에 출석하지 아니한 때에는

결 등에 의하여 확정된 때 가압류채권자가 확정판결 등을 제출하면 배당법원은 가압류채권자에게 배당액을 지급하게 된다(민사집행법 제160조 제1항 제2호, 제161조 제1항). 이 경우 확정된 피보전채권액이 가압류 청구금액 이상인 경우에는 가압류채권자에 대한 배당액 전부를 가압류채권자에게 지급하지만, 반대로 확정된 피보전채권액이 가압류 청구금액에 미치지 못하는 경우에는 집행법원은 그 확정된 피보전채권액을 기준으로 하여 다른 동순위 배당채권자들과 사이에서의 배당비율을 다시 계산하여 배당액을 감액 조정한 후 공탁금 중에서 그 감액 조정된 금액만을 가압류채권자에게 지급하고 나머지는 다른 배당채권자들에게 추가로 배당하여야 한다. 가압류에 대한 본안의 확정판결에서 그 피보전채권의 원금 중 일부만이 남아 있는 것으로 확정된 경우라도, 특별한 사정이 없는 한 가압류 청구금액 범위 내에서는 그 나머지 원금과 청구기초의 동일성이 인정되는 지연손해금도 피보전채권의 범위에 포함되므로, 이를 가산한 금액이 가압류 청구금액을 넘는지 여부를 가리고 만약 가압류 청구금액에 미치지 못하는 경우에는 그 금액을 기초로 배당액을 조정하여야 한다. 그리고 위와 같이 배당채권자들과 사이에서 배당비율을 다시 계산하여 공탁되었던 배당액을 감액 조정하여 지급하는 것은 그 범위 내에서 잠정적으로 보류되었던 배당절차를 마무리 짓는 취지이고, 동순위 채권자들 사이에서는 배당채권으로 산입될 수 있는 채권원리금액 산정에 형평을 기하여야 할 터인데 가압류채권자에 대한 배당금 조정 시에 다른 배당채권자들의 잔존 채권원리금액을 모두 다시 확인하기 쉽지 아니함을 고려하면, 배당금 조정 시에 다른 배당채권자들의 채권액은 종전 배당기일의 채권원리금액을 기준으로 하고 가압류채권자의 경우에도 종전 배당기일까지의 지연손해금을 가산한 채권원리금액을 기준으로 하여 조정한 후 공탁금 중에서 그 감액 조정된 금액을 가압류채권자에게 지급하며, 나머지 공탁금은 특별한 사정이 없는 한 종전 배당기일의 채권액을 기준으로 하여 다른 배당채권자들에게 추가로 배당함이 타당하다. 본안소송 결과 배당액 전액을 지급받기에 부족한 피보전권리만이 확정되어 다른 배당채권자들에게 추가배당하여야 할 경우임이 밝혀진 때에는 당초의 배당액 중 다른 배당채권자들에게 추가배당하여야 할 부분에 관하여는 가압류채권자가 처음부터 그 부분에 대한 배당금지급청구권을 가지고 있지 않았다고 보아야 하므로, 가압류채권자가 그 부분 채권을 부당이득하였다고 할 수 없다.

209) 민사집행법 161조(공탁금에 대한 배당의 실시) ① 법원이 제160조 제1항의 규정에 따라 채권자에 대한 배당액을 공탁한 뒤 공탁의 사유가 소멸한 때에는 법원은 공탁금을 지급하거나 공탁금에 대한 배당을 실시하여야 한다. ②제1항에 따라 배당을 실시함에 있어서 다음 각호 가운데 어느 하나에 해당하는 때에는 법원은 배당에 대하여 이의하지 아니한 채권자를 위하여서도 배당표를 바꾸어야 한다. 1. 제160조제1항제1호 내지 제4호의 사유에 따른 공탁에 관련된 채권자에 대하여 배당을 실시할 수 없게 된 때 2. 제160조제1항제5호의 공탁에 관련된 채권자가 채무자로부터 제기당한 배당이의의 소에서 진 때 3. 제160조제1항제6호의 공탁에 관련된 채권자가 저당물의 매각대가로부터 배당을 받은 때 ③제160조제2항의 채권자가 법원에 대하여 공탁금의 수령을 포기하는 의사를 표시한 때에는 그 채권자의 채권이 존재하지 아니하는 것으로 보고 배당표를 바꾸어야 한다. ④제2항 및 제3항의 배당표변경에 따른 추가 배당기일에 제151조의 규정에 따라 이의할 때에는 종전의 배당기일에서 주장할 수 없었던 사유만을 주

그에 대한 배당액을 공탁하여야 한다(제160조 제2항).

Ⅶ. 압류재산에 조세채권의 법정기일 전에 설정된 저당권・전세권으로 담보되어 채권이 있는 경우의 배당순위는 ①소액임차보증금, 최종3개월분 임금[210], 최종3년간의 퇴직금, 재해보상금채권(이들 상호간에는 같은 순위로 채권액에 비례하여 배당한다), ②당해세, 즉 집행 목적물에 대하여 부관된 국세(상속세, 증여세, 종합부동산세), 지방세(재산세, 자동차 소유에 부과된 자동차세, 재산세와 자동세에 부가되는 지방교육세)와 가산금, ③국세 및 지방세의 법정기일 전에 설정등기된 저당권・전세권으로 담보되는 채권, 확정일자 있는 임차보증금채권, ④근로기준법 제38조 제2항의 임금 등을 제외한 임금, 근로자퇴직급여 보장법 제11조 제2항의 퇴직금을 제외한 퇴직금, 그 밖의 근로관계로 말미암은 채권, ⑤국세, 지방세 등 지방자치단체의 징수금, ⑥국세 및 지방세의 다음 순위로 징수하는 공과금 중 국민건강보험료, 국민연금보험료, 고용보험료 및 산업재해보상보험료, ⑦일반채권자의 채권 순이다.[211]

Ⅷ. 1. 배당법원이 배당을 실시할 때에 가압류채권자의 채권에 대하여는 그에 대한 배당액을 공탁하여야 하고, 그 후 그 채권에 관하여 본안판결이 확정되거나 소송상 화해・조정이 성립되거나 또는 화해권

장할 수 있다.

210) 대법원 2011. 12. 8. 2011다68777 "근로기준법 제38조 제2항은 근로자의 최저생활을 보장하고자 하는 공익적 요청에서 일반 담보물권의 효력을 일부 제한하고 최종 3개월분의 임금과 재해보상금에 해당하는 채권의 우선변제권을 규정한 것이므로, 합리적 이유나 근거 없이 적용 대상을 축소하거나 제한하는 것은 허용되지 않는다. 그런데 근로기준법 제38조 제2항은 최종 3개월분의 임금 채권이 같은 조 제1항에도 불구하고 사용자의 총재산에 대하여 질권 또는 저당권에 따라 담보된 채권에 우선하여 변제되어야 한다고 규정하고 있을 뿐, 사용자가 사용자 지위를 취득하기 전에 설정한 질권 또는 저당권에 따라 담보된 채권에는 우선하여 변제받을 수 없는 것으로 규정하고 있지 않으므로, 최종 3개월분의 임금 채권은 사용자의 총재산에 대하여 사용자가 사용자 지위를 취득하기 전에 설정한 질권 또는 저당권에 따라 담보된 채권에도 우선하여 변제되어야 한다."

211) 「민사집행법」, 사법연수원(2011), 228면

고결정·조정을 갈음하는 결정 등이 확정됨에 따라 공탁의 사유가 소멸한 때에는 배당법원은 가압류채권자에게 공탁금을 지급하여야 하므로(민사집행법 제160조 제1항 제2호, 제161조 제1항), 특별한 사정이 없는 한 본안의 확정판결 등에서 지급을 명한 가압류채권자의 채권은 배당액으로 충당되는 범위에서 본안판결 등의 확정시에 소멸한다.[212)]

2. 배당액이 공탁되있던 가압류채권자가 본안소송에서 일부승소의 확정판결을 받은 경우 집행법원으로서는 그 승소확정된 금액을 기준으로 하여 배당액을 재차 조정하여 공탁된 배당액 중 그 조정된 금액만을 가압류채권자에게 지급하고 나머지는 다른 채권자들에게 추가 배당하여야 한다.

3. 집행법원이 가압류채권자의 미확정채권에 대한 배당액이 정해진 후 배당기일에 다른 채권자로부터 그 피보전채권의 존부에 관하여 아무런 이의 없이 배당절차가 종료되어 가압류채권자에 대한 배당액이 공탁되었다고 하더라도, 공탁된 배당금이 피공탁자에게 지급될 때까지는 배당절차가 종료되었다고 단정할 수 없을 뿐 아니라, 경매제도가 채무자의 재산으로부터 채권자의 만족을 얻게 하는 데에 근본 목적으로 두고 있는 만큼 만족을 받지 못한 채권자가 있는 데도 이를 제쳐둔 채 채무자에게 공탁된 배당금을 지급하는 것은 경매제도의 목적에 현저히 반하는 것이라는 점 등에 비추어, 가압류채권자에 대한 배당액이 공탁된 후 가압류집행이 취소되거나 가압류채권자가 본안소송에서 패소확정판결을 받는 등의 경우에는, 그 공탁금은 채무자에게 교부할 것이 아니라 다른 채권자들에게 추가로 배당하여야 하는 것으로 해석하여야 할 것이고, 이는 가압류채권자가 본안에서 승소확정판결을 받은 금액이 공탁된 배당액을 초과한다고 하여도 마찬가지라 할 것이다.[213)]

---

212) 대법원 2014. 9. 4. 2012다65874

213) 대법원 2004. 4. 9. 2003다32681

4. 부동산에 대한 가압류집행 후 가압류목적물의 소유권이 제3자에게 이전된 경우 가압류의 처분금지적 효력이 미치는 것은 가압류결정 당시의 청구금액의 한도 안에서 가압류목적물의 교환가치이고, 위와 같은 처분금지적 효력은 가압류채권자와 제3취득자 사이에서만 있는 것이므로 제3취득자의 채권자가 신청한 경매절차에서 매각 및 경락인이 취득하게 되는 대상은 가압류목적물 전체라고 할 것이지만, 가압류의 처분금지적 효력이 미치는 매각대금 부분은 가압류채권자가 우선적인 권리를 행사할 수 있고 제3취득자의 채권자들은 이를 수인하여야 하므로, 가압류채권자는 그 매각절차에서 당해 가압류목적물의 매각대금에서 가압류결정 당시의 청구금액을 한도로 하여 배당을 받을 수 있고, 제3취득자의 채권자는 위 매각대금 중 가압류의 처분금지적 효력이 미치는 범위의 금액에 대하여는 배당을 받을 수 없다.[214)]

5. 부동산에 대한 선순위가압류등기 후 가압류목적물의 소유권이 제3자에게 이전되고 그 후 제3취득자의 채권자가 경매를 신청하여 매각된 경우, 가압류채권자는 그 매각절차에서 당해 가압류목적물의 매각대금 중 가압류결정 당시의 청구금액을 한도로 배당을 받을 수 있고, 이 경우 종전 소유자를 채무자로 한 가압류등기는 말소촉탁의 대상이 될 수 있다. 그러나 경우에 따라서는 집행법원이 종전 소유자를 채무자로 하는 가압류등기의 부담을 매수인이 인수하는 것을 전제로 하여 위 가압류채권자를 배당절차에서 배제하고 매각절차를 진행시킬 수도 있으며, 이와 같이 매수인이 위 가압류등기의 부담을 인수하는 것을 전제로 매각절차를 진행시킨 경우에는 위 가압류의 효력이 소멸하지 아니하므로 집행법원의 말소촉탁이 될 수 없다. 따라서 종전 소유자를 채무자로 하는 가압류등기가 이루어진 부동산에 대하여 매각절차가 진행되었다는 사정만으로 위 가압류의 효력이 소멸하였다고 단정할 수 없고, 구체적인 매각절차를 살펴 집행법원이 위 가압

214) 대법원 2006. 7. 28. 선고 2006다19986 판결

류등기의 부담을 매수인이 인수하는 것을 전제로 하여 매각절차를 진행하였는가 여부에 따라 위 가압류 효력의 소멸 여부를 판단하여야 한다.[215]

6. 주택임대차보호법상의 대항력과 우선변제권을 모두 가지고 있는 임차인이 보증금을 반환받기 위하여 보증금반환청구 소송의 확정판결 등 집행권원을 얻어 임차주택에 대하여 스스로 강제경매를 신청하였다면 특별한 사정이 없는 한 대항력과 우선변제권 중 우선변제권을 선택하여 행사한 것으로 보아야 하고, 이 경우 우선변제권을 인정받기 위하여 배당요구의 종기까지 별도로 배당요구를 하여야 하는 것은 아니다. 그리고 이와 같이 우선변제권이 있는 임차인이 집행권원을 얻어 스스로 강제경매를 신청하는 방법으로 우선변제권을 행사하고, 그 경매절차에서 집행관의 현황조사 등을 통하여 경매신청채권자인 임차인의 우선변제권이 확인되고 그러한 내용이 현황조사보고서, 매각물건명세서 등에 기재된 상태에서 경매절차가 진행되어 매각이 이루어졌다면, 특별한 사정이 없는 한 경매신청채권자인 임차인은 배당절차에서 후순위권리자나 일반채권자보다 우선하여 배당받을 수 있다고 보아야 한다.[216]

제12절 배당이의의 소

Ⅰ. 집행력 있는 집행권원의 정본을 가지지 아니한 채권자(가압류채권자를 제외한다)에 대하여 이의한 채무자와 다른 채권자에 대하여 이의한 채권자는 배당이의의 소를 제기하여야 한다(제154조 제1항). 집행력 있는 집행권원의 정본을 가진 채권자에 대하여 이의한 채무자는 청구이의의 소를 제기하여야 한다(제154조 제2항). 배당이의의 소에서 원고적격이 있는 사람은 적법하게 배당이의를 한 채무자 또는 채권자이다. 채무자는 배당기일에 출석하지 않아도 서면으로 이의가 허

215) 대법원 2007. 4. 13. 2005다8682

216) 대법원 2013. 11. 14. 2013다27831

용되므로, 서면으로 이의한 이상 원고적격이 인정된다. 그러나 채권자는 반드시 배당기일에 출석하여 배당이의를 하여야만 원고적격이 인정된다.

Ⅱ. 이의한 채권자나 채무자가 배당기일부터 1주 이내에 집행법원에 대하여 위 배당이의의 소를 제기한 사실을 증명하는 서류를 제출하지 아니한 때 또는 위 청구이의의 소를 제기한 사실을 증명하는 서류와 그 소에 관한 집행정지재판의 정본을 제출하지 아니한 때에는 이의가 취하된 것으로 본다(제154조 제3항). 이의한 채권자가 위 1주의 기간을 지키지 아니한 경우에도 배당표에 따른 배당을 받은 채권자에 대하여 소로 우선권 및 그 밖의 권리를 행사하는 데 영향을 미치지 아니한다.[217)]

Ⅲ. 배당이의의 소는 배당을 실시한 집행법원이 속한 지방법원의 관할로 한다. 다만, 소송물이 단독판사의 관할에 속하지 아니할 경우에는 지

---

217) 대법원 2006. 9. 28. 2004다68427 "경매신청기입등기 전에 등기된 근저당권자는 경락으로 인하여 그 권리가 소멸하는 대신 별도로 배당요구를 하지 않더라도 그 순위에 따라 경락대금에서 우선변제를 받을 수 있어 당연히 배당요구를 한 것과 같은 효력이 있으므로, 그러한 근저당권자가 배당요구를 하지 아니하였다 하여도 배당에서 제외하여서는 아니 되고, 다만 그러한 근저당권자가 경락기일까지 채권계산서를 제출하지 않았다면 특별한 사정이 없는 한 경매법원은 등기부등본에 기재된 채권최고액을 현실의 채권액으로 보아 배당함이 상당하다고 할 것이다. 위 법리를 기초로 원심판결 이유를 기록과 대조하여 보면, 원심이 원고가 선순위근저당권에 기하여 경매신청을 하면서 그 경매신청서에 청구금액을 '22억 원'이라고 기재한 이상 그 선순위근저당권의 채권최고액이 80억 원이고, 경매절차 진행중 채권액을 확장하는 내용의 채권계산서를 제출하였다고 하여 청구금액이 확장되는 것은 아니어서 경매법원으로서는 선순위근저당권자(경매신청채권자)의 지위에 있는 원고에게 청구금액 22억 원만을 배당하는 경우에도, 원고는 다른 한편으로 이 사건 경매개시결정등기 전에 등기된 후순위근저당권자이기도 하므로, 원고가 그 근저당권에 기해서는 배당요구를 하지 않았다고 하여도 그 근저당권자로서의 원고를 배당에서 제외하여서는 아니 되고, 따라서 경매법원으로서는 선순위근저당권자로서의 원고에게 22억 원을 배당하고 남은 잔액 237,196,633원을 피고들의 조세채권에 그 배당순위가 앞서는 후순위근저당권자로서의 원고에게 배당하였어야 할 것이라고 판단한 것은 정당하고, 거기에 민사집행에 관한 어떠한 법리오해의 위법도 없다. 이를 다투는 피고 천안시의 상고논지는 받아들일 수 없다. 확정된 배당표에 의하여 배당을 실시하는 것은 실체법상의 권리를 확정하는 것이 아니므로 배당을 받아야 할 자가 배당을 받지 못하고 배당을 받지 못할 자가 배당을 받은 경우에는 배당에 관하여 이의를 한 여부 또는 형식상 배당절차가 확정되었는가의 여부에 관계없이 배당을 받지 못한 우선채권자에게 부당이득반환청구권이 있다."

방법원의 합의부가 이를 관할한다(제156조 제1항). 여러 개의 배당이의의 소가 제기된 경우에 한 개의 소를 합의부가 관할하는 때에는 그 밖의 소도 함께 관할한다(제156조 제2항). 배당이의의 소에 대한 판결에서는 배당액에 대한 다툼이 있는 부분에 관하여 배당을 받을 채권자와 그 액수를 정하여야 한다. 이를 정하는 것이 적당하지 아니하다고 인정한 때에는 판결에서 배당표를 다시 만들고 다른 배당절차를 밟도록 명하여야 한다(제157조).

Ⅳ. 소멸주의에 따른 경매절차에서는 우선채권자나 일반채권자의 배당요구와 배당을 인정하므로 그 절차에서 작성된 배당표에 대하여 배당이의의 소를 제기하는 것이 허용되지만, 인수주의에 따른 경매절차에서는 배당요구와 배당이 인정되지 아니하고 배당이의의 소도 허용되지 아니한다.[218)]

Ⅴ. 배당이의한 사람이 배당이의의 소의 첫 변론기일에 출석하지 아니한 때에는 소를 취하한 것으로 본다(제158조). 배당이의의 소에서 첫 변론준비기일에 출석한 원고라 하더라도 첫 변론기일에 불출석하면 제158조에 따라서 소를 취하한 것으로 본다.[219)]

Ⅵ. 배당이의소송에 있어서의 배당이의사유에 관한 증명책임도 일반 민사소송에서의 증명책임 분배의 원칙에 따라야 하므로, 원고가 피고의 채권이 성립하지 아니하였음을 주장하는 경우에는 피고에게 채권의 발생원인사실을 입증할 책임이 있고, 원고가 그 채권이 통정허위표시로서 무효라거나 변제에 의하여 소멸되었음을 주장하는 경우에는 원고에게 그 장애 또는 소멸사유에 해당하는 사실을 증명할 책임이 있다.[220)]

Ⅶ. 배당이의의 소 판결의 효력은 채권자가 소를 제기한 경우에는 원고와

---

218) 대법원 2014. 1. 23. 2011다83691

219) 대법원 2007. 10. 25. 2007다34876

220) 대법원 2007. 7. 12. 2005다39617

피고 당사자 사이에서만 미친다. 그러나 채권자가 제기한 배당이의의 소의 본안판결이 확정된 때에는 이의가 있었던 배당액에 관한 실체적 배당수령권의 존부의 판단에 기판력이 생긴다.[221]

Ⅷ. 1. 근저당권설정계약을 사해행위로서 취소하는 경우 경매절차가 진행되어 타인이 소유권을 취득하고 근저당권설정등기가 말소되었다면 원물반환이 불가능하므로 가액배상의 방법으로 원상회복을 명할 것인바, 이미 배당이 종료되어 수익자가 배당금을 수령하였다면 수익자로 하여금 배당금을 반환하도록 명하여야 하고, 배당표가 확정되었으나 채권자의 배당금지급금지가처분으로 인하여 수익자가 배당금을 현실적으로 지급받지 못한 경우에는 배당금지급채권의 양도와 그 채권양도의 통지를 명할 것이나, 채권자가 배당기일에 출석하여 수익자의 배당 부분에 대하여 이의를 하였다면 그 채권자는 사해행위취소의 소와 병합하여 원상회복으로서 배당이의의 소를 제기할 수 있다고 할 것이다. 다만, 이 경우 법원으로서는 배당이의의 소를 제기한 당해 채권자 이외의 다른 채권자의 존재를 고려할 필요 없이 그 채권자의 채권이 만족을 받지 못한 한도에서만 근저당권설정계약을 취소하고 그 한도에서만 수익자의 배당액을 삭제하여 당해 채권자의 배당액으로 경정하여야 할 것이다.[222]

2. 확정된 배당표에 의하여 배당을 실시하는 것은 실체법상의 권리를 확정하는 것이 아니므로, 배당을 받아야 할 채권자가 배당을 받지 못하고 배당을 받지 못할 자가 배당을 받은 경우에는 배당을 받지 못

221) 대법원 2000. 1. 21. 선고 99다3501 판결 "채권자가 제기한 배당이의의 소의 본안판결이 확정된 때에는 이의가 있었던 배당액에 관한 실체적 배당수령권의 존부의 판단에 기판력이 생긴다고 할 것이고, 위 배당이의의 소에서 패소의 본안판결을 받은 당사자가 그 판결이 확정된 후 상대방에 대하여 위 본안판결에 의하여 확정된 배당액이 부당이득이라는 이유로 그 반환을 구하는 소송을 제기한 경우에는, 전소인 배당이의의 소의 본안판결에서 판단된 배당수령권의 존부가 부당이득반환청구권의 성립 여부를 판단하는 데에 있어서 선결문제가 된다고 할 것이므로, 당사자는 그 배당수령권의 존부에 관하여 위 배당이의의 소의 본안판결의 판단과 다른 주장을 할 수 없고, 법원도 이와 다른 판단을 할 수 없다 할 것이다."

222) 대법원 2004. 1. 27. 2003다6200

한 채권자로서는 배당에 관하여 이의를 한 여부에 관계없이 배당을 받지 못할 자이면서도 배당을 받았던 자를 상대로 부당이득반환청구권을 갖는다 할 것이고, 배당을 받지 못한 그 채권자가 일반채권자라고 하여 달리 볼 것은 아니다. 배당이의소송은 대립하는 당사자 사이의 배당액을 둘러싼 분쟁을 그들 사이에서 상대적으로 해결하는 것에 지나지 아니하여 그 판결의 효력은 오직 그 소송의 당사자에게만 미칠 뿐이므로, 어느 채권자가 배당이의소송에서의 승소확정판결에 기하여 경정된 배당표에 따라 배당을 받은 경우에 있어서도, 그 배당이 배당이의소송에서 패소확정판결을 받은 자 아닌 다른 배당요구채권자가 배당받을 몫까지도 배당받은 결과로 된다면 그 다른 배당요구채권자는 위 법리에 의하여 배당이의소송의 승소확정판결에 따라 배당받은 채권자를 상대로 부당이득반환청구를 할 수 있다.[223]

3. 확정된 배당표에 의하여 배당을 실시하는 것은 실체법상의 권리를 확정하는 것이 아니므로, 배당을 받아야 할 채권자가 배당을 받지 못하고 배당을 받지 못할 자가 배당을 받은 경우에는 배당을 받지 못한 채권자로서는 배당에 관하여 이의를 한 여부에 관계없이 배당을 받지 못할 자이면서도 배당을 받았던 자를 상대로 부당이득반환청구권을 가지며, 배당을 받지 못한 그 채권자가 일반채권자라거나 배당이의 소송에서 승소하여 배당표를 경정한 것이 사해행위 취소판결에 의한 것이라고 하여 달리 볼 것은 아니다. 이 때 배당이의 소송을 통하여 자신이 배당받아야 할 금액보다 초과하여 배당받은 채권자는, 그 초과 부분을 적법하게 배당요구를 하였으나 배당이의 소송에 참여하지 못한 다른 채권자에게 부당이득으로서 반환할 의무가 있을 뿐 사해행위를 한 채무자에게 반환할 의무는 없다.[224]

4. 첫 경매개시결정등기 전에 등기된 가압류채권자로부터 피보전권리를 양수한 채권양수인이 경매법원에 채권신고를 하였으나 배당표가

223) 대법원 2007. 2. 9. 2006다39546
224) 대법원 2011. 2. 10. 2010다90708

확정되기 전까지 채권양수사실을 제대로 소명하지 못함에 따라 가압류채권자에게 배당된 경우에, 다른 배당참가 채권자가 가압류채권자의 피보전권리는 채권양수인에게 양도되어 이미 소멸하였다는 이유로 가압류채권자에게 배당된 금액에 대하여 배당이의를 제기하고 배당이의의 소를 통해 가압류채권자에게 배당된 금액을 배당받는다면 채권양수인은 그 채권자를 상대로 가압류채권자의 배당액에 관하여 부당이득반환청구를 할 수 있다.[225)]

5. 집행공탁과 민법의 규정에 의한 변제공탁이 혼합되어 공탁된 이른바 혼합공탁의 경우에 어떠한 사유로 배당이 실시되었고 배당표상의 지급 또는 변제받을 채권자와 금액에 관하여 다툼이 있으면 이를 배당이의의 소라는 단일한 절차에 의하여 한꺼번에 분쟁을 해결함이 타당하므로, 공탁금에서 지급 또는 변제받을 권리가 있음에도 불구하고 지급 또는 변제받지 못하였음을 주장하는 자는 배당표에 배당받는 것으로 기재된 다른 채권자들을 상대로 배당이의의 소를 제기할 수 있다. 따라서 공탁금에서 적법하게 변제받을 지위에 있는 채권자는 배당이의의 소를 통하여 집행채권자들에 대한 배당액 중 변제공탁에 해당하는 부분으로서 배당재단이 될 수 없는 부분을 경정하여 이를 자신에게 배당할 것을 청구할 수 있다. 다만 이 경우에 집행공탁에 의한 정당한 배당재단 부분에 대하여는 다른 배당이의의 사유가 없는 한 종전의 배당표에서 정한 집행배당순위에 영향이 없으므로, 집행채권자의 채권이 배당표상의 다른 집행채권자의 채권보다 앞서거나 또는 적어도 동순위이기 때문에 배당이 잘못되지 않았더라도 여전히 배당을 받을 수 있었던 범위에서는 배당액이 유지되어야 하며, 결국 그 배당액을 넘는 범위에 한하여 배당표의 경정이 허용된다.[226)]

225) 대법원 2012. 4. 26. 2010다94090
226) 대법원 2014. 11. 13. 2012다117461

제13절 부동산 인도명령

Ⅰ. 법원은 매수인이 대금을 낸 뒤 6월 이내에 신청하면 채무자・소유자 또는 부동산 점유자에 대하여 부동산을 매수인에게 인도하도록 명할 수 있다. 다만, 점유자가 매수인에게 대항할 수 있는 권원에 의하여 점유하고 있는 것으로 인정되는 경우에는 그러하지 아니하다(제136조 제1항).

Ⅱ. 6월 경과 후에는 점유자를 상대로 별도로 인도소송을 제기하여야 한다.

Ⅲ. 인도명령의 신청인은 매수인 또는 그 일반승계인이며, 특정승계인은 신청인이 될 수 없다. 매각부동산을 양수한 특정승계인은 매수인의 집행법상의 권리까지 승계한 것이 아니기 때문에 인도명령을 신청할 권리를 가지지 않는다.[227)]

Ⅳ. 부동산인도명령이 경락인(낙찰자)에게 실체상의 권리 이상의 권리를 부여하는 것일 수는 없다는 점에서 채무자나 소유자라도 실체상의 점유권원을 가지는 경우에는 민사소송법 제647조 제1항 단서를 유추적용하여 경락인(낙찰자)의 인도명령신청을 거절할 수 있다고 할 것인바, 매도인은 그 매매의 효과로서 매수인에 대하여 그 매도 부분에 관한 점유이전의무를 지므로 경락인이 대금납부 후 소유자, 채무자 기타 인도명령의 상대방이 될 수 있는 점유자에게 매매 등 소유권을 양도하는 행위를 한 경우에는 인도명령을 신청할 수 없다고 해석하여야 하고, 그럼에도 불구하고 부동산인도명령을 발하기 위해서는 그 매매계약이 해제되었다는 등 그 점유권원이 소멸된 사실이 인정되어야 할 것이며, 그 점유권원이 소멸되었다는 사실은 인도명령의 신청인이 입증하여야 한다.[228)]

---

227) 대법원 1966. 9. 10. 66마713

228) 대법원 1999. 4. 16. 98마3897

Ⅴ. 채무자가 동생 소유의 아파트에 관하여 근저당권을 설정하고 대출을 받으면서 채권자에게 자신은 임차인이 아니고 위 아파트에 관하여 일체의 권리를 주장하지 않겠다는 내용의 확인서를 작성하여 준 경우, 그 후 대항력을 갖춘 임차인임을 내세워 이를 낙찰받은 채권자의 인도명령을 다투는 것은 금반언 및 신의칙에 위배되어 허용되지 않는다.[229)]

Ⅵ. 부동산의 인도명령의 상대방이 채무자인 경우에 그 인도명령의 집행력은 당해 채무자는 물론 채무자와 한 세대를 구성하며 독립된 생계를 영위하지 아니하는 가족과 같이 그 채무자와 동일시되는 자에게도 미친다. 근저당권의 채무자인 처에 대한 적법한 부동산 인도명령의 집행 당시 대항력을 갖춘 임차권자가 아니고 또한 처와 같은 세대를 구성하면서 그 부동산을 공동점유하고 있었던 남편의 공동점유를 본인의 의사에 반하여 배제하였다고 하여 이를 곧 점유의 위법한 침탈이라고 할 수는 없다.[230)]

Ⅶ. 법원은 매수인 또는 채권자가 신청하면 매각허가가 결정된 뒤 인도할 때까지 관리인에게 부동산을 관리하게 할 것을 명할 수 있다(제136조 제2항).

제14절 공유자의 우선매수권

Ⅰ. 공유물지분을 경매하는 경우에는 채권자의 채권을 위하여 채무자의 지분에 대한 경매개시결정이 있음을 등기부에 기입하고 다른 공유자에게 그 경매개시결정이 있다는 것을 통지하여야 한다. 다만, 상당한 이유가 있는 때에는 통지하지 아니할 수 있다(제139조 제1항). 최저매각가격은 공유물 전부의 평가액을 기본으로 채무자의 지분에 관하여 정하여야 한다. 다만, 그와 같은 방법으로 정확한 가치를 평가하기 어

229) 대법원 2000. 1. 5. 99마4307
230) 대법원 1998. 4. 24. 96다30786

렵거나 그 평가에 부당하게 많은 비용이 드는 등 특별한 사정이 있는 경우에는 그러하지 아니하다(제139조 제2항).

Ⅱ. 공유자는 최고매수신고가격과 같은 가격으로 채무자의 지분을 우선매수하겠다는 신고를 할 수 있다(제140조 제1항).[231] 이 경우에 법원은 최고가매수신고가 있더라도 그 공유자에게 매각을 허가하여야 한다(제140조 제2항).[232] 여러 사람의 공유자가 우선매수하겠다는 신고를 한 경우에는 특별한 협의가 없으면 공유지분의 비율에 따라 채무자의 지분을 매수하게 한다(제140조 제3항) 공유자가 우선매수신고를 한 경우에는 최고가매수신고인을 차순위매수신고인으로 본다(제140조 제4항).[233]

Ⅲ. 민사집행법 제139조는 공유물 지분을 경매하는 경우에 다른 공유자의 우선매수권을 보장하는 규정으로서 공유물 전부에 대한 경매에서는

231) 매각기일까지라 함은 집행관이 매각기일을 종결한다는 고지를 하기 전까지를 말한다(규칙 제76조 제1항). 대법원 2002. 6. 17. 2002마234 "공유자의 우선매수권은 일단 최고가매수신고인이 결정된 후에 공유자에게 그 가격으로 경락 내지 낙찰을 받을 수 있는 기회를 부여하는 제도이므로, 입찰의 경우에도 공유자의 우선매수신고 및 보증의 제공은 집행관이 입찰의 종결을 선언하기 전까지이면 되고 입찰마감시각까지로 제한할 것은 아니다."

232) 대법원 2004. 10. 14. 2004마581 "공유자가 우선매수권을 행사한 경우 법원은 그 공유자에게 경락을 허가하여야 한다고 규정하고 있고, 최고가입찰자로 하여금 당해 입찰기일에서 더 높은 입찰가격을 제시하도록 하는 것은 입찰의 본질에 반하는 것이며, 공유자와 최고가입찰자만이 참여하여 더 높은 입찰가격 내지 호가를 제시할 수 있는 새로운 입찰기일 등에 관한 절차규정도 없으므로, 공유자가 우선매수권을 행사한 경우에 최고가입찰자는 더 높은 입찰가격을 제시할 수 없다."

233) 대법원 2008. 7. 8. 2008마693 "집행법원은 민사집행법 제140조 제1항에 따른 공유자의 우선매수신고가 있는 경우에는 최고가매수신고가 있더라도 그 공유자에게 매각을 허가하여야 하는데, 매각기일에 최고가매수신고를 한 자가 있었지만 우선매수권이 있는 공유자라 자처하는 자가 우선매수신고를 하여 집행관이 그 자를 우선매수신청을 한 공유자로, 당해 매각기일에 최고가매수신고를 한 자를 차순위매수신고인으로 각 보아 매각기일을 종결한다고 고지하였으나, 우선매수권이 있는 공유자라 자처하는 자가 공유자로서 적법하게 우선매수신고를 한 것이 아니라고 밝혀진 경우 집행법원은 매각기일에 최고가매수신고를 한 자에게 매각허가결정을 선고하면 되고 이와는 별도로 공유자라 자처하는 자에게 매각불허가결정을 선고하여야 하는 것은 아니며, 집행법원이 선고한 매각허가결정의 주문 내용에 공유자라 자처하는 자에게 매각을 불허가한다는 취지의 기재가 있다 하더라도 이를 별도의 매각불허가결정으로 볼 수는 없다."

그 적용의 여지가 없고, 공유물 지분의 경매라도 경매신청을 받은 당해 공유자는 우선매수권을 행사할 수 없다.234)

Ⅳ. 집행법원이 여러 개의 부동산을 일괄매각하기로 결정한 경우, 집행법원이 일괄매각결정을 유지하는 이상 매각대상 부동산 중 일부에 대한 공유자는 특별한 사정이 없는 한 매각대상 부동산 전체에 대하여 공유자의 우선매수권을 행사할 수 없다고 봄이 상당하다.235)

Ⅴ. 공유자의 우선매수권을 규정한 민사집행법 제140조는, 공유자는 공유물 전체를 이용・관리하는 데 있어서 다른 공유자와 협의하여야 하는 (민법 제265조) 등으로 다른 공유자와 인적인 유대관계를 유지할 필요가 있기 때문에 공유지분의 매각으로 인하여 새로운 사람이 공유자가 되는 것보다는 기존의 공유자에게 우선권을 부여하여 그 공유지분을 매수할 수 있는 기회를 주는 것이 타당하다는 데 그 입법 취지가 있다 할 것이다. 그 관련 규정을 살펴보면, 민사집행법 제140조 제1항은 "공유자는 매각기일까지 제113조에 따른 보증을 제공하고 최고매수신고가격과 같은 가격으로 채무자의 지분을 우선매수하겠다는 신고를 할 수 있다"고 정하고 있고, 민사집행규칙 제76조 제1항은 "법 제140조 제1항의 규정에 따른 우선매수의 신고는 집행관이 매각기일을 종결한다는 고지를 하기 전까지 할 수 있다", 같은 조 제2항은 "공유자가 법 제140조 제1항의 규정에 따른 신고를 하였으나 다른 매수신고인이 없는 때에는 최저매각가격을 법 제140조 제1항의 최고가매수신고가격으로 본다"고 정하고 있다. 위 규정들에 의하면, 공유자는 집행관이 매각기일을 종결한다는 고지를 하기 전까지 우선매수신고를 할 수 있는 것이고, 또한 공유자가 보증을 제공하지 아니한 채 미리 우선매수신고를 하였다 하더라도 매각기일이 종결되기 전까지 보증을 제공하면 우선매수권을 행사할 수 있다고 할 것이다. 그런데 공유자가 우선매수신고를 하였음에도 매각기일이 종결될 때까지 보증을 제공하

234) 대법원 2008. 7. 8. 2008마693

235) 대법원 2006. 3. 13. 2005마1078

지 아니하였다고 하여 원심의 인정과 같이 그것만으로 공유자로서의 우선매수권을 포기한 것으로 볼 만한 근거는 없다. 민사집행규칙 제76조 제2항의 규정은 공유자가 우선매수신고를 하였으나 다른 매수신고인이 없는 경우 최고가매수신고가격이 없어 같은 가격으로 매수신고할 대상이 없게 되므로 최저매각가격을 최고가매수신고가격으로 보아 우선매수할 수 있게 한 규정이라 할 것이다. 이는 우선매수권의 행사와 보증의 제공이 이루어진 경우에 매각허가를 하여야 한다는 의미로 해석되어야 하고, 보증을 제공하지 아니한 경우 위 규정을 이유로 매각을 불허하거나 포기하는 의사를 추정할 수 있는 근거규정이 될 수 없다. 한편 앞서 본 바와 같은 공유자우선매수제도의 취지, 관련 규정 등에 비추어 보면, 공유자가 매각기일 전에 우선매수신고를 하였으나 다른 매수신고인이 없는 경우 공유자는 그 매각기일이 종결되기 전까지 보증을 제공하고 우선매수권행사의 효력을 발생시킬 수 있으나, 다른 한편 보증을 제공하지 아니하여 우선매수권행사의 효력을 발생시키지 아니하는 것을 선택할 수도 있다고 봄이 상당하고, 다른 특별한 사정이 없는 한 공유자가 우선매수신고를 하고도 그 매각기일에 보증을 제공하지 아니한 것만으로 우선매수권을 행사할 법적 지위를 포기하거나 상실하는 것으로 볼 수는 없는 것이다. 한편 관계 법령 및 민사집행법상의 공유자우선매수권 제도의 취지 내지 한계, 경매제도의 입법 취지 등에 비추어 보면, 공유자가 민사집행법 제140조의 우선매수권제도를 이용하여 채무자의 지분을 저가에 매수하기 위하여 여러 차례에 걸쳐 우선매수신고만 하여 일반인들이 매수신고를 꺼릴 만한 상황을 만들어 놓은 뒤, 다른 매수신고인이 없는 때에는 매수신청보증금을 납부하지 아니하는 방법으로 유찰이 되게 하였다가 최저매각가격이 그와 같이 하여 저감된 매각기일에 다른 매수신고인이 나타나면 그때 비로소 매수신청보증금을 납부하여 법원으로 하여금 공유자에게 매각을 허가하도록 하는 것에는 민사집행법 제121조, 제108조 제2호의 "최고가매수신고인이 매각의 적정한 실시를 방해한 사람"에 해당되는 매각불허가사유가 있다고 할 것이다. 위에서 본 법리를 기록에 비추어 살펴보면, 공유자인 재항고인이 공유자우선매수권 제도를 이용하여 이 사건 부동산의 채무자 지분에 대하여 두 차례에 걸쳐 우선매수신고를 하였으나 제2회 매각기일까지 다른 매수신고인이 없자 매수신청보증금을 납부하지 아니하는 방법으로 유찰이 되게 하였다가 제3회 매각기일에 다시 우선매수신고를 하면서 입찰에 참가한 것은 매각의 적정한 실시를 방해한 것이라고 할 것이고, 그렇다면 법원은 재항고인이 공유자로서 최고가매수신고인이라고 하더라도 민사집행법 제123조 제2항 본문에 따라 직권으로 매각을 불허가할 수 있다고 할 것이다.[236]

제4장 자동차 · 건설기계 · 소형선박 · 항공기 · 선박 등에 대한 강제집행

Ⅰ. 민법상으로 동산이지만 부동산에 준해 취급하는 선박 · 항공기 · 자동차 · 건설기계 · 소형선박 등은 공시방법 면에서는 부동산의 강제경매 규정에 따르고, 경매대상의 이동성 면에서는 유체동산의 강제경매 규정에 따라야 한다.

Ⅱ. 자동차 · 건설기계 · 소형선박에 대한 강제집행

1. 자동차 · 건설기계 · 소형선박(「자동차 등 특정동산 저당법」 제3조제2호에 따른 소형선박을 말한다) 및 항공기(「자동차 등 특정동산 저당법」 제3조제4호에 따른 항공기 및 경량항공기를 말한다)에 대한 강제집행절차는 대법원규칙(민사집행규칙)으로 정한다(제187조).

2. 자동차에 대한 강제집행은 원칙적으로 부동산에 대한 강제경매의 규정에 따른다. 이 경우 민사집행법과 민사집행규칙칙에 등기라고 규정된 것은 등록으로, 등기부라고 규정된 것은 자동차등록원부로, 등기관이라고 규정된 것은 특별시장 · 광역시장 또는 도지사로 본다(민사집행규칙 제108조). 자동차등록원부에 기재된 사용본거지를 관할

236) 대법원 2011. 8. 26. 2008마637

하는 지방법원을 집행법원으로 한다(민사집행규칙 제109조 제1항). 다만, 강제집행 신청 전의 인도명령에 따라 집행관이 자동차를 인도받은 경우에는 자동차가 있는 곳을 관할하는 지방법원도 집행법원으로 한다(민사집행규칙 제109조 제2항).

3. 자동차·건설기계·소형선박의 경우 법원은 강제경매개시결정을 하는 때 미리 자동차·건설기계·소형선박을 인도받아 신고가 된 경우를 제외하고는 채무자에 대하여 이를 집행관에게 인도할 것을 명하여야 하며, 개시결정이 송달되거나 등록되기 전에 집행관이 자동차·건설기계·소형선박을 인도받은 경우에는 그때 압류의 효력이 생긴다(인도명령, 민사집행규칙 제111조 제1항, 제3항). 경매개시결정이 있은 날부터 2월이 지나기까지 집행관이 자동차·건설기계·소형선박을 넘겨받지 못한 때에는 법원은 집행절차를 취소하여야 한다(민사집행규칙 제116조). 법원은 상당하다고 인정하는 때에는 압류채권자의 매수신청에 따라 그에게 자동차·건설기계·소형선박의 매각을 허가할 수 있다(양도명령, 민사집행규칙 제124조).

4. 건설기계와 소형선박에 대한 강제집행에는 자동차에 대한 집행규정을 준용한다. 민사집행 규칙 제108조 내지 제110조에 자동차등록원부라고 규정된 것은 건설기계등록원부, 선박원부·어선원부·수상레저기구등록원부로 본다(민사집행규칙 제130조 제1항). 소형선박에 대한 강제집행의 경우 사용본거지라고 규정된 것은 선적항 또는 보관장소로 본다.

Ⅲ. 선박등기를 할 수 있는 선박에 대한 강제집행

1. 선박등기를 할 수 있는 선박에 대한 강제집행은 부동산의 강제경매에 관한 규정에 따른다. 다만, 사물의 성질에 따른 차이가 있거나 특별한 규정이 있는 경우에는 그러하지 아니하다(제172조).

2. 외국선박에 대한 강제집행도 가능하지만, 외국선박에는 등기부에 기입할 절차에 관한 규정을 적용하지 아니한다(제186조).

3. 선박에 대한 강제집행의 집행법원은 압류 당시에 그 선박이 있는 곳을 관할하는 지방법원으로 한다(제173조). 압류된 선박이 관할구역 밖으로 떠난 때에는 집행법원은 선박이 있는 곳을 관할하는 법원으로 사건을 이송할 수 있다(제182조 제1항). 이 이송결정에 대하여는 불복할 수 없다(제182조 제2항). 압류 당시 선박이 그 법원의 관할안에 없었음이 판명된 때에는 그 절차를 취소하여야 한다(제180조).

4. 법원은 경매개시결정을 한 때에는 집행관에게 선박국적증서 그 밖에 선박운행에 필요한 문서(선박국적증서등)를 선장으로부터 받아 법원에 제출하도록 명하여야 한다(제174조 제1항).

5. 경매개시결정이 송달 또는 등기되기 전에 집행관이 선박국적증서등을 받은 경우에는 그 때에 압류의 효력이 생긴다(제174조 제2항).

6. 경매개시결정이 있은 날부터 2월이 지나기까지 집행관이 선박국적증서등을 넘겨받지 못하고, 선박이 있는 곳이 분명하지 아니한 때에는 법원은 강제경매절차를 취소할 수 있다(제183조).

7. 선박에 대한 집행의 신청전에 선박국적증서등을 받지 아니하면 집행이 매우 곤란할 염려가 있을 경우에는 선적(船籍)이 있는 곳을 관할하는 지방법원(선적이 없는 때에는 대법원규칙이 정하는 법원)은 신청에 따라 채무자에게 선박국적증서등을 집행관에게 인도하도록 명할 수 있다. 급박한 경우에는 선박이 있는 곳을 관할하는 지방법원도 이 명령을 할 수 있다(제175조 제1항). 이 명령에 대하여는 즉시항고할 수 있다(제175조 제3항).

8. 집행관은 선박국적증서등을 인도받은 날부터 5일 이내에 채권자로부터 선박집행을 신청하였음을 증명하는 문서를 제출받지 못한 때에는 그 선박국적증서등을 돌려 주어야 한다(제175조 제2항).

9. 법원은 집행절차를 행하는 동안 선박이 압류 당시의 장소에 계속 머무르도록 명하여야 한다(제176조 제1항). 매각기일의 공고에는 선박의 표시와 그 정박한 장소를 적어야 한다(제184조). 법원은 영업상의

필요, 그 밖에 상당한 이유가 있다고 인정할 경우에는 채무자의 신청에 따라 선박의 운행을 허가할 수 있다. 이 경우 채권자 · 최고가매수신고인 · 차순위매수신고인 및 매수인의 동의가 있어야 한다(제176조 제2항). 위 선박운행허가결정에 대하여는 즉시항고를 할 수 있으며(제176조 제3항), 선박운행허가결정은 확정되어야 효력이 생긴다(제176조 제4항).

10. 강제경매신청을 할 때에는 ①채무자가 소유자인 경우에는 소유자로서 선박을 점유하고 있다는 것을, ②선장인 경우에는 선장으로서 선박을 지휘하고 있다는 것을 소명할 수 있는 증서, 선박에 관한 등기사항을 포함한 등기부의 초본 또는 등본을 내야 한다(제177조 제1항). 채권자는 공적 장부를 주관하는 공공기관이 멀리 떨어진 곳에 있는 때에는 위 초본 또는 등본을 보내주도록 법원에 신청할 수 있다(제177조 제1항).

11. 법원은 채권자의 신청에 따라 선박을 감수(監守)하고 보존하기 위하여 필요한 처분을 할 수 있다(제178조 제1항). 법원이 위 처분을 한 때에는 경매개시결정이 송달되기 전에도 압류의 효력이 생긴다(제178조 제2항).

12. 선장에 대한 판결로 선박채권자를 위하여 선박을 압류하면 그 압류는 소유자에 대하여도 효력이 미친다. 이 경우 소유자도 이해관계인으로 본다(제179조 제1항). 압류한 뒤에 소유자나 선장이 바뀌더라도 집행절차에는 영향을 미치지 아니한다(제179조 제2항). 압류한 뒤에 선장이 바뀐 때에는 바뀐 선장만이 이해관계인이 된다(제179조 제3항).

13. 선박의 지분에 대한 강제집행은 제251조[237]에서 규정한 강제집행

---

237) 민사집행법 제251조(그 밖의 재산권에 대한 집행) ①앞의 여러 조문에 규정된 재산권 외에 부동산을 목적으로 하지 아니한 재산권에 대한 강제집행은 이 관의 규정 및 제98조 내지 제101조의 규정을 준용한다. ②제3채무자가 없는 경우에 압류는 채무자에게 권리처분을 금지하는 명령을 송달한 때에 효력이 생긴다.

의 예에 따른다(제185조 제1항). 채권자가 선박의 지분에 대하여 강제집행신청을 하기 위하여서는 채무자가 선박의 지분을 소유하고 있다는 사실을 증명할 수 있는 선박등기부의 등본이나 그 밖의 증명서를 내야 한다(제185조 제2항). 압류명령은 채무자 외에 「상법」 제764조[238]에 의하여 선임된 선박관리인에게도 송달하여야 한다(제185조 제3항). 압류명령은 선박관리인에게 송달되면 채무자에게 송달된 것과 같은 효력을 가진다(제185조 제4항).

Ⅳ. 항공기에 대한 강제집행

1. 항공기에 대한 강제집행을 선박에 대한 강제집행의 예에 따르도록 하고 있다(민사집행규칙 제106조).

2. 민사집행법과 민사집행규칙에 등기라고 규정된 것은 등록으로, 등기부라고 규정된 것은 항공기등록원부로, 등기관이라고 규정된 것은 건설교통부장관으로, 정박이라고 규정된 것은 정류 또는 정박으로, 정박항 또는 정박한 장소라고 규정된 것은 정류 또는 정박하는 장소로, 운행이라고 규정된 것은 운항으로, 수역이라고 규정된 것은 운항지역으로, 선박국적증서라고 규정된 것은 항공기등록증명서로, 선적항 또는 선적이 있는 곳이라고 규정된 것은 정치장으로, 선적항을 관할하는 해운관서의 장이라고 규정된 것은 건설교통부장관으로 본다.

제5장 유체동산에 대한 강제집행

제1절 민사집행법상 동산과 그에 대한 강제집행

민사집행법상 동산에는 유체동산은 물론 채권과 그 밖의 재산권이 포함된다. 부동산 및 부동산에 준하여 취급되는 입목, 공장재단, 광업재단, 광업권, 어업권, 선박, 항공기, 자동차・건설기계・소형선박은 제외된다.

---

238) 상법 제764조(선박관리인의 선임・등기) ①선박공유자는 선박관리인을 선임하여야 한다. 이 경우 선박공유자가 아닌 자를 선박관리인으로 선임함에는 공유자 전원의 동의가 있어야 한다. ②선박관리인의 선임과 그 대리권의 소멸은 등기하여야 한다.

민사집행법상 동산에 대한 강제집행은 압류에 의하여 개시한다(제188조 제1항). 압류는 집행력 있는 정본에 적은 청구금액의 변제와 집행비용의 변상에 필요한 한도 안에서 하여야 한다(제188조 제2항).[239] 압류물을 현금화하여도 집행비용 외에 남을 것이 없는 경우에는 집행하지 못한다(제188조 제3항).[240] 유체동산은 집행관이 점유하여 압류하고, 채권 그 밖의 재산권은 집행법원이 압류명령을 하여 송달한다.

제2절 유체동산의 개념

유체동산은 민법상 동산과 동산은 아니지만 집행관의 집행에 적당한 재산을 포함한 집행법상 개념이다. 무기명채권도 성질상 유체동산으로 본다(민법 제523조).

부동산의 종물인 유체동산은 주물인 부동산과 함께 부동산집행의 대상이 되기 때문에 유체동산에 대한 강제집행의 대상이 아니다.

등기할 수 없는 토지의 정착물로서 독립하여 거래의 객체가 될 수 있는 것[241], 토지에서 분리하기 전의 과실로서 1월 이내에 수확할 수 있는

---

239) 민사집행규칙 제140조(초과압류 등의 취소) ①유체동산의 경우 집행비용 외에 남을 것이 없는 압류인지의 판단은 집행관이 한다. 집행관은 압류 후에 그 압류가 민사집행법 제188조제2항의 한도를 넘는 사실이 분명하게 된 때에는 넘는 한도에서 압류를 취소하여야 한다. ②집행관은 압류 후에 압류물의 매각대금으로 압류채권자의 채권에 우선하는 채권과 집행비용을 변제하면 남을 것이 없겠다고 인정하는 때에는 압류를 취소하여야 한다.

240) 민사집행규칙 제141조(매각의 가망이 없는 경우의 압류의 취소) 집행관은 압류물에 관하여 상당한 방법으로 매각을 실시하였음에도 매각의 가망이 없는 때에는 그 압류물의 압류를 취소할 수 있다.

241) 대법원 2003. 9. 26. 2001다52773 "집행관이 독립・단독의 사법기관으로서 스스로 법령을 해석하고 집행할 권한이 있고, 특히 유체동산집행은 개시부터 종료까지 집행관의 고유권한으로서 무잉여인지 여부도 스스로 판단하는 것이라고 하더라도, 집행관은 유체동산집행에 관한 법률전문가로서 유체동산집행에 관한 관계 법규나 필요한 지식을 충분히 갖출 것이 요구되는 한편, 압류하려는 물건이 환가가능성이 있는지 여부는 통상적인 거래관행과 사례를 기초로 합리적으로 판단하여야 할 것이며, 만일 집행관으로서 당연히 알아야 할 관계 법규를 알지 못하거나 필요한 지식을 갖추지 못하였고 또한 조사를 게을리 하여 법규의 해석을 그르쳤고 이로 인하여 타인에게 손해를 가하였다면 불법행위가 성립한다. 공장저당의 목적인 동산은 공장저당법에 의하여 유체동산집행의 대상이 되지 아니하는 이른바 압류금지물에 해당하므로 집행관은 압류하여서는 아니되지만, 금지규정을 어겨 압류한 경우에는 집행관은 집행에 관한 이의에 의한 법원

것[242], 유가증권으로서 배서가 금지되지 아니한 것[243]은 유체동산으로 본다(제189조 제2항).

제3절 유체동산의 압류

Ⅰ. 압류의 실시

1. 채무자가 점유하고 있는 유체동산의 압류는 집행관이 그 물건을 점유함으로써 한다. 다만, 채권자의 승낙이 있거나 운반이 곤란한 때에는 봉인, 그 밖의 방법으로 압류물임을 명확히 하여 채무자에게 보관시킬 수 있다(제189조 제1항). 압류를 신청하는 채권자는 집행장소만 지정하면 되고, 압류물의 특정은 집행관의 재량에 달려 있다. 집행관은 점유의 외관을 기준으로 압류 여부를 결정할 뿐이고, 실제 소유자가 제3자인 경우에도 압류는 유효하고, 그 제3자는 제3자이의의 소로 구제받을 수 있다. 집행관은 채무자가 압류에 참여한 경우(제6조) 이외에는 채무자에게 압류의 사유를 통지하여야 한다(제189조 제3항).

2. 채무자와 그 배우자의 공유로서 채무자가 점유하거나 그 배우자와 공동으로 점유하고 있는 유체동산은 압류할 수 있다(제190조). 배우자는 매각기일에 출석하여 우선매수할 것을 신고할 수 있다(제206조). 부부의 누구에게 속한 것인지 분명하지 아니한 재산은 부부의 공유로 추정하고(민법 제830조 제2항), 채무자와 그 배우자의 공유

의 결정이나 채권자의 신청에 의하지 아니하고는 스스로 압류를 해제할 수 없는 것이고, 압류의 부당해제의 경우 집행관의 처분에 대한 이의로서 구제받을 것을 예정하고 있다고 하더라도, 그러한 구제절차를 취하였더라면 부당한 압류해제로 인한 손해를 방지할 수 있었다고 단정할 수 없는 이상 구제절차를 취하지 아니하였다는 사유만으로 부당한 압류해제로 인한 손해발생을 부정할 수는 없다. 민사집행법 제189조 제2항 제1호에서 규정하는 "등기할 수 없는 토지의 정착물"은 토지에의 정착성은 있으나 현금화한 후 토지로부터 분리하는 것을 전제로 하여 거래의 대상으로서의 가치를 가지는 것이라고 보아야 하고, 독립하여 거래의 객체가 될 수 있는 것인지의 여부는 그 물건의 경제적 가치 및 일반적인 거래의 실정이나 관념에 비추어 판단하여야 한다."

242) 주로 곡식, 채소, 과일 등을 말한다.

243) 주로 어음, 수표, 화물상환증, 선하증권, 창고증권 등을 말한다. 유가증권으로서 배서가 금지된 것은 기명증권 내지 지명증권이고, 이는 민법상 지명채권양도의 방식을 따라야 한다.

로서 채무자가 점유하거나 그 배우자와 공동으로 점유하고 있는 유체동산은 압류할 수 있는데(민사집행법 제190조), 이와 같은 부부공유재산의 추정과 부부공유의 유체동산에 대한 압류는 혼인관계가 유지되고 있는 부부를 전제로 한다고 할 것이다.[244)]

3. 채권자가 유치권이나 질권 등을 행사하여 채무자 소유의 물건을 점유하고 있는 경우 또는 제3자가 점유하고 있는 물건은 그 채권자 또는 제3자가 그 물건을 집행관에게 제출한 경우에 한해 압류를 실시할 수 있다.

4. 집행관이 물건을 압류하여 채무자에게 보관시키는 경우에 봉인 기타의 방법으로 압류를 명확히 하는 것은 압류의 효력발생요건이라 할 것이며, 압류의 표지가 명확하지 않은 경우의 압류는 무효일 뿐만 아니라 오히려 불성립에 속한다고 할 수 있으므로 위와 같은 하자를 추후에 집행관이 보정하여 경매하였다고 해서 그 흠이 치유되는 것은 아니다. 집행관이 창고 안에 저장되어 있는 동종의 물건 가운데 일부만을 압류하여 이를 채무자에게 보관시키면서 압류한 부분을 유형적으로 구별하여 놓지 아니하고 일괄공시의 방법으로 품목과 수량을 기재한 데 그친 공시서를 창고벽에 붙여서 한 압류는 무효이고, 이를 기초로 하여 진행된 경매절차 역시 무효이다.[245)]

Ⅱ. 압류물의 보존

압류물을 보존하기 위하여 필요한 때에는 집행관은 적당한 처분을 하여야 한다(제198조 제1항). 압류물 보존 처분에 비용이 필요한 때에는 채권

---

244) 대법원 2013. 7. 11. 2013다201233 "원심판결 이유에 의하면, 원고와 소외인이 2008. 2. 12. 협의이혼한 사실을 알 수 있으므로 그 협의이혼에도 불구하고 원고와 소외인 사이에 사실상의 부부관계가 여전히 유지되고 있다는 등의 특별한 사정이 없는 한 원고가 그 거주지에서 점유하고 있는 동산들을 원고와 소외인의 공유로 추정할 수 없음에도 원심이 원고와 소외인 사이에 압류 당시 부부관계 유지 여부에 대한 심리·판단 없이 위 동산들을 원고와 소외인의 공유로 추정하여 그에 대한 강제집행이 가능하다고 판단한 데에는 부부공유재산의 추정에 관한 법리를 오해한 위법이 있다고 할 것이다. 이 점을 지적하는 취지의 상고이유의 주장은 이유 있다."

245) 대법원 1991. 10. 11. 91다8951

자로 하여금 이를 미리 내게 하여야 한다. 채권자가 여럿인 때에는 요구하는 액수에 비례하여 미리 내게 한다(제198조 제2항). 「민사집행법 제49조 제2호 또는 제4호의 문서」[246]가 제출된 경우에 압류물을 즉시 매각하지 아니하면 값이 크게 내릴 염려가 있거나, 보관에 지나치게 많은 비용이 드는 때에는 집행관은 그 물건을 매각할 수 있다(제198조 제3항). 압류물을 매각한 경우 집행관은 그 대금을 공탁하여야 한다(제198조 제4항).

Ⅲ. 압류의 제한과 금지

국가에 대한 강제집행은 국고금을 압류함으로써 한다(제192조). 국고금은 국가에 속하는 현금 및 현금과 동일한 가치를 가지는 것으로서 대통령령이 정하는 것을 말한다(국고금관리법 제2조). 국고금 이외의 국유재산은 강제집행할 수 없다. 민사집행법 제195조는 압류가 금지되는 물건을 정하고 있다.[247]

---

246) 민사집행법 제49조(집행의 필수적 정지·제한) 강제집행은 다음 각호 가운데 어느 하나에 해당하는 서류를 제출한 경우에 정지하거나 제한하여야 한다. 2. 강제집행의 일시정지를 명한 취지를 적은 재판의 정본 4. 집행할 판결이 있은 뒤에 채권자가 변제를 받았거나, 의무이행을 미루도록 승낙한 취지를 적은 증서

247) 1. 채무자 및 그와 같이 사는 친족(사실상 관계에 따른 친족을 포함한다.)의 생활에 필요한 의복·침구·가구·부엌기구, 그 밖의 생활필수품 2. 채무자등의 생활에 필요한 2월간의 식료품·연료 및 조명재료 3. 채무자등의 생활에 필요한 1월간의 생계비로서 대통령령이 정하는 액수의 금전 4. 주로 자기 노동력으로 농업을 하는 사람에게 없어서는 아니될 농기구·비료·가축·사료·종자, 그 밖에 이에 준하는 물건 5. 주로 자기의 노동력으로 어업을 하는 사람에게 없어서는 아니될 고기잡이 도구·어망·미끼·새끼고기, 그 밖에 이에 준하는 물건 6. 전문직 종사자·기술자·노무자, 그 밖에 주로 자기의 정신적 또는 육체적 노동으로 직업 또는 영업에 종사하는 사람에게 없어서는 아니 될 제복·도구, 그 밖에 이에 준하는 물건 7. 채무자 또는 그 친족이 받은 훈장·포장·기장, 그 밖에 이에 준하는 명예증표 8. 위패·영정·묘비, 그 밖에 상례·제사 또는 예배에 필요한 물건 9. 족보·집안의 역사적인 기록·사진첩, 그 밖에 선조숭배에 필요한 물건 10. 채무자의 생활 또는 직무에 없어서는 아니 될 도장·문패·간판, 그 밖에 이에 준하는 물건 11. 채무자의 생활 또는 직업에 없어서는 아니 될 일기장·상업장부, 그 밖에 이에 준하는 물건 12. 공표되지 아니한 저작 또는 발명에 관한 물건 13. 채무자등이 학교·교회·사찰, 그 밖의 교육기관 또는 종교단체에서 사용하는 교과서·교리서·학습용구, 그 밖에 이에 준하는 물건 14. 채무자등의 일상생활에 필요한 안경·보청기·의치·의수족·지팡이·장애보조용 바퀴의자, 그 밖에 이에 준하는 신체보조기구 15. 채무자등의 일상생활에 필요한 자동차로서 자동차관리법이 정하는 바에 따른 장애인용 경형자동차 16. 재해의 방지 또는 보안을 위하여 법령의 규정에 따라 설비하여야 하는 소방설비·경보기구·피난시설, 그 밖에 이에 준하는 물건

법원은 당사자가 신청하면 채권자와 채무자의 생활형편, 그 밖의 사정을 고려하여 유체동산의 전부 또는 일부에 대한 압류를 취소하도록 명하거나 민사집행법 제195조의 유체동산을 압류하도록 명할 수 있다(제196조)

Ⅳ. 압류의 효력

압류재산에 대해 채무자는 처분권을 상실한다. 압류에 위반한 채무자의 처분행위는 무효이다. 그러나 이는 절대적 무효는 아니고 상대적 무효이다.

압류의 효력은 압류물에서 생기는 천연물에도 미친다(제194조). 따라서 채무자는 압류물로부터 생기는 천연물에 대한 수취권을 상실한다.

Ⅴ. 압류물 인도명령

압류 중에 압류물을 제3자가 점유하게 된 경우에는 법원은 채권자의 신청에 따라 그 제3자에 대하여 그 물건을 집행관에게 인도하도록 명할 수 있다(제193조 제1항). 압류하기 전부터 제3자가 점유하고 있는 물건에 대해서는 위 인도명령을 신청할 수 없다.

압류물의 인도명령 신청은 압류물을 제3자가 점유하고 있는 것을 안 날부터 1주 이내에 하여야 한다(제193조 제2항). 법원의 압류물 인도명령은 상대방에게 송달되기 전에도 집행할 수 있다(제193조 제3항). 법원의 압류물 인도명령은 신청인에게 고지된 날부터 2주가 지난 때에는 집행할 수 없다(제193조 제4항). 압류물 인도명령 재판에 대하여는 즉시항고를 할 수 있다(제193조 제5항).

Ⅵ. 압류경합

유체동산을 압류하거나 가압류한 뒤 매각기일에 이르기 전에 다른 강제집행이 신청된 때에는 집행관은 집행신청서를 먼저 압류한 집행관에게 교부하여야 한다. 이 경우 더 압류할 물건이 있으면 이를 압류한 뒤에 추가압류조서를 교부하여야 한다(제215조 제1항). 추가압류한 물건도 선행 집행관에게 넘긴다. 이 경우 집행에 관한 채권자의 위임은 먼저 압류한 집행관에게 이전되며(제215조 제2항), 각 압류한 물건은 강제집행을 신청한 모든 채권자를 위하여 압류한 것으로 본다(제215조 제3항). 먼저 압류한 집행관은 뒤에 강제집행을 신청한 채권자를 위하여 다시 압류한다는 취지를 덧붙여 그 압류조서에 적어야 한다(제215조 제4항).

제4절 현금화

Ⅰ. 매각방법

압류물이 금전 외의 물건인 경우 현금화를 위하여 압류물을 매각하여야 한다. 집행관은 압류를 실시한 뒤 입찰 또는 호가경매의 방법으로 압류물을 매각한다(제199조). 집행관은 압류를 실시한 후 채권자 또는 법원의 특별위임이 없어도 그 고유의 권한으로 이를 매각한다.

Ⅱ. 매각절차

1. 매각의 준비 - 평가, 매각일 지정, 매각장소, 공고

압류일과 매각일 사이에는 1주 이상 기간을 두어야 한다. 다만, 압류물을 보관하는 데 지나치게 많은 비용이 들거나, 시일이 지나면 그 물건의 값이 크게 내릴 염려가 있는 때에는 그러하지 아니하다(제202조).

매각은 압류한 유체동산이 있는 시·구·읍·면(도농복합형태의 시의 경우 동지역은 시·구, 읍·면지역은 읍·면)에서 진행한다. 다만, 압류채권자와 채무자가 합의하면 합의된 장소에서 진행한다(제203조).

집행관은 매각일자와 장소를 공고하고(제203조 제2항, 민사집행규칙 제145조, 제146조, 제151조 제3항), 매각의 일시와 장소를 압류채권자, 배당요구채권자, 채무자, 압류물 보관자에게 통지하여야 한다(민사집행규칙 제146조, 제151조 제3항).

상당한 기간이 지나도 집행관이 매각하지 않으면 압류채권자는 집행관에게 일정한 기간내에 매각하도록 최고할 수 있다(제216조 제1항).

매각할 물건 가운데 값이 비싼 물건이 있는 때에는 집행관은 적당한 감정인에게 이를 평가하게 하여야 한다(제200조).

2. 매각의 실시

부동산과 달리 최저매각가격을 정하지 않고 집행관이 적정한 가격으로

매각하면 된다. 주로 호가경매에 의하는데, 집행관은 최고가매수신고인의 성명과 가격을 말한 뒤 매각을 허가한다(제205조 제1항). 매각물은 대금과 서로 맞바꾸어 인도하여야 한다(제205조 제2항).

매수인이 매각조건에 정한 지급기일에 대금의 지급과 물건의 인도청구를 게을리 한 때에는 재매각을 하여야 한다. 지급기일을 정하지 아니한 경우로서 매각기일의 마감에 앞서 대금의 지급과 물건의 인도청구를 게을리 한 때에도 또한 같다(제205조 제3항). 진의 매수인은 재매각절차에 참여하지 못하며, 뒤의 매각대금이 처음의 매각대금보다 적은 때에는 그 부족한 액수를 부담하여야 한다(제205조 제4항).

매각대금으로 채권자에게 변제하고 강제집행비용을 지급하기에 충분하게 되면 매각은 즉시 중지해야 한다. 다만 일괄매각은 그러하지 아니하다(제207조). 집행관이 매각대금을 영수한 때에는 채무자가 지급한 것으로 본다. 다만, 담보를 제공하거나 공탁을 하여 집행에서 벗어날 수 있도록 채무자에게 허가한 때에는 그러하지 아니하다(제208조).

금·은붙이는 그 금·은의 시장가격 이상의 금액으로 일반 현금화의 규정에 따라 매각하여야 한다. 시장가격 이상의 금액으로 매수하는 사람이 없는 때에는 집행관은 그 시장가격에 따라 적당한 방법으로 매각할 수 있다(제209조).

집행관이 유가증권을 압류한 때에는 시장가격이 있는 것은 매각하는 날의 시장가격에 따라 적당한 방법으로 매각하고 그 시장가격이 형성되지 아니한 것은 일반 현금화의 규정에 따라 매각하여야 한다(제210조). 권리의 이전이나 대항요건의 취득에 배서나 명의개서가 필요한 기명식 유가증권의 경우 집행관은 매수인을 위하여 채무자에 갈음하여 배서 또는 명의개서에 필요한 행위를 할 수 있다(제211조).

3. 배우자의 우선매수권

부부 공유의 유체동산을 매각하는 경우에 배우자는 매각기일에 출석하여 우선매수할 것을 신고할 수 있다(제206조).

Ⅲ. 집행법원 명령에 의한 현금화

법원은 필요하다고 인정하면 직권으로 또는 압류채권자, 배당을 요구한 채권자 또는 채무자의 신청에 따라 일반 현금화의 규정에 의하지 아니하고 다른 방법이나 다른 장소에서 압류물을 매각하게 할 수 있다. 또한 집행관에게 위임하지 아니하고 다른 사람으로 하여금 매각하게 하도록 명할 수 있다(제214조 제1항).

제5절 배당

Ⅰ. 매각대금으로 배당에 참가한 모든 채권자를 만족시킬 수 있으면 집행관은 채권자들에게 채권액을 교부하고, 나머지가 있으면 채무자에게 교부한다. 이로써 배당절차가 끝난다. 매각대금으로 배당에 참가한 모든 채권자를 만족하게 할 수 없는 경우에도 매각허가일(대금지급일)부터 2주 이내에 채권자 사이에 배당협의가 이루어지면 협의 내용에 따라 집행관이 배당을 교부하고, 배당절차는 끝난다.

Ⅱ. 매각대금으로 배당에 참가한 모든 채권자를 만족하게 할 수 없고, 채권자 사이에 배당협의도 이루어지지 않은 경우 집행관은 매각대금을 공탁한다(제222조 제1항). 집행관은 사법보좌관에게 사유신고를 하고(제222조 제3항), 이후 배당절차는 사법보좌관이 담당한다(사법보좌관규칙 제2조 제1항 제10호).

Ⅲ. 민법・상법, 그 밖의 법률에 따라 우선변제청구권이 있는 채권자는 매각대금의 배당을 요구할 수 있다(제217조). 부부공유의 유체동산에 대한 집행에서 목적물이 매각된 경우에 공유지분을 주장하는 배우자는 매각대금의 지급을 요구할 수 있다(제221조 제1항). 그이외의 채권자는 집행정본을 가지고 있더라도 배당요구할 수 없다.

Ⅳ. 배당요구를 할 때에는 우선변제청구권이 발생하게 된 법률관계를 밝혀 집행관에게 해야 한다(제218조 제1항). 배당요구를 받은 집행관은 그 사유를 배당에 참가한 각 채권자와 채무자에게 통지해야 한다(제

219조). 배당요구는 집행개시 후 집행관이 금전을 압류하거나 매각대금을 영수한 때, 집행관이 어음・수표 그 밖의 금전의 지급을 목적으로 한 유가증권에 대하여 그 금전을 지급받은 때까지 할 수 있다(제220조 제1항). 집행이 일시정지 중일 때 손해방지를 위해 압류물을 매각한 대금이 공탁된 경우에는 동산집행을 계속하여 진행할 수 있게 된 때까지 배당요구 할 수 있고(제220조 제2항 전단), 가압류물에 대한 손해방지를 위해 가압류물을 매각한 대금이 공탁된 경우(제296조 제5항 단서)에는 압류신청을 한 때까지 배당요구 할 수 있다. 배당요구는 채권의 원인과 액수를 적은 서면으로 집행관에게 하여야 한다(민사집행규칙 제158조).

제6장 채권과 그 밖의 재산권에 대한 강제집행

제1절 집행의 대상이 되는 권리

Ⅰ. 강제집행의 대상이 되는 채권에는 「금전채권」과 부동산・유체동산・자동차・건설기계 등 유체물에 대한 「인도청구권」이나 「권리이전청구권」이 포함되며, 그 밖의 재산권에는 「유체동산의 공유지분」, 「부동산 환매권」, 「특허권」, 「실용신안권」, 「디자인권」, 「상표권」, 「저작권」, 합명회사・합자회사・유한회사의 「사원지분」[248], 조합의 「조합

248) 대법원 2014. 5. 29. 2013다212295 "상법 제269조에 의하여 합자회사에 준용되는 상법 제224조 제1항은 "사원의 지분을 압류한 채권자는 영업연도말에 그 사원을 퇴사시킬 수 있다. 그러나 회사와 그 사원에 대하여 6월 전에 그 예고를 하여야 한다."라고 규정하고 있고, 제2항은 "전항 단서의 예고는 사원이 변제를 하거나 상당한 담보를 제공한 때에는 그 효력을 잃는다."라고 규정하고 있다. 상법 제224조 제1항의 규정 취지는, 사원의 채권자가 사원의 지분을 압류하여도 상법 제197조의 규정에 따라 다른 사원의 동의를 얻어야만 이를 환가할 수 있는 점 등을 감안하여, 사원의 지분을 압류한 채권자에게 퇴사청구권을 인정하고 지분환급에 의하여 채권의 변제를 받을 수 있게 한 것으로서, 위 퇴사청구권은 사원 지분의 압류채권자가 직접 일방적 의사표시로 사원을 퇴사시킬 수 있도록 한 형성권이다. 이에 따라 채권자가 예고기간을 정하여 예고를 한 이상 다른 의사표시 없이도 영업연도말에 당연히 퇴사의 효력이 발생하고, 사원이 이를 저지하기 위하여서는 영업연도말이 되기 전에 변제를 하거나 상당한 담보를 제공하여야 하며, 변제 또는 담보제공이 없이 영업연도말이 도래하여 일단 퇴사의 효력이 발생하였다면 그 후 사원 또는 채권자가 일방적으로 위 퇴사의 의사표시를 철회

원지분」[249], 「주권발행 전 주주권」 등이 포함된다.

Ⅱ. 부양청구권, 상속권 등 양도할 수 없는 채권은 압류할 수 없다. 당사자 사이에 양도금지특약이 있는 채권은 압류할 수 있다.[250]

Ⅲ. 민사집행법 제246조 제1항은 압류금지채권에 대하여 정하고 있다.[251]

할 수 없고, 이는 퇴사의 효력이 발생한 후 사원이 채권자에게 채무를 변제한 경우에도 마찬가지이다."

249) 대법원 2007. 11. 30. 2005마1130 "민법상 조합원은 조합의 존속기간이 정해져 있는 경우 등을 제외하고는 원칙적으로 언제든지 조합에서 탈퇴할 수 있고(민법 제716조), 조합원이 탈퇴하면 그 당시의 조합재산상태에 따라 다른 조합원과 사이에 지분의 계산을 하여 지분환급청구권을 가지게 되는바(민법 제719조), 조합원이 조합을 탈퇴할 권리는 그 성질상 조합계약의 해지권으로서 그의 일반재산을 구성하는 재산권의 일종이라 할 것이고 채권자대위가 허용되지 않는 일신전속적 권리라고는 할 수 없다. 따라서 채무자의 재산인 조합원 지분을 압류한 채권자는, 당해 채무자가 속한 조합에 존속기간이 정하여져 있다거나 기타 채무자 본인의 조합탈퇴가 허용되지 아니하는 것과 같은 특별한 사유가 있지 않은 한, 채권자대위권에 의하여 채무자의 조합 탈퇴의 의사표시를 대위행사할 수 있다 할 것이고, 일반적으로 조합원이 조합을 탈퇴하면 조합목적의 수행에 지장을 초래할 것이라는 사정만으로는 이를 불허할 사유가 되지 아니한다. 그럼에도 불구하고, 원심이 조합원의 채권자가 조합원 개인에 대한 채권을 집행하기 위하여 조합원을 조합에서 탈퇴하게 하는 것은 조합목적 수행을 방해하는 결과가 된다는 이유만으로 그 탈퇴의 의사표시의 대위행사가 허용되지 아니한다고 판단한 것은 채권자대위권에 관한 법리를 오해한 잘못이 있다 할 것이고, 이 점을 지적하는 재항고이유는 이유 있다. 그러나 이는 아래에서 보는 바와 같이 이 사건 추심명령 신청을 배척한 결과에는 영향을 미치지 못하므로 원심결정을 파기할 사유가 되지는 못한다. 민법 제714조는 "조합원의 지분에 대한 압류는 그 조합원의 장래의 이익배당 및 지분의 반환을 받을 권리에 대하여 효력이 있다."고 규정하여 조합원의 지분에 대한 압류를 허용하고 있으나, 여기에서의 조합원의 지분이란 전체로서의 조합재산에 대한 조합원 지분을 의미하는 것이고, 이와 달리 조합재산을 구성하는 개개의 재산에 대한 합유지분에 대하여는 압류 기타 강제집행의 대상으로 삼을 수 없다 할 것이다."

250) 대법원 2003. 12. 11. 2001다3771

251) 민사집행법 246조(압류금지채권) ① 다음 각호의 채권은 압류하지 못한다. 1. 법령에 규정된 부양료 및 유족부조료 2. 채무자가 구호사업이나 제3자의 도움으로 계속 받는 수입 3. 병사의 급료 4. 급료·연금·봉급·상여금·퇴직연금, 그 밖에 이와 비슷한 성질을 가진 급여채권의 2분의 1에 해당하는 금액. 다만, 그 금액이 국민기초생활보장법에 의한 최저생계비를 감안하여 대통령령이 정하는 금액에 미치지 못하는 경우 또는 표준적인 가구의 생계비를 감안하여 대통령령이 정하는 금액을 초과하는 경우에는 각각 당해 대통령령이 정하는 금액으로 한다. 5. 퇴직금 그 밖에 이와 비슷한 성질을 가진 급여채권의 2분의 1에 해당하는 금액 6. 「주택임대차보호법」 제8조, 같은 법 시행령의 규정에 따라 우선변제를 받을 수 있는 금액 7. 생명, 상해, 질병, 사고 등을 원인으로 채무자가 지급받는 보장성보험의 보험금(해약환급 및 만기환급금을 포함한다). 다만, 압류금지의 범위는 생계유지, 치료 및 장애 회복에 소요될 것으로 예상되는 비용 등을

그러나 법원은 당사자가 신청하면 채권자와 채무자의 생활형편, 그 밖의 사정을 고려하여 압류명령의 전부 또는 일부를 취소하거나 압류금지채권에 대하여 압류명령을 할 수 있다(제246조 제3항). 공무원연금 제32조, 국가배상법 제4조, 군인연금법 제7조, 국가유공자등예우및지원에관한법률 제19조, 국가보훈기본법 제21조, 건설사업기본법 제88조, 근로기준법 제43조 및 제86조, 형사보상법 제22조, 아동복지법 제36조, 국민기초생활보장법 제35조 등은 압류금지채권을 개별적으로 규정하고 있다.

Ⅳ. 채권이 집행대상인지 아닌지 여부에 대하여 사법보좌관이 직권으로 조사한다. 집행대상이 아닌 채권에 대한 집행신청은 기각한다. 집행대상이 아닌 채권에 대한 압류명령은 당연무효가 아니며, 즉시항고로 다툴 수 있을 뿐이다(제227조 제4항).

Ⅴ. 압류금지채권의 목적물이 채무자의 예금계좌에 입금된 경우에는 그 예금채권에 대하여 더 이상 압류금지의 효력이 미치지 아니하므로, 그 예금은 압류금지채권에 해당하지 아니한다. 한편 2011. 4. 5. 법률 제10539호로 개정된 민사집행법에서 신설된 제246조 제2항은, 압류금지채권이 금융기관에 개설된 채무자의 계좌에 이체되는 경우 더 이상 압류금지의 효력이 미치지 아니하므로 그 예금에 대한 압류명령은 유효하지만, 원래의 압류금지의 취지는 참작되어야 하므로 채무자의 신청에 의하여 압류명령을 취소하도록 한 것으로서 개정 민사집행법 제246조 제3항과 같은 압류금지채권의 범위변경에 해당하고, 위 조항에 따라 압류명령이 취소되었다 하더라도 압류명령은 장래에 대하여만 효력이 상실할 뿐 이미 완결된 집행행위에는 영향이 없고, 채권자가

고려하여 대통령령으로 정한다. 8. 채무자의 1월간 생계유지에 필요한 예금(적금·부금·예탁금과 우편대체를 포함한다). 다만, 그 금액은 「국민기초생활 보장법」에 따른 최저생계비, 제195조제3호에서 정한 금액 등을 고려하여 대통령령으로 정한다. ② 법원은 제1항 제1호부터 제7호까지에 규정된 종류의 금원이 금융기관에 개설된 채무자의 계좌에 이체되는 경우 채무자의 신청에 따라 그에 해당하는 부분의 압류명령을 취소하여야 한다.

집행행위로 취득한 금전을 채무자에게 부당이득으로 반환하여야 하는 것도 아니다.[252]

제2절 관할

Ⅰ. 제3자에 대한 채무자의 금전채권 또는 유가증권, 그 밖의 유체물의 권리이전이나 인도를 목적으로 한 채권에 대한 강제집행은 **집행법원의 압류명령**에 의하여 개시한다(제223조).

Ⅱ. 여기서 집행법원은 채무자의 보통재판적이 있는 곳의 지방법원으로 한다(제224조 제1항). 채무자의 보통재판적이 있는 곳의 지방법원이 없는 경우 집행법원은 압류한 채권의 채무자(제3채무자)의 보통재판적이 있는 곳의 지방법원으로 한다. 다만, 이 경우에 물건의 인도를 목적으로 하는 채권과 물적 담보권 있는 채권에 대한 집행법원은 그 물건이 있는 곳의 지방법원으로 한다(제224조 제2항).

Ⅲ. 가압류에서 이전되는 채권압류의 집행법원은 가압류를 명한 법원이 있는 곳을 관할하는 지방법원으로 한다(제224조 제3항).

제3절 금전채권에 대한 강제집행

Ⅰ. 압류

1. 금전채권에 대하여 강제집행을 하고자 하면 서면으로 집행신청을 하여야 한다. 신청서에는 채권의 종류와 액수를 밝히고, 압류할 채권을 특정하여야 한다(제225조). 채권에 대한 가압류 또는 압류명령을 신청하는 채권자는 신청서에 압류할 채권의 종류와 액수를 밝혀야 하고(제225조, 제291조), 특히 압류할 채권 중 일부에 대하여만 압류명령을 신청하는 때에는 그 범위를 밝혀 적어야 한다(규칙 제159조 제1항 제3호, 제218조).

252) 대법원 2014. 7. 10. 2013다25552

2. 채권자가 가압류나 압류를 신청하면서 압류할 채권의 대상과 범위를 특정하지 않음으로 인해 가압류결정 및 압류명령에서도 피압류채권이 특정되지 아니한 경우에는 그 압류 등 결정에 의해서는 압류 등의 효력이 발생하지 않는다. 이러한 법리는 채무자가 제3채무자에 대하여 여러 개의 채권을 가지고 있고, 채권자가 그 각 채권 전부를 대상으로 하여 압류 등의 신청을 할 때에도 마찬가지로 적용되므로, 그 경우 채권자는 여러 개의 채권 중 어느 채권에 대하여 어느 범위에서 압류 등을 신청하는지 신청취지 자체로 명확하게 인식할 수 있도록 특정하여야 한다. 다만 압류의 대상인 여러 채권의 합계액이 집행채권액보다 오히려 적다거나 복수의 채권이 모두 하나의 계약에 기하여 발생하였거나 제3채무자가 채무자에게 그 채무를 일괄 이행하기로 약정하였다는 등 특별한 사정이 있는 경우에는 압류할 대상인 채권별로 압류될 부분을 따로 특정하지 아니하였더라도 그 압류 등 결정은 유효한 것으로 볼 수 있다(대법원 2012. 11. 15. 2011다38394). 한편 피압류채권의 구체적인 범위는 압류 등 결정의 '압류할 채권의 표시'에 기재된 문언의 해석에 따라 결정되는 것이 원칙이다. 그런데 제3채무자는 순전히 타의에 의하여 다른 사람들 사이의 법률분쟁에 편입되어 압류 등 결정에서 정한 의무를 부담하는 것이므로 이러한 제3채무자가 압류된 채권이나 그 범위를 파악함에 있어 과도한 부담을 가지지 않도록 보호할 필요가 있다. 따라서 '압류할 채권의 표시'에 기재된 문언은 그 문언 자체의 내용에 따라 객관적으로 엄격하게 해석하여야 하고, 그 문언의 의미가 불명확한 경우 그로 인한 불이익은 압류 등 신청채권자에게 부담시키는 것이 타당하므로, 제3채무자가 통상의 주의력을 가진 사회평균인을 기준으로 그 문언을 이해할 때 포함 여부에 의문을 가질 수 있는 채권은 특별한 사정이 없는 한 압류 등의 대상에 포함되었다고 보아서는 아니 된다(대법원 2011. 2. 10. 2008다9952).[253]

253) 대법원 2013. 12. 26. 2013다26296

3. 압류명령은 제3채무자와 채무자를 심문하지 않고 한다(제226조). 금전채권을 압류할 때에는 법원은 제3채무자에게 채무자에 대한 지급을 금지하고 채무자에게 채권의 처분과 영수를 금지하여야 한다(제227조 제1항). 처분은 채권의 양도, 소멸, 상계, 지급유예 등을 의미하며, 영수는 변제의 수령을 뜻한다. 압류명령은 제3채무자와 채무자에게 송달해야 한다(제227조 제2항). 압류명령이 제3채무자에게 송달되면 압류의 효력이 생긴다(제227조 제3항).[254] 압류명령의 신청에 관한 재판에 대하여는 즉시항고를 할 수 있다(제227조 제4항).[255] 금전채권 압류 통지 당시에 압류할 채권이 존재하지 아니하면 그 압류의 효력은 발생하지 않는다.[256]

4. 채무자는 채권증서가 있으면 압류채권자에게 인도해야 한다(제234조 제1항). 채권자는 압류명령을 집행권원으로 하여 강제집행의 방법으로 이 증서를 인도받을 수 있다(제234조 제2항).[257] 어음·수표 그 밖에 배서로 이전할 수 있는 증권으로서 배서가 금지된 증권채권의 압류는 법원의 압류명령으로 집행관이 그 증권을 점유하여야 한다(제233조).[258] 즉 압류명령의 송달만으로 압류의 효력이 발생하지 않고, 반드시 집행관의 증권점유가 있어야 하는 것이다. 저당권이 있는 채권을 압류할 경우 채권자는 채권압류사실을 등기부에 기입하여 줄 것을 법원사무관등에게 신청할 수 있다. 이 신청은 채무자의 승낙 없이 법원에 대한 압류명령의 신청과 함께 할 수 있다(제228조 제1항). 법원사무관등은 의무를 지는 부동산 소유자에게 압류명령이

254) 압류의 효력은 종된 권리에 미치기 때문에 피압류채권을 위한 저당권, 질권 등의 담보권에도 그 효력이 당연히 미친다. 압류 전에 생긴 이자채권에는 압류의 효력이 미치지 않지만, 압류 뒤에 생긴 이자채권에는 압류의 효력이 미친다.

255) 이때 즉시항고는 절차상의 이유로만 할 수 있고, 실체법상 이유로는 할 수 없다.

256) 대법원 1980. 2. 12. 79다1615

257) 이때의 집행은 채권집행의 부수집행이므로 별도의 집행문이 요구되지 않는다. 강제집행방법은 동산인도청구집행의 예에 따른다(제257조).

258) 대법원 1997. 11. 14. 97다38145 "어음·수표 등 배서가 금지되지 않은 유가증권을 압류할 경우 유체동산에 대한 압류방법에 따라 집행관이 그 증권을 점유해야 하며, 배서가 금지된 유가증권의 압류의 경우에도 법원의 압류명령 외에 집행관의 점유를 요한다."

송달된 뒤에 등기를 촉탁하여야 한다(제228조 제2항).

5. 제3채무자는 압류명령으로 인하여 채무자에 대하여 자신의 채무를 이행하는 것이 금지되는데, 제3채무자의 채무자에 대한 지급은 압류채권자를 해치는 한도에서만 무효이다. 피압류채권의 변제기가 도래했음에도 압류채권자가 추심을 하지 않거나, 추심할 수 없는 사정이 생긴 경우에는, 제3채무자는 피압류채권의 전액을 공탁해서 채무의 구속에서 벗어날 수 있다(제248조 제1항).[259] 제3채무자는 압류 뒤에 생긴 채권과 채무자에 대한 채무와의 상계(민법제498조)[260], 경개, 면제 등의 행위를 하였어도 이를 가지고 채권자에게 대항할 수 없다. 그러나 제3채무자가 채무자와의 채권관계의 발생원인이 기본적 법률관계를 변경 또는 소멸시키는 행위를 하는 것은 가능하며[261], 압류 당시 채무자에게 대항할 수 있었던 사유로 압류채권자

259) 제3채무자가 공탁할 권리를 가진다는 의미에서 이를 권리공탁이라 한다. 배당요구가 있는 경우 채권자의 청구에 의하여 제3채무자가 의무적으로 공탁을 해야 하는 경우는 의무공탁이라 한다(제248조 제2항. 제3항).

260) 대법원 2001. 3. 27. 2000다43819

261) 대법원 1997. 4. 25. 선고 96다10867 판결 "채권이 가압류되면 그 효력으로 채무자가 가압류채권을 처분하더라도 채권자에게 대항할 수 없고, 또 채무자는 가압류채권에 관하여 제3채무자로부터 변제를 받을 수 없으므로, 제3채무자인 임차인이 가압류채무자인 임대인에게 임차보증금 잔금을 지급한 것은 가압류결정의 효력에 의하여 가압류채권자에게 대항할 수 없으나, 임차인으로서는 임차보증금 잔금채권이 압류되어 있다고 하더라도 그 채권을 발생시킨 기본적 계약관계인 임대차계약 자체를 해지할 수 있고, 따라서 임차인과 임대인 사이의 임대차계약이 해지된 이상 그 임대차계약에 의하여 발생한 임차보증금 잔금채권은 소멸하게 되고, 이를 대상으로 한 압류 및 추심명령 또한 실효될 수밖에 없다."; 대법원 2006. 1. 26. 선고 2003다29456 판결 "수급인의 보수채권에 대한 압류가 행하여지면 그 효력으로 채무자가 압류된 채권을 처분하더라도 채권자에게 대항할 수 없고, 제3채무자도 채권을 소멸 또는 감소시키는 등의 행위는 할 수 없으며, 그와 같은 행위로 채권자에게 대항할 수 없는 것이지만, 그 압류로써 위 압류채권의 발생원인인 도급계약관계에 대한 채무자나 제3채무자의 처분까지도 구속하는 효력은 없으므로 채무자나 제3채무자는 기본적 계약관계인 도급계약 자체를 해지할 수 있고, 채무자와 제3채무자 사이의 기본적 계약관계인 도급계약이 해지된 이상 그 계약에 의하여 발생한 보수채권은 소멸하게 되므로 이를 대상으로 한 압류명령 또한 실효될 수밖에 없다. 도급계약이 해지되기 전에 피압류채권인 수급인의 보수채권에 대한 전부명령이 내려지고 그 전부명령이 확정되었더라도 전부명령의 효력은 피압류채권의 기초가 된 도급계약이 해지되기 전에 발생한 보수채권에 미칠 뿐 그 계약이 해지된 후 제3채무자와 제3자 사이에 새로 체결된 공사계약에서 발생한 공사대금채권

에게 대항할 수 있다. 제3채무자는 압류명령의 흠에 대해 즉시항고할 수 있다(제227조 제4항). 제3채무자는 외형상 존재하는 압류명령에 따라 변제를 하면 채권의 준점유자에 대한 변제(민법 제470조)로서 면책이 된다. 압류 및 추심명령의 제3채무자가 채무 전액을 공탁하지 않아 집행공탁의 효력이 인정되지 않는다고 하여도 그 공탁이 수리된 후 공탁된 금원에 대하여 배당이 실시되어 배당절차가 종결되었다면 그 공탁되어 배당된 금원에 대하여는 변제의 효력이 있다.[262)]

6. 압류채권자는 제3채무자로 하여금 압류명령을 송달받은 날부터 1주 이내에 서면으로 채권을 인정하는지의 여부 및 인정한다면 그 한도, 채권에 대하여 지급할 의사가 있는지의 여부 및 의사가 있다면 그 한도, 채권에 대하여 다른 사람으로부터 청구가 있는지의 여부 및 청구가 있다면 그 종류, 다른 채권자에게 채권을 압류당한 사실이 있는지의 여부 및 그 사실이 있다면 그 청구의 종류에 대하여 진술하게 하도록 법원에 신청할 수 있다(제237조 제1항).

7. 압류명령이 있으면 채무자는 피압류채권에 관한 추심권 및 처분권을 잃게 된다(제227조 제1항). 그러나 채무자는 압류가 있은 뒤에도 추심명령이나 전부명령이 있을 때까지 채권자를 해하지 않는 한도 내에서 채권을 행사할 수 있으므로 채무자가 제3채무자를 상대로 이행의 소를 제기하여 채무명의를 얻더라도 이에 기하여 제3채무자에 대하여 강제집행을 할 수는 없다고 볼 수 있을 뿐이고 그 채무명의를 얻는 것까지 금하는 것은 아니라고 할 것이다.[263)]

에는 미칠 수 없다."

262) 대법원 2014. 7. 24. 2012다91385

263) 대법원 2002. 4. 26. 선고 2001다59033 판결 "일반적으로 채권에 대한 가압류가 있더라도 이는 채무자가 제3채무자로부터 현실로 급부를 추심하는 것만을 금지하는 것일 뿐 채무자는 제3채무자를 상대로 그 이행을 구하는 소송을 제기할 수 있고 법원은 가압류가 되어 있음을 이유로 이를 배척할 수는 없는 것이 원칙이다. 왜냐하면 채무자로서는 제3채무자에 대한 그의 채권이 가압류되어 있다 하더라도 채무명의를 취득할 필요가 있고 또는 시효를 중단할 필요도 있는 경우도 있을 것이며 또한 소송 계속 중에

8. 채권에 대한 압류는 제3채무자에 대하여 채무자에게의 지급 금지를 명하는 것이므로 채권을 소멸 또는 감소시키는 등의 행위는 할 수 없고 그와 같은 행위로 채권자에게 대항할 수 없는 것이지만, 채권의 발생원인인 법률관계에 대한 채무자의 처분까지도 구속하는 효력은 없다 할 것이므로 채무자와 제3채무자가 아무런 합리적 이유 없이 채권의 소멸만을 목적으로 계약관계를 합의해제한다는 등의 특별한 경우를 제외하고는, 제3채무자는 채권에 대한 압류가 있은 후라고 하더라도 채권의 발생원인인 법률관계를 합의해제하고 이로 인하여 가압류채권이 소멸되었다는 사유를 들어 가압류채권자에 대항할 수 있다.[264]

9. 압류의 처분금지 효력은 절대적인 것이 아니고, 채무자의 처분행위 또는 제3채무자의 변제로써 처분 또는 변제 전에 집행절차에 참가한 압류채권자나 배당요구채권자에게 대항하지 못한다는 의미에서의 상대적 효력만을 가지는 것이어서, 압류의 효력발생 전에 채무자가 처분하였거나 제3채무자가 변제한 경우에는, 그 보다 먼저 압류한 채권자가 있어 그 채권자에게는 대항할 수 없는 사정이 있더라도, 그 처분이나 변제 후에 압류명령을 얻은 채권자에 대하여는 유효한 처분 또는 변제가 된다.[265]

10. 채권 일부가 압류된 뒤에 그 나머지 부분을 초과하여 다시 압류명령이 내려진 때에는 각 압류의 효력은 그 채권 전부에 미친다(압류의 경합, 제235조 제1항). 채권 전부가 압류된 뒤에 그 채권 일부에 대하여 다시 압류명령이 내려진 때에도 각 압류의 효력은 그 채권 전부에 미친다(제235조 제2항).

가압류가 행하여진 경우에 이를 이유로 청구가 배척된다면 장차 가압류가 취소된 후 다시 소를 제기하여야 하는 불편함이 있는데 반하여 제3채무자로서는 이행을 명하는 판결이 있더라도 집행단계에서 이를 저지하면 될 것이기 때문이다."

264) 대법원 2001. 6. 1. 선고 98다17930 판결

265) 대법원 2003. 5. 30. 선고 2001다10748 판결

11. 민법 제498조는 "지급을 금지하는 명령을 받은 제3채무자는 그 후에 취득한 채권에 의한 상계로 그 명령을 신청한 채권자에게 대항하지 못한다"라고 규정하고 있다. 위 규정의 취지, 상계제도의 목적 및 기능, 채무자의 채권이 압류된 경우 관련 당사자들의 이익상황 등에 비추어 보면, 채권(가)압류명령을 받은 제3채무자가 압류채무자에 대한 반대채권을 가지고 있는 경우에 상계로써 압류채권자에게 대항하기 위하여는, 압류의 효력 발생 당시에 대립하는 양 채권이 상계적상에 있거나, 그 당시 반대채권(자동채권)의 변제기가 도래하지 아니한 경우에는 그것이 피압류채권(수동채권)의 변제기와 동시에 또는 그보다 먼저 도래하여야 할 것이다.

원심은 그 판시 사실을 인정한 다음, 금전채권에 대한 가압류를 본압류로 전이하는 압류 및 추심명령이 있는 때 제3채무자가 채권이 가압류되기 전에 가압류채무자에게 대항할 수 있는 사유로써 나중에 압류채권자에게 대항할 수 있기 때문에, 제3채무자가 가압류 효력 발생 당시 이미 반대채권을 취득한 이상 그의 상계에 대한 기대는 합리적이고 정당하므로, 그 당시 양 채권이 상계적상에 있지 아니하고 반대채권의 변제기도 도래하지 아니하였다 하더라도, 양 채권의 변제기 선후를 불문하고 그 후에 상계적상에 이르면 상계로써 압류채권자에게 대항할 수 있다고 하였다. 그리하여 이 사건에서 가압류의 효력 발생일은 2008. 6. 30.이고, 피압류채권인 공사대금채권의 변제기는 2008. 6. 10.경이며, 액면금 1억 원의 약속어음 관련 대여금채권(이하 '이 사건 반대채권'이라 한다)의 변제기는 공사대금채권의 변제기 후인 2008. 7. 25.이지만, 이 사건 반대채권이 가압류 효력 발생 당시 이미 취득되어 있었던 이상, 피고로서는 위 약속어음이 부도나더라도 이 사건 반대채권과 공사대금채권을 상계함으로써 자신의 채권을 확보할 수 있으리라는 합리적이고 정당한 기대를 할 수 있으므로, 이 사건 반대채권과 공사대금채권의 상계로써 압류채권자인 원고에게 대항할 수 있다고 판단하였다. 그러나 앞서 본 법리에 따르면, 이 사건에서 가압류의 효력이 발생할 당시 피압류채권인 공사대금채권은 이미 변제기가 도래하였으나 이 사건 반대채권은 변제기가 도래하지 아니하였기 때문에 그 당시 양 채권이 상계적상에 있었다고 할 수 없고, 나아가 이 사건 반대채권의 변제기가 공사대금채권의 변제기보다 나중에 도래하므로, 피고는 이 사건 반대채권에 의한 상계로써 압류채권자인 원고에게 대항할 수 없다고 보아야 한다. 따라서 원심판결에는 지급이 금지된 채권을 수동채권으로 하는 상계에 관한 법리를 오해하여 판결에 영향을 미친 위법이 있다고 할 것이다. 이 점을 지적하는 상고이유의 주장은 이유 있다.266)

Ⅱ. 추심권능

1. 압류채권자가 압류명령을 얻은 것만 가지고 금전채권을 직접 추심할 수는 없고, 나아가 추심명령이나 전부명령을 얻어야 추심권능을 얻는다. 즉 압류한 금전채권에 대하여 압류채권자는 현금화절차로서 집행법원에 추심명령(推尋命令)이나 전부명령(轉付命令)을 신청할 수 있고, 추심명령이나 전부명령이 있는 때 압류채권자는 채무자를 대위하는 절차를 거치지 않고 채무자에 갈음하여 제3채무자를 상대로 피압류채권의 이행을 청구하고 이를 수령하여 자기 채권의 변제에 충당할 수 있다.

2. 실무에서는 압류와 추심명령 또는 압류와 전부명령을 동시에 신청하는 것이 일반적이다.

266) 대법원 2012. 2. 16. 2011다45521 전원합의체 "[대법관 김능환, 대법관 안대희, 대법관 이인복의 반대의견] 지급을 금지하는 명령을 받을 당시에 반대채권과 피압류채권 모두의 이행기가 도래한 때에는 제3채무자가 당연히 반대채권으로써 상계할 수 있고, 반대채권과 피압류채권 모두 또는 그 중 어느 하나의 이행기가 아직 도래하지 아니하여 상계적상에 놓이지 아니하였더라도 그 이후 제3채무자가 피압류채권을 채무자에게 지급하지 아니하고 있는 동안에 반대채권과 피압류채권 모두의 이행기가 도래한 때에도 제3채무자는 반대채권으로써 상계할 수 있고, 이로써 지급을 금지하는 명령을 신청한 채권자에게 대항할 수 있다."

Ⅲ. 추심명령

1. 추심명령은 전부명령과는 달리 이중압류된 경우에도 할 수 있고, 각각 다른 채권자를 위하여 이중으로 내려도 유효하다.[267] 집행법원은 직권으로 추심명령을 제3채무자와 채무자에게 송달하여야 한다. 추심명령은 제3채무자에게 송달한 때에 효력이 생긴다. 그러나 채무자에 대한 송달은 추심명령의 효력발생요건이 아니다.

2. 추심명령은 그 채권전액에 미친다. 다만, 법원은 채무자의 신청에 따라 압류채권자를 심문하여 압류액수를 그 채권자의 요구액수로 제한하고 채무자에게 그 초과된 액수의 처분과 영수를 허가할 수 있다(제232조 제1항).

3. 추심명령을 받은 채권자는 채권의 추심에 필요한 채무자의 일체의 권리를 채무자에 갈음하여 자기 명의로 재판상 또는 재판 외에서 행사할 수 있는데, 채권자는 제3채무자를 상대로 채무의 이행을 최고하거나 변제를 수령하고, 선택권을 행사하여 정기예금에 대한 추심명령으로 그 만기 전에 해약하는 경우와 같이 해제권, 해지권, 취소권을 행사할 수 있다. 또한 보증인에 대한 청구를 할 수도 있고, 추심할 채권에 질권, 저당권 등 담보권이 있는 경우에는 직접 담보권을 실행할 권능을 취득하게 되므로 자기 이름으로 경매의 신청을 할 수 있다. 추심할 채권이 반대의무에 걸려 있는 경우에는 채권자는 채무자에 갈음하여 그 반대의무를 이행하고 추심할 수 있다. 그러나 추심의 목적을 넘는 행위인 면제, 포기, 기한의 유예, 채권양도 등은 할 수 없다.[268]

4. 채권자의 추심에 대해 제3채무자가 응하지 않을 경우 채권자는 추심명령의 취지에 따라 제3채무자를 상대로 이행의 소를 제기하거나 지급명령 신청을 할 수 있다.[269] 이 때 소제기 사실을 채무자에게 고지

---

267) 「민사집행법」, 사법연수원(2011), 305면
268) 「민사집행법」, 사법연수원(2011), 310면

하여야 한다(제238조). 다만, 채무자가 외국에 있거나 있는 곳이 분명하지 아니한 때에는 고지할 필요가 없다. 그러나 채무자에 대한 소제기 사실 고지는 추심의 소제기 자체에 대한 필요적 요건이 아니며, 법원의 직권조사사항도 아니다.[270]

5. 채무자가 제3채무자를 상대로 제기한 이행의 소가 이미 법원에 계속되어 있는 상태에서 압류채권자가 제3채무자를 상대로 제기한 추심의 소의 본안에 관하여 심리・판단한다고 하여, 제3채무자에게 불합리하게 과도한 이중 응소의 부담을 지우고 본안 심리가 중복되어 당사자와 법원의 소송경제에 반한다거나 판결의 모순・저촉의 위험이 크다고 볼 수 없다. 압류채권자는 채무자가 제3채무자를 상대로 제기한 이행의 소에 민사소송법 제81조, 제79조에 따라 참가할 수도 있으나, 채무자의 이행의 소가 상고심에 계속 중인 경우에는 승계인의 소송참가가 허용되지 아니하므로 압류채권자의 소송참가가 언제나 가능하지는 않으며, 압류채권자가 채무자가 제기한 이행의 소에 참가할 의무가 있는 것도 아니다. 채무자가 제3채무자를 상대로 제기한 이행의 소가 법원에 계속되어 있는 경우에도 압류채권자는 제3채무자를 상대로 압류된 채권의 이행을 청구하는 추심의 소를 제기할 수 있고, 제3채무자를 상대로 압류채권자가 제기한 추심의 소는 채무자가 제기한 이행의 소에 대한 관계에서 민사소송법 제259조가 금지하는 중복된 소제기에 해당하지 않는다고 봄이 타당하다.[271]

6. 2인 이상의 불가분채무자 또는 연대채무자가 있는 금전채권의 경우에, 그 불가분채무자 등 중 1인을 제3채무자로 한 채권압류 및 추심명령이 이루어지면 그 채권압류 및 추심명령을 송달받은 불가분채무자 등에 대한 피압류채권에 관한 이행의 소는 추심채권자만이 제기

---

269) 그러나 이중압류나 배당요구가 있는 때에는 압류채권자는 제3채무자에게 추심의 소나 지급명령신청을 할 수 없고, 공탁을 청구할 수 있을 뿐이다.

270) 대법원 1976. 9. 28. 76다1145,1146

271) 대법원 2013. 12. 18. 2013다202120 전원합의체 판결

할 수 있고 추심채무자는 그 피압류채권에 대한 이행소송을 제기할 당사자적격을 상실하지만, 그 채권압류 및 추심명령의 제3채무자가 아닌 나머지 불가분채무자 등에 대하여는 추심채무자가 여전히 채권자로서 추심권한을 가지므로 나머지 불가분채무자 등을 상대로 이행을 청구할 수 있고, 이러한 법리는 위 금전채권 중 일부에 대하여만 채권압류 및 추심명령이 이루어진 경우에도 마찬가지이다.[272)]

7. 제3채무자는 추심의 소에서 채무자에게 할 수 있는 항변사유를 주장할 수 있다. 그러나 집행채권의 부존재나 소멸은 청구이의의 소에서 주장할 수 있으나, 이를 항변으로 주장하여 집행채무의 변제를 거절할 수는 없다.[273)]

8. 채권자가 추심할 채권의 행사를 게을리 한 때에는 이로써 생긴 채무자의 손해를 부담한다(제239조). 압류채권자가 추심절차를 게을리 한 때에는 집행력 있는 정본으로 배당을 요구한 채권자는 일정한 기간 내에 추심하도록 최고하고, 최고에 따르지 아니한 때에는 법원의 허가를 얻어 직접 추심할 수 있다(제250조).

9. 채권자는 추심명령에 따라 얻은 권리를 포기할 수 있다.[274)] 다만, 기본채권에는 영향이 없다(제240조 제1항). 추심명령에 따라 얻은 권리의 포기는 법원에 서면으로 신고하여야 한다. 법원사무관등은 그 등본을 제3채무자와 채무자에게 송달하여야 한다(제240조 제2항).

10. 추심명령을 얻은 채권자가 제3채무자로부터 피압류채권을 추심하면

---

272) 대법원 2013. 10. 31. 2011다98426

273) 대법원 1994. 11. 11. 선고 94다34012 판결

274) 대법원 2009. 11. 12. 선고 2009다48879 판결 "채권에 대한 압류 및 추심명령이 있으면 제3채무자에 대한 이행의 소는 추심채권자만이 제기할 수 있고 채무자는 피압류채권에 대한 이행소송을 제기할 당사자적격을 상실한다. 그러나 채권자는 현금화절차가 끝나기 전까지 압류명령의 신청을 취하할 수 있고, 이 경우 채권자의 추심권도 당연히 소멸하게 되며, 추심금청구소송을 제기하여 확정판결을 받은 경우라도 그 집행에 의한 변제를 받기 전에 압류명령의 신청을 취하하여 추심권이 소멸하면 추심권능과 소송수행권이 모두 채무자에게 복귀하며, 이는 국가가 국세징수법에 의한 체납처분으로 채무자의 제3채무자에 대한 채권을 압류하였다가 압류를 해제한 경우에도 마찬가지이다."

그 범위 내에서 피압류채권은 소멸한다. 제3채무자는 채무자에 대하여도 채권자에 대한 변제로 대항할수 있고, 추심명령이 경합된 경우 한 채권자에 대한 변제로 모든 채권자에 대하여 대항할 수 있다.

11. 채권자는 추심한 채권액을 법원에 신고하여야 한다(제236조 제1항). 이 추심신고를 함으로서 현금화 절차는 종료된다. 즉 채권자의 집행채권의 경우 다른 채권자의 배당참가가 없는 경우에는 추심으로 소멸하게 되며, 채권자는 자기 재권의 충당 후 남은 금원을 채무자에게 돌려주어야 한다.[275] 그러나 추심 신고 전에 다른 압류·가압류[276] 또는 배당요구가 있었을 때에는 채권자는 추심한 금액을 바로 공탁하고 그 사유를 신고하여야 한다(제236조 제2항). 민법·상법, 그 밖의 법률에 의하여 우선변제청구권이 있는 채권자와 집행력 있는 정본을 가진 채권자는 제3채무자가 공탁의 신고를 한 때, 채권자가 추심의 신고를 한 때, 집행관이 현금화한 금전을 법원에 제출한 때까지 법원에 배당요구를 할 수 있다. 전부명령이 제3채무

275) 대법원 2004. 12. 10 선고 2004다54725 판결

276) 대법원 2008. 11. 27. 선고 2008다59391 판결 "민사집행법 제236조 제2항은 추심명령을 얻어 추심을 한 채권자가 추심신고 전에 압류·가압류 또는 배당요구가 있었을 때에 추심채권자는 추심한 금액을 바로 공탁하고 그 사유를 신고하여야 한다고 규정하고 있고, 같은 법 제247조 제1항 제2호는 추심채권자가 추심의 신고를 할 때까지 배당요구를 할 수 있다고 규정하고 있으며, 또 같은 법 제252조 제2호는 추심채권자가 추심금을 공탁한 때에는 배당절차를 개시하도록 규정하고 있는바, 이러한 제 규정을 종합하여 보면, 추심채권자는 추심한 금원으로부터 배당을 받을 채권자가 경합하는 때, 즉 추심한 채권에 대하여 압류·가압류를 한 다른 채권자가 있거나 추심신고를 하기 전까지 배당요구를 한 다른 채권자가 있는 때에는 추심금을 공탁하여야 한다. 그런데 추심명령을 얻어 채권을 추심하는 채권자는 집행법원의 수권에 따라 일종의 추심기관으로서 제3채무자로부터 추심을 하는 것이므로 제3채무자로서도 정당한 추심권자에게 지급하면 피압류채권은 소멸하는 것이고, 한편 채권에 대한 압류·가압류명령은 그 명령이 제3채무자에게 송달됨으로써 효력이 생기는 것이므로, 제3채무자의 지급으로 인하여 피압류채권이 소멸한 이상 설령 다른 채권자가 그 변제 전에 동일한 피압류채권에 대하여 압류·가압류명령을 신청하고 나아가 압류·가압류명령을 얻었다고 하더라도 제3채무자가 추심권자에게 지급한 후에 그 압류·가압류명령이 제3채무자에게 송달된 경우에는 추심권자가 추심한 금원에 그 압류·가압류의 효력이 미친다고 볼 수 없으며, 추심채권자가 추심의 신고를 하기 전에 다른 채권자가 동일한 피압류채권에 대하여 압류·가압류명령을 신청하였다고 하더라도 이를 당해 채권추심사건에 관한 적법한 배당요구로 볼 수도 없다."

자에게 송달된 뒤에는 배당요구를 하지 못한다

12. 같은 채권에 관하여 추심명령이 여러 번 발부되더라도 그 사이에는 순위의 우열이 없고, 추심명령을 받아 채권을 추심하는 채권자는 자기채권의 만족을 위하여서 뿐만 아니라 압류가 경합되거나 배당요구가 있는 경우에는 집행법원의 수권에 따라 일종의 추심기관으로서 압류나 배당에 참가한 모든 채권자를 위하여 제3채무자로부터 추심을 하는 것이므로 그 추심권능은 압류된 채권 전액에 미치며, 제3채무자로서도 정당한 추심권자에게 변제하면 그 효력은 위 모든 채권자에게 미치므로 압류된 채권을 경합된 압류채권자 및 또 다른 추심권자의 집행채권액에 안분하여 변제하여야 하는 것도 아니다. 금전채권에 대한 가압류로부터 본압류로 전이하는 압류 및 추심명령이 있는 때에는 제3채무자는 채권이 가압류되기 전에 압류채무자에게 대항할 수 있는 사유로써 압류채권자에게 대항할 수 있으므로, 제3채무자의 압류채무자에 대한 자동채권이 수동채권인 피압류채권과 동시이행의 관계에 있는 경우에는, 그 가압류명령이 제3채무자에게 송달되어 가압류의 효력이 생긴 후에 자동채권이 발생하였다고 하더라도 제3채무자는 동시이행의 항변권을 주장할 수 있고, 따라서 그 상계로써 압류채권자에게 대항할 수 있다. 이 경우에 자동채권 발생의 기초가 되는 원인은 수동채권이 가압류되기 전에 이미 성립하여 존재하고 있었으므로, 그 자동채권은 민법 제498조 소정의 “지급을 금지하는 명령을 받은 제3채무자가 그 후에 취득한 채권”에 해당하지 아니한다. 동시이행의 항변권은 당사자 쌍방이 부담하는 각 채무가 고유의 대가관계에 있는 쌍무계약상의 채무가 아니더라도 구체적 계약관계에서 당사자 쌍방이 부담하는 채무 사이에 대가적인 의미가 있어 이행상 견련관계를 인정하여야 할 사정이 있는 경우에는 이를 인정하여야 한다. 부동산 매수인의 매매잔대금 지급의무와 매도인의 가압류기입등기말소의무가 동시이행관계에 있었는데 위 가압류에 기한 강제경매절차가 진행되자 매수인이

강제경매의 집행채권액과 집행비용을 변제공탁한 경우 매도인은 매수인에 대해 대위변제로 인한 구상채무를 부담하게 되고, 그 구상채무는 가압류기입등기말소의무의 변형으로서 매수인의 매매잔대금 지급의무와 여전히 대가적인 의미가 있어 서로 동시이행관계에 있으므로, 매수인은 매도인의 매매잔대금채권에 대해 가압류로부터 본압류로 전이하는 압류 및 추심명령을 받은 채권자에게 가압류 이후에 발생한 위 구상금채권에 의한 상계로 대항할 수 있다.[277]

13. 채권에 대한 가압류 또는 압류명령을 신청하는 채권자는 신청서에 압류할 채권의 종류와 액수를 밝혀야 하고(민사집행법 제225조, 제291조), 특히 압류할 채권 중 일부에 대하여만 압류명령을 신청하는 때에는 그 범위를 밝혀 적어야 한다(민사집행규칙 제159조 제1항 제3호, 제218조). 그럼에도 채권자가 가압류나 압류를 신청하면서 압류할 채권의 대상과 범위를 특정하지 않음으로 인해 가압류결정 및 압류명령(이하 '압류 등 결정'이라 한다)에서도 피압류채권이 특정되지 않은 경우에는 그 압류 등 결정에 의해서는 압류 등의 효력이 발생하지 않는다. 이러한 법리는 채무자가 제3채무자에 대하여 여러 개의 채권을 가지고 있고, 채권자가 그 각 채권 전부를 대상으로 하여 압류 등의 신청을 할 때에도 마찬가지로 적용되므로, 그 경우 채권자는 여러 개의 채권 중 어느 채권에 대해 어느 범위에서 압류 등을 신청하는지 신청취지 자체로 명확하게 인식할 수 있도록 특정하여야 한다. 압류의 대상과 범위를 특정하지 않고 단지 그 여러 개의 채권 전부를 압류의 대상인 채권으로 나열하고 그 중 집행채권액과 동등액에 대한 압류를 구하는 등으로 금액만을 한정하여 압류 등 결정을 받게 되면, 채무자 및 제3채무자는 그 압류 등 결정에 의하여 지급이나 처분이 금지된 대상이 무엇인지를 명확하게 구분할 수가 없고, 그 결과 채무자가 압류 등의 대상이 아닌 부분에 대한 권리 행사를 하거나 제3채무자가 압류된 부분만을 구분

277) 대법원 2001. 3. 27. 2000다43819

하여 공탁을 하는 등으로 부담을 면하는 것이 불가능하기 때문이다. 채권의 추심명령은 압류한 금전채권을 대위절차 없이 추심할 수 있게 해주는 것으로서 유효한 압류명령이 있음을 전제하는 것이므로, 압류할 채권이 특정되지 않아 압류명령에 따른 압류의 효력이 발생하지 않는 경우에는 그에 따른 추심명령도 효력이 없다. 그와 같은 경우 채무자는 가압류이의나 즉시항고로써 가압류결정이나 압류 및 추심명령의 효력을 다툴 수 있지만, 제3채무자로서도 추심금 소송에서 추심명령의 무효를 주장하여 다툴 수 있다. 채권자인 갑 주식회사의 신청내용대로 가압류와 압류 및 추심할 채권을 '채무자인 을 주식회사가 병 주식회사에 대하여 가지는 정 아파트, 무 아파트, 기 아파트 신축공사대금채권 중 집행채권액에 해당하는 금액'으로 표시한 가압류결정과 압류 및 추심명령이 있었는데, 가압류결정과 압류 및 추심명령이 병 회사에 송달될 당시 위 각 신축공사대금채권액의 합계가 집행채권액을 현저히 초과하고 있었던 경우, 위 가압류결정과 압류 및 추심명령은 압류의 효력이 위 각 신축공사대금채권 중 어느 신축공사대금채권에 대하여 어느 범위에서 미치는지를 알 수 없는 것으로 압류의 대상 또는 범위가 특정되지 않아 효력이 없다.[278)]

14. 보험계약에 관한 해약환급금채권은 보험계약자가 해지권을 행사할 것을 조건으로서 효력이 발생하는 조건부 권리이기는 하지만 금전지급을 목적으로 하는 재산적 권리로서 민사집행법 등 법령에서 정한 압류금지재산이 아니어서 압류 및 추심명령의 대상이 되며, 그 채권을 청구하기 위해서는 보험계약의 해지가 필수적이어서 추심명령을 얻은 채권자가 해지권을 행사하는 것은 그 채권을 추심하기 위한 목적 범위 내의 행위로서 허용된다고 봄이 상당하므로, 당해 보험계약자인 채무자의 해지권 행사가 금지되거나 제한되어 있는 경우 등과 같은 특별한 사정이 없는 한, 그 채권에 관하여 추심명령

278) 대법원 2012. 11. 15. 2011다38394

을 얻은 채권자는 채무자의 보험계약 해지권을 자기의 이름으로 행사하여 그 채권의 지급을 청구할 수 있다고 할 것이다. 해약환급금 청구권에 관한 추심명령을 얻은 채권자가 위 추심명령에 기하여 제3채무자를 상대로 추심금의 지급을 구하는 소를 제기한 경우에 그 소장에는 추심권에 기초한 보험계약 해지의 의사가 담겨 있다고 할 것이므로, 그 소장 부본이 상대방인 보험자에게 송달됨에 따라 보험계약 해지의 효과는 발생하는 것으로 해석함이 상당하다.[279]

15. 원심은 그 채택 증거에 의하여, 소외인은 2008. 3. 26. 피고와 사이에 이 사건 보험계약을 체결한 사실, 원고는 집행력 있는 공정증서 정본에 기하여 2008. 4. 21. 및 2008. 10. 27. 소외인이 피고 등에 대하여 가지는 현재 또는 장래의 보험금 청구채권에 관한 채권압류 및 전부명령(이하 '이 사건 각 전부명령'이라 한다)을 받아 이 사건 각 전부명령이 그 무렵 피고에게 송달된 사실, 서울보증보험 주식회사(이하 '서울보증보험'이라 한다)는 2011. 5. 3. 소외인이 피고에 대하여 가지는 모든 명목의 보험금지급 청구채권 및 중도해지 시 해약반환금 채권에 관한 채권압류 및 추심명령(이하 '이 사건 추심명령'이라 한다)을 받았고, 이 사건 추심명령이 그 무렵 피고에게 송달된 사실, 서울보증보험은 2011. 5. 20. 이 사건 추심명령에 따라 피고에게 소외인의 피고 금융상품에 대한 압류적립금 송금요청서를 발송하였고, 피고는 2011. 6. 21. 서울보증보험에 이 사건 보험계약의 해약환급금을 지급한 사실, 원고가 2011. 8. 16. 이 사건 보험계약 소정의 보험사고가 발생하였음을 전제로 그 보험금을 청구하였으나, 피고는 이 사건 보험계약이 해지되었다는 이유로 그 지급을 거절한 사실을 인정하였다. 나아가 원심은, 이 사건 각 전부명령의 피압류채권으로 기재된 보험금 청구채권에 보험계약의 해지를 전제로 한 해약환급금 청구채권이 포함되어 있다고 볼 수 없지만, ① 보험계약의 존속을 전제로 하는 보험금 청구권과 보험계약의 해

279) 대법원 2009. 6. 23. 2007다26165

지를 전제로 하는 해약환급금 청구권은 서로 양립할 수 없는 점, ② 채무자인 보험계약자는 보험금 청구권 자체를 소멸시키는 효과를 가져오는 보험계약의 해지를 임의로 할 수 없다고 할 것인데, 이러한 제한은 채무자인 보험계약자의 권리를 대위행사하는, 해약환급금 청구권에 대하여 추심명령을 받은 채권자의 경우에도 마찬가지로 보아야 하는 점, ③ 해약환급금 청구권에 대한 추심명령은 보험계약의 해지를 당연히 예정하고 있는 점 등을 종합하면, 보험금 청구권에 대한 압류 및 전부명령이 내려진 후에 발하여진 해약환급금 청구권에 대한 추심명령은 앞선 전부명령의 효력을 무력화시키는 것을 전제로 하는 것이므로 그 효력이 없다고 보아, 피고는 원고에게 소외인에 대한 보험사고의 발생으로 인한 보험금을 지급할 의무가 있다고 판단하였다. 그러나 원심의 위와 같은 판단은 그대로 수긍하기 어렵다.

보험계약자의 보험금 채권에 대한 압류가 행하여지면 그 효력으로 채무자가 압류된 채권을 처분하더라도 채권자에게 대항할 수 없고, 제3채무자도 채권을 소멸 또는 감소시키는 등의 행위는 할 수 없으며, 그와 같은 행위로 채권자에게 대항할 수 없는 것이지만, 그 압류로써 위 압류채권의 발생원인인 보험계약관계에 대한 채무자나 제3채무자의 처분까지도 구속하는 효력은 없으므로 채무자나 제3채무자는 기본적 계약관계인 보험계약 자체를 해지할 수 있고, 채무자와 제3채무자 사이의 기본적 계약관계인 보험계약이 해지된 이상 그 계약에 의하여 발생한 보험금 채권은 소멸하게 되므로 이를 대상으로 한 압류명령 또한 실효될 수밖에 없다(대법원 2006. 1. 26. 선고 2003다29456 판결 등 참조). 한편 보험계약에 관한 해약환급금 채권은 보험계약자가 해지권을 행사할 것을 조건으로 효력이 발생하는 조건부 권리이기는 하지만 금전 지급을 목적으로 하는 재산적 권리로서 민사집행법 등 법령에서 정한 압류금지재산이 아니어서 압류 및 추심명령의 대상이 되며, 그 채권을 청구하기 위해서는 보험계약의 해지가 필수적이어서 추심명령을 얻은 채권자가 해지권을 행사하는 것은 그 채권을 추심하기 위한 목적 범위 내의 행위로서 허용된다고 봄이 상당하므로, 당해 보험계약자인 채무자의 해지권 행사가 금지되거나 제한되어 있는 경우 등과 같은 특별한 사정이 없는 한, 그 채권에 관하여 추심명령을 얻은 채권자는 채무자의 보험계약 해지권을 자기의 이름으로 행사하여 그 채권의 지급을 청구할 수 있다고 할 것이다(대법원 2009. 6. 23. 선고 2007다26165 판결 참조) 원심도 인정하고 있는 바와 같이, 이 사건 각 전부명령의 피압류채권에 해약환급금 채권이 포함되지 아니하였을 뿐만 아니라, 원심이 인정한 사실을 위 법리에 비추어 살펴보면 보험금 채권에 대한 압류가 있더라도 소외인이나 피고로서는 위 압류채권의 발생원인인 계약관계 자체를 해지할 수 있다. 나아가 해약환급금 채권에 대한 이 사건 추심명령을 얻은 서울보증보험이 피고에게 추심금의 지급을 구한 압류적립금 송금요청서에는 추심권에 기초한 보험계약 해지의 의사가 담겨 있다고 할 것이므로, 위 송금요청서가 피고에게 송달됨에 따라 이 사건 보험계약 해지의 효과가 발생하는 것으로 해석함이 상당하다. 따라서 소외인과 피고 사이의 기본적 계약관계인 이 사건 보험계약이 해지된 이상 그 계약에 의하여 발생한 보험금 채권은 소멸하게 될 것이다.[280]

Ⅳ. 전부명령

1. 전부명령이 있는 때에는 압류된 채권은 지급에 갈음하여 압류채권자에게 이전된다(제229조 제3항). 피압류채권을 가지고 대물변제의 형식으로 압류채권을 결제하는 방식이라 할 수 있다.[281] 유체물의 인도나 권리이전의 청구권에 대하여는 전부명령을 하지 못한다.

2. 전부명령이 확정된 경우에는 전부명령이 제3채무자에게 송달된 때에 채무자가 채무를 변제한 것으로 본다. 다만, 이전된 채권이 존재

280) 대법원 2013. 7. 12. 2012다105161

281) 강대성, 전게서, 271면.

하지 아니한 때에는 그러하지 아니하다(제231조)[282].

3. 제3채무자의 자력이 충분한 경우에는 다른 채권자를 배제하고 우선 변제를 받을 수 있으므로 평등주의에 대한 예외라 할 수 있지만, 대신 제3채무자에게 변제자력이 없는 경우의 불이익은 전부채권자가 감수하여야 한다.[283]

4. 채권가압류 뒤에 가압류채권자가 집행권을 취득하더라도 직접 전부명령을 신청할 수는 없고 가압류에서 본압류로 이전하는 압류명령을 신청하면서 전부명령을 함께 신청하여야 한다.

5. 장래 발생될 채권에 대한 압류 및 전부명령이 유효하기 위하여 채권압류 및 전부명령이 제3채무자에게 송달될 당시 반드시 피압류 및 전부채권이 현실적으로 존재하고 있어야 하는 것은 아니고, 장래의 채권이라도 채권 발생의 기초가 확정되어 있어 특정이 가능할 뿐 아니라 권면액[284]이 있고, 가까운 장래에 채권이 발생할 것이 상당한 정도로 기대되는 경우에는 채권압류 및 전부명령의 대상이 될 수 있다.[285] 그러나 현재 법원의 실무는 권면액과 상관없이 확정되어 있

---

282) 집행채권이 소멸하는 시기를 전부명령확정시가 아니라 제3채무자에의 송달시로 소급하는 이유는, 압류채권자에게 독점적 만족을 보장해주기 위해서다. 즉 전부명령확정시에 집행채권이 소멸하도록 하며, 전부명령에 대해 이의신청이나 즉시항고 등이 있어서 전부명령이 아직 확정되기 전에 다른 채권자들이 경합할 수 있고, 그렇게 되면 전부명령의 실효성이 보장될 수 없기 때문이다(강대성, 전게서, 273면).

283) 「민사집행법」, 사법연수원(2011), 316면

284) 권면액이 존재할 수 없는 비금전채권은 전부명령의 대상이 될 수 없다. 그러나 판례가 말하는 권면액은 단지 금전채권으로 표시될 수 있는 명목, 타이틀일 뿐이고, 실제의 가치를 나타내는 것은 아니다. 따라서 대부분 판례는 권면액에 대한 언급이 없이 장래의 채권(공무원에게 지급될 장래 지급될 봉급, 사용자가 근로자에게 지급하는 퇴직금, 합자회사 유한책임사원의 지분환급청구권 등), 조건부 채권(경매 취하 조건의 보증금반환채권, 매매계약해제되면 발생하는 대금반환채권, 타회시 발생하는 골프회원권 예치금반환채권, 임대차계약이 종료되어야 발생하는 임차보증금반환채권 등), 반대의무 있는 채권(도급계약에 의한 공사 완성 전 공사대금채권) 등에 대해서 전부명령이 가능한 것으로 본다. 이와 달리 학설은 일치하여 장래의 채권, 조건부채권, 반대의무에 걸린 채권의 경우에는 권면액이 없다고 본다. 일본의 판례와 통설 역시 일치하여 장래채권이 확정된 경우에 권면액을 인정하고 있어 그렇지 않은 채권에 대해서는 전부명령을 불허하거나 일정한 한도로 제한하고 있다.

285) 대법원 2002. 11. 8. 2002다7527 "건설업자가 지방자치단체가 지방재정법과 그 시행

지 않았거나 채권으로 성립조차 되지 않은 것들에 대해서도 무제한적으로 압류 및 전부명령을 내리고 있다. 판례는 공탁금회수청구권에 대해서 공탁자의 공탁금회수권 행사가 있지 않더라도 압류 및 전부명령이 인정된다는 입장이다.[286)]

6. 전부명령이 제3채무자에게 송달될 때까지 그 금전채권에 관하여 다른 채권자가 압류·가압류 또는 배당요구를 한 경우에는 전부명령은 효력을 가지지 아니한다. 전부명령이 무효라 하여도 압류명령은 유효한 것이므로 이에 터 잡아 추심명령을 신청하거나 경합상태가 해소된 후 다시 전부명령을 신청하는 것은 가능하다.[287)]

7. 전부명령은 확정되어야 효력을 가진다. 전부명령이 확정되면 피압류채권은 전부명령이 제3채무자에게 송달된 때에 소급하여 집행채권의 범위 안에서 당연히 전부채권자에게 이전하고 동시에 집행채권 소멸의 효력이 발생하는 것이며, 이 점은 피압류채권이 그 존부 및 범위를 불확실하게 하는 요소를 내포하고 있는 장래의 채권인 경우에도 마찬가지다. 장래의 채권에 관하여 압류 및 전부명령이 확정되면 그 부분 피압류채권은 이미 전부채권자에게 이전된 것이므로 그 이후 동일한 장래의 채권에 관하여 다시 압류 및 전부명령이 발하여졌다고 하더라도 압류의 경합은 생기지 않고, 다만 장래의 채권 중 선행 전부채권자에게 이전된 부분을 제외한 나머지 중 해당 부분 피압류채권이 후행 전부채권자에게 이전된다.[288)]

령 및 그에 의하여 준용되는 국가를당사자로하는계약에관한법률과 그 시행령에 의하여 시행하는 공사의 경쟁입찰에 참가하여 낙찰자로 결정된 후 낙찰자의 채권자가 낙찰자를 채무자로 하고, 지방자치단체를 제3채무자로 하여 낙찰자가 지방자치단체와 장차 공사도급계약을 체결하고 공사를 시공함에 따라 지방자치단체로부터 지급받게 될 공사대금채권에 대하여 채권압류 및 전부명령을 받은 경우, 피압류 및 전부채권인 공사대금채권은 그 발생의 기초가 확정되어 있어 채권의 특정이 가능할 뿐 아니라, 공사대금이 확정되어 있어 권면액도 있으며, 가까운 장래에 채권이 발생할 것이 상당한 정도로 확실시되므로 그 공사대금채권에 대한 채권압류 및 전부명령은 유효하다."

286) 대법원 1981. 2. 10. 80다77

287) 대법원 1976. 9. 28. 76다1145, 1146

288) 대법원 2004. 9. 23. 2004다29354

Ⅴ. 특별현금화명령(양도명령・매각명령・관리명령)

압류된 채권이 조건 또는 기한이 있거나, 반대의무의 이행과 관련되어 있거나 그 밖의 이유로 추심하기 곤란할 때에는 법원은 채권자의 신청에 따라 채권을 법원이 정한 값으로 지급함에 갈음하여 압류채권자에게 양도하는 양도명령, 추심에 갈음하여 법원이 정한 방법으로 그 채권을 매각하도록 집행관에게 명하는 매각명령, 관리인을 선임하여 그 채권의 관리를 명하는 관리명령, 그 밖에 적당한 방법으로 현금화하도록 하는 명령을 할 수 있다(제241조 제1항). 법원은 위 신청을 허가하는 결정을 하기 전에 채무자를 심문하여야 한다. 다만, 채무자가 외국에 있거나 있는 곳이 분명하지 아니한 때에는 심문할 필요가 없다(제241조 제2항). 법원의 특별현금화 결정에 대하여는 즉시항고를 할 수 있으며(제241조 제3항), 확정되어야 효력을 가진다(제241조 제4항). 압류된 채권을 매각한 경우에는 집행관은 채무자를 대신하여 제3채무자에게 서면으로 양도의 통지를 하여야 한다(제241조 제5항).

양도명령에는 전부명령의 규정을 준용한다. 매각명령은 집행관에 의한 매각이므로 유체동상의 매각가 유사하다. 관리명령은 부동산강제관리와 유사하다. 금전채권에 특별현금화명령이 활용되는 경우는 거의 없다. 유체물의 인도나 권리이전청구권 등에 충분히 활용될 여지가 있다.

Ⅵ. 배당요구

채권집행에서는 유체동산집행에 비해 초과압류금지의 원칙을 엄격하게 적용하지 않기 때문에 배당요구를 제한할 필요성이 적고, 따라서 집행정본을 가진 채권자는 기왕에 진행되고 있는 집행절차에 편승하여 배당요구를 할 수 있다.[289]

유체동산집행에서는 집행정본을 가진 채권자는 배당요구를 할 수 없고, 별도로 압류를 하여야만 집행에 참여할 수 있다.

부동산집행에서 압류에 우선하는 담보물권자가 당연히 배당받을

289) 강대성, 전게서, 265면.

수 있지만, 채권집행에서는 압류된 채권에 담보물권을 가진 채권자라도 배당요구를 해야 배당받을 수 있다.

민법・상법, 그 밖의 법률에 의하여 우선변제청구권이 있는 채권자와 집행력 있는 정본을 가진 채권자만이 제3채무자가 공탁의 신고를 한 때, 채권자가 추심의 신고를 한 때, 집행관이 지급제시나 특별현금화명령 등으로 얻은 금전을 법원에 제출 한 때까지 법원에 배당요구를 할 수 있다(제247조 제1항). 전부명령이 제3채무자에게 송달된 뒤에는 배당요구할 수 없다(제247조 제2항).

집행정본이 없는 일반채권자의 배당요구는 허용되지 않는다.

제4절 유체물인도청구권에 대한 집행

Ⅰ. 부동산・유체동산・선박・자동차・건설기계・항공기・경량항공기 등 유체물의 인도나 권리이전의 청구권에 대한 강제집행의 경우 채권자는 먼저 이들 권리에 대해 압류명령을 받아 추심한 뒤, 그 유체물이 동산이면 동산집행의 예에 따라, 부동산이면 부동산집행의 예에 다라 압류하고 현금화하는 단계로 절차가 진행된다(제242조).[290]

Ⅱ. 유체동산청구권에 대한 집행

유체동산에 관한 청구권을 압류하는 경우에는 법원이 제3채무자에 대하여 그 동산을 채권자의 위임을 받은 집행관에게 인도하도록 명한다(제243조 제1항). 제3채무자는 집행관에게 유체동산을 인도하여 면책을 받을 수 있다. 채권자는 제3채무자에 대해 인도명령의 이행을 구하기 위해서 추심명령을 신청할 수 있다(제243조 제2항). 인도청구권에는 전부명령이 허용되지 않는다(제245조). 제3채무자가 임의로 인도하지 않으면 채권자는 추심명령에 따라서 제3채무자를 상대로 추심의 소를 제기하여 인도집행을 하면 된다. 집행관이 목적물을 인도받으면 유체동산매각방법에 따라 매각하고 매각대금을 집행법원에 제출해야

290) 강대성, 전게서, 277면.

한다.

Ⅲ. 부동산청구권에 대한 집행

부동산에 관한 인도청구권의 압류에 대하여는 그 부동산소재지의 지방법원은 채권자 또는 제3채무자의 신청에 의하여 보관인을 정하고 제3채무자에 대하여 그 부동산을 보관인에게 인도할 것을 명하여야 한다(제244조 제1항). 부동산에 관한 권리이전청구권의 압류에 대하여는 그 부동산소재지의 지방법원은 채권자 또는 제3채무자의 신청에 의하여 보관인을 정하고 제3채무자에 대하여 그 부동산에 관한 채무자명의의 권리이전등기절차를 보관인에게 이행할 것을 명하여야 한다(제244조 제2항).

채권자대위권을 통해 같은 목적으로 달성할 수 있기 때문에 부동산 인도청구권이나 권리이전청구권에 대한 강제집행은 실제 이용되지 않는다.[291)]

제5설 그 밖의 재산권에 대한 강제집행

그 밖의 재산권은 유체동산의 공유지반, 특허권, 상표권, 저작권, 회원권 등을 말한다. 이들은 특별한 실체가 없기 때문에 채권에 대한 강제집행 방법을 적용한다(제251조 제1항). 제3채무자가 없는 경우에 압류는 채무자에게 권리처분을 금지하는 명령을 송달한 때에 효력이 생긴다(제251조 제2항).

그 밖의 재산권에 대한 현금화방법은 주로 특별현금화명령(양도명령, 매각명령, 관리명령 등)에 의할 수밖에 없을 것이다.

---

291) 강대성, 전게서, 277면.

제3편 비금전채권에 기초한 강제집행

제1장 유체물인도청구권의 집행

제1절 동산인도청구의 집행

동산인도청구권의 경우 동산의 직접점유의 이전을 목적으로 하는 청구권을 말한다. 이 경우 집행관이 집행기관이며, 채권자는 집행관에게 집행을 위임하여 집행관이 목적물을 채무자 또는 그 법정대리인으로부터 빼앗아 집행한다(제257조). 집행관은 빼앗은 물건을 바로 채권자에게 인도하여야 하는데, 인도할 수 없는 때에는 채권자의 지시가 있을 때까지 보관하여야 한다. 유아인도를 명하는 재판에 관한 집행의 경우 유아가 의사능력이 있는 경우에 그 유아 자신이 인도를 거부하는 경우에는 집행불능이라 할 것이다.

제2절 부동산인도청구의 집행

Ⅰ. 건물을 건물소유자 이외의 제3자가 점유하고 있는 경우 건물철거의 집행권원을 얻어 철거집행을 하려면 먼저 제3자에 대한 퇴거의 집행권원을 얻어 퇴거 집행을 우선 하여야만 한다. 그 후에 비로소 건물철거 집행을 할 수 있다. 퇴거의 강제집행은 집행관이 직접 실력으로 채무자의 점유를 빼앗아 채권자에게 인도하여 그 점유를 취득하게 한다. 간접점유자가 직접점유자를 통하여 부동산을 간접적으로 점유하고 있는 경우 간접점유자 및 직접점유자에 대한 채무명의를 가지고 부동산에 대한 인도청구권을 집행하는 채권자로서는 현실적으로 직접점유자에 대하여 인도집행을 함으로써 간접점유자에 대한 인도집행을 한꺼번에 할 수밖에 없으므로, 직접점유자에 대하여 부동산에 대한 인도집행을 마치면 간접점유자에 대하여도 집행을 종료한 것으로 보아야 할 것이고, 또한 강제집행정지는 집행 종료 후에는 허용되지 아니한다.[292)]

292) 대법원 2000. 2. 11. 99그92

Ⅱ. 토지소유권에 기한 건물철거 및 그 토지(대지)명도청구소송에 있어서 건물철거청구는 그 토지명도 청구권에 터잡아 하는 것이며 건물철거는 그 토지명도의 수단내지 이행의 태양으로서 그 명도청구권의 내용에 불과하고 그 토지명도집행의 방법을 명시하는데 지나지 않는 다 할 것이어서 위 청구에 기한 건물철거 및 토지명도를 명하는 판결의 집행에 있어서는 건물철거와 그 건물의 부지의 명도집행까지 끝나지 아니하면 그 토지의 인도집행은 아직 종료되지 아니하였다고 해석함이 타당하고 한편 위 건물의 철거를 동시에 집행하지 아니하고 위 토지 명도집행만을 함에 있어서는 그 건물의 용도에 따라 현상유지에 일반적으로 필요하다고 인정되는 범위내의 토지는 제외하고 그 부분에 관한 명도집행은 그 건물철거시에 그 철거와 함께 이를 하지 아니하면 아니된다.[293] 즉 토지인도청구의 강제집행은 그 집행권원에 그 지상건물 또는 수목의 철거・수거를 명하고 있어야만 가능하고, 그렇지 않으면 토지인도집행은 불가능한 것이다.

제3절 제3자가 목적물을 점유하는 경우의 집행

인도의 목적물을 채무자가 아닌 제3자가 점유하고 있는 때에는 원칙적으로 집행이 불가능하기 때문에 이 경우 채무자가 제3자에 대하여 인도청구권을 가지는 때에는 채무자의 인도청구권을 채권자가 압류하여 넘겨받아 채무자에 갈음하여 제3자에게 직접 자기 또는 집행권원에 따른 다른 제3자에게 인도할 것을 청구할 수 있다.

제2장 작위・부작위의무의 집행

제1절 대체집행

대체적 작위채무에 대한 강제집행으로서는 대체집행만 인정된다(민법 제389조 제2항). 판결이 집행권원인 경우에는 제1심 수소법원이 집행기관

293) 대법원 1977. 6. 30. 77마59

으로 된다(제260조). 집행권원이 가집행선고 있는 판결인 경우 사건이 상소심에 계속 중이라도 관할법원은 제1심 수소법원이다. 대체집행 신청이 정당하면 법원은 채권자에 대하여 제3자로 하여금 채무자에 갈음하여 채무자의 비용으로 집행권원의 내용인 작위를 실시하게 하는 권능을 수여하는 수권결정을 한다(제260조 제1항). 수권결정은 일반적으로 집행관으로 하여금 작위를 실시하는 내용을 담고 있다.

부작위채무에 대한 강제집행은 간접강제에 의하는 것이 원칙이다. 그러나 부작위의무 위반으로 생긴 상태의 제거는 작위채무에 해당하므로 대체집행이 인정된다(민법 제389조 제2항).

제2절 간접강제

부작위채무와 부대체적 작위채무에 대한 강제집행은 간접강제에 의한다. 간접강제 결정을 위해서는 반드시 채무자를 심문하여야 한다(제262조). 채무자가 간접강제결정에도 불구하고 채무이행을 하지 않으면 간접강제결정을 집행권원으로 하여 금전집행의 방법에 따라 배상금을 추심한다.

민사집행법 제261조 제1항의 간접강제결정에 기한 배상금은 채무자로 하여금 그 이행기간 이내에 이행을 하도록 하는 심리적 강제수단이라는 성격뿐만 아니라 채무자의 채무불이행에 대한 법정 제재금이라는 성격도 가진다고 보아야 한다. 따라서 채무자가 간접강제결정에서 명한 이행기간이 지난 후에 채무를 이행하였다면, 채권자는 특별한 사정이 없는 한 채무의 이행이 지연된 기간에 상응하는 배상금의 추심을 위한 강제집행을 할 수 있다.[294)]

---

294) 대법원 2013. 2. 14. 2012다26398 "원심은 제1심판결 이유를 인용하여, 대전지방법원은 2010. 8. 6. 위 법원 2010카합590호 업무방해금지가처분 신청사건에서, '1. 원고는 피고의 사무실 내 이 사건 컴퓨터에 설정한 비밀번호를 해제하라. 2. 원고가 위 명령을 송달받고도 이행하지 아니하는 경우, 피고에게 위반행위 1일당 50만 원씩을 지급하라'는 이 사건 가처분결정을 한 사실, 피고는 원고가 이 사건 가처분결정을 송달받은 2010. 8. 13.부터 2010. 10. 4.까지 이 사건 가처분결정 제1항의 의무를 이행하지 않는다는 이유로 그 제2항의 간접강제결정에 기하여 원고의 임금 및 퇴직금 채권에 대하여 채권압류 및 추심명령을 받은 사실 등을 인정하였다. 그리고 원고가 이 사건 가처분결정을 송달받은 2010. 8. 13. 바로 피고의 직원인 영업과장 소외인에게 비밀번호를 적은

제3장 의사표시의무의 집행

의사표시를 하여야 할 채무의 강제집행은 인낙·화해조서의 성립이나 그 이행판결의 확정으로서 의사의 진술이 행하여진 것으로 간주된다(민법 제389조 제2항). 따라서 현실적인 강제집행절차는 없다. 집행문을 받을 필요도 없지만, 반대의무의 이행을 조건으로 하는 경우에는 집행문이 필요하고[295], 변론종결 후에 당사자가 변경된 경우에는 승계집행문이 필요하다.

문건을 팩시밀리로 전송함으로써 위 결정 제1항의 작위의무를 이행하였다는 주장에 대하여, 원고가 위 소외인에게 비밀번호 10가지가 적힌 문건을 팩시밀리로 전송한 사실 등은 인정할 수 있으나, 위 문건에 기재된 10개의 비밀번호 중에 원고가 설정한 비밀번호는 존재하지 않았고 원고가 제1심 소송계속 중인 2011. 4. 15.에 비로소 이 사건 컴퓨터의 비밀번호를 해제한 사실 등 그 판시와 같은 사실관계를 들어, 원고가 위와 같은 팩시밀리를 전송한 것만으로는 이 사건 컴퓨터의 비밀번호를 해제하라는 이 사건 가처분결정을 이행한 것으로 볼 수 없다고 판단하였다. 나아가 원심은, 피고가 이 사건 가처분결정에 기하여 원고의 재산에 대하여 강제집행을 하는 것은 신의성실의 원칙에 반하고 권리남용에 해당한다는 주장에 대하여, 원고 제출의 판시 증거들만으로는 피고가 원고의 비밀번호 해제에 협조하지 않고 일부러 원고의 의무이행을 지연시켰다는 점을 인정하기 부족하고, 원고가 이 사건 가처분결정상의 의무이행을 스스로 이행하지 않은 이상 그 의무이행이 원고 아닌 다른 제3자에 의해 가능하였더라도 그러한 사정만으로는 이 사건 가처분결정에 기한 강제집행이 신의성실의 원칙에 반하거나 권리남용에 해당한다고 보기 어렵다고 판단하여, 이 사건 가처분결정 정본에 기한 강제집행의 불허를 구하는 원고의 청구를 기각하였다. 관련 법리와 기록에 비추어 살펴보면, 원심이 위와 같이 사실을 인정하고 이를 토대로 원고가 2011. 4. 15. 이 사건 컴퓨터의 비밀번호를 해제하기 전까지 이 사건 가처분결정 제1항에 의한 작위의무의 이행을 지체하였다는 취지로 판단한 것은 정당한 것으로 수긍이 되고, 거기에 상고이유 주장과 같이 필요한 심리를 다하지 않았거나 석명의무를 위반함으로써 판결에 영향을 미친 위법이 있다고는 보이지 않는다. 그러나 원심이 판시한 것처럼 비록 원고가 이 사건 가처분결정 제1항의 작위의무의 이행을 지체하였다 하더라도 2011. 4. 15. 이 사건 컴퓨터의 비밀번호를 해제함으로써 이를 이행한 이상 그로써 위 작위의무는 소멸되었다 할 것이다. 따라서 앞서 본 법리에 비추어 보면 다른 특별한 사정이 없는 한 이 사건 가처분결정 중 위 작위의무의 지체기간에 상응하는 배상금에 대하여 집행력의 배제를 구하는 부분은 이유 없다 할 것이지만, 작위의무가 소멸된 이후부터는 그 집행력은 배제되어야 할 것이다."

295) 대법원 1979. 5. 22. 77마427 "조건부 의사진술을 명하는 재판은, 그 <u>조건이 성취되어 집행문이 부여될 때 의사를 진술한 것과 동일한 효력이 발생하고</u>, 집행기관이 관여하는 현실적인 강제집행절차가 존재할 수 없으므로, 강제집행의 정지도 있을 수 없으니, 등기공무원은 강제집행정지결정에 구애됨이 없이 등기신청을 받아들여 등기기입을 할 수 있다."

제3부 회생 · 파산

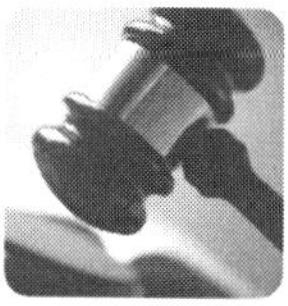

제1편 서설

제2편 회생

제3편 파산

제4편 개인회생

제3부

회생 · 파산

제1편 서설

Ⅰ. 1962년에 파산법, 화의법, 회사정리법이 제정되어 시행되어 오다가, 이들을 통합한 채무자 회생 및 파산에 관한 법률(이하 '회생파산법'이라 한다)이 2005년 제정되어 2006. 4. 1.부터 시행되고 있다. 회생파산법은 제1편 총칙(제1조 제33조), 제2편 회생절차(제34조-제293조의 8), 제3편 파산절차(제294조-제578조의 17), 제4편 개인회생절차(제579조-제627조), 제5편 국제도산(제628조-제642조), 제6편 벌칙(제643조-제660조)로 구성되어 있다.

Ⅱ. 회생파산법은 재정적 어려움으로 인하여 파탄에 직면해 있는 채무자에 대하여 채권자 · 주주 · 지분권자 등 이해관계인의 법률관계를 조정하여 채무자 또는 그 사업의 효율적인 회생을 도모하거나, 회생이 어려운 채무자의 재산을 공정하게 환가 · 배당하는 것을 목적으로 한다(제1조).

Ⅲ. 회생은 사업의 재건과 영업의 계속을 통한 채무 변제가 주된 목적인 반면 청산형 절차인 파산은 채무자의 재산의 처분 · 환가와 채권자들에 대한 공평한 배당이 주된 목적인데, 회생이 가능한 채무자라면 굳

이 청산시키는 것보다 계속 존속하게 하면서 순차적으로 채무를 변제하게 하는 것이 채권자 등 이해관계인에게 유리하고 사회·경제적으로도 유익하기 때문에 회생파산법은 파산절차보다 회생절차를 우선시하고 있다.[296)]

Ⅲ. 외국인 또는 외국법인은 회생파산법의 적용에 있어서 대한민국 국민 또는 대한민국 법인과 동일한 지위를 가진다(제2조).

Ⅳ. 회생파산법 제3조는 회생파산사건에 대한 관할을 다음과 같이 규정한다.

제3조(재판관할) ① 회생사건, 간이회생사건 및 파산사건 또는 개인회생사건은 다음 각 호의 어느 한 곳을 관할하는 지방법원 본원의 관할에 전속한다.

1. 채무자의 보통재판적이 있는 곳
2. 채무자의 주된 사무소나 영업소가 있는 곳 또는 채무자가 계속하여 근무하는 사무소나 영업소가 있는 곳
3. 제1호 또는 제2호에 해당하는 곳이 없는 경우에는 채무자의 재산이 있는 곳(채권의 경우에는 재판상의 청구를 할 수 있는 곳을 말한다)

② 제1항에도 불구하고 회생사건 및 파산사건은 채무자의 주된 사무소 또는 영업소의 소재지를 관할하는 고등법원 소재지의 지방법원 본원에도 신청할 수 있다.

③ 제1항에도 불구하고 다음 각 호의 신청은 다음 각 호의 구분에 따른 지방법원에도 할 수 있다.

1. 「독점규제 및 공정거래에 관한 법률」 제2조제3호에 따른 계열회사에 대한 회생사건 또는 파산사건이 계속되어 있는 경우 계열회사 중 다른 회사에 대한 회생절차개시·간이회생절차개시의 신청 또는 파산신청: 그 계열회사에 대한 회생사건 또는 파산사건이 계속되어 있는

296) 서울중앙지방법원 파산부 실무연구회, 「제4판 회생사건실무(상)」, 박영사(2015), 3면.

지방법원 본원

2. 법인에 대한 회생사건 또는 파산사건이 계속되어 있는 경우 그 법인의 대표자에 대한 회생절차개시·간이회생절차개시의 신청, 파산신청 또는 개인회생절차개시의 신청: 그 법인에 대한 회생사건 또는 파산사건이 계속되어 있는 지방법원 본원
3. 다음 각 목의 어느 하나에 해당하는 자에 대한 회생사건, 파산사건 또는 개인회생사건이 계속되어 있는 경우 그 목에 규정된 다른 자에 대한 회생절차개시·간이회생절차개시의 신청, 파산신청 또는 개인회생절차개시의 신청: 그 회생사건, 파산사건 또는 개인회생사건이 계속되어 있는 지방법원
   가. 주채무자 및 보증인
   나. 채무자 및 그와 함께 동일한 채무를 부담하는 자
   다. 부부

④ 개인이 아닌 채무자에 대한 회생사건 또는 파산사건은 제1항부터 제3항까지의 규정에 따른 지방법원 본원의 합의부의 관할에 전속한다.

⑤ 상속재산에 관한 파산사건은 상속개시지를 관할하는 지방법원본원의 관할에 전속한다.

⑥ 「신탁법」 제114조에 따라 설정된 유한책임신탁에 속하는 재산(이하 "유한책임신탁재산"이라 한다)에 관한 파산사건은 수탁자의 보통재판적 소재지(수탁자가 여럿인 경우에는 그 중 1인의 보통재판적 소재지를 말한다)를 관할하는 지방법원본원의 관할에 전속한다.

⑦ 제6항에 따른 관할법원이 없는 경우에는 유한책임신탁재산의 소재지(채권의 경우에는 재판상의 청구를 할 수 있는 곳을 그 소재지로 본다)를 관할하는 지방법원본원의 관할에 전속한다.

⑧ 제1항 및 제5항부터 제7항까지의 규정에 따라 서울동부지방법원·서울남부지방법원·서울북부지방법원 또는 서울서부지방법원의 관할에 속할 사건은 서울중앙지방법원의 관할에 전속한다.

⑨ 제1항에도 불구하고 제579조제1호에 따른 개인채무자의 보통재판적 소재지가 강릉시·동해시·삼척시·속초시·양양군·고성군인 경

우에 그 개인채무자에 대한 파산선고 또는 개인회생절차개시의 신청은 춘천지방법원 강릉지원에도 할 수 있다.

Ⅴ. 서울중앙지방법원은 2011. 3.경부터 패스트트랙(Fast Track) 기업회생절차을 시행하고 있는데, 이에 의하면 관리인을 선임하는 대신 기존 대표이사를 법률상 관리인으로 간주하는 관리인불선임제도가 실시되고, 채권자협의회가 자금관리위원 판견 권한 또는 구조조정담당임원 추천 권한을 가지고, 그 과정에서 회계와 법률 자문에 소요되는 비용을 채무자가 부담하도록 하고 있다. 또한 인가 후 주주총회를 통한 출자전환 주주의 의결권행사, 제1회 조기 변제 후 즉시 종결 또는 종결 파이낸싱을 통한 자금조달 후 종결을 추진하고, 관리인으로 하여금 채권자협의회와의 협력을 통한 M&A 추진을 하도록 하고 있다. 또한 서울중앙지방법원은 2013. 5.경부터 중소기업 회생컨설팅 제도를 시행하고 있다. 중소기업청 등의 비용으로 도산전문가 컨설턴트를 고용하도록 하여 회생가능성이 높은 중소기업이 조기에 회생절차개시를 신청하도록 하고 있다.[297]

제2편 회생

제1장 회생절차개시신청

Ⅰ. 채무자는 ① 사업의 계속에 현저한 지장을 초래하지 아니하고는 변제기에 있는 채무를 변제할 수 없는 경우[298], ② 채무자에게 파산의 원인인 사실이 생길 염려가 있는 경우[299] 법원에 회생절차개시의 신청

297) 서울중앙지방법원 파산부 실무연구회, 「제4판 회생사건실무(상)」, 박영사(2015), 24-25면.

298) 여기서 "변제기에 있는 채무를 변제할 수 없는 경우"는 파산원인인 지급불능 정도에 이른 것은 아니지만, 가동중인 공장 또는 특허권의 처분, 원재료의 매각, 제품의 염가 매각, 단기간 내에 반환가망이 없는 고리채의 이용 등이 없으면 변제가 불가능한 정도를 뜻한다(서울중앙지방법원 파산부 실무연구회, 「제3판 회생사건실무(상)」, 박영사(2011), 115면).

을 할 수 있다(제34조 제1항). 시장경제 체제하에서 기업은 선택한 사업을 자유로이 시작할 권리도 있고, 그 경영판단에 따라 사업을 언제든지 중단할 권리가 있기 때문에, 채무자의 회생절차개시신청의 경우 도산원인을 요구할 필요가 없다는 주장이 있다.300)

Ⅱ. 채권자는 채무자에게 파산의 원인인 사실이 생길 염려가 있는 경우에만 회생절차 개시 신청을 할 수 있다. 채권자는 주식회사 또는 유한회사인 재부자에 대하여 자본의 10분의 1이상에 해당하는 채권을 가진 경우, 채무자가 주식회사 또는 유한회사가 아닌 때 5천만원 이상의 금액에 해당하는 채권을 가진 경우 회생절차개시를 신청할 수 있다(제34조 제2항). 채권자 1인이 자본의 10분의 1 이상 또는 5,000만 원 이상의 채권을 가질 필요는 없고 여러 사람의 채권액을 합하여 그 액에 달하는 경우도 상관이 없으며 공동으로 신청하면 된다.301)

Ⅲ. 주주・지분권자는 주식회사 또는 유한회사인 채무자에 대하여 자본의 10분의 1이상에 해당하는 주식 또는 출자지분을 가진 경우, 합명회사・합자회사 그 밖의 법인 또는 이에 준하는 채무자에 대하여 출자총액의 10분의 1이상이 출자지분을 가진 경우 회생절차개시를 신청할 수 있다(제34조 제2항). 여러 사람이 소유한 주식 또는 출자지분이 발행주식총수 또는 출자총액의 10분의 1에 달하기까지 합산하여 신청할 수 있고, 주식이나 지분권의 종류가 달라도 상관없으며 의결권 없는 주식이라고 무방하다.302)

---

299) 파산절차상 파산의 원인인 사실에는 지급불능(제305조 제1항)과 채무초과(제306조)가 있다. 지급불능은 채무자의 변제능력이 계속적으로 결여되어 즉시 변제하여야 할 채무를 변제함이 일반적으로 불가능한 재정상태를 일컫는 것으로, 재산만을 기준으로 하는 채무초과와 달리 재산 외의 신용 등의 모든 변제수단을 강구하더라도 변제기가 도래하여 이행의 청구를 받은 채무의 대부분을 변제할 수 없는 상태를 말한다(서울중앙지방법원 파산부 실무연구회, 「제3판 회생사건실무(상)」, 박영사(2011), 116면). 지급정지가 있으면 지급불능으로 추정된다(제305조 제2항).

300) 김주학, 「기업도산법 제2판」, 법문사(2012), 172-173면.

301) 사법연수원, 「도산처리법(2015)」, 27면.

302) 사법연수원, 「도산처리법(2015)」, 27면. ; 대법원 2014. 4. 29. 2014마244 "채무자 회생 및 파산에 관한 법률(이하 '법'이라 한다) 제34조 제2항 제1호 (가)목은 '주식회사인

Ⅳ. 회생절차신청서에 첩부할 인지액은 30,000원이고, 보전처분신청서와 포괄적 금지명령 신청에 첩부할 인지액은 각각 2,000원이다. 예납송달료 40회분(130,000, 1회송달료 3,250원×40)과 채권자마나 3분을 합산한 송달료를 납부해야 한다. 그 외에 법원이 정하는 금액을 예납해야 한다(예납비용). 예납금은 보전관리인, 조사위원 등의 보수와 비용, 공고, 통지, 현장검증 등에 사용된다. 비용을 예납하지 않으면 법원은 회생절차 개시신청을 기각한다(제42조 제1호).

Ⅴ. 채무자는 정관, 법인등기등본, 채무자 사업의 연혁표(사업경력서), 채무자 조직도, 사원명부, 주주명부, 주요임원이력서, 노조가입현황, 단체협약서, 계열회사 또는 관계회사의 현황, 재무상태표, 손익계산서, 최근 3년간 외부회계감사보고서, 주요 자산목록,과 등기・등록부, 보전처분・강제집행・체납처분 중 물건의 목록, 채권자명부, 채무자명부, 보증채무내역, 주요거래처명부, 과거 5년간 비교재무상태표 및 비교손인익계산서, 향후 사업계획서・추정손익계산서・자금조달계획서 등 서류를 첨부하여야 한다.

제2장 가압류・가처분 그 밖의 보전처분

Ⅰ. 법원은 회생절차개시의 신청이 있는 때에는 이해관계인의 신청에 의하거나 직권으로 회생절차개시신청에 대한 결정이 있을 때까지 채무자의 업무 및 재산에 관하여 가압류・가처분 그 밖에 필요한 보전처분을 명할 수 있다(제43조 제1항). 법원은 신청일부터 7일 이내에 보

채무자에 대하여 자본의 10분의 1 이상에 해당하는 채권을 가진 채권자는 회생절차개시의 신청을 할 수 있다'고 규정할 뿐, 여기에 다른 제한을 두고 있지 않다. 한편 임금・퇴직금 등의 채권자에게도 채무자에게 파산의 원인인 사실이 생길 염려가 있는 경우에는 회생절차를 통하여 채무자 또는 사업의 효율적인 회생을 도모할 이익이 있고, 개별적인 강제집행절차 대신 회생절차를 이용하는 것이 비용과 시간 면에서 효과적일 수 있다. 따라서 주식회사인 채무자에 대한 임금・퇴직금 등의 채권자도 법 제34조 제2항 제1호 (가)목에서 정한 요건을 갖춘 이상 회생절차개시의 신청을 할 수 있고, 이는 임금 등의 채권이 회생절차에 의하지 아니하고 수시로 변제해야 하는 공익채권이라고 하여 달리 볼 수 없다."

전처분 여부를 결정하여야 한다(제43조 제2항). 법원은 보전처분 외에 필요하다고 인정하는 때에는 관리위원회의 의견을 들어 보전관리인에 의한 관리를 명할 수 있다(제43조 제3항). 가압류·가처분 그 밖의 보전처분에 대한 재판 및 그 신청을 기각하는 재판은 결정으로 하며(제43조 제5항), 결정에 대하여는 즉시항고를 할 수 있다(제43조 제6항). 즉시항고는 집행정지의 효력이 없다(제43조 제7항).

Ⅱ. 보전처분은 처분금지보전처분, 업무제한보전처분, 조직법상의 보전처분으로 나눌 수 있다. 처분금지 보전처분은 채무자가 자신이 운영하는 기업의 자산을 처분하는 것을 막는 것을 목적으로 한다.[303] 업무제한 보전처분은 채무자가 자기 소유 재산을 감소시키거나 부채를 늘리는 업무를 금지하기 위한 것이다.[304] 업무제한 보전처분은 변제금지 보전처분과 차재금지 보전처분[305]을 내용으로 한다. 조직법상의 보전처분은 보전관리인을 명하는 것을 말한다.[306] 채무자를 관리인으로 선임하는 이상 실무에서 보전관리인을 명하는 경우는 거의 없다. 따라서 조직법상 보전처분은 활용되지 않는다.

Ⅲ. 채무자에 대하여 소가 제기된 경우 채무자는 변제금지 보전처분을 받았음을 이유로 항변할 수 없으며, 이 보전처분은 채권자의 강제집행을 저지할 수도 없다.[307] 채무자의 강제집행을 저지하려면 회생파산법 제44조 중지명령 또는 제45조 포괄적 금지명령을 받아야 한다.

대법원 1992. 10. 27. 91다42678 판결 "회생절차가 개시된 경우에

---

303) 기재례: 채무자는 그 소유에 속한 별지목록 기재의 부동산, 동산 및 권리에 관하여 권리의 양도, 담보 설정 기타 일체의 처분을 하지 못한다.

304) 기재례: 채무자는 2015. 7. 1. 이전의 원인으로 인하여 생긴 일체의 채무를 변제하여서는 안 된다. 채무자는 명목을 불문하고 금원차입을 하지 못한다.

305) 차재금지 보전처분이 내려진 경우라도 법원의 허가가 있으면 차재할 수 있다. 법원허가에 의한 차재로 인한 채권은 공익채권이다(제179조 제1항 제12호).

306) 기재례: 채무자에 대하여 보전관리인에 의한 관리를 명한다. ○○○를 채무자의 보전관리인으로 명한다.

307) 대법원 1993. 9. 14. 92다12728 "변제금지 보전처분의 효력은 원칙적으로 회사에 대해서만 미치는 것이어서 회사가 채권자에게 임의로 변제하는 것이 금지될 뿐 회사의 채권자가 강제집행을 하거나 상계권을 행사는 것까지 금지되는 것은 아니다."

는 양도담보권자도 회생담보권자에 준하여 회생절차에서 그 권리를 행사하여야 한다. 회생절차개시결정 이전에 채무자에 대하여 법원이 그때까지의 원인으로 인하여 생긴 일체의 금전채무 중 종업원의 고용관계로 인한 임금채권을 제외한 나머지 채권을 변제하여서는 아니된다는 취지의 변제금지보전처분과 채무자 소유인 특정된 물건과 권리에 관하여 소유권의 양도 등 기타 일체의 처분을 하여서는 아니된다는 취지의 처분금지보전처분을 한 경우 처분금지보전처분의 대상에서 제외되어 있는 물품에 대하여는 변제금지보전처분만으로 양도담보권자의 담보권 실행을 저지하는 효과가 없다."

제3장 강제집행 등 중지 · 취소명령

Ⅰ. 법원은 회생절차개시의 신청이 있는 경우 필요하다고 인정하는 때에는 이해관계인의 신청에 의하거나 직권으로 회생절차개시의 신청에 대한 결정이 있을 때까지 채무자에 대한 **파산절차** · 회생채권 또는 회생담보권에 기한 **강제집행, 가압류, 가처분 또는 담보권실행을 위한 경매절차**로서 채무자의 재산에 대하여 이미 행하여지고 있는 것 · 채무자의 재산에 관한 **소송절차** · 채무자의 재산에 관하여 행정청에 계속되어 있는 절차 · **체납처분**, 체납처분 또는 조세채무담보를 위하여 제공된 물건의 처분의 중지를 명할 수 있다(제44조 제1항). 회생절차개시결정이 있으면 그 효과로서 다른 절차가 중지된다. 회생절차개시 이전에 이미 계속되고 있는 강제집행, 가압류, 가처분 등을 개별적으로 중지하기 위한 것이 제44조 중지명령이다.

Ⅱ. 법원은 채무자의 회생을 위하여 특히 필요하다고 인정하는 때에는 채무자의 신청에 의하거나 직권으로 중지된 회생채권 또는 회생담보권에 기한 강제집행등의 취소를 명할 수 있다(제44조 제4항). 실무에서는 채무자의 매출채권, 예금반환채권에 관하여 강제집행 등이 이루어져 채무자가 매출에 따른 수입 또는 예금을 운영자금으로 사용할 수

없는 경우, 채무자의 원자재에 관하여 강제집행 등이 이루어져 생산시설을 가동할 수 없는 경우 등에만 제한적으로 강제집행 등 취소가 이루어지고 있다.[308]

제4장 포괄적 금지명령

Ⅰ. 법원은 회생절차개시의 신청이 있는 경우 제44조제1항의 규정에 의한 중지명령에 의하여는 회생절차의 목적을 충분히 달성하지 못할 우려가 있다고 인정할 만한 특별한 사정이 있는 때에는 이해관계인의 신청에 의하거나 직권으로 회생절차개시의 신청에 대한 결정이 있을 때까지 모든 회생채권자 및 회생담보권자에 대하여 회생채권 또는 회생담보권에 기한 강제집행등의 금지를 명할 수 있다(제45조 제1항). 포괄적 금지명령이 있는 때에는 채무자의 재산에 대하여 이미 행하여진 회생채권 또는 회생담보권에 기한 강제집행등은 중지된다(제45조 제3항). 포괄적 금지명령이 있는 때에는 그 명령이 효력을 상실한 날의 다음 날부터 2월이 경과하는 날까지 회생채권 및 회생담보권에 대한 시효는 완성되지 아니한다(제45조 제8항).

Ⅱ. 포괄적 금지명령이나 이를 변경 또는 취소하는 결정이 있는 때에는 법원은 이를 공고하고 그 결정서를 채무자 및 신청인에게 송달하여야 하며, 그 결정의 주문을 기재한 서면을 법원이 알고 있는 회생채권자·회생담보권자 및 채무자(보전관리인이 선임되어 있는 때에 한한다)에게 송달하여야 한다(제46조 제1항). 포괄적 금지명령 및 이를 변경 또는 취소하는 결정은 채무자에게 결정서가 송달된 때부터 효력을 발생한다(제46조 제2항).

Ⅲ. 법원은 포괄적 금지명령이 있는 경우 회생채권 또는 회생담보권에 기한 강제집행등의 신청인인 회생채권자 또는 회생담보권자에게 부당한 손해를 끼칠 우려가 있다고 인정하는 때에는 그 회생채권자 또는 회생

308) 사법연수원, 「도산처리법(2015)」, 45면.

담보권자의 신청에 의하여 그 회생채권자 또는 회생담보권자에 대하여 결정으로 포괄적 금지명령의 적용을 배제할 수 있다. 이 경우 그 회생채권자 또는 회생담보권자는 채무자의 재산에 대하여 회생채권 또는 회생담보권에 기한 강제집행등을 할 수 있으며, 포괄적 금지명령이 있기 전에 그 회생채권자 또는 회생담보권자가 행한 회생채권 또는 회생담보권에 기한 강제집행등의 절차는 속행된다(제47조 제1항).

Ⅳ. 대법원 2011. 5. 26. 2009다90146 판결 "채무자 회생 및 파산에 관한 법률 제141조 제1항은 양도담보권도 회생담보권에 포함되는 것으로 규정하고 있으므로, 회생절차개시결정의 효력을 규정하고 있는 같은 법 제58조 제2항 제2호의 '회생담보권에 기한 강제집행 등'에는 양도담보권 실행행위도 포함되고, 같은 법 제45조 제1항, 제3항에 의한 포괄적 금지명령은 회생절차개시 신청에 대한 결정이 있을 때까지 모든 회생채권자 및 회생담보권자에게 회생채권 및 회생담보권에 기한 강제집행 등의 금지를 명하는 것이므로, 포괄적 금지명령에 의하여 금지되거나 중지되는 '회생담보권에 기한 강제집행 등'에는 양도담보권 실행행위도 포함된다고 해석하여야 한다."[309]

제5장 대표자 심문 및 현장검증

Ⅰ. 회생절차개시 신청이 있는 때에는 법원은 채무자 또는 그 대표자를 심문하여야 한다(제41조). 실무에서는 보전처분을 발령하면서 동시에 보

309) 금융회사인 갑 회사가 을 공사와, 갑 회사는 택지매수인에게 매수자금을 대출하여 주되 대출금상환이 연체될 경우 을 공사에 매매계약 해제를 요구할 수 있으며, 이 경우 을 공사는 매매계약을 해제하고 매수인이 납입한 매매대금 중 계약보증금을 제외한 나머지를 직접 갑 회사에 지급하기로 협약을 체결한 후, 을 공사와 택지 매매계약을 체결한 매수인 병 회사에 매수자금을 대출해 주었는데, 병 회사가 매매대금을 모두 납입한 후 부도 처리되자, 갑 회사가 을 공사에 매매계약 해제 및 매매대금 지급 요청을 하였고, 그 직후 병 회사가 회생절차개시를 신청하여 법원이 회생담보권 등에 기한 강제집행 등의 포괄적 금지명령을 한 사안에서, 갑 회사의 매매계약 해제 및 매매대금 지급 요청 의사표시와 그에 따른 을 공사의 매매계약 해제 의사표시가 포괄적 금지명령에 의하여 중지되거나 금지되는 양도담보권 실행행위로 볼 수 없다고 한 사례

전처분결정일 3일 내지 5일 이내에 대표자심문기일을 지정하는 결정을 한다.

Ⅱ. 대표자심문기일에 재판부가 심문사항을 미리 작성하여 심문하므로 신청서를 중심으로 먼저 대표자 신문사항을 작성하여 둔다. 심문사항 내용은 대표이사 등의 인적사항, 채무자 개요, 계열회사관계, 자본 및 자산과 부채, 영업 및 운전자금조달, 회생절차개시를 위한 요건, 자구노력 등이다. 심문기일은 신청서를 검토하면서 비용예납명령과 함께 바로 결정한다. 주무 관리위원이 배석하고, 수명법관이 통상 심문하며, 회계담당자, 대주주 등도 출석하게 한다. 관리위원의 질문이 끝난 후 대리인에게도 보충심문 기회를 준다.

Ⅲ. 재판부 또는 수명법원으로 지정된 판사는 채무자의 주요 공장이나 사업장을 방문하여 공장의 가동현황, 설비자재의 유무 및 관리상황, 작업환경, 생산공정, 종업원의 작업태도, 재고자산 등에 관한 현장검증을 하며, 필요한 경우 현장에서 근로자대표 등의 의견을 정취할 수도 있다.[310)]

제6장 회생절차개시의 결정과 관리인 선임

Ⅰ. 채무자가 회생절차개시를 신청한 때에는 법원은 회생절차개시의 신청일부터 1월 이내에 회생절차개시 여부를 결정하여야 한다(제49조 제1항). 법원은 제42조 기각사유(회생절차의 비용을 미리 납부하지 아니한 경우, 회생절차개시 신청이 성실하지 아니한 경우, 그 밖에 회생절차에 의함이 채권자 일반의 이익에 적합하지 아니한 경우)가 없는 한 회생절차의 개시결정과 동시에 관리인을 선임한다(제50조 제1항). 법원은 회생절차개시의 결정을 한 때에는 지체 없이 회생절차개시결정의 주문, 관리인의 성명 또는 명칭, 회생채권·회생담보권·주식 또는 출자지분의 신고기간, 회생절차가 개시된 채무자의 재산을 소지하고

310) 서울중앙지방법원 파산부 실무연구회, 「제4판 회생사건실무(상)」, 박영사(2015), 82면.

있거나 그에게 채무를 부담하는 자는 회생절차가 개시된 채무자에게 그 재산을 교부하여서는 아니된다는 뜻이나 그 채무자에게 그 채무를 변제하여서는 아니된다는 뜻과 회생절차가 개시된 채무자의 재산을 소지하고 있거나 그에게 채무를 부담하고 있다는 사실을 일정한 기간 안에 관리인에게 신고하여야 한다는 뜻의 명령 등을 공고하여야 한다(제51조 제1항).

Ⅱ. 법원은 채무자의 재정적 파탄의 원인이 기존 경영자가 행한 재산의 유용 또는 은닉이나 그에게 중대한 책임이 있는 부실경영에 기인하는 때, 채권자협의회의 요청이 있는 경우로서 상당한 이유가 있는 때, 그 밖에 채무자의 회생에 필요한 때를 제외하고 개인인 채무자나 개인이 아닌 채무자의 대표자를 관리인으로 선임하여야 한다(제74조 제2항). 회생절차개시결정이 내려지면 채무자는 사업의 경영과 재산의 관리처분권을 상실하고 이러한 권한은 관리인에게 전속한다. 관리인은 법원의 감독을 받으면서 회생채무자와 그 채권자 및 주주로 구성되는 이해관계인 단체의 관리자로서 업무를 수행하는 일종의 공적 수탁자이다.[311] 관리인의 보수청구권은 공익채권으로서 회생절차에 의하지 아니하고 수시로 변제하며, 회생채권과 회생담보권에 우선하여 변제한다(제179조 제1항 제4호, 제180조 제1항, 제2항). 관리인이 재직 중 제3자 인수를 성공시키거나, 회생절차를 종결시킬 수 있는 기반을 마련하는 등 그 공로가 인정되는 경우 해당 관리인의 재직기간 동안의 경영실적을 평가하여 법원이 관리인에게 특별보상금을 지급할 수 있다.[312] 이 경우 관리인이 가지게 된 특별보상금청구권 역시 공익채권이다(제179조 제1항 제4호, 제180조 제1항, 제2항).

Ⅲ. 대법원은 파산관재인이 민법 제108조 제2항의 제3자에 해당한다는

311) 대법원 1974. 6. 25. 73다692; 대법원 2013. 3. 28. 2010다63836 "관리인은 채무자나 그의 기관 또는 대표자가 아니고 채무자와 그 채권자 등으로 구성되는 이른바 이해관계인 단체의 관리자로서 일종의 공적 수탁자에 해당한다."

312) 사법연수원, 「도산처리법(2015)」, 70-71면.

입장인데, 이는 회생절차에서의 관리인에게도 그대로 적용된다 할 것이다.[313)]

대법원 2013. 4. 26. 2013다1952 "파산채무자가 파산선고 시에 가진 모든 재산은 파산재단을 구성하고, 그 파산재단을 관리 및 처분할 권리는 파산관재인에게 속하므로, 파산관재인은 파산채무자의 포괄승계인과 같은 지위를 가지게 되지만, 파산이 선고되면 파산채권자는 파산절차에 의하지 아니하고는 파산채권을 행사할 수 없고, 파산관재인이 파산채권자 전체의 공동의 이익을 위하여 선량한 관리자의 주의로써 그 직무를 행하므로, 파산관재인은 파산선고에 따라 파산채무자와 독립하여 그 재산에 관하여 이해관계를 가지게 된 제3자로서의 지위도 가지게 된다. 따라서 파산채무자가 상대방과 통정한 허위의 의사표시를 통하여 가장채권을 보유하고 있다가 파산이 선고된 경우 그 가장채권도 일단 파산재단에 속하게 되고, 파산선고에 따라 파산채무자와는 독립한 지위에서 파산채권자 전체의 공동의 이익을 위하여 직무를 행하게 된 파산관재인은 그 허위표시에 따라 외형상 형성된 법률관계를 토대로 실질적으로 새로운 법률상 이해관계를 가지게 된 민법 제108조 제2항의 제3자에 해당하고[314)], 그 선의 · 악의도 파산관재인 개인의 선의 · 악의를 기준으로 할 수는 없고, 총파산채권자를 기준으로 하여 파산채권자 모두가 악의로 되지 않는 한 파산관재인은 선의의 제3자라고 할 수밖에 없다.[315)]"

313) 권영준, "통정허위표시로 인한 법률관계에 있어서 파산관재인의 제3자성", 법조 56권 5호(통권608호), 법조협회(2007. 5.), 67-69면에 의하면, 미국의 경우 "파산관재인은 파산자의 신발 위에 선다(The trustee stands in the shoes of the bankrupt)"라는 법언이 있고, 종래 미국 연방대법원 역시 파산관재인의 제3자성을 부인하였으나(Hewit v. Berlin Machine Works, 194 U.S. 296, 303, 1904; York Manufacturing Co. v. Cassell, 201 U.S. 344, 1906), 1978년 파산법 개정으로 파산관재인을 선의의 매수인으로 의제하는 조항(제544조(a)항 제3호)를 신설하였다고 한다.

314) 대법원 2003. 6. 24. 2002다48214

315) 대법원 2006. 11. 10. 2004다10299

제7장 회생절차 개시결정의 효력

Ⅰ. 회생절차개시결정이 있는 때에는 파산 또는 회생절차개시의 신청, 회생채권 또는 회생담보권에 기한 강제집행, 국세징수의 예에 의하여 징수할 수 있는 청구권으로서 그 징수우선순위가 일반 회생채권보다 우선하지 아니한 것에 기한 체납처분을 할 수 없고(제58조 제1항), 이미 그 절차가 진행 중인 경우에는 그 절차는 중지된다(제58조 제1항).

Ⅱ. 채무자가 회생절차개시 이후 채무자의 재산에 관하여 법률행위를 한 때에는 회생절차와의 관계에 있어서는 그 효력을 주장하지 못한다(제64조 제1항).[316] 채무자가 회생절차개시가 있은 날에 행한 법률행위는 회생절차개시 이후에 한 것으로 추정한다(제64조 제2항). 회생절차개시 이후 회생채권 또는 회생담보권에 관하여 채무자의 재산에 대한 권리를 채무자의 행위에 의하지 아니하고 취득한 때에도 회생절차와의 관계에 있어서는 그 효력을 주장하지 못한다(제65조 제1항). 부동산 또는 선박에 관하여 회생절차개시전에 생긴 등기원인으로 회생절차개시 후에 한 등기 및 가등기는 회생절차와의 관계에 있어서는 그 효력을 주장하지 못한다. 다만, 등기권리자가 회생절차개시의 사실을 알지 못하고 한 본등기는 그러하지 아니하다(제66조 제1항).

Ⅲ. 회생절차개시 이후 그 사실을 알지 못하고 한 채무자에 대한 변제는 회생절차와의 관계에 있어서도 그 효력을 주장할 수 있다(제67조 제1항).

Ⅳ. 채무자가 타인과 공동으로 재산권을 가진 경우 채무자와 그 타인 사이에 그 재산권을 분할하지 아니한다는 약정이 있더라도 회생절차가 개시된 때에는 관리인은 분할의 청구를 할 수 있다(제69조 제1항).

Ⅴ. 회생절차개시는 채무자에게 속하지 아니하는 재산을 채무자로부터 환취하는 권리에 영향을 미치지 아니한다(제70조). 피담보채무를 변제

316) 관리인이 그 행위의 유효를 주장하는 것은 무방하다.

하고 질물의 반환을 청구하는 권리, 임대차나 사용대차에 의하여 채무자가 사용하고 있는 토지·건물·기계기구 등을 계약종료 후에 소유자가 반환을 청구하는 권리, 채무자에 수리가공을 위탁한 물건의 반환받을 권리 등과 같이 환취권의 기초가 되는 권리는 소유권이 보통이다.317)

Ⅵ. 1. 쌍방미이행 쌍무계약

가. 쌍무계약에 관하여 채무자와 그 상대방이 모두 회생절차개시 당시에 아직 그 이행을 완료하지 아니한 때에는 관리인은 계약을 해제 또는 해지하거나 채무자의 채무를 이행하고 상대방의 채무이행을 청구 할 수 있다(제119조 제1항). 상대방은 관리인에 대하여 계약의 해제나 해지 또는 그 이행의 여부를 확답할 것을 최고할 수 있다. 이 경우 관리인이 그 최고를 받은 후 30일 이내에 확답을 하지 아니하는 때에는 관리인은 위 해제권 또는 해지권을 포기한 것으로 본다(제119조 제2항). 계약이 해제 또는 해지된 때에는 상대방은 손해배상에 관하여 회생채권자로서 그 권리를 행사할 수 있고, 채무자가 받은 반대급부가 채무자의 재산 중에 현존하는 때에는 상대방은 그 반환을 청구할 수 있으며, 현존하지 아니하는 때에는 상대방은 그 가액의 상환에 관하여 공익채권자로서 그 권리를 행사할 수 있다(제121조). 반면 관리인이 이행을 선택한 경우에는 상대방이 채무자에 대하여 가지는 채권은 공익채권이 된다(제179조 제1항 제7호).

나. 위 규정에 의한 쌍무계약은 쌍방 당사자가 상호 대등한 대가관계에 있는 채무를 부담하는 계약으로서, 본래적으로 쌍방의 채무 사이에 성립·이행·존속상 법률적·경제적으로 견련성을 갖고 있어서 서로 담보로서 기능하는 것을 가리키는 것이고, 이와 같이 본래적으로 법률적·경제적 견련관계가 없는데도 당사자 사

317) 사법연수원, 「도산처리법(2015)」, 167면.

이의 특약으로 쌍방의 채무를 상환 이행하기로 한 경우 등은 여기서 말하는 쌍무계약이라고 할 수 없다.[318]

다. 쌍방 미이행 쌍무계약의 경우에 관리인에게 계약의 이행 또는 해제에 관한 선택권을 부여한 채무자 회생 및 파산에 관한 법률 제119조 제1항이 정한 쌍무계약이라 함은 쌍방 당사자가 상호 대등한 대가관계에 있는 채무를 부담하는 계약으로서, 본래적으로 쌍방의 채무 사이에 성립 · 이행 · 존속상 법률적 · 경제적으로 견련성을 갖고 있어서 서로 담보로서 기능하는 것을 가리키고, 위 규정이 적용되려면 서로 대등한 대가관계에 있는 계약상 채무의 전부 또는 일부가 이행되지 아니하여야 한다. 미이행된 의무가 당초 약정된 의무의 극히 일부에 불과한 것이라면 상대방 의무의 이행을 담보하는 기능을 갖고 있다거나 서로 대등한 대가관계에 있는 채무라고 볼 수 없으므로 여기서 말하는 쌍무계약에 해당한다고 보기 어렵다.[319]

2. 계속적 공급계약

가. 채무자에 대하여 계속적 공급의무를 부담하는 쌍무계약의 상대방은 회생절차개시신청 전의 공급으로 발생하는 회생채권 또는 회생담보권을 변제하지 아니함으로 이유로 회생절차개시신청 후 그 의무의 이행을 거부할 수 없다(제122조 제1항). 이 경우 그 상대방이 회생절차게시신청 후 회생절차개시신청 전까지 사이에 한 공급으로 생긴 청구권은 공익채권으로 보호된다(제179조 제1항 제8호). 이러한 규정들은 전기 · 가스 · 수도 등의 계속적 공급 없이는 회생을 위한 사업의 운용 자체가 불가능하기 때문에 둔 것이다.

나. 전기사업법 제14조는 "발전사업자 및 전기판매사업자는 정당한

318) 대법원 2000. 4. 11. 99다60559; 대법원 2007. 3. 29. 2005다35851
319) 대법원 2014. 9. 4. 2013다204140

사유 없이 전기의 공급을 거부하여서는 아니 된다"라고 규정하고 있고, 동법 시행규칙 제13조는 전기판매사업자등이 전기의 공급을 거부할 수 있는 8가지 사유를 열거하고 있는바, 전기판매사업자등은 법 시행규칙에서 열거된 사유에 해당되지 않는 한 원칙적으로 전기의 공급을 거부할 수 없다. 다만, 법 시행규칙 제13조 제1호는 '전기요금을 납기일까지 납부하지 아니한 전기사용자가 법 제16조에 따른 전기공급약관에서 정하는 기한까지 해당 요금을 내지 아니하는 경우'를 전기공급을 거부할 수 있는 사유로 규정하고 있으므로, 전기판매사업자등은 특별한 사정이 없는 한 전기공급약관에 따른 전기요금을 납부하지 않은 전기사용자에 대하여는 전기의 공급을 거부할 수 있다. 한편, 회생절차가 개시되면 채무자의 업무수행권과 재산의 관리・처분권이 관리인에게 전속하게 되고, 회생채권의 개별적인 권리행사는 금지되며, 회생계획이 인가되면 회생채권은 그 채권금액 및 변제기일 등 그 권리의 내용 및 행사방법이 회생계획에 정해진 대로 변경되므로, 애초의 회생채권은 회생절차를 통하여 권리의 내용 및 행사방법이 제한되게 된다. 원심결정의 이유 및 이 사건 기록에 의하면, 상대방이 2002. 1.경 재항고인과 사이에 이 사건 공장 등에 대하여 전기사용계약을 체결하고 그 무렵부터 재항고인으로부터 전기를 공급받은 사실, 상대방이 2008. 6.분부터 전기요금을 미납하자 재항고인은 2008. 11. 17. 상대방이 2개월 이상 전기요금을 미납하지 않았음을 이유로 전기공급약관 제15조, 제45조에 따라 이 사건 전기사용계약을 해지하고, 이 사건 공장 등에 대한 전기공급을 중단한 사실, 상대방은 2009. 1. 20. 대전지방법원에 회생절차개시신청을 하여 2009. 2. 18. 회생개시결정을 받은 사실, 상대방은 재항고인에 대한 이 사건 전기사용계약에 기한 미납 전기요금 124,750,520원을 회생채권으로 신고한 사실, 상대방은 재항고인에게 이 사건 공장 등에 대한 전기공급을 요청하였으나, 재항고인은 미납전기요금이 납부되지 않고 있다는 이유로 상대방에 대한 전기공급을 거부하고 있는 사실을 알 수 있다. 위 법리에 비추어 이 사건을 보면, 재항고인은 한국전력공사법에 의하여 전력자원의 개발 및 발전·송전·변전·배전 및 이와 관련되는 영업을 목적으로 설립된 법인으로서 전기사업법에 따라 정당한 사유가 없는 한 전기의 공급을 거절할 수 없는데, 상대방에 대한 회생절차의 개시로 인하여 재항고인도 회생채권인 전기요금채권을 바로 행사하지 못하고, 상대방측도 그 미납전기요금을 임의로 지급할 수 없게 되었다면, 비록 상대방이 전기요금을 납부하지 않아 이 사건 전기사용계약이 적법하게 해지되어 전기공급이 중단되었다고 하더라도, 재항고인이 미납전기요금의 미변제를 이유로 상대방에 대한 전기공급을 거부하는 것은, 전기사업자로서의 독점적 지위를 이용하여 회생절차 개시로 그 권리행사가 제한되어 있는 체납전기요금에 대한 즉시 변제를 강요하는 것이 되고, 나아가 다른 회생채권자의 권리를 해하는 결과에 이르게 되므로, 전기사업법에 의하여 원칙적인 전기공급의무를 부담하는 재항고인이 전기공급을 거부할 수 있는 정당한 사유에 해당하지 않는다고 봄이 상당하다.[320]

3. 도산해제(해지)조항

가. 계약의 당사자들 사이에 채무자인 회사의 재산상태가 장래 악화될 때에 대비하여 지급정지, 회사정리절차의 개시신청, 회사정리절차의 개시와 같이 도산에 이르는 과정상의 일정한 사실이 그 회사에 발생하는 것을 당해 계약의 해지권의 발생원인으로 정하거나 또는 계약의 당연 해지사유로 정하는 특약을 도산해제(해지)조항이라 한다.

나. 미국 연방 파산법과 일본 최고재판소 판례는 도산해제(해지)조항을 무효로 본다. 그러나 우리 대법원은 도산해제(해지)조항이 채

320) 대법원 2010. 2. 11. 2009마1930

무자 회생 및 파산에 관한 법률에서 규정한 부인권의 대상이 되거나 공서양속에 위배된다는 등의 이유로 효력이 부정되어야 할 경우를 제외하고, 도산해지조항으로 인하여 정리절차개시 후 정리회사에 영향을 미칠 수 있다는 사정만으로는 그 조항이 무효라고 할 수 없다는 입장이다.[321]

---

321) 대법원 2007. 9. 6. 2005다38263 "계약의 당사자들 사이에 채무자인 회사의 재산상태가 장래 악화될 때에 대비하여 지급정지, 회사정리절차의 개시신청, 회사정리절차의 개시와 같이 도산에 이르는 과정상의 일정한 사실이 그 회사에 발생하는 것을 당해 계약의 해지권의 발생원인으로 정하거나 또는 계약의 당연 해지사유로 정하는 특약(도산해지조항)을 두는 경우가 있는데, 민법은 몇 가지 계약 유형에 관하여 일방 당사자에게 선고된 파산이 계약에 미치는 영향에 관한 규정을 두고 있을 뿐(민법 제599조, 제614조, 제637조, 제663조, 제674조, 제690조, 제717조 등 참조) 도산해지조항의 효력과 관련하여서는 별다른 규정을 두고 있지 아니하고, 구 회사정리법이나 그 후속 입법에 해당하는 현행 채무자 회생 및 파산에 관한 법률에서도 도산해지조항을 일반적으로 금지하는 규정은 찾아볼 수 없다. 그리고 도산해지조항의 적용 결과가 정리절차개시 후 정리회사에 미치는 영향이라는 것은 당해 계약의 성질, 그 내용 및 이행 정도, 해지사유로 정한 사건의 내용 등의 여러 사정에 따라 달라질 수밖에 없다. 따라서 도산해지조항을 일반적으로 금지하는 법률이 존재하지 않는 상태에서 그와 같은 구체적인 사정을 도외시한 채 도산해지조항은 어느 경우에나 회사정리절차의 목적과 취지에 반한다고 하여 일률적으로 무효로 보는 것은 계약자유의 원칙을 심각하게 침해하는 결과를 낳을 수 있을 뿐만 아니라 상대방 당사자가 채권자의 입장에서 채무자의 도산으로 초래될 법적 불안정에 대비할 보호가치 있는 정당한 이익을 무시하는 것이 될 수 있다. 이와 같은 사정과 아울러 회사정리법상 관리인은 정리절차개시 당시에 존재하는 회사 재산에 대한 관리처분권을 취득하는 데에 불과하므로 채무자인 회사가 사전에 지급정지 등을 정지조건으로 하여 처분한 재산에 대하여는 처음부터 관리처분권이 미치지 아니한다는 점을 생각해 보면, 도산해지조항이 회사정리법에서 규정한 부인권의 대상이 되거나 공서양속에 위반된다는 등의 이유로 효력이 부정되어야 할 경우를 제외하고, 도산해지조항으로 인하여 정리절차개시 후 정리회사에 영향을 미칠 수 있다는 사정만으로는 그 조항이 무효라고 할 수는 없다. 그리고 쌍방 미이행의 쌍무계약의 경우에는 계약의 이행 또는 해제에 관한 관리인의 선택권을 부여한 회사정리법 제103조의 취지에 비추어 도산해지조항의 효력을 무효로 보아야 한다거나 아니면 적어도 정리절차개시 이후 종료시까지의 기간 동안에는 도산해지조항의 적용 내지는 그에 따른 해지권의 행사가 제한된다는 등으로 해석할 여지가 없지는 않을 것이다. 그러나 회사정리법 제103조에 정한 쌍무계약이라 함은 쌍방 당사자가 상호 대등한 대가관계에 있는 채무를 부담하는 계약으로서, 본래적으로 쌍방의 채무 사이에 성립·이행·존속상 법률적·경제적으로 견련성을 갖고 있어서 서로 담보로서 기능하는 것을 가리키는 것이므로, 위 규정이 적용되려면 서로 대등한 대가관계에 있는 계약상 채무의 전부 또는 일부가 이행되지 아니한 것을 의미한다. 그런데 <u>이 사건의 경우에 도산해지조항이 문제된 합작투자계약은 둘 이상의 당사자가 모여 상호출자하여 회사를 설립·운영하는 것을 목적으로 하는 계약으로서 본질적으로 조합계약에 해당하고, 계약당사자들로서는 상호 출자하여 회사를 설립함으로써 조합 구성에 관한 채무의 이행을 마쳤으며 그에 따라 계</u>

다. 쌍방미이행의 쌍무계약에 관하여 도산해제(해지)조항의 효력을 인정한다면 상대방에게 회생절차개시 이전에 항상 해제(해지)권이 발생하여 회생파산법이 관리인에게 계약에 관하여 이행 또는 해제(해지)의 선택권을 부여한 의미가 몰각되므로, 이러한 경우에는 도산해제조항의 효력을 원칙적으로 부정함이 타당하다.[322)]

Ⅶ. 회생절차가 개시된 후에는 회생채권 또는 회생담보권은 회생계획에 의하지 않고는 변제 등 이를 소멸시키는 행위(면제를 제외한다)를 할 수 없으므로 관리인 측의 상계는 원칙적으로 허용되지 않고, 다만 법원의 허가가 있는 경우에 그 범위 내에서 가능하다(제131조). 회생채권자 또는 회생담보권자가 회생절차개시 당시 채무자에 대하여 채무를 부담하는 경우 채권과 채무의 쌍방이 신고기간만료 전에 상계할 수 있게 된 때에는 회생채권자 또는 회생담보권자는 그 기간 안에 한하여 회생절차에 의하지 아니하고 상계할 수 있다. 채무가 기한부인 때에도 같다(제144조 제1항).[323)] 회생채권자 또는 회생담보권자의 회

약에서 정한 바에 의하여 설립된 회사에 관한 의결권의 행사 또는 이사회의 구성 등을 위하여 서로 협조하여야 하는 의무 등이 남게 되었는바, 이러한 의무는 성립·이행·존속상 법률적·경제적으로 견련성을 갖고 있어서 서로 담보로서 기능한다고 할 수 없어 서로 대등한 대가관계에 있다고 보기 어려우므로 회사정리법 제103조가 적용된다고 할 수 없고, 또한 일반적인 재산상의 계약과는 달리 서로 간의 고도의 신뢰관계를 전제로 하므로 일방 당사자에게 지급정지 등의 사유가 발생하고 회사정리절차가 개시되어 장차 계약 당사자가 아닌 제3자인 관리인이 상대방으로 될 것으로 예상되는 경우에는 다른 당사자로서는 그로 인하여 초래될 상황에 대비할 정당한 이익을 갖는다고 보아야 할 것이며, 따라서 위와 같은 사유에 의한 도산해지조항을 약정한 경우에는 이를 무효라고 단정하기 어렵다 할 것이다."

322) 서울중앙지방법원 2012회확1735 회생채권조사확정(2012회합72 회생)

323) 채무자 회생 및 파산에 관한 법률 제145조(상계의 금지) 다음 각호의 어느 하나에 해당하는 때에는 상계하지 못한다. 1. 회생채권자 또는 회생담보권자가 회생절차개시 후에 채무자에 대하여 채무를 부담한 때 2. 회생채권자 또는 회생담보권자가 지급의 정지, 회생절차개시의 신청 또는 파산의 신청이 있음을 알고 채무자에 대하여 채무를 부담한 때. 다만, 다음 각목의 어느 하나에 해당하는 때를 제외한다. 가. 그 부담이 법률에 정한 원인에 기한 때 나. 회생채권자 또는 회생담보권자가 지급의 정지, 회생절차개시의 신청 또는 파산의 신청이 있은 것을 알기 전에 생긴 원인에 의한 때 다. 회생절차개시시점 및 파산선고시점 중 가장 이른 시점보다 1년 이상 전에 생긴 원인에 의한 때 3. 회생절차가 개시된 채무자의 채무자가 회생절차개시 후에 타인의 회생채권 또는 회생담보권을 취득한 때 4. 회생절차가 개시된 채무자의 채무자가 지급의 정지, 회생절차개시

생절차개시 후의 차임채무에 관하여는 當期와 次期의 것에 한하여 상계할 수 있다. 다만, 보증금이 있는 때에는 그 후의 차임채무에 관하여도 상계할 수 있다(제144조 제2항). 상계의 의사표시는 관리인에 대하여 하여야 한다.[324] 이와 달리 파산절차에서는 파산채권인 자동채권은 파산선고시에 변제기가 도래된 것으로 간주되고(제425조), 파산절차 진행 중에도 파산절차에 의하지 않고 상계할 수 있다(제416조).

제8장 회생채권, 회생담보권, 공익채권

제1절 회생채권

Ⅰ. 회생채권은 채무자에 대하여 회생절차개시 전의 원인에 의하여 생긴 재산상의 청구권을 말한다(제118조).[325] 회생채권은 협의로는 회생담보권과 대비되는 개념으로 사용되나, 광의로는 공익채권에 대비되는 개념으로 협의의 회생채권 및 회생담보권을 포괄하는 개념으로도 사용된다.[326]

Ⅱ. 벌금·과료·형사소송비용·추징금·과대료, 국세징수법 또는 지방세기본법에 의하여 징수할 수 있는 청구권도 채무자에 대한 것이면 회생채권에 포함되나, 소유권이나 점유권에 기한 물권적 청구권은 회생채권에 포함되지 않는다. 반드시 금전채권일 필요는 없지만 금전으로 평가될 수 있어야 한다. 따라서 골프장 회원권[327], 장래의 주식인

의 신청 또는 파산의 신청이 있음을 알고 회생채권 또는 회생담보권을 취득한 때. 다만, 제2호 각목의 어느 하나에 해당하는 때를 제외한다.

324) 대법원 1988. 8. 9. 86다카1858

325) 예외적으로 채권이 회생절차개시 후에 생겼음에도 회생채권으로 회생파산법이 규정한 것으로 관리인의 쌍무계약의 해제로 인하여 상대방이 계약상의 급부의 이행을 받을 수 없게 됨에 따라 입는 손해배상청구권(제119조, 제121조), 어음수표에 대한 선의지급인의 채권(제123조), 차임지급을 주장하지 못함으로 인한 손해배상채권(제124조 제2항), 상호계산(제125조 제2항), 회생절차개시 후의 이자(제118조 제2호), 회생절차개시 후의 불이행으로 인한 손해배상금 및 위약금(제118조 제3호), 회생절차참가 비용(제118조 제4호)이 있다.

326) 사법연수원, 「도산처리법(2015)」, 84면.

도 청구권은 회생채권이다.

Ⅲ. 회생절차 개시 전 이미 청구권의 내용이 구체적으로 확정되거나 변제기가 도래하였을 것까지 요하는 것은 아니고, 적어도 청구권의 주요한 발생원인이 회생절차 개시 전에 갖추어져 있으면 족한데, 청구권 발생에 대한 단순한 기대권에 불과하다면 회생채권에 해당하지 아니한다.[328)]

제2절 회생담보권

Ⅰ. 회생담보권이란 회생채권 또는 회생절차개시 전의 원인으로 생긴 채무자 이외의 자에 대한 재산상의 청구권으로서 회생절차개시 당시 채무자 재산에 존재하는 유치권, 질권, 저당권, 양도담보권, 가등기담보권, 동산·채권 등의 담보에 관한 법률에 따른 담보권, 전세권 또는 우선특권에 의하여 담보된 범위의 것을 말한다(제141조).

Ⅱ. 회생담보권으로 인정되기 위해서는 회생절차개시 당시 채무자의 재산상에 유치권 등의 담보권이 존재하면 충분하고, 그 후에 담보목적물의 멸실 등으로 실체법상의 담보권이 소멸한다고 하더라도 회생절차상 회생담보권으로 존속하는 데 영향이 없다.[329)]

Ⅲ. 동산의 소유권유보부매매는 동산을 매매하여 인도하면서 대금 완납 시까지 동산의 소유권을 매도인에게 유보하기로 특약한 것을 말하며, 이러한 내용의 계약은 동산의 매도인이 매매대금을 다 수령할 때까지 대금채권에 대한 담보의 효과를 취득·유지하려는 의도에서 비롯된

---

327) 대법원 1989. 4. 11. 89다카4113

328) 대법원 2012. 11. 29. 2011다84335 "채무자 회생 및 파산에 관한 법률 제423조는 "채무자에 대하여 파산선고 전의 원인으로 생긴 재산상의 청구권은 파산채권으로 한다." 고 규정하고 있다. 이때 '파산선고 전의 원인으로 생긴 청구권'은 파산선고 당시 이미 청구권의 내용이 구체적으로 확정되거나 변제기가 도래하였을 것까지 요하는 것은 아니고, 적어도 청구권의 주요한 발생원인이 파산선고 전에 갖추어져 있으면 족한데, 청구권 발생에 대한 단순한 기대권에 불과하다면 파산채권에 해당하지 아니한다."

329) 대법원 2014. 12. 24. 2012다94186

것이다. 따라서 동산의 소유권유보부매매의 경우에, 매도인이 유보한 소유권은 담보권의 실질을 가지고 있으므로 담보 목적의 양도와 마찬가지로 매수인에 대한 회생절차에서 회생담보권으로 취급함이 타당하고, 매도인은 매매목적물인 동산에 대하여 환취권을 행사할 수 없다.[330)]

Ⅳ. 장래 발생하는 채권이 담보목적으로 양도된 후 채권양도인에 대하여 회생절차가 개시되었을 경우, 회생절차개시결정으로 채무자의 업무의 수행과 재산의 관리 및 처분 권한은 모두 관리인에게 전속하게 되는데(채무자 회생 및 파산에 관한 법률 제56조 제1항), 관리인은 채무자나 그의 기관 또는 대표자가 아니고 채무자와 그 채권자 등으로 구성되는 이른바 이해관계인 단체의 관리자로서 일종의 공적 수탁자에 해당한다 할 것이므로, 회생절차가 개시된 후 발생하는 채권은 채무자가 아닌 관리인의 지위에 기한 행위로 인하여 발생하는 것으로서 채권양도담보의 목적물에 포함되지 아니하고, 이에 따라 그러한 채권에 대해서는 담보권의 효력이 미치지 아니한다.[331)]

제3절 공익채권

Ⅰ. 공익채권은 회생절차의 수행에 필요한 비용을 지출하기 위하여 인정된 채무자에 대한 청구권이다. 공익채권은 회생절차중이라도 회생절차에 의하지 아니하고 수시로 관리인에 의하여 변제된다(제180조 제1항). 공익채권으로 되는 것에는 근로자의 임금, 퇴즉금, 재해봉사금, 회생절차개시 신청 후 그 개시 전에 법원의 허가를 얻은 자금의 차입, 자재의 구입 기타 채무자사업의 계속에 불가결한 행위로 인하여 생긴 청구권, 계속적 공급의무상의 채권, 원천징수할 국세, 주주공동이익을 위하여 쓰인 재판상의 비용, 회생계획수행에 관한 비용, 관리인 등의 보수, 비

330) 대법원 2014. 4. 10. 2013다61190
331) 대법원 2013. 3. 28. 2010다63836

용과 특별보상금청구권, 미이행 쌍무계약에서 관리인이 채무의 이행을 하는 경우에 상대방이 가진 청구권 등이 있다(제179조 제1항).

Ⅱ. 공익채권은 회생절차에 의하지 아니하고 수시로 변제하도록 되어 있고, 회생계획에서 공익채권에 관하여 장래에 변제할 금액에 관한 합리적인 규정을 정하여야 한다고 하더라도 그 변제기의 유예 또는 채권의 감면 등 공익채권자의 권리에 영향을 미치는 규정을 정할 수는 없는 것이며, 설령 회생계획에서 그와 같은 규정을 두었다고 하더라도 그 공익채권자가 이에 대하여 동의하지 않는 한 그 권리변경의 효력은 공익채권자에게 미치지 않는다.[332)]

Ⅲ. 공익채권을 단순히 정리채권으로 신고하여 정리채권자표 등에 기재된다고 하더라도 공익채권의 성질이 정리채권으로 변경된다고 볼 수는 없고, 또한 공익채권자가 자신의 채권이 공익채권인지 정리채권인지 여부에 대하여 정확한 판단이 어려운 경우에 정리채권으로 신고를 하지 아니하였다가 나중에 공익채권으로 인정받지 못하게 되면 그 권리를 잃게 될 것을 우려하여 일단 정리채권으로 신고할 수도 있을 것인바, 이와 같이 공익채권자가 자신의 채권을 정리채권으로 신고한 것만 가지고 바로 공익채권자가 자신의 채권을 정리채권으로 취급하는 것에 대하여 명시적으로 동의를 하였다거나 공익채권자의 지위를 포기한 것으로 볼 수는 없다.[333)]

제9장 회생채권 등의 신고 및 조사 · 확정

제1절 회생채권 등의 신고

Ⅰ. 관리인은 회생채권자의 목록, 회생담보권자의 목록과 주주 · 지분권자의 목록을 작성하여 회생절차개시결정일부터 2주 이상 2월 이하 기간

332) 대법원 2010. 1. 28. 2009다40349
333) 대법원 2007. 11. 30. 2005다52900

안에 법원에 제출하여야 한다(제147조, 제50조 제1항 1호).[334] 공익채권은 목록의 기재나 신고가 필요 없다.

과거 회사정리법은 관리인이 알고 있는 채권자라고 하여도 일정한 기간 내에 자기의 채권을 신고하도록 함과 동시에 만일 신고가 이루어지지 아니하여 정리계획에 이에 대한 변제방법이 반영되지 아니한 경우에는 회사정리법 제241조에 따라 이를 실권시킴으로써 신고를 강제하고 있었다. 회사정리법 제241조는 지나치게 채권자의 권리를 침해하는 것으로 위헌적인 것임을 두말할 여지가 없었다.[335] 이에 회생파산법은 회사정리법에서의 태도를 버리고 회생채권자 등의 채권신고의 불편을 경감함과 동시에 미신고채권이 회생계획 인가결정으로 실권의 불이익을 받게 되는 것을 방지하기 위하여 관리인이 회생채권자 등의 신고에 앞서 회생채권목록을 작성하여 법원에 제출하도록 하는 목록제도를 도입하여 목록에 기재된 이상 회생절차상의 이해관계인들이 별도로 신고를 하지 않더라도 실권의 제재를 박지 않도록 하고 있으며, 도한 목록의 기재내용에 이의가 있는 경우에는 회생채권자 등의 목록의 기재여부와 관계 없이 스스로 신고할 수 있도록 함으로써(제148조, 제149조, 제150조) 실권의 불이익을 최소화하도록 하고 있다.[336]

Ⅱ. 회생채권자 또는 회생담보권자는 그 책임을 질 수 없는 사유로 인하여 신고기간 안에 신고를 하지 못한 때에는 그 사유가 끝난 후 1월 이내에 그 신고를 보완할 수 있다(제152조 제1항). 다만 위 1월의 기간은 불변기간이므로(제152조 제2항) 늘리거나 줄이는 것이 불가능하고, 이

334) 회생절차에 참가하고자 하는 회생채권자는 신고기간 안에 성명 및 주소, 회생채권의 내용 및 원인, 의결권의 액수, 일반의 우선권 있는 채권인 때에는 그 뜻, 소송계속중인 채권은 법원, 당사자, 사건명과 사건번호, 집행력 있는 집행권원이 있는 경우에는 그 취지, 증거서류 또는 그 등본이나 초본을 법원에 신고·제출하여야 한다(제148조). 회생담보권자는 담보권의 목적과 그 가액, 회생절차가 개시된 채무자 이외의 자가 채무자인 때에는 그 성명, 주소를 신고·제출하여야 한다(제149조).

335) 헌법재판소 1996. 1. 25. 선고 93헌바5·58결정은 위헌이 아니라고 하였으나, 채권자의 일방적 희생 위에서 도모되는 채무자의 회생은 도덕적 기반은 물론 하등의 법적 가치도 가질 수 없는 것이라 할 것이다.

336) 서울중앙지방법원 파산부 실무연구회, 「제4판 회생사건실무(상)」, 박영사(2015), 479면.

와 같은 추후 보완신고도 제2회 관계인집회가 끝난 후 또는 제240조에 의한 서면결의에 부친다는 결절이 있은 후에는 할 수 없다(제152조 제3항). 회생채권 등을 추후 보완신고하는 경우에는 회생채권자는 그 신고서에 신고기간 내에 신고를 할 수 없었던 사유와 그 사유가 끝난 때를 기재하여야 한다(채무자 회생 및 파산에 관한 규칙 제57조 제1항, 제2항).

여기서 '그 책임을 질 수 없는 사유'는 민사소송법 제173조 제1항 소정의 사유와 용어는 동일하지만, 민사소송법의 규정은 자신이 직접 담당하던 소송행위에 관한 규정임에 반하여, 회생파산법상 신고기간은 그러한 것도 아니고 신고를 게을리 하였다고 하여 바로 실권하게 된다면 결과적으로 채권자에게 너무나 가혹하기 때문에 실무에서는 민사소송법의 규정보다는 넓게 해석하는 경향이 있어, 현재 서울중앙지방법원에서는 추후 보완사유를 융통성 있게 해석하여 제2회 관계인집회를 개최하기 전까지 접수된 대부분의 추후 보완신고를 그대로 받아 주고, 특별조사기일에서의 조사를 통하여 결정된 채권의 실질을 존중해 주고 있다고 한다.[337)]

회사정리법 하에서 대법원 1999. 7. 26. 자 99마2081 결정 역시 "회사정리법 제127조와 제138조의 규정 내용을 종합하면, 첫째로, 정리채권자가 그 책임을 질 수 없는 사유로 인하여 법원이 정한 기간 내에 정리채권의 신고를 하지 못한 경우에는 그 사유가 끝난 후, 둘째로, 신고기간 경과 후에 생긴 정리채권에 관하여는 그 권리가 발생한 후 각 1개월 내에 신고를 추완할 수 있으며, 그와 같이 추완신고된 정리채권에 대하여는 관리인 · 정리채권자 · 주주 등의 이의가 없는 때에는 일반조사기일에서 조사할 수 있고, 이의가 있는 경우에는 특별조사기일을 열어 추완신고의 요건을 심리한 다음 적법 여부에 따라 각하결정을 하거나 정리채권으로서 조사절차를 거치게 되어 있으므로, 정리채권으로 추완신고된 후 개최된 일반조사기일에서 관리인 및 이해관계

---

337) 서울중앙지방법원 파산부 실무연구회, 「제4판 회생사건실무(상)」, 박영사(2015), 503-504면.

인이 채권신고기간 마감 후 조사기일 이전에 신고된 정리채권 및 정리담보권을 조사기일에서 조사함에 대하여 별다른 이의를 하지 아니하였다면 추완신고의 하자는 치유되어 그 정리채권은 특별한 사정이 없는 한 그 기일에서 조사되어야 할 것이고, 만약 위 일반조사기일에서 관리인 등이 추완신고된 정리채권을 조사하는 것에 대하여 이의를 한 경우에도 회사정리절차에서는 개별적인 송달 외에 공고 등으로써 송달을 갈음하고 있어 이해관계인이 직접 결정문을 송달받지 못하는 경우가 적지 아니한 반면, 정리채권자가 신고를 해태하는 경우 채권이 실권되는 등 그 불이익이 큰 점 등을 고려하여 정리절차에 중대한 지장을 초래하지 않는 한 실권시키는 것이 가혹하다고 인정되는 경우에는 가급적 회사정리법 제127조 제1항 소정의 '책임질 수 없는 사유'를 넓게 해석하여 같은 법 제138조에 의하여 조사를 하기 위한 특별기일을 정하여야 한다."라고 판시하여 '책임질 수 없는 사유'를 최대한 넓게 해석하였다.

Ⅲ. 관리인이 회생채권자 등의 목록을 작성하여 법원에 제출하면 시효중단의 효과가 생긴다(제32조 제1호). 시효중단의 시점은 관리인이 작성한 목록이 법원에 실제로 제출된 때이다. 회생채권자 등의 목록에 기재된 회생채권, 회생담보권, 주식과 출자지분은 신고 기간 안에 신고가 된 것으로 본다(제151조).

제2절 회생채권 · 회생담보권의 조사 · 확정

Ⅰ. 회생채권 등에 대한 조사는 목록에 기재되거나 신고된 회생채권, 회생담보권에 관하여 그 존부, 내용과 원인, 의결권액 등의 진실여부를 검토 · 확정하는 과정이다(제161조, 제162조). 통상 관리인이나 이해관계인이 목록에 기재되거나 신고된 내용을 시인하거나 부인한다는 점에서 "시 · 부인"이라고도 한다.[338]

338) 사법연수원, 「도산처리법(2015)」, 123면.

Ⅱ. 법원사무관등은 회생채권 및 회생담보권에 대한 조사결과를 회생채권자표 및 회생담보권자표에 기재하여야 한다. 채무자가 제출한 이의도 또한 같다(제167조 제1항). 법원사무관등은 확정된 회생채권 및 회생담보권의 증서에 확정된 뜻을 기재하고 법원의 인(印)을 찍어야 한다(제167조 제2항). 법원사무관등은 회생채권자 또는 회생담보권자의 청구에 의하여 그 권리에 관한 회생채권자표 또는 회생담보권자표의 초본을 교부하여야 한다(제167조 제3항).

Ⅲ. 확정된 회생채권 및 회생담보권을 회생채권자표 및 회생담보권자표에 기재한 때에는 그 기재는 회생채권자・회생담보권자・주주・지분권자 전원에 대하여 확정판결과 동일한 효력이 있다(제168조).[339]

제3절 채권조사확정재판

Ⅰ. 목록에 기재되거나 신고된 회생채권 및 회생담보권에 관하여 관리인・회생채권자・회생담보권자・주주・지분권자가 이의를 한 때에는 그 회생채권 또는 회생담보권을 보유한 권리자(이의채권자)는 그 권리의 확정을 위하여 이의자 전원을 상대방으로 하여 법원에 채권조사확정재판을 신청할 수 있다(제170조 제1항). 채권조사확정재판 신청은 조사기간의 말일 또는 특별조사기일부터 1월 이내에 하여야 한다(제170조 제2항).[340] 채권조사확정재판에서는 이의채권의 존부 또는

---

339) 대법원 1991. 12. 10. 91다4096 "회사정리법 제145조가 확정된 정리채권과 정리담보권에 관한 정리채권자표와 정리담보권자표의 기재는 정리채권자, 정리담보권자와 주주 전원에 대하여 확정판결과 동일한 효력이 있다고 규정한 취지는, 정리채권자표와 정리담보권자표에 기재된 정리채권과 정리담보권의 금액은 정리계획안의 작성과 인가에 이르기까지의 정리절차의 진행과정에 있어서 이해관계인의 권리행사의 기준이 되고 관계인집회에 있어서 의결권 행사의 기준으로 된다는 의미를 가지는 것으로서, 위 법조에서 말하는 확정판결과 동일한 효력이라 함은 기판력이 아닌 확인적 효력을 가지고 정리절차 내부에 있어 불가쟁의 효력이 있다는 의미에 지나지 않는다."

340) 대법원 2003. 2. 11. 2002다56505 "회사정리법 제147조 제2항이 "정리채권 확정의 소는 그 권리의 조사가 있은 날로부터 1월 이내에 제기하여야 한다."고 규정하고 있는 취지는, 정리회사가 부담하는 채무를 되도록 빨리 확정함으로써 정리계획의 작성 등 회사정리절차를 신속하게 진행하여 권리관계의 빠른 안정을 꾀하는 데 있으므로, 특별

그 내용을 정한다(제170조 제3항).

Ⅱ. 채권조사확정재판에 불복하는 자는 그 결정서의 송달을 받은 날부터 1월 이내에 이의의 소를 제기할 수 있다(제171조 제1항). 이의의 소는 회생법원의 관할에 전속한다(제171조 제2항). 이의의 소를 제기하는 자가 이의채권을 보유하는 권리자인 때에는 이의자 전원을 피고로 하고, 이의자인 때에는 그 회생채권자 또는 회생담보권자를 피고로 하여야 한다(제171조 제3항).

Ⅲ. 대법원 2014. 1. 23. 2012다84417,84424,84431 "회생계획인가의 결정이 있는 때에는 회생채권자 등의 권리는 회생계획에 따라 변경되고 회생계획이나 채무자 회생 및 파산에 관한 법률의 규정에 의하여 인정된 권리를 제외하고는 모든 회생채권과 회생담보권에 관하여 면책의 효력이 발생하며(제251조, 제252조), 회생계획인가 결정 후 회생절차 종결결정이 있더라도 채무자는 회생계획에서 정한 대로 채무를 변제하는 등 회생계획을 계속하여 수행할 의무를 부담하게 되므로, 회생채권 등의 확정을 구하는 소송의 계속 중에 회생절차 종결결정이 있는 경우 회생채권 등의 확정을 구하는 청구취지를 회생채권 등의 이행을 구하는 청구취지로 변경할 필요는 없고, 회생절차가 종결된 후에 회생채권 등의 확정소송을 통하여 채권자의 권리가 확정되면 소송의 결과를 회생채권자표 등에 기재하여(제175조), 미확정 회생채권 등에 대한 회생계획의 규정에 따라 처리하면 된다. 따라서 회생채권 등의 확정소송이 계속되는 중에 회생절차 종결결정이 있었다는 이유로 채권자가 회생채권 등의 확정을 구하는 청구취지를 회생채권 등의 이행을 구하는 청구취지로 변경하고 그에 따라 법원이 회생채권 등의 이행을 명하는 판결을 선고하였다면 이는 회생계획 인가결정과 회생절

한 사정이 없는 한 법원이 그 기간을 늘이거나 줄일 수 없고, 또 이와 같이 정리채권 확정의 소를 제기할 수 있는 기간은 불변기간이 아니므로 당사자가 책임질 수 없는 사유로 말미암아 그 기간을 지킬 수 없었다고 하더라도 소의 제기를 추후 보완할 수 없다."

차 종결결정의 효력에 반하는 것이므로 위법하다.”

제10장 부인권(否認權)

Ⅰ. 관리인은 회생절차개시 이후 채무자의 재산을 위하여 ① 채무자가 회생채권자 또는 회생담보권자를 해하는 것을 알고 한 행위[341], ② 채무자가 지급의 정지, 회생절차개시의 신청 또는 파산의 신청이 있은 후에 한 회생채권자 또는 회생담보권자를 해하는 행위와 담보의 제공 또는 채무의 소멸에 관한 행위[342], ③ 채무자가 지급의 정지등이 있은 후 또는 그 전 60일 이내에 한 담보의 제공 또는 채무의 소멸에 관한 행위로서 채무자의 의무에 속하지 아니하거나 그 방법이나 시기가 채무자의 의무에 속하지 아니한 것[343], ④ 채무자가 지급의 정지등이 있은 후 또는 그 전 6월 이내에 한 무상행위 및 이와 동일시할 수 있는 유상행위를 부인할 수 있다(제100조 제1항).

Ⅱ. 부인권 행사주체는 관리인 도는 관리인이 선임되어 있지 아니한 경우의 채무자(법인 경우 그 대표자)로 한정되어 있다. 부인권은 소, 부인의 청구 또는 항변의 방법으로 관리인이 행사한다(제105조 제1항, 제74조 제4항). 회생채권자 등은 부인권을 대위하여 행사할 수 없고, 법원은 회생채권자등 이해관계인의 신청에 의하거나 직권으로 관리인에게 부인권 행사를 명할 수 있을 뿐이다(제105조 제2항). 부인의 소와 부인의 청구사건은 회생법원의 관할에 전속한다(제105조 제3항). 부인권은 부인하고자 하는 행위에 관하여 집행력있는 집행권원이 있는 때 또는 그 행위가 집행행위에 의한 것인 때에도 행사할 수 있다(집행

341) 다만, 이로 인하여 이익을 받은 자가 그 행위 당시 회생채권자 또는 회생담보권자를 해하는 사실을 알지 못한 경우에는 그러하지 아니하다.

342) 다만, 이로 인하여 이익을 받은 자가 그 행위 당시 지급의 정지등이 있는 것 또는 회생채권자나 회생담보권자를 해하는 사실을 알고 있은 때에 한한다.

343) 다만, 채권자가 그 행위 당시 채무자가 다른 회생채권자 또는 회생담보권자와의 평등을 해하게 되는 것을 알지 못한 경우(그 행위가 지급의 정지등이 있은 후에 행한 것인 때에는 지급의 정지등이 있은 것도 알지 못한 경우에 한한다)에는 그러하지 아니하다.

행위의 부인, 제104조).

Ⅲ. 채권조사기간 안에 또는 특별조사기일에 관리인 등으로부터의 이의가 없는 채로 회생채권자표가 확정되어 그에 대하여 불가쟁의 효력이 발생한 경우에는 관리인으로서는 더 이상 부인권을 행사하여 그 채권의 존재를 다툴 수 없게 되었다고 할 것이고, 나아가 관리인이 사후에 한 그러한 부인권 행사의 적법성을 용인하는 전제에서 회생채권으로 이미 확정된 채권자표 기재의 효력을 다투어 그 무효확인을 구하는 것 역시 허용될 수 없다.[344]

Ⅳ. 부인권 행사는 채무자의 재산을 원상으로 회복시킨다(제108조 제1항). 부인권 행사의 효력은 관리인과 부인의 상대방 사이에서만 생기고 제3자에 대해서는 효력을 미치지 않는다(상대적 효력설). 원상회복과 관련하여 금전교부행위가 부인된 경우에는 상대방은 채무자로부터 교부받은 액수와 동일 액수의 금전 및 교부받은 날 이후의 지연이자를 반환하면 된다. 관리인 부인권을 행사할 당시 이미 그 대상이 되는 재산이 물리적으로 멸실, 훼손되거나 상대방이 제3자에게 처분하여 현존하지 않는다면 가액배상을 청구할 수 있다.[345]

Ⅴ. 대법원 1995. 10. 13. 95다30253 "회사정리법상의 부인권은 정리절차개시 결정 이전에 부당하게 처분된 회사재산을 회복함으로써 회사사업을 유지·갱생시키고자 인정된 회사정리법상의 특유한 제도로서 정리절차의 진행을 전제로 관리인만이 행사할 수 있는 권리이므로, 정리절차의 종결에 의하여 소멸하고, 비록 정리절차 진행 중에 부인권이 행사되었다고 하더라도 이에 기하여 회사에게로 재산이 회복되기 이전에 정리절차가 종료한 때에는 부인권 행사의 효과로서 상대방에 대하여 재산의 반환을 구하거나 또는 그 가액의 상환을 구하는 권리 또한 소멸한다고 보아야 할 것이므로, <u>부인의 소 또는 부인권의 행사에</u>

344) 대법원 2003. 5. 30. 2003다18685

345) 사법연수원, 「도산처리법(2015)」, 159-160면.

기한 청구의 계속중에 정리절차폐지 결정이 확정된 경우에는 관리인의 자격이 소멸함과 동시에 당해 소송에 관계된 권리 또한 절대적으로 소멸하고 어느 누구도 이를 승계할 수 없다."

Ⅵ. 부인권은 회생절차 개시일로부터 2년이 경과한 때에는 행사할 수 없다(제112조 전문). 또한 부인의 대상이 되는 행위를 한 날로부터 10년이 경과한 때에도 같다(제112조 후문). 지급정지의 사실을 안 것을 이유로 부인하는 경우에는 회생절차개시의 신청이 있는 날로부터 1년 전에 행하여진 행위는 부인할 수 없다(제111조). 등기원인인 행위가 부인이 된 때에는 관리인은 부인의 등기를 신청하여야 한다(제26조 제1항).

제11장 법인의 이사등의 책임

Ⅰ. 법원은 법인인 채무자에 대하여 회생절차개시결정이 있는 경우 필요하다고 인정하는 때에는 관리인의 신청에 의하거나 직권으로 채무자의 발기인·이사(「상법」 제401조의2 제1항의 규정에 의하여 이사로 보는 자를 포함한다)·감사·검사인 또는 청산인에 대한 출자이행청구권 또는 이사등의 책임에 기한 손해배상청구권을 보전하기 위하여 이사등의 재산에 대한 보전처분을 할 수 있다(제114조 제1항).

Ⅱ. 법원은 법인인 채무자에 대하여 회생절차개시결정이 있는 경우 필요하다고 인정하는 때에는 관리인의 신청에 의하거나 직권으로 이사등에 대한 출자이행청구권이나 이사등의 책임에 기한 손해배상청구권의 존부와 그 내용을 조사확정하는 재판을 할 수 있다(제115조 제1항). 조사확정의 재판에 불복이 있는 자는 결정을 송달받은 날부터 1월 이내에 이의의 소를 제기할 수 있다(제116조 제1항). 조사확정의 결정을 인가하거나 변경한 판결은 강제집행에 관하여는 이행을 명한 확정판결과 동일한 효력이 있다(제116조 제7항). 이의의 소가 제기되지 아니하거나 취하된 때 또는 각하된 때는 조사확정재판은 확정되어 이행을

명한 확정판결과 동일한 효력이 있다(제117조).

제12장 회생계획안의 작성과 인가

Ⅰ. 회생계획이란 법에 따라 채무자 또는 그 사업의 효율적인 회생을 위한 계획으로서 이해관계인의 권리변경 및 변제방법, 채무자의 조직변경 등에 관한 조항을 정한 것을 말하여, 향후 회생절차 수행의 기본규범이 되는 것을 의미하는데, 채무자의 재건계획을 문서화한 것으로서 관계인집회의 심의와 결의의 대상이 된 것을 **회생계획안**이라고 하고, 회생계획안은 관계인집회의 심리와 결의를 거쳐 최종적으로 **법원의 인가결정을 받음으로써 회생계획으로서의 효력이 발생하게 된다.**[346)]

Ⅱ. 회생계획의 기재 취지가 명확하지 아니한 경우에는 법률행위 해석의 방법에 의하여 그 취지를 밝혀야 한다. 회생계획 문언에 의하여 객관적인 의미가 명확하게 드러나지 않는 경우에는 그 문언의 형식과 내용, 회생계획이 이루어진 동기 및 경위, 당사자가 회생계획에 의하여 달성하려는 목적과 진정한 의사, 거래의 관행 등을 종합적으로 고려하여 사회정의와 형평의 이념에 맞도록 논리와 경험의 법칙, 그리고 사회일반의 상식과 거래의 통념에 따라 합리적으로 해석하여야 한다.[347)]

Ⅲ. 관리인은 기간 안에 회생계획안을 작성하여 법원에 제출하여야 한다(제220조 제1항). 회생계획안의 제출이 있는 때에는 법원은 그 회생계획안을 심리하기 위하여 기일을 정하여 관계인집회를 소집하여야 한다. 다만, 서면결의에 부치는 때에는 그러하지 아니하다(제224조 제1항). 관계인집회에서는 회생계획안의 제출자로부터 회생계획안에 대한 설명을 들은 후 법원은 관리인, 채무자, 목록에 기재되어 있거나 신

346) 사법연수원, 「도산처리법(2015)」, 183면.
347) 대법원 2014. 9. 4. 2013다204140

고한 회생채권자・회생담보권자・주주・지분권자로부터 회생계획안에 대한 의견을 들어야 한다(제225조). 법원은 이해관계인의 신청에 의하거나 직권으로 회생계획안의 제출자에 대하여 회생계획안을 수정할 것을 명할 수 있다(제229조 제1항).

Ⅳ. 관계인집회에서 회생계획안을 가결함에는 회생채권자의 조에 있어서는 의결권을 행사할 수 있는 **회생채권자의 의결권 총액의 3분의 2** 이상에 해당하는 의결권을 가진 자의 동의, 회생담보권자의 조에 있어서는 **회생담보권자의 의결권의 총액의 4분의 3** 이상에 해당하는 의결권을 가진 자의 동의를 각 요한다. 그러나 청산 또는 영업양도를 내용으로 하는 회생계획안에 관하여는 의결권을 행사할 수 있는 회생담보권자의 5분의 4 이상에 해당하는 의결권을 가진 자의 동의를 요하며, 주주 또는 지분권자의 조에 있어서는 의결권을 행사할 수 있는 주주 또는 지분권의 의결권 총수의 2분의 1 이상에 해당하는 의결권을 가진 자의 동의를 요한다(제237조).

Ⅴ. 법원은 회생계획안이 제출된 때에 상당하다고 인정하는 때에는 회생계획안을 서면에 의한 결의(서면결의)에 부치는 취지의 결정을 할 수 있다. 이 경우 법원은 그 뜻을 공고하여야 한다(제240조 제1항). 서면결의를 결정한 때에는 법원은 회생계획안의 사본 또는 그 요지를 송달함과 동시에 의결권자에 대하여는 회생계획안에 동의하는지 여부와 인가 여부에 관한 의견, 회생계획안이 가결되지 아니한 경우 속행기일의 지정에 동의하는지 여부를 법원이 정하는 기간(회신기간)안에 서면으로 회신하여야 한다는 뜻을 기재한 서면을 송달하여야 한다. 이 경우 회신기간은 서면결의 할 것을 결정한 일부터 2월을 넘을 수 없다(제240조 제2항).

Ⅵ. 회생계획안에 관하여 관계인집회에서 결의하거나 서면결의에 부치는 경우 회생계획안의 가결요건을 충족하는 데에 필요한 동의를 얻지 못할 것이 명백한 조가 있는 때에는 법원은 회생계획안을 작성한 자의

신청에 의하여 미리 그 조의 회생채권자・회생담보권자・주주・지분권자를 위하여 그 **권리를 보호하는 조항**을 정하고 회생계획안을 작성할 것을 허가 할 수 있다(제244조 제2항).

Ⅶ. 회생계획은 인가의 결정이 있은 때부터 효력이 생긴다(제246조). 회생계획의 인가 여부의 결정에 대하여는 즉시항고를 할 수 있다. 다만, 목록에 기재되지 아니하거나 신고하지 아니한 회생채권자・회생담보권자・주주・지분권자는 그러하지 아니하다(제247조 제1항).

제13장 회생계획과 출자전환

Ⅰ. 채권자가 보유하고 있는 채권을 주식회사의 주식으로 전환하는 것을 출자전환이라 한다. 파산회생법 제206조 제1항은 주식회사인 채무자가 회생채권자・회생담보권자 또는 주주는 새로 납입 또는 현물출자를 하지 아니하고 신주를 발행하는 때에는 회생계획에 신주의 종류와 수, 신주의 배정에 관한 사항, 신주의 발행으로 인하여 증가하게 되는 자본과 준비금의 액, 신주의 발행으로 감소하게 되는 부채액 등 구체적인 사항을 정하도록 규정하고 있다.

Ⅱ. 회생계획에서의 출자전환은 채무자의 입장에서는 채무변제를 위한 자금의 유출이 없다는 점에서 채무면제와 동일한 효과를 누리면서도 채무면제이익이 즉시 익금산입되지 않고 법인세의 부담이 이연될 수 있다는 점에서 이점이 있고, 채권자의 입장에서는 적어도 그만큼 채권면제를 당하지 않고 출자전환된 주식을 보유하고 잇다가 언젠가는 금전으로 환가할 가능성이 있고, 채권자들이 출자전환을 통해 대주주가 되어 채무자에 대한 지배권을 갖게 되고, 회생절차 조기 종결 후에도 주주총회에서 임원선임권을 행사함으로써 경영자를 견제할 수 있다는 점에서 유리하여 그 활용가치가 높다.[348]

---

348) 서울중앙지방법원 파산부 실무연구회, 「제4판 회생사건실무(상)」, 박영사(2015), 748-749면.

Ⅲ. 회생계획에서 신주를 발행하는 방식의 출자전환으로 회생채권이나 회생리담보권의 전부 또는 일부의 변제에 갈음하기로 한 경우에는 신주발행의 효력발생일 당시를 기준으로 하여 회생채권자 또는 회생담보권자가 인수한 신주의 시가 상당액에 대하여 채무자의 주채무가 실질적으로 만족을 얻은 것으로 볼 수 있어 보증채무도 그만큼 소멸하는 것으로 보아야 한다.[349)]

출자전환으로 회생채권의 변제에 갈음하기로 한 경우에는 신주발행의 효력발생일 당시를 기준으로 하여 회생채권자가 인수한 신주의 시가를 평가하여 그 평가액에 상당하는 채권액이 변제된 것으로 보아야 하고, 이러한 경우 채무자의 채무를 보증한 보증인들로서는 회생채권자에 대하여 위 변제된 금액의 공제를 주장할 수 있다.[350)]

채무자의 회생계획에서 회생채권 변제에 갈음하여 출자전환을 하기로 한 경우, 채무자 보증인의 보증채무는 출자전환에 의한 신주발행의 효력발생일 당시를 기준으로 회생채권자가 인수한 신주 시가를 평가하여 출자전환으로 변제에 갈음하기로 한 회생채권 액수를 한도로 그 평가액에 상당하는 채무액이 변제된 것으로 보아야 한다.[351)]

---

349) 대법원 2006. 4. 13. 2005다34643

350) 대법원 2003. 1. 10. 2002다12703,12710; 대법원 2009. 11. 12. 2009다47739 "정리계획에서 출자전환으로 정리채권의 변제에 갈음하기로 한 경우에는, 정리채권자가 인수한 신주의 시가를 평가하여 정리계획에 따라 변제에 갈음하기로 한 액수를 한도로 그 평가액에 상당하는 채권액이 변제된 것으로 보아야 한다. 이러한 경우 주채무자가 정리회사인 때에는 그 보증한 보증인이, 보증인이 정리회사인 때에는 주채무자가 정리채권자에 대하여 위 변제된 금액의 공제를 주장할 수 있다. 대법원 2003. 1. 10. 2002다12703, 12710, 대법원 2006. 4. 13. 2005다34643 판결은 정리계획에서 신주를 발행하는 방식의 출자전환으로 정리채권 또는 정리담보권의 변제에 갈음하기로 한 경우 신주발행의 효력발생일 당시를 기준으로 정리채권자 또는 정리담보권자가 인수한 신주의 시가 상당액만큼 채무가 소멸한다는 취지의 판례들은 신주발행의 효력발생일 당시 출자전환 주식의 가치가 정리계획에서 1주당 변제에 갈음하기로 한 금액에 미치지 못할 때에 관한 것으로서 신주발행의 효력발생일 당시 출자전환 주식의 가치가 정리계획에서의 1주당 변제액을 초과하는 이 사건과는 사안을 달리한다."

351) 대법원 2012. 6. 14. 2010다28383 "원심판결 이유 및 원심이 일부 인용한 제1심판결 이유에 의하면, 원심은 원고가 정리계획변경 계획에 따라 정리채권액 20,464,312,446원 중 10,211,926,289원을 피고보조참가인으로부터 현금으로 변제받고, 나머지 10,252,386,157원의 변제에 갈음하여 신주 3,242주를 인수하는 방식으로 정리채무의

Ⅳ. 파산절차와 회생절차는 별개의 독립한 절차로 봄이 상당하고, 회생절차 및 파산절차는 당사자들의 재산권처분의 자유를 예외적으로 법이 제한하는 경우에 해당하고, 따라서 그 절차에 참여하는 당사자들의 이해관계가 첨예한 분야이므로 엄격한 법해석이 필요한 점, 회생절차 진행 중 회생회사에 대한 회생가능성이 없는 것으로 판단되어 회사 소멸을 전제로 한 파산절차가 개시된 경우와 회사의 소멸을 예정하고 배당 등의 절차를 이미 진행한 상태에서 그 후 회사의 회생가능성이 발견되어 다시 회사가 존속할 것을 전제로 하여 절차를 진행하게 되는 경우를 동일하게 평가하기 어려운 점 등을 종합하면, 파산절차에서 회생절차로 전환된 경우를 회생절차에서 파산절차로 전환된 경우와 달리 취급한다는 사정만으로 공평·형평의 원칙에 반하는 것으로 단정하기도 어렵다는 이유로, 채권자인 원고가 주채무자인 피고 회사에 대한 회생절차개시 전에 보증인인 소외 주식회사에 대한 정리절차에서 출자전환 받아 소멸한 채권액은 피고 회사에 대한 회생절차에서는 행사할 수 없다.[352]

변제에 갈음한 출자전환을 한 사실을 인정한 다음, 피고는 이 사건 각 협약에 따라 보증한 각 유보금 중 이미 변제된 금액을 공제한 나머지 유보금 7,249,314,940원을 지급할 의무가 있는데, 신주발행의 효력발생일 당시의 신주 1주의 시가가 10,000원인 이상 보증인인 피고에 대하여는 정리회사인 피고보조참가인이 출자전환으로 변제에 갈음하기로 한 정리채무액 10,252,386,157원 전체가 아니라 그 중 32,420,000원(3,242주 × 10,000원)에 상당하는 채무액에 대하여만 변제의 효력이 미친다고 보아, 피고는 위 7,249,314,940원에서 32,420,000원을 공제한 7,216,894,940원 중 원고가 구하는 7,216,894,939원을 원고에게 지급할 의무가 있다고 판단하였다. 위 법리 및 기록에 비추어 살펴보면, 피고보조참가인이 정리계획변경계획에 따라 변제한 현금변제분을 고려하더라도 피고에 대한 관계에서는 원고가 출자전환으로 변제에 갈음하기로 한 정리채권액 중 10,219,966,157원(10,252,386,157원 - 32,420,000원)이 잔존하고 있는 이상 원고로서는 위 정리채권액 범위 내로서 피고가 보증한 유보금 7,216,894,939원을 피고로부터 지급받을 권리가 있다 할 것이므로, 원심의 위와 같은 판단은 정당한 것으로 수긍이 가고, 거기에 상고이유로 주장하는 바와 같은 피고보조참가인의 현금변제분에 대한 판단누락, 심리미진 등의 잘못이 없다."

352) 대법원 2009. 11. 12. 2009다47739

제14장 소액영업소득자에 대한 간이회생절차

Ⅰ. 소액영업소득자란 회생절차개시의 신청 당시 회생채권 및 회생담보권의 총액이 50억원 이하의 범위에서 대통령령으로 정하는 금액 이하인 채무를 부담하는 영업소득자를 말한다(제293조의2). 소액영업소득자는 법원에 간이회생절차개시의 신청을 할 수 있다. 다만, 개인인 소액영업소득자가 신청일 전 5년 이내에 개인회생절차 또는 파산절차에 의한 면책을 받은 사실이 있는 경우에는 그러하지 아니하다(제293조의4 제1항).

Ⅱ. 간이회생절차에서는 관리인을 선임하지 아니한다(제293조의6 제1항). 간이회생절차의 관계인집회에서는 ① 의결권을 행사할 수 있는 회생채권자의 의결권의 총액의 3분의 2 이상에 해당하는 의결권을 가진 자의 동의가 있을 것, ② 의결권을 행사할 수 있는 회생채권자의 의결권의 총액의 2분의 1을 초과하는 의결권을 가진 자의 동의 및 의결권자의 과반수의 동의가 있을 것 중 어느 하나의 요건을 충족하는 경우에는 회생계획안에 관하여 회생채권자의 조에서 가결된 것으로 본다(제293조의8).

제3편 파산

제1장 개인파산에서 파산절차와 면책절차의 동시진행

우리나라에서 구 파산법 하에서는 파산절차와 면책절차는 엄격히 분리되어 파산절차가 종결되면 이어서 면책신청을 하는 방식으로 절차가 진행되었는데, 파산원인이 있는데 파산재단으로 될 만한 재산이 없는 경우 파산관재인의 선임 필요성이 없으므로 파산선고와 동시에 파산절차폐지결정을 하는 동시폐지제도가 운용되었다. 2006년 통합도산법이 시행되면서 파산과 면책의 동시신청이 가능해지고 따로 면책신청이 없더라도 파산신청만 있으면 면책신청을 한 것으로 간주되는 제도가 도입되었고, 재판실무상 동시폐지사건에서 파산신청과 파산선고결정 사이에 채권자의 절차 참여가 제대로 이루어지지 못하고, 면책단계에서 부인대상행위의 존부가 밝혀지거나 재산의 존재가 밝혀진 경우 이를 마땅히 해결할 수 없게 되는 문제가 있어 양 절차를 통합하여 운영하는 방안이 고안되었다. 이에 의하면 파산선고 전 단계에서는 채무자에 대한 조사와 채권자들에 대한 면책 청문절차(면책이의기간의 지정 및 의견청취기일의 진행)를 동시에 진행한다. 파산재단으로 될 만한 재산이 없고 의심되는 면책불허가사유도 없는 경우 파산선고결정과 동시에 면책결정을 한다. 파산관재인이 선임된 경우 파산관재인은 책임재산의 발견 또는 환가와 동시에 면책불허가사유 유무를 조사하고 법원은 그 기간 중 채권자들에 대한 청문절차를 진행한다. 파산절차가 폐지 또는 배당종결로 종료되면 사안에 따라 그와 동시에 또는 그 후 면책여부에 관한 결정을 한다. 동시진행방식은 채권자들에 대한 실질적 절차참여를 보장하고 절차지연을 방지하며 심리의 집중을 가능하게 한다. 또한 파산관재인의 역할확대, 배당참여기회의 확대, 면책절차 중 파산자의 불이익 감소 등의 효과가 있다.[353)]

제2장 파산신청

Ⅰ. 채권자 또는 채무자는 파산신청을 할 수 있다(제294조 제1항). 채권자가 파산신청을 하는 때에는 그 채권의 존재 및 파산의 원인인 사실을 소명하여야 한다(제294조 제2항).

Ⅱ. 채무자가 지급을 할 수 없는 때(**지급불능**[354)])에는 법원은 신청에 의하여 결정으로 파산을 선고한다(제305조 제1항). 채무자가 지급을 정지한 때(**지급정지**[355)])에는 지급을 할 수 없는 것으로 추정한다(제305조

353) 이상의 설명은 정상규, "개인파산사건에서의 파산절차와 면책절차의 동시진행", 「회생과 파산 1」, 사법발전재단(2012), 432-433면.

354) 지급불능이란 변제능력이 부족하여 변제기에 도래한 채무를 일반적・계속적으로 변제할 수 없는 객관적인 상태를 말한다. 일시적인 자금부족으로 채무를 변제하지 못하는 상태가 아니라 객관적으로 보아 일반적 그리고 계속적으로 도저히 채무를 변제를 할 수 없는 상태에 빠진 것을 뜻한다.

제2항). 법인에 대하여는 그 부채의 총액이 자산의 총액을 초과하는 때에도 파산선고를 할 수 있지만(제306조 제1항), 이는 합명회사 및 합자회사의 존립 중에는 적용하지 아니한다(제306조 제2항). 상속재산으로 상속채권자 및 유증을 받은 자에 대한 채무를 완제할 수 없는 때에는 법원은 신청에 의하여 결정으로 파산을 선고한다(제307조).

Ⅲ. 「민법」 그 밖에 다른 법률에 의하여 설립된 법인에 대하여는 이사가, 합명회사 또는 합자회사에 대하여는 무한책임사원이, 주식회사 또는 유한회사에 대하여는 이사가 파산신청을 할 수 있다(제295조 제1항). 청산인은 청산 중인 법인에 대하여 파산신청을 할 수 있다(제295조 제2항). 비법인 사단 또는 비법인 재단의 경우 대표자 또는 관리인이 파산신청을 할 수 있다(제297조). 법인에 대하여는 그 해산 후에도 잔여재산의 인도 또는 분배가 종료하지 아니한 동안은 파산신청을 할 수 있다(제298조). 상속재산에 대하여 상속채권자, 유증을 받은 자, 상속인, 상속재산관리인 및 유언집행자는 파산신청을 할 수 있다(제299조).

Ⅳ. 파산신청을 하는 때에는 법원이 상당하다고 인정하는 금액을 파산절차의 비용으로 미리 납부하여야 한다(제303조).

Ⅴ. 개인파산에서 있어서는 파산신청의 심리 단계에서 면책불허가사유가 의심되는 경우 파산절차의 남용에 해당한다고 보아 신청을 기각하고, 면책절차에서 채권자들의 이의신청으로 면책불허가사유가 발견되는 경우, 파산절차가 폐지된 이상 부인권 행사 및 환가, 배당이 불가능하므로 사안의 중대성 여부에 따라 면책불허가, 일부면책, 전부면책의 결정이 이루어지고 있는 것이 현재 법원의 실무이다.[356]

---

355) 지급정지란 변제능력이 부족하여 변제기에 도래한 채무를 일반적 · 계속적으로 변제할 수 없는 것을 외부에 표명하는 채무자의 행위를 말한다. 지급정지는 채무자가 지급을 정지할 것을 게시판에 게시하거나, 신문지에 광고하는 등의 명시적인 것도 있고, 폐점이나 야반도주 등과 같은 묵시적인 것도 있다. 어음의 부도처분(1차 부도로 충분)이 묵시적인 지급정지에 해당하는 경우도 많다(사법연수원, 「도산처리법(2015)」, 211-212면.).

356) 이재욱, "면책불허가사유의 해석과 심리방안", 재판자료 127집(도산법실무연구), 법원도서관(2013), 379면. 398면.

제3장 보전처분

Ⅰ. 법원은 파산선고 전이라도 이해관계인의 신청에 의하거나 직권으로 채무자의 재산에 관하여 가압류 · 가처분 그 밖에 필요한 보전처분을 명할 수 있다. 법원이 직권으로 파산선고를 하는 때에도 같다(제323조). 채권자가 파산을 신청하는 경우 채무자가 파산선고 전에 자신의 재산을 은닉하거나 훼손할 수 있으므로 보전처분을 할 필요가 있다.

Ⅱ. 실무에서 법원은 채권자가 신청한 사건에서 채무자가 심문기일에 소환을 불응하는 등의 이유로 사건의 처리가 지연될 염려가 있는 경우를 제외하고 통상 파산신청에서 파산선고에 이르는 기간이 길지 않으므로 보전처분을 발령하지 않고, 파산신청 후 가능한 한 신속하게 파산선고를 하는 것으로 처리하고 있다.[357]

제4장 파산선고

Ⅰ. 법원은 파산신청이 적법하고, 파산원인이 인정되면 결정으로 파산을 선고한다(제305조). 파산결정서 주문에는 "채무자 △△△에 대하여 파산을 선고한다"라고 기재한다. 파산결정서 이유에는 파산원인을 인정한 근거를 기재한다. 파산결정서에는 파산선고의 연 · 월 · 일 · 시를 기재하여야 한다(제310조). 파산은 선고를 한 때부터 그 효력이 생긴다(제311조).

Ⅱ. 법원은 파산선고와 동시에 파산관재인[358]을 선임하고 채권신고의 기

---

357) 사법연수원, 「도산처리법(2015)」, 218면.

358) 서울중앙지방법원은 변호사를 파산관재인으로 선임하고 있다. 그러나 공적자금관리특별법 제20조 제1항에 의하면 공적자금이 지원되는 부보금융기관이 파산한 경우 공적자금의 효율적인 회수가 필요한 때에는 파산회생법 제355조 및 파산관재인의 선임에 관한 관련 법률의 규정에도 불구하고 예금보험공사 또는 그 임직원을 파산관재인으로 선임하도록 규정하고 있다. 또한 금융산업의 구조개선에 관한 법률 제15조 제1항 후분은 금융위원회가 금융기관이 파산하는 경우 금융전문가나 예금보험공사의 임직원을 파산관재인으로 추천할 수 있도록 하고 있다.

간, 제1회 채권자집회의 기일, 채권조사의 기일을 정하여야 한다(제312조 제1항). 법원은 파산재단으로 파산절차의 비용을 충당하기에 부족하다고 인정되는 때에는 파산선고와 동시에 파산폐지의 결정을 하여야 한다. 이 경우 법원은 파산결정의 주문과 파산폐지결정의 주문 및 이유의 요지를 공고하여야 하며, 이러한 결정에 대하여는 즉시항고를 할 수 있으나, 이 즉시항고에는 집행정지 효력은 없다(제317조).

Ⅲ. 법원은 파산선고를 한 때에는 즉시 다음 각호의 사항을 공고하여야 한다(제313조 제1항).

1. 파산결정의 주문
2. 파산관재인의 성명 및 주소 또는 사무소
3. 제312조의 규정에 의한 기간 및 기일
4. 파산선고를 받은 채무자의 채무자와 파산재단에 속하는 재산의 소유자는 파산선고를 받은 채무자에게 변제를 하거나 그 재산을 교부하여서는 아니된다는 뜻의 명령
5. 파산선고를 받은 채무자의 채무자와 파산재단에 속하는 재산의 소유자에 대하여 다음 각목의 사항을 일정한 기간 안에 파산관재인에게 신고하여야 한다는 뜻의 명령
   가. 채무를 부담하고 있다는 것
   나. 재산을 소지하고 있다는 것
   다. 소지자가 별제권을 가지고 있는 때에는 그 채권을 가지고 있다는 것

Ⅳ. 파산선고에 의하여 채무자가 파산선고 당시에 가진 모든 재산과 채무자가 파산선고 전에 생긴 원인으로 장래에 행사할 청구권은 파산재단에 속하게 된다(제382조). 파산재단을 관리 및 처분하는 권한은 파산관재인에게 속한다(제384조). 파산자가 된 채무자는 파산선고시에 소유하는 재산에 대한 관리처분권을 상실하게 되므로, 파산선고를 받은 채무자가 파산선고 후 파산재단에 속하는 재산에 관하여 한 법률행위는 파산채권자에게 대항할 수 없고, 채무자가 파산선고일에 한 법률행

위는 파산선고 후에 한 것으로 추정한다(제329조).

Ⅴ. 공유자 중에 파산선고를 받은 자가 있는 때에는 분할하지 아니한다는 약정이 있는 때에도 파산절차에 의하지 아니하고 그 분할을 할 수 있다(제344조 제1항). 이 때 파산선고를 받은 자가 아닌 다른 공유자는 상당한 대가를 지급하고 그 파산선고를 받은 자의 지분을 취득할 수 있다(제344조 제2항).) 「민법」 제829조(부부재산의 약정과 그 변경) 제3항 및 제5항의 규정은 배우자의 재산을 관리하는 자가 파산선고를 받은 경우에, 민법 제924조(친권상실의 선고)의 규정은 친권을 행사하는 자가 파산선고를 받은 경우에 관하여 각각 준용한다(제345조). 상속인이나 상속재산에 대한 파산선고는 한정승인 또는 재산분리에 영향을 미치지 아니한다. 다만, 파산취소 또는 파산폐지의 결정이 확정되거나 파산종결의 결정이 있을 때까지 그 절차를 중지한다(제346조). 파산재단에 속하는 재산에 관하여 파산선고 당시 법원에 계속되어 있는 소송은 파산관재인 또는 상대방이 이를 수계할 수 있다(제347조 제1항 前文).

Ⅵ. 파산채권에 기하여 파산재단에 속하는 재산에 내하여 행하여진 강세집행・가압류 또는 가처분은 파산재단에 대하여는 그 효력을 잃는다. 다만, 파산관재인은 파산재단을 위하여 강제집행절차를 속행할 수 있다(제348조 제1항). 파산관재인이 강제집행의 절차를 속행하는 때의 비용은 재단채권으로 하고, 강제집행에 대한 제3자의 이의의 소에서는 파산관재인을 피고로 한다(제348조 제2항). 파산선고 전에 파산재단에 속하는 재산에 대하여 「국세징수법」 또는 「지방세기본법」에 의하여 징수할 수 있는 청구권(국세징수의 예에 의하여 징수할 수 있는 청구권으로서 그 징수우선순위가 일반 파산채권보다 우선하는 것을 포함한다)에 기한 체납처분을 한 때에는 파산선고는 그 처분의 속행을 방해하지 아니한다(제349조 제1항). 파산선고 후에는 파산재단에 속하는 재산에 대하여 「국세징수법」 또는 「지방세기본법」에 의하여 징수할 수 있는 청구권(국세징수의 예에 의하여 징수할 수 있는 청구

권을 포함한다)에 기한 체납처분을 할 수 없다(제349조 제2항). 파산재단에 속하는 재산에 관하여 파산선고 당시에 행정청에 계속되어 있는 사건이 있는 때에는 그 절차는 수계 또는 파산절차의 종료가 있을 때까지 중단된다(제350조 제1항).

제5장 파산채권

Ⅰ. 파산채권은 채무자에 대하여 파산선고 전의 원인으로 생긴 재산상의 청구권을 말한다(제423조). 파산채권은 파산절차에서 배당을 받을 수 있는 채권이다. 따라서 파산채권은 파산절차에 의하지 아니하고는 행사할 수 없다(제424조). 기한부채권은 파산선고시에 변제기에 이른 것으로 본다(제425조). 조건부채권과 채무자에 대한 장래의 청구권은 그 전액을 파산채권액으로 한다(제427조). 여럿의 채무자가 각각 전부의 채무를 이행하여야 하는 경우 그 채무자의 전원 또는 일부가 파산선고를 받은 때에는 채권자는 파산선고시에 가진 채권의 전액에 관하여 각 파산재단에 대하여 파산채권자로서 권리를 행사할 수 있다(제428조). 보증인이 파산선고를 받은 때에는 채권자는 파산선고시에 가진 채권의 전액에 관하여 파산채권자로서 그 권리를 행사할 수 있다(제429조).

Ⅱ. 동일순위로 변제하여야 하는 채권은 각각 그 채권액의 비율에 따라 변제한다(제440조). 파산재단에 속하는 재산에 대하여 일반의 우선권이 있는 파산채권은 다른 채권에 우선한다(제441조). 일정한 기간 안의 채권액에 관하여 우선권이 있는 경우 그 기간은 파산선고시부터 소급하여 계산한다(제442조). 파산절차참가의 비용은 파산채권으로 한다(제439조). 파산선고 후의 이자, 파산선고 후의 불이행으로 인한 손해배상액 및 위약금, 파산절차참가비용, 벌금·과료·형사소송비용·추징금 및 과태료 등은 다른 파산채권보다 후순위파산채권으로 한다(제446조 제1항 1호, 2호, 3호, 4호).[359] 채무자가 채권자와 파산절차에

서 다른 채권보다 후순위로 하기로 정한 채권은 그 정한 바에 따라 다른 채권보다 후순위로 한다(제446조 제2항).

Ⅲ. 법인의 채무에 관하여 무한책임을 지는 사원이 파산선고를 받은 때에는 법인의 채권자는 파산선고시에 가진 채권의 전액에 관하여 그 파산재단에 대하여 파산채권자로서 그 권리를 행사할 수 있다(제432조). 법인의 채무에 관하여 유한책임을 지는 사원 또는 그 법인이 파산선고를 받은 때에는 법인의 채권자는 유한책임을 지는 사원에 대하여 그 권리를 행사할 수 없다. 다만, 법인은 출자청구권을 파산채권으로서 행사할 수 있다(제433조).

Ⅳ. 상속인이 파산선고를 받은 경우에는 재산의 분리가 있는 때에도 상속채권자 및 유증을 받은 자는 그 채권의 전액에 관하여 파산재단에 대하여 파산채권자로서 그 권리를 행사할 수 있다(제434조). 상속재산 및 상속인에 대하여 파산선고가 있는 때에는 상속채권자 및 유증을 받은 자는 그 채권의 전액에 관하여 각 파산재단에 대하여 파산채권자로서 그 권리를 행사할 수 있다(제435조). 파산선고를 받은 상속인이 한정승인을 한 때에는 상속채권자와 유증을 받은 자는 그 상속인의 고유재산에 대하여 파산채권자로서 그 권리를 행사할 수 없다(제436조 前文). 상속재산에 대하여 파산선고가 있는 때에는 상속인은 그 피상속인에 대한 채권 및 피상속인의 채무소멸을 위하여 한 출연에 관하여 상속채권자와 동일한 권리를 가진다(제437조). 상속재산에 대하여 파산선고가 있는 때에는 상속인의 채권자는 그 파산재단에 대하여 파산

---

359) 그 밖에 후순위파산채권으로 기한이 파산선고 후에 도래하는 이자없는 채권의 경우 파산선고가 있은 때부터 그 기한에 이르기까지의 법정이율에 의한 원리의 합계액이 채권액이 될 계산에 의하여 산출되는 이자의 액에 상당하는 부분, 기한이 불확정한 이자없는 채권의 경우 그 채권액과 파산선고 당시의 평가액과의 차액에 상당하는 부분, 채권액 및 존속기간이 확정된 정기금채권인 경우 각 정기금에 관하여 제5호의 규정에 준하여 산출되는 이자의 액의 합계액에 상당하는 부분과 각 정기금에 관하여 같은 호의 규정에 준하여 산출되는 원본의 액의 합계액이 법정이율에 의하여 그 정기금에 상당하는 이자가 생길 원본액을 초과하는 때에는 그 초과액에 상당하는 부분이 있다(제446조 제1항 5호, 6호, 7호).

채권자로서 그 권리를 행사할 수 없다(제438조). 상속재산에 대하여 파산선고가 있는 때에는 상속채권자의 채권은 유증을 받은 자의 채권에 우선한다(제443조). 상속재산에 대한 파산신청기간안의 신청에 의하여 상속인에 대한 파산선고가 있는 때에는 상속인의 채권자의 채권은 그 고유재산에 대하여 상속채권자 및 유증을 받은 자의 채권에 우선하고, 상속채권자 및 유증을 받은 자의 채권은 상속재산에 대하여 상속인의 채권자의 채권에 우선한다(제444조). 상속재산 및 상속인에 대하여 파산선고가 있는 때에는 상속인의 채권자의 채권은 상속인의 파산재단에 대하여는 상속채권자 및 유증을 받은 자의 채권에 우선한다(제445조).

Ⅴ. 파산채권자는 법원이 정하는 기간(신고기간)안에 ① 그 채권액 및 원인, ② 일반의 우선권이 있는 때에는 그 권리, ③ 제446조 제1항 각호(후순위파산채권)의 어느 하나에 해당하는 청구권을 포함하는 때에는 그 구분을 법원에 신고하고 증거서류 또는 그 등본이나 초본을 제출하여야 한다(제447조 제1항). 별제권자는 위 사항 외에 별제권의 목적과 그 행사에 의하여 변제를 받을 수 없는 채권액을 신고하여야 한다(제447조 제2항). 파산채권에 관하여 파산선고 당시 소송이 계속되어 있는 때에는 위 사항 외에 파산채권자는 그 법원·당사자·사건명 및 사건번호를 신고하여야 한다(제447조 제3항). 법원사무관은 신고에 따라 파산채권표를 작성하고, 법원은 파산채권표 채권의 신고에 관한 서류를 이해관계인이 열람할 수 있도록 법원에 비치하여야 한다(제449저 제1항). 채권의 조사는 파산관재인이 출석하지 아니하면 할 수 없다(제452조). 신고기간 후에 신고한 채권에 관하여는 파산관재인 및 파산채권자의 이의가 있는 때를 제외하고는 채권조사의 일반기일에 그 조사를 할 수 있다(제453조 제1항). 채권조사기일에 파산관재인 및 파산채권자의 이의가 없는 때에는 ① 채권액, ② 우선권, ③ 제446조 제1항 각호(후순위파산채권)의 어느 하나에 해당하는 청구권의 구분에 관한 사항이 확정된다(제458조). 확정채권에 관하여 파산채권자표

에 기재한 때에는 그 기재는 파산채권자 전원에 대하여 확정판결과 동일한 효력이 있다(제460조).

Ⅵ. 파산채권의 조사에서 신고한 파산채권의 내용에 대하여 파산관재인 또는 파산채권자가 이의를 한 때에는 그 파산채권(이의채권)을 보유한 파산채권자는 그 내용의 확정을 위하여 이의자 전원을 상대방으로 하여 법원에 채권조사확정재판을 신청할 수 있다(제462조 제1항). 이의가 있는 파산채권에 관한 확정신청은 그 조사를 위한 일반조사기일 또는 특별조사기일로부터 1월 이내에 하여야 한다(제462조 제5항). 채권조사확정재판에서 파산채권자는 파산채권자표에 기재된 사항에 관하여만 청구원인으로 할 수 있으므로, 채권조사기일까지 신고하지 않은 채권을 새로이 주장할 수는 없으며, 채권자표에 기재된 것보다 다액의 채권액이나 새롭게 우선권을 주장할 수는 없다(제465조). 채권조사확정재판에 불복하는 자는 그 결정서의 송달을 받은 날부터 1월 이내에 이의의 소를 제기할 수 있다(제463조 제1항). 이의채권의 보유자가 이의의 소를 제기하는 경우에는 이의자 전원을 필요적으로 공동피고로 하여야 하고, 이의자가 조사확정재판에 대한 이의의 소를 제기하는 경우에는 이의채권의 보유자를 피고로 하여야 한다(제463조 제3항). 조사확정재판의 내용은 파산관재인 또는 파산채권자의 신청에 의하여 파산채권자표에 기재되고(제467조), 이에 따라 파산채권자 전원에 대하여 확정 판결과 동일한 효력이 있다(제468조 제2항).

제6장 파산재단 · 재단채권

Ⅰ. 파산재단은 파산채권자에 대한 변제에 충당하기 위하여 조직되고 관리되는 파산자의 총재산을 말한다. 채무자가 파산선고 당시에 가진 모든 재산은 파산재단에 속한다(제382조 제1항). 채무자가 파산선고 전에 생긴 원인으로 장래에 행사할 청구권은 파산재단에 속한다(제382조 제2항). 압류할 수 없는 재산은 파산재단에 속하지 아니한다(제383조 제1항).[360] 채무자의 재산에는 채무자가 자신의 명의로 보유하는

재산뿐만 아니라 타인의 명의를 빌려 실질적으로 자신이 보유하는 재산도 모두 포함된다.[361]

Ⅱ. 파산선고 전에 채무자를 위하여 상속개시가 있는 경우 채무자가 파산선고 후에 한 단순승인은 파산재단에 대하여는 한정승인의 효력을 가진다(제385조). 파산선고 전에 채무자를 위하여 상속개시가 있는 경우 채무자가 파산선고 후에 한 상속포기도 파산재단에 대하여는 한정승인의 효력을 가진다. 하지만, 파산관재인은 상속포기의 효력을 인정할 수 있다. 이 경우 파산관재인은 포기가 있은 것을 안 날부터 3월 이내에 그 뜻을 법원에 신고하여야 한다(제386조).

Ⅲ. 상속재산에 대하여 파산선고가 있는 때에는 이에 속하는 모든 재산을

360) 제383조 ②법원은 개인인 채무자의 신청에 의하여 다음 각호의 어느 하나에 해당하는 재산을 파산재단에서 면제할 수 있다. 1. 채무자 또는 그 피부양자의 주거용으로 사용되고 있는 건물에 관한 임차보증금반환청구권으로서 「주택임대차보호법」 제8조(보증금중 일정액의 보호)의 규정에 의하여 우선변제를 받을 수 있는 금액의 범위 안에서 대통령령이 정하는 금액을 초과하지 아니하는 부분 2. 채무자 및 그 피부양자의 생활에 필요한 6월간의 생계비에 사용할 특정한 재산으로서 대통령령이 정하는 금액을 초과하지 아니하는 부분 ③제2항의 규정에 의한 신청은 파산신청일 이후 파산선고 후 14일 이내에 면제재산목록 및 소명에 필요한 자료를 첨부한 서면으로 하여야 한다. ④법원은 파산선고 전에 제2항의 신청이 있는 경우에는 파산선고와 동시에, 파산선고 후에 제2항의 신청이 있는 경우에는 신청일부터 14일 이내에 면제 여부 및 그 범위를 결정하여야 한다. ⑤제4항의 규정에 의한 결정이 있는 때에는 법원은 채무자 및 알고 있는 채권자에게 그 결정서를 송달하여야 한다. ⑥제4항의 규정에 의한 결정에 대하여는 즉시항고를 할 수 있다. ⑦제6항의 규정에 의한 즉시항고는 집행정지의 효력이 없다. ⑧법원은 파산선고 전에 면제신청이 있는 경우에 채무자의 신청 또는 직권으로 파산선고가 있을 때까지 제2항의 면제재산에 대하여 파산채권에 기한 강제집행, 가압류 또는 가처분의 중지 또는 금지를 명할 수 있다. ⑨면제결정이 확정된 때에는 제8항의 규정에 의하여 중지한 절차는 그 효력을 잃는다. ⑩제4항의 규정에 의하여 면제되는 재산에 대하여는 제556조제1항의 규정에 따라 면책신청을 할 수 있는 기한까지는 파산채권에 기한 강제집행, 가압류 또는 가처분을 할 수 없다.

361) 대법원 2009. 3. 20. 2009마78 "채무자 회생 및 파산에 관한 법률 제564조 제1항 제3호는 "채무자가 법원에 대하여 그 재산상태에 관하여 허위의 진술을 한 때"를 면책불허가사유로 규정하고 있는바, 여기에서 '그 재산상태'란 '채무자의 재산상태'를 말하는 것이고, 채무자의 재산에는 채무자가 자신의 명의로 보유하는 재산뿐만 아니라 타인의 명의를 빌려 실질적으로 자신이 보유하는 재산도 모두 포함된다. 그러나 이에 해당하지 않는 재산으로서 채무자의 친족 등이 보유하는 재산은 채무자의 재산이라고 볼 수 없으므로, 채무자가 이러한 친족 등의 재산상태에 관하여 허위의 진술을 하였다고 하여 위 조항에 정한 면책불허가사유에 해당한다고 볼 수 없다."

파산재단으로 한다(제389조 제1항). 상속재산에 대하여 파산선고가 있는 경우 피상속인이 상속인에 대하여 가지는 권리와 상속인이 피상속인에 대하여 가지는 권리는 소멸하지 아니한다(제389조 제2항). 상속재산에 대하여 파산선고가 있는 때에는 상속인은 한정승인한 것으로 본다. 다만, 「민법」 제1026조제3호에 의하여 상속인이 단순승인한 것으로 보는 때에는 그러하지 아니하다(제389조 제3항). 상속인이 상속재산의 전부 또는 일부를 처분한 후 상속재산에 대하여 파산선고가 있는 때에는 상속인이 반대급부에 관하여 가지는 권리는 파산재단에 속한다(제390조 제1항). 이 경우 상속인이 이미 반대급부를 받은 때에는 이를 파산재단에 반환하여야 한다. 다만, 그 반대급부를 받은 때에 상속인이 파산의 원인인 사실 또는 파산신청이 있은 것을 알지 못한 때에는 그 이익이 현존하는 한도 안에서 반환하면 된다(재390조 제2항).

Ⅳ. 파산재단으로부터 파산절차에 의하지 아니하고 일반 파산채권자보다 우선하여 변제받을 수 있는 권리를 가진 채권을 재단채권이라 한다. 원칙적으로 파산선고 후에 파산채권자의 공동이익을 위하여 생긴 채권이 이에 해당한다.[362] 그 이외에 공평의 관점이나 공익적 요청에 기하여 재단채권으로 하고 있는 것으로 파산선고 후에 파산절차를 수행하기 위하여 그 절차의 개시로부터 절차의 종결에 이르기까지 파산의

362) **일반재단채권**: 제473조 다음 각호의 어느 하나에 해당하는 청구권은 재단채권으로 한다. 1. 파산채권자의 공동의 이익을 위한 재판상 비용에 대한 청구권 2. 「국세징수법」 또는 「지방세기본법」에 의하여 징수할 수 있는 청구권(국세징수의 예에 의하여 징수할 수 있는 청구권으로서 그 징수우선순위가 일반 파산채권보다 우선하는 것을 포함하며, 제446조의 규정에 의한 후순위파산채권을 제외한다). 다만, 파산선고 후의 원인으로 인한 청구권은 파산재단에 관하여 생긴 것에 한한다. 3. 파산재단의 관리・환가 및 배당에 관한 비용 4. 파산재단에 관하여 파산관재인이 한 행위로 인하여 생긴 청구권 5. 사무관리 또는 부당이득으로 인하여 파산선고 후 파산재단에 대하여 생긴 청구권 6. 위임의 종료 또는 대리권의 소멸 후에 긴급한 필요에 의하여 한 행위로 인하여 파산재단에 대하여 생긴 청구권 7. 제335조제1항의 규정에 의하여 파산관재인이 채무를 이행하는 경우에 상대방이 가지는 청구권 8. 파산선고로 인하여 쌍무계약이 해지된 경우 그 때까지 생긴 청구권 9. 채무자 및 그 부양을 받는 자의 부양료 10. 채무자의 근로자의 임금・퇴직금 및 재해보상금 11. 파산선고 전의 원인으로 생긴 채무자의 근로자의 임치금 및 신원보증금의 반환청구권

신청, 파산선고의 공고 등 재판의 비용, 파산재단의 점유, 관리, 환가 등을 하는데 생긴 비용에 대한 채권 등이 있다.[363] 재단채권은 파산절차에 의하지 아니하고 수시로 변제한다(제475조). 재단채권은 파산채권보다 먼저 변제한다(제476조). 임금채권 등 재단채권에 기하여 파산선고 전에 강제집행이 이루어진 경우에도, 그 강제집행은 파산선고로 인하여 그 효력을 잃는다.[364]

---

363) **특별재단채권**: 파산관재인이 부담있는 유증의 이행을 받은 때에는 부담의 이익을 받을 청구권은 유증목적의 가액을 초과하지 아니하는 한도 안에서 재단채권으로 한다(제474조). 파산관재인이 쌍무계약을 해제 또는 해지한 경우에 파산자가 받은 반대급부가 파산재단 중에 현존하는 때에는 상대방은 그 반환을 청구하고, 현존하지 아니하는 때에는 그 가액에 관하여 재단채권자로서 권리를 행사할 수 있다(제337조 제2항). 파산재단에 속하는 재산에 관하여 파산선고 당시 계속하는 소송을 파산관재인이 수계한 경우 상대방의 소송비용청구권은 재단채권이다(제347조 제2항). 파산채권에 관하여 파산재단에 속하는 재산에 대하여 행하여진 강제집행을 파산관제인이 속행시킨 경우 그 강제집행비용도 재단채권이다(제348조 제2항). 파산자의 행위가 부인된 경우에 부안의 상대방은 반대급부 자체는 파산재단 중에 현존하지 않지만 그로 인하여 생긴 이익이 현존하는 때에는 그 이익의 한도에서 재단채권자로서 그 권리를 행사할 수 있고(제398조 제1항), 그 반대급부로 인하여 생긴 이익이 현존하지 않는 때에는 그 가액의 상환에 관하여 파산채권자로서 권리를 행사한다(제398조 제2항). 파산재단이 파산채권의 확정에 관한 소송(채권조사확정재판소송 포함)으로 인하여 이익을 받은 때에는 이의를 주장한 파산채권자는 그 이익의 한도 안에서 재단채권자로서 그 소송비용의 상환을 구할 수 있다(제469조). 파산선고에 이르기 전에 회생절차가 선행하여 실패하고, 파산선고가 내려진 경우, 그 회생절차에서의 공익채권은 재단채권으로 된다(제6조 제4항, 제9항).

364) 대법원 2008. 6. 27. 2006마260 "파산관재인의 파산재단에 관한 관리처분권이 개별집행에 의해 제약을 받는 것을 방지함으로써 파산절차의 원만한 진행을 확보함과 동시에, 재단채권 간의 우선순위에 따른 변제 및 동순위 재단채권 간의 평등한 변제를 확보할 필요성이 있는 점, 파산선고 후 재단채권에 기하여 파산재단에 속하는 재산에 대한 별도의 강제집행은 허용되지 않는 점, 강제집행의 속행을 허용한다고 하더라도 재단채권에 대한 배당액에 관하여는 재단채권자가 직접 수령하지 못하고 파산관재인이 수령하여 이를 재단채권자들에 대한 변제자원 등으로 사용하게 되므로(대법원 2003. 8. 22. 선고 2003다3768 판결 참조), 재단채권자로서는 단지 강제집행의 대상이 된 파산재산의 신속한 처분을 도모한다는 측면 외에는 강제집행을 유지할 실익이 없을 뿐 아니라, 파산관재인이 강제경매절차에 의한 파산재산의 처분을 선택하지 아니하는 한 강제집행절차에 의한 파산재산의 처분은 매매 등의 통상적인 환가 방법에 비하여 그 환가액의 측면에서 일반적으로 파산재단이나 재단채권자에게 모두 불리한 결과를 낳게 되므로, 강제집행을 불허하고 다른 파산재산과 마찬가지로 파산관재인이 환가하도록 함이 상당하다고 인정되는 점 등을 고려할 때, 임금채권 등 재단채권에 기하여 파산선고 전에 강제집행이 이루어진 경우에도, 그 강제집행은 파산선고로 인하여 그 효력을 잃는다고 보아야 할 것이다."

Ⅴ. 파산관재인은 재단채권을 승인할 때에는 그 가액이 1,000만 원 이상이면 감사위원 또는 법원의 허가를 받아 개별적으로 변제한다(제492조 제13호). 파산관재인이 재단채권을 승인하지 않고, 그 존부나 액수를 다투는 경우에는 파산관재인과의 사이의 소송에 의하여 확정된다. 이 경우 재단채권자는 파산재단 소속 재산에 대하여 강제집행할 수 없다.[365)]

Ⅵ. 파산재단이 재단채권의 총액을 변제하기에 부족한 것이 분명하게 된 때에는 재단채권의 변제는 다른 법령이 규정하는 우선권에 불구하고 아직 변제하지 아니한 채권액의 비율에 따라 한다. 다만, 재단채권에 관하여 존재하는 유치권・질권・저당권・「동산・채권 등의 담보에 관한 법률」에 따른 담보권 및 전세권의 효력에는 영향을 미치지 아니한다(제477조 제1항).

제7장 부인권

Ⅰ. 파산관재인은 파산재단을 위하여 ① 채무자가 파산채권자를 해하는 것을 알고 한 행위. 다만, 이로 인하여 이익을 받은 자가 그 행위 당시 파산채권자를 해하게 되는 사실을 알지 못한 경우에는 그러하지 아니하다. ② 채무자가 지급정지 또는 파산신청이 있은 후에 한 파산채권자를 해하는 행위와 담보의 제공 또는 채무소멸에 관한 행위. 다만, 이로 인하여 이익을 받은 자가 그 행위 당시 지급정지 또는 파산신청

365) 대법원 2007. 7. 12. 2006마1277 "파산절차는 파산자에 대한 포괄적인 강제집행절차로서 이와 별도의 강제집행절차는 원칙적으로 필요하지 않는 것인바, 구 파산법에 강제집행을 허용하는 특별한 규정이 있다거나 구 파산법의 해석상 강제집행을 허용하여야 할 특별한 사정이 있다고 인정되지 아니하는 한 파산재단에 속하는 재산에 대한 별도의 강제집행은 허용되지 않고, 이는 재단채권에 기한 강제집행에 있어서도 마찬가지로서 재단채권자의 정당한 변제요구에 대하여 파산관재인이 응하지 아니하면 재단채권자는 법원에 대하여 구 파산법 제151조, 제157조에 기한 감독권 발동을 촉구하든지, 파산관재인을 상대로 불법행위 손해배상청구를 하는 등의 별도의 조치를 취할 수는 있을 것이나, 그 채권 만족을 위해 파산재단에 대해 개별적 강제집행에 나아가는 것은 구 파산법상 허용되지 않는다."

이 있은 것을 알고 있은 때에 한한다.[366] ③ 채무자가 지급정지나 파산신청이 있은 후 또는 그 전 60일 이내에 한 담보의 제공 또는 채무소멸에 관한 행위로서 채무자의 의무에 속하지 아니하거나 그 방법 또는 시기가 채무자의 의무에 속하지 아니하는 것. 다만, 채권자가 그 행위 당시 지급정지나 파산신청이 있은 것 또는 파산채권자를 해하게 되는 사실을 알지 못한 경우를 제외한다. ④ 채무자가 지급정지 또는 파산신청이 있은 후 또는 그 전 6월 이내에 한 무상행위 및 이와 동일시할 수 있는 유상행위 중 어느 하나에 해당하는 행위를 부인할 수 있다(제391조).

Ⅱ. 지급정지 또는 파산신청이 있은 후에 권리의 설정·이전 또는 변경의 효력을 생기게 하는 등기 또는 등록이 행하여진 경우 그 등기 또는 등록이 그 원인인 채무부담행위가 있은 날부터 15일을 경과한 후에 지급정지 또는 파산신청이 있음을 알고 행한 것인 때에는 이를 부인할 수 있다. 다만, 가등기 또는 가등록을 한 후 이에 의하여 본등기 또는 본등록을 한 때에는 그러하지 아니하다(제394조 제1항). 지급정지 또는 파산신청이 있은 후에 권리의 설정·이전 또는 변경을 제3자에게 대항하기 위하여 필요한 행위를 한 경우 그 행위가 권리의 설정·이전 또는 변경이 있은 날부터 15일을 경과한 후에 지급정지 또는 파산신청이 있음을 알고 행한 것인 때에도 이를 부인할 수 있다(제394조 제2항). 부인권은 부인하고자 하는 행위에 관하여 집행력있는 집행권원이 있는 때 또는 그 행위가 집행행위에 의한 것인 때에도 행사할 수 있다(제395조).

---

366) 제392조(특수관계인을 상대방으로 한 행위에 대한 특칙) ①제391조제2호 단서의 규정을 적용하는 경우 이익을 받는 자가 채무자와 대통령령이 정하는 범위의 특수관계인에 해당하는 때에는 그 특수관계인이 행위 당시 지급정지 또는 파산신청이 있은 것을 알고 있었던 것으로 추정한다. ②제391조제3호의 규정을 적용하는 경우 특수관계인을 상대방으로 하는 행위에 대하여는 같은 호 본문에 규정된 “60일”을 “1년”으로 하고, 같은 호 단서를 적용하는 경우에는 그 특수관계인이 그 행위 당시 지급정지 또는 파산신청이 있은 것과 파산채권자를 해하는 사실을 알고 있었던 것으로 추정한다. ③제391조제4호의 규정을 적용하는 경우 특수관계인을 상대방으로 하는 행위인 때에는 같은 호에 규정된 “6월”을 “1년”으로 한다.

Ⅲ. 부인권은 소, 부인의 청구 또는 항변의 방법으로 파산관재인이 행사한다(제397조 제1항). 법원은 파산채권자의 신청에 의하거나 직권으로 파산관재인에게 부인권의 행사를 명할 수 있다(제397조 제2항). 부인권의 행사는 파산재단을 원상으로 회복시킨다(제397조 제1항). 채무자가 지급정지 또는 파산신청이 있은 후 또는 그 전 6월 이내에 한 무상행위 및 이와 동일시할 수 있는 유상행위에 해당하여 행위가 부인된 경우 상대방이 그 행위 당시 선의인 때에는 이익이 현존하는 한도 안에서 상환하면 된다(제397조 제2항). 채무자의 행위가 부인된 경우 그가 받은 반대급부가 파산재단 중에 현존하는 때에는 상대방은 그 반환을 청구할 수 있으며, 반대급부로 인하여 생긴 이익이 현존하는 때에는 그 이익의 한도 안에서 재단채권자로서 그 권리를 행사할 수 있다(제398조 제1항). 채무자의 행위가 부인된 경우 반대급부로 인하여 생긴 이익이 현존하지 아니하는 때에는 상대방은 그 가액의 상환에 관하여 파산채권자로서 권리를 행사할 수 있다. 반대급부의 가액이 현존하는 이익보다 큰 경우 그 차액에 관하여도 또한 같다(제398조 제2항). 채무자의 행위가 부인된 경우 상대방이 그가 받은 급부를 반환하거나 그 가액을 상환한 때에는 상대방의 채권은 원상으로 회복된다(제399조).

Ⅳ. 전득자(轉得者)에 대하여도 ① 전득자가 전득 당시 각각 그 전자(前者)에 대한 부인의 원인이 있음을 안 때, ② 전득자가 제392조의 규정에 의한 특수관계인인 때(다만, 전득 당시 각각 그 전자(前者)에 대한 부인의 원인이 있음을 알지 못한 때에는 그러하지 아니하다), ③ 전득자가 무상행위 또는 이와 동일시할 수 있는 유상행위로 인하여 전득한 경우 각각 그 전자(前者)에 대하여 부인의 원인이 있는 때 중 어느 하나에 해당하는 때에는 부인권을 행사할 수 있다(제403조).

Ⅴ. 파산선고가 있은 날부터 1년 전에 한 행위는 지급정지의 사실을 안 것을 이유로 하여 부인할 수 없다(제404조). 부인권은 파산선고가 있은 날부터 2년이 경과한 때에는 행사할 수 없다. 그리고 그 행위를 한 날

부터 10년이 경과한 때에도 또한 같다(제405조).

제8장 환취권, 별제권, 상계권

Ⅰ. 파산선고는 채무자에 속하지 아니하는 재산을 파산재단으로부터 환취하는 권리에 영향을 미치지 아니한다(제407조). 따라서 파산관재인이 파산자에게 속하지 않는 제3자의 특정재산을 파산재단에 투입하여 관리하고 있다면 그 재산의 원래 소유자는 파산관재인을 상대로 자신의 재산을 반환하여달라는 권리을 가진다. 이를 환취권이라 한다. 소유권은 환취권의 당연한 기초이다. 지상권, 질권, 유치권도 환취권의 기초가 된다. 전대인의 전대차계약이 종료된 것을 이유로 하여 파산자인 전차인에 대하여 목적물 반환청구권을 가지는 경우도 환취권의 기초가 되는 경우이다. 파산회생법은 매도인의 매도물품환취권[367], 위탁판매상의 환취권[368], 대체적 환취권[369]을 추가로 규정하고 있다.

Ⅱ. 별제권이란 파산재단에 속하는 특정의 재산에 대하여 파산채권자에 우선하여 채권의 변제를 받을 수 있는 권리를 뜻한다. 파산재단에 속하는 재산상에 존재하는 유치권·질권·저당권·「동산·채권 등의 담보에 관한 법률」에 따른 담보권 또는 전세권을 가진 자는 그 목적인 재산에 관하여 별제권을 가진다(제411조). 별제권은 파산절차에 의하지 아니하고 행사한다(제412조). 별제권자는 그 별제권의 행사에 의하

367) 제408조(운송 중인 매도물의 환취) ①매도인이 매매의 목적인 물건을 매수인에게 발송하였으나 매수인이 그 대금의 전액을 변제하지 아니하고, 도달지에서 그 물건을 수령하지 아니한 상태에서 매수인이 파산선고를 받은 때에는 매도인은 그 물건을 환취할 수 있다. 다만, 파산관재인이 대금전액을 지급하고 그 물건의 인도를 청구한 때에는 그러하지 아니하다. ②제1항의 규정은 제335조의 적용을 배제하지 아니한다.

368) 제409조(위탁매매인의 환취권) 제408조제1항의 규정은 물품매수의 위탁을 받은 위탁매매인이 그 물품을 위탁자에게 발송한 경우에 관하여 준용한다.

369) 제410조(대체적 환취권) ①채무자가 파산선고 전에 환취권의 목적인 재산을 양도한 때에는 환취권자는 반대급부의 이행청구권의 이전을 청구할 수 있다. 파산관재인이환취권의 목적인 재산을 양도한 때에도 또한 같다. ②제1항의 경우 파산관재인이 반대급부의 이행을 받은 때에는 환취권자는 파산관재인이 반대급부로 받은 재산의 반환을 청구할 수 있다.

여 변제를 받을 수 없는 채권액에 관하여만 파산채권자로서 그 권리를 행사할 수 있다. 다만, 별제권을 포기한 채권액에 관하여 파산채권자로서 그 권리를 행사하는 것에 영향을 미치지 아니한다(제413조). 파산재단에 속하지 아니하는 채무자의 재산상에 질권·저당권 또는「동산·채권 등의 담보에 관한 법률」에 따른 담보권을 가진 자(준별제권자)는 그 권리의 행사에 의하여 변제를 받을 수 없는 채권액에 한하여 파산채권자로서 그 권리를 행사할 수 있다(제414조 제1항). 주택임대차보호법」 제3조(대항력 등)제1항의 규정에 의한 대항요건을 갖추고 임대차계약증서상의 확정일자를 받은 임차인은 파산재단에 속하는 주택(대지를 포함한다)의 환가대금에서 후순위권리자 그 밖의 채권자보다 우선하여 보증금을 변제받을 권리가 있다(제415조 제1항). 주택임대차보호법」 제8조(보증금중 일정액의 보호)의 규정에 의한 임차인은 같은 조의 규정에 의한 보증금을 파산재단에 속하는 주택(대지를 포함한다)의 환가대금에서 다른 담보물권자보다 우선하여 변제받을 권리가 있다. 이 경우 임차인은 파산신청일까지「주택임대차보호법」 제3조(대항력 등)제1항의 규정에 의한 대항요건을 갖추어야 한다(제415조 제2항).「상가건물 임대차보호법」 제3조(대항력 등)의 규정에 의한 대항요건을 갖추고 임대차계약증서상의 확정일자를 받은 임차인과 같은 법 제14조(보증금중 일정액의 보호)의 규정에 의한 임차인도 파산재단에 속하는 상가(대지를 포함한다)의 환가대금에서 다른 담보물권자보다 우선하여 변제받을 권리가 있다.「근로기준법」 제38조제2항 각 호에 따른 채권과「근로자퇴직급여 보장법」 제12조제2항에 따른 최종 3년간의 퇴직급여등 채권의 채권자는 해당 채권을 파산재단에 속하는 재산에 대한 별제권 행사 또는 제349조제1항의 체납처분에 따른 환가대금에서 다른 담보물권자보다 우선하여 변제받을 권리가 있다. 다만,「임금채권보장법」 제8조에 따라 해당 채권을 대위하는 경우에는 그러하지 아니하다(제415조의 2).

Ⅲ. 파산채권자가 파산선고 당시 채무자에 대하여 채무를 부담하는 때에

는 파산절차에 의하지 아니하고 상계할 수 있다(제416조). 상계권의 행사는 파산절차가 진행 중에도 가능하다. 상계권은 파산관재인에 대하여 재판상 또는 재판외 의사표시로 할 수 있다. 파산채권자의 채권이 파산선고시에 기한부나 해제조건부인 때뿐만 아니라 비금전채권이러서 그 평가액이 파산채권이 된 때(제426조)에도 상계할 수 있으며, 채무가 기한부나 조건부인 때 또는 장래의 청구권에 관한 것인 때에도 같다(제417조). 파산채권자가 임차인인 때에는 파산선고시의 당기(當期) 및 차기(次期)의 차임에 관하여 상계를 할 수 있다. 보증금이 있는 경우 그 후의 차임에 관하여도 또한 같다(제421조 제1항). 파산자의 채권자가 파산 후 또는 파산에 빠질 염려가 있는 시기에 실제가치가 하락된 파산채권을 취득하여 파산재단에 대한 채무를 면하여 파산재단을 감소시킬 위험이 있기 때문에 회생파산법은 상계금지규정을 별도로 두고 있다.[370)]

제9장 쌍방미이행 쌍무계약의 처리

Ⅰ. 쌍무계약에 관하여 채무자 및 그 상대방이 모두 파산선고 당시 아직 이행을 완료하지 아니한 때에는 파산관재인은 계약을 해제 또는 해지하거나 채무자의 채무를 이행하고 상대방의 채무이행을 청구할 수 있다(제335조 제1항). 파산관재인이 국가를 상대방으로 하는 「방위사업법」 제3조에 따른 방위력개선사업 관련 계약을 해제 또는 해지하고자 하는 경우 방위사업청장과 협의하여야 한다(제335조 제3항).

---

370) 제422조(상계의 금지) 다음 각호의 어느 하나에 해당하는 때에는 상계를 할 수 없다.
1. 파산채권자가 파산선고 후에 파산재단에 대하여 채무를 부담한 때
2. 파산채권자가 지급정지 또는 파산신청이 있었음을 알고 채무자에 대하여 채무를 부담한 때. 다만, 다음 각목의 어느 하나에 해당하는 때를 제외한다.
가. 그 부담이 법정의 원인에 의한 때
나. 파산채권자가 지급정지나 파산신청이 있었음을 알기 전에 생긴 원인에 의한 때
다. 파산선고가 있은 날부터 1년 전에 생긴 원인에 의한 때
3. 파산선고를 받은 채무자의 채무자가 파산선고 후에 타인의 파산채권을 취득한 때
4. 파산선고를 받은 채무자의 채무자가 지급정지 또는 파산신청이 있었음을 알고 파산채권을 취득한 때. 다만, 제2호 각목의 어느 하나에 해당하는 때를 제외한다.

Ⅱ. 파산관재인에 의하여 쌍무계약의 해제 또는 해지가 있고, 그로 인하여 상대방에게 손해가 발생한 경우 상대방은 손해배상에 관하여 파산채권자로서 권리를 행사할 수 있다(제337조 제1항). 상대방이 이미 계약상 의무를 이행하였고, 이에 의하여 채무자가 받은 반대급부가 파산재단 중에 현존하는 때에는 상대방은 그 반환을 청구하고, 현존하지 아니하는 때에는 그 가액에 관하여 재단채권자로서 권리를 행사할 수 있다(제337조 제2항).

Ⅲ. 상대방은 계약의 해제(해지)와 이행 중 어느 하나의 선택을 하지 않는 파산관재인에 대하여 상당한 기간을 정하여 그 기간 안에 계약의 해제 또는 해지나 이행 여부를 확답할 것을 최고할 수 있다. 이 경우 파산관재인이 그 기간 안에 확답을 하지 아니한 때에는 계약을 해제 또는 해지한 것으로 본다(제335조 제2항).

Ⅳ. 파산회생법은 임대차계약[371], 도급계약[372], 위임계약[373], 상호계산[374]

371) 제340조(임대차계약) ①임대인이 파산선고를 받은 때에는 차임의 선급 또는 차임채권의 처분은 파산선고시의 당기(當期) 및 차기(次期)에 관한 것을 제외하고는 파산채권자에게 대항할 수 없다. ②제1항의 규정에 의하여 파산채권자에게 대항할 수 없음으로 인하여 손해를 받은 자는 그 손해배상에 관하여 파산채권자로서 권리를 행사할 수 있다. ③제1항 및 제2항의 규정은 지상권에 관하여 준용한다. ④임대인이 파산선고를 받은 경우 임차인이 다음 각호의 어느 하나에 해당하는 때에는 제335조의 규정을 적용하지 아니한다. 1.「주택임대차보호법」 제3조(대항력 등)제1항의 대항요건을 갖춘 때 2.「상가건물 임대차보호법」 제3조(대항력 등)의 대항요건을 갖춘 때

372) 제341조(도급계약) ①채무자가 도급계약에 의하여 일을 하여야 하는 의무가 있는 때에는 파산관재인은 필요한 재료를 제공하여 채무자로 하여금 그 일을 하게 할 수 있다. 이 경우 그 일이 채무자 자신이 함을 필요로 하지 아니하는 때에는 제3자로 하여금 이를 하게 할 수 있다. ②제1항의 경우 채무자가 그 상대방으로부터 받을 보수는 파산재단에 속한다.

373) 제342조(위임계약) 위임자가 파산선고를 받은 경우 수임자가 파산선고의 통지를 받지 아니하고 파산선고의 사실도 알지 못하고 위임사무를 처리한 때에는 이로 인하여 파산선고를 받은 자에게 생긴 채권에 관하여 수임자는 파산채권자로서 그 권리를 행사할 수 있다.

374) 제343조(상호계산) ①상호계산은 당사자의 일방이 파산선고를 받은 때에는 종료한다. 이 경우 각 당사자는 계산을 폐쇄하고 잔액의 지급을 청구할 수 있다. ②제1항의 규정에 의한 청구권을 채무자가 가지는 때에는 파산재단에 속하고, 상대방이 가지는 때에는 파산채권이 된다.

에 관한 별도의 규정을 두고 있다.

제10장 배당, 파산폐지, 간이파산

Ⅰ. 파산절차는 배당을 위해 존재하는 것이다. 채권자들에게 평등하게 얼마나 많이 배당하느냐가 파산절차의 목적이다. 배당은 파산재산의 환가가 이루어 질 때까지 수회에 걸쳐 진행된다. 환가가 완료 되기 전에 하는 배당을 중간배당이라 하고, 환가완료 후에 행해지는 최후의 1회 배당을 최후배당이라 한다. 최후배당 후에 추가 재산이 발견되어 배당을 다시 하는 경우를 추가배당이라 한다. 최후배당으로 파산절차는 종료하기 때문에, 파산관재인이 최후의 배당을 함에는 반드시 법원의 허가를 받아야 한다(제520조).

Ⅱ. 파산관재인은 법원의 배당 허가를 받은 후(제506조) 채권표와 대조하여 배당표를 작성하여 법원에 제출한다(제507조, 제508조).[375] 파산관재인은 배당에 참가시킬 채권의 총액과 배당할 수 있는 금액을 공고하여야 한다(제509조). 이 공고로부터 2주간이 배당제외기간이 된다. 이의가 있는 채권에 관하여는 채권자는 위 배당제외기간 내에 파산관재인에 대하여 그 채권의 조사확정재판을 신청하거나 조사확정재판에 대한 이의의 소 제기 또는 소송의 수계를 한 것을 증명하지 아니한 때에는 그 배당으로부터 제외된다(제512조 제1항). 별제권자 역시 위 배당제외기간 내에 파산관재인에 대하여 그 권리의 목적의 처분에 착수한 것을 증명하고 또 그 처분에 의하여 변제를 받을 수 없는 채권액을 소명하지 아니한 때에는 배당으로부터 제외된다(제512조 제2항). 해제

---

375) 제507조(배당표의 작성) ①파산관재인은 다음 각호의 사항을 기재한 배당표를 작성하여야 한다.
1. 배당에 참가시킬 채권자의 성명 및 주소
2. 배당에 참가시킬 채권의 액
3. 배당할 수 있는 금액
② 배당에 참가시킬 채권은 우선권의 유무에 의하여 구별한다. 이 경우 우선권이 있는 채권은 그 순위에 따라 기재하고, 우선권이 없는 채권은 제446조의 규정에 의하여 다른 채권보다 후순위인 것을 구분하여 기재하여야 한다.

조건부채권을 가진 자를 상당한 담보를 제공하지 아니하면 배당을 받을 수 없다(제516조).

Ⅲ. 파산폐지는 파산절차를 장래를 향해 중지하는 법원의 결정이다. 파산폐지에는 파산채권자 전부가 파산절차를 포기하여 이루어지는 동의폐지(제538조)[376]와 비용부족을 이유로 한 폐지(제545조)[377]가 있다. 파산폐지결정이 확정되면 파산종결결정을 기다리지 않고 파산은 종결된다.

Ⅳ. 파산재단에 속하는 재산액이 5억원 미만이라고 인정되는 때에는 법원은 파산선고와 동시에 간이파산의 결정을 하여야 한다(제549조). 파산절차 중 파산재단에 속하는 재산액이 5억원 미만임이 발견된 때에는 법원은 이해관계인의 신청에 의하거나 직권으로 간이파산의 결정을 할 수 있다(제550조 제1항). 간이파산절차 중 파산재단에 속하는 재산액이 5억원 이상임이 발견된 때에는 법원은 이해관계인의 신청에 의하거나 직권으로 간이파산취소의 결정을 할 수 있다(제551조). 간이파산절차의 경우 제1회 채권자집회의 기일과 채권조사의 기일은 부득이한 사유가 있는 때를 제외하고는 이를 병합하여야 한다(제552조). 간이파산의 경우에는 감사위원을 두지 아니한다(제553조). 간이파산

376) 제538조(동의에 의한 파산폐지의 신청) ①법원은 다음 각호의 어느 하나에 해당하는 때에는 채무자의 신청에 의하여 파산폐지의 결정을 할 수 있다.
1. 채무자가 제447조의 규정에 의한 채권신고기간 안에 신고한 파산채권자 전원의 동의를 얻은 때
2. 채무자가 제1호의 동의를 얻지 못한 경우에는 동의를 하지 아니한 파산채권자에 대하여 다른 파산채권자의 동의를 얻어 파산재단으로부터 담보를 제공한 때

②미확정채권에 관하여 그 채권자의 동의가 필요한지 여부는 법원이 정한다. 파산채권자에게 제공하는 담보가 상당한지 여부도 또한 같다.

③제1항의 규정에 의한 재판에 대하여는 즉시항고를 할 수 있다.

377) 제545조(비용부족으로 인한 파산폐지) ①법원은 파산선고 후에 파산재단으로써 파산절차의 비용을 충당하기에 부족하다고 인정되는 때에는 파산관재인의 신청에 의하거나 직권으로 파산폐지결정을 하여야 한다. 이 경우 법원은 채권자집회의 의견을 들어야 한다.

②제1항의 규정은 파산절차비용을 충당하기에 충분한 금액이 미리 납부되어 있는 때에는 적용하지 아니한다.

③제1항의 규정에 의한 재판에 대하여는 즉시항고를 할 수 있다.

절차의 경우 제1회 채권자집회의 결의와 채권조사 및 계산보고를 위한 채권자집회의 결의를 제외하고는 법원의 결정으로 채권자집회의 결의에 갈음한다(제554조). 간이파산절차의 경우 배당은 1회로 하며, 최후의 배당에 관한 규정에 의한다. 다만, 추가배당을 할 수 있다(제555조).

제11장 면책 · 복권

Ⅰ. 면책이란 자연인인 파산자에 대하여 파산절차에 의하여 배당되지 아니한 잔여 채무에 대하여 변제책임을 면하는 것을 뜻한다.[378] 개인인 채무자는 파산신청일부터 파산선고가 확정된 날 이후 1월 이내에 법원에 면책신청을 할 수 있다(제556조 제1항). 채무자가 그 책임 없는 사유로 인하여 1월 이내에 면책신청을 하지 못한 때에는 그 사유가 종료된 후 30일 이내에 한하여 면책신청을 할 수 있다(제556조 제2항). 채무자가 파산신청을 한 경우에는 채무자가 반대의 의사표시를 한 경우를 세외하고, 당해 신청과 동시에 먼색신청을 한 것으로 본다(제556조 제3항). 면책의 신청에는 채권자목록을 첨부하여야 한다. 다만, 신청과 동시에 제출할 수 없는 때에는 그 사유를 소명하고 그 후에 지체 없이 이를 제출하여야 한다(제556조 제6항).

---

378) 第566조(면책의 효력) 면책을 받은 채무자는 파산절차에 의한 배당을 제외하고는 파산채권자에 대한 채무의 전부에 관하여 그 책임이 면제된다. 다만, 다음 각호의 청구권에 대하여는 책임이 면제되지 아니한다.
1. 조세
2. 벌금 · 과료 · 형사소송비용 · 추징금 및 과태료
3. 채무자가 고의로 가한 불법행위로 인한 손해배상
4. 채무자가 중대한 과실로 타인의 생명 또는 신체를 침해한 불법행위로 인하여 발생한 손해배상
5. 채무자의 근로자의 임금 · 퇴직금 및 재해보상금
6. 채무자의 근로자의 임치금 및 신원보증금
7. 채무자가 악의로 채권자목록에 기재하지 아니한 청구권. 다만, 채권자가 파산선고가 있음을 안 때에는 그러하지 아니하다.
8. 채무자가 양육자 또는 부양의무자로서 부담하여야 하는 비용
9. 「취업 후 학자금 상환 특별법」에 따른 취업 후 상환 학자금대출 원리금

Ⅱ. 1. 법원은 다음 각호의 어느 하나에 해당하는 때를 제외하고는 면책을 허가하여야 한다(제564조 제1항).

① 채무자가 제650조(사기파산죄)·제651조(과태파산죄)·제653조·제656조(파산증뢰죄) 또는 제658조(설명의무위반죄)의 죄에 해당하는 행위가 있다고 인정하는 때

② 채무자가 파산선고 전 1년 이내에 파산의 원인인 사실이 있음에도 불구하고 그 사실이 없는 것으로 믿게 하기 위하여 그 사실을 속이거나 감추고 신용거래로 재산을 취득한 사실이 있는 때 ③ 채무자가 허위의 채권자목록 그 밖의 신청서류를 제출하거나 법원에 대하여 그 재산상태에 관하여 허위의 진술을 한 때[379)]

④ 채무자가 면책의 신청 전에 이 조에 의하여 면책을 받은 경우에는 면책허가결정의 확정일부터 7년이 경과되지 아니한 때, 제624조(개인회생절차에서의 면책결정)에 의하여 면책을 받은 경우에는 면책확정일부터 5년이 경과되지 아니한 때

⑤ 채무자가 이 법에 정하는 채무자의 의무를 위반한 때(법정의무위반)[380)]

⑥ 채무자가 과다한 낭비[381)]·도박 그 밖의 사행행위[382)]를 하여

379) 대법원 2009. 3. 20. 2009마78 "채무자 회생 및 파산에 관한 법률 제564조 제1항 제3호는 "채무자가 법원에 대하여 그 재산상태에 관하여 허위의 진술을 한 때"를 면책불허가사유로 규정하고 있는바, 여기에서 '그 재산상태'란 '채무자의 재산상태'를 말하는 것이고, 채무자의 재산에는 채무자가 자신의 명의로 보유하는 재산뿐만 아니라 타인의 명의를 빌려 실질적으로 자신이 보유하는 재산도 모두 포함된다. 그러나 이에 해당하지 않는 재산으로서 채무자의 친족 등이 보유하는 재산은 채무자의 재산이라고 볼 수 없으므로, 채무자가 이러한 친족 등의 재산상태에 관하여 허위의 진술을 하였다고 하여 위 조항에 정한 면책불허가사유에 해당한다고 볼 수 없다."

380) 서울중앙지방법원 2011. 6. 23. 2010라628은 4년제 대학을 졸업하였음에도 불구하고 학력을 고졸로 기재한 사안에서 학력을 법에서 요구하는 신청서의 필수적 기재사항으로 볼 수 없는 점, 채무자가 학력을 허위로 기재함으로써 법원의 적정한 판단을 방해하려 하였거나, 이로 인하여 법원의 적정한 판단에 방해를 받은 것으로 보이지 않는 점 등을 들어 면책불허가사유에 해당하지 아니한다고 판단하였다.

381) 이재욱, 전게논문, 393면 서울중앙지방법원 2008. 9. 17. 2007라967(사업체를 정리한 후 특별한 직업이 없던 채무자가 특급호텔을 3차례 이용하면서 합계 약 630만 원의 숙박비를 신용카드로 결제); 서울중앙지방법원 2010. 6. 9. 2010라177(가요주점 등에서 33회에 걸쳐 합계 2,919,000원을 신용카드로 결제); 서울중앙지방법원 2011. 1. 12.

현저히 재산을 감소시키거나 과대한 채무를 부담한 사실이 있는 때

2. 법원은 제1항 각호의 면책불허가사유가 있는 경우라도 파산에 이르게 된 경위, 그 밖의 사정을 고려하여 상당하다고 인정되는 경우에는 면책을 허가할 수 있다(재량면책, 제564조 제2항).[383]

2010라1103(사업체를 운영하다 누적되는 손실을 감당하지 못하고 폐업한 후 다른 직장에 취업한 채무자가, 취업 이후에도 계속하여 연회비 200만 원의 골프 모임에 참가하고 골프장, 호텔 등에서 다액의 신용카드를 사용)

382) 이재욱, 전게논문, 394면 서울중앙지방법원 2008. 12. 2. 2008라683(증권회사 지점장으로 일하다 고객들에게 손실을 입히고 퇴직한 후 실업급여 112만 원으로 생활하던 채무자가, 5,400만 원의 대출을 받아 선물·옵션 거래를 하였다가 전액 손실을 입은 사안에서 법원은 "채무 지급이 불가능한 상태에서 타인의 자본으로써 손실 위험이 극도로 높은 선물·옵션거래를 한 것은, 항고인의 경력을 고려하더라도 사회통념상 단순한 투자행위를 넘는 것이라 할 것으로서 위 면책불허가사유에 정한 '그 밖의 사행행위'에 해당되는 모험적인 거래라고 봄이 상당하다."고 판단); 서울중앙지방법원 2010. 10. 28.자 2010라25(특별한 수입이 없는 채무자가 다단계 판매로 수익을 얻고자 약 10개월간 1,200만 원 상당의 물품을 구입한 사안에서 법원은 원금 60% 및 이자, 지연손해금에 한하여 일부면책을 허가); 인천지방법원 2010하단7345 결정(집을 처분한 후 남은 돈 1억 1천만 원을 주식에 투자하였다가 전액 손실을 입은 경우)

383) 이재욱, 전게논문, 390-392면 **재량면책을 허가한 경우**: 명의의 부동산과 자동차가 있음에도 불구하고 신청서에 "친족의 재산이 없다."고 기재하였으나, 부동산에 설정된 근저당권의 피담보채무액이 부동산의 시가를 초과하고 있고, 자동차 또한 연식이 오래되어 잔존가치가 미미하다는 이유로 재량면책을 허가(부산지방법원 2008. 9. 12. 2008라113), 채무자가 그 소유 선박을 재산목록에 기재하지 아니하였으나, 그 가액이 별제권을 변제하기에도 부족하다는 이유로 재량면책을 허가(서울중앙지방법원 2009. 2. 12. 2008라866), 채무자가 지급 불능에 처한 이후 그 소유 부동산을 처분하여 근저당채무를 변제하고도 2,247만 원을 수령한 사실이 있음에도 불구하고 "지급불능 시점의 1년 이전부터 현재까지 처분한 재산 없음"이라고 기재한 신청서를 제출하였으나, 면책절차에서 부동산의 처분 경위 및 그 매매대금의 사용내역을 전부 소명한 점, 임차보증금 5백만 원 이외에는 전부 채무변제 및 생활비로 사용한 것으로 보이는 점 등을 들어 재량면책을 허가(서울중앙지방법원 2011. 8. 12. 2011라350)
재량면책을 불허한 경우: 채무자가 900만 원 상당의 토지를 소유하고 있음에도 재산목록에 이를 기재하지 아니한 경우(서울중앙지방법원 2008. 1. 17. 2007라907), 파산신청 직전까지 합계 약 3,310만 원을 일부 개인 채권자들에게 변제한 사실이 있음에도 불구하고 "지급이 곤란하게 된 이후 일부 채권자에게만 변제한 사실이 없다."고 기재한 진술서를 제출한 경우(서울중앙지방법원 2010. 2. 8. 2009라51),법무사 사무소에서 "거주지를 서울로 해야 사건이 빨리 처리된다."는 말을 듣고 거주지를 허위로 기재하고 허위의 무상거주사실 확인서를 제출하였다가 적발된 경우(서울중앙지방법원 2010. 6. 10. 2010라152).

3. 법원은 면책허가결정을 한 때에는 그 주문과 이유의 요지를 공고하여야 한다. 이 경우 송달은 하지 아니할 수 있다(제564조 제3항). 면책 여부에 관한 결정에 대하여는 즉시항고를 할 수 있다(제564조 제4항).

Ⅲ. 면책신청이 있고, 파산폐지결정의 확정 또는 파산종결결정이 있는 때에는 면책신청에 관한 재판이 확정될 때까지 채무자의 재산에 대하여 파산채권에 기한 강제집행・가압류 또는 가처분을 할 수 없고, 채무자의 재산에 대하여 파산선고 전에 이미 행하여지고 있던 강제집행・가압류 또는 가처분은 중지된다(제557조 제1항). 면책결정이 확정된 때에는 중지한 강제집행 등 절차는 그 효력을 잃는다(제557조 제2항). 면책결정은 확정된 후가 아니면 그 효력이 생기지 아니한다(제565조). 면책은 파산채권자가 채무자의 보증인 그 밖에 채무자와 더불어 채무를 부담하는 자에 대하여 가지는 권리와 파산채권자를 위하여 제공한 담보에 영향을 미치지 아니한다(제567조). 법원사무관등은 면책의 결정이 확정되면 파산채권자표가 있는 경우에는 파산채권자표에 면책의 결정이 확정된 뜻을 기재하여야 한다(제568조). 채무자가 사기파산으로 유죄의 확정판결을 받은 경우 법원은 파산채권자의 신청에 의하거나 직권으로 면책취소 결정을 할 수 있다. 또한 채무자가 부정한 방법으로 면책을 받은 경우에도 파산채권자가 면책 후 1년 이내에 면책의 취소를 신청하면 법원은 면책취소 결정을 할 수 있다(제569조 제1항).

Ⅳ. 복권은 파산자가 파산선고로 인하여 상실한 공법상・사법상 권리를 회복하는 것을 뜻한다. 복권에는 파산자의 신청을 기다리지 않고 당연히 복권되는 법정복권[384]과 파산자의 신청에 의하여 복권되는 재정복

384) 제574조(당연복권) ①파산선고를 받은 채무자는 다음 각호의 어느 하나에 해당하는 경우에는 복권된다.
1. 면책의 결정이 확정된 때
2. 제538조의 규정에 의한 신청에 기한 파산폐지의 결정이 확정된 때
3. 파산선고를 받은 채무자가 파산선고 후 제650조의 규정에 의한 사기파산으로 유죄의 확정판결을 받음이 없이 10년이 경과한 때

권[385]이 있다. 복권의 결정은 확정된 후부터 그 효력이 발생한다(제578조).

제4편 개인회생

제1장 개인회생절차의 개시

Ⅰ. 개인채무자[386]는 법원에 개인회생절차의 개시를 신청할 수 있다(제588조). 개인채무자라 함은 파산의 원인인 사실이 있거나 그러한 사실이 생길 염려가 있는 자로서 유치권·질권·저당권·양도담보권·가등기담보권·「동산·채권 등의 담보에 관한 법률」에 따른 담보권·전세권 또는 우선특권이 존재하는 경우에는 10억원 이하, 위와 같은 담보가 없는 경우에는 5억원 이하 채무를 부담하는 급여소득자 또는 영업소득자를 말한다(제579조 1호). 급여소득자는 급여·연금 그 밖에 이와 유사한 정기적이고 확실한 수입을 얻을 가능성이 있는 개

---

②면책취소의 결정이 확정된 때에는 제1항제1호의 규정에 의한 복권은 장래에 향하여 그 효력을 잃는다.

385) 제575조(신청에 의한 복권) ①제574조의 규정에 의하여 복권될 수 없는 파산선고를 받은 채무자가 변제 그 밖의 방법으로 파산채권자에 대한 채무의 전부에 관하여 그 책임을 면한 때에는 파산법원은 파산선고를 받은 채무자의 신청에 의하여 복권의 결정을 하여야 한다.
②파산선고를 받은 채무자는 제1항의 규정에 의하여 복권의 신청을 하는 때에는 그 책임을 면한 사실을 증명할 수 있는 서면을 제출하여야 한다.
③제1항의 결정에 대하여는 즉시항고를 할 수 있다.

386) 개인채무자는 개인회생절차만 이용할 수 있는 것은 아니고, 회생절차를 이용할 수도 있다. 회생절차의 경우 회생계획안에 의하여 채권자들의 권리에 대한 감면 등 권리변경이 이루어지므로 인가된 후 중도에 폐지되거나 회생계획을 수행하지 못하는 경우라도 회생채권자의 권리행사는 회생계획에 따라 변경된 범위로 제한된다는 점과 담보권자도 회생계획에 의하여 권리변경을 받을 수 있으며 회생절차가 진행되는 동안 담보권의 행사를 제한할 수 있는 장점이 있다. 반면에 절차적으로 법원의 엄격한 감독을 받아야 하고 복잡한 절차로 인하여 장기간 시간과 비용이 많이 소모되는 단점이 있다. 이에 반해 개인회생절차는 채무자가 재산에 대한 관리처분권한을 계속 유지하고 절차가 간단하여 신속하게 진행되며, 변제계획상의 변제기간도 단기간이고 채권자들의 의결절차도 거칠 필요가 없는 장점이 있다(사법연수원, 「도산처리법(2015)」, 285-286면).

인을 말하고, 영업소득자는 부동산임대소득·사업소득·농업소득·임업소득 그 밖에 이와 유사한 수입을 장래에 계속적으로 또는 반복하여 얻을 가능성이 있는 개인을 말한다(제579조 2호, 3호).

Ⅱ. 개인회생절차개시의 신청은 채무자의 성명·주민등록번호 및 주소, 신청의 취지 및 원인, 채무자의 재산 및 채무다음 각호의 사항을 기재한 서면으로 하여야 하는데, 이 서면에는 개인회생채권자목록(채권자의 성명 및 주소와 채권의 원인 및 금액이 기재된 것), 재산목록, 채무자의 수입 및 지출에 관한 목록, 급여소득자 또는 영업소득자임을 증명하는 자료, 진술서, 신청일 전 10년 이내에 회생사건·화의사건·파산사건 또는 개인회생사건을 신청한 사실이 있는 때에는 그 관련서류 등을 첨부하여야 한다(제589조).

제2장 보전처분, 중시명령, 포괄적 금지명령

Ⅰ. 법원은 개인회생절차개시결정 전에 이해관계인의 신청에 의하거나 직권으로 채무자의 재산에 관하여 가압류·가처분 그 밖의 필요한 보전처분을 할 수 있다(제592조 제2항).

Ⅱ. 법원은 개인회생절차개시의 신청이 있는 경우 필요하다고 인정하는 때에는 이해관계인의 신청에 의하거나 직권으로 개인회생절차의 개시신청에 대한 결정시까지 채무자에 대한 회생절차 또는 파산절차, 개인회생채권에 기하여 채무자의 업무 및 재산에 대하여 한 강제집행·가압류·가처분, 채무자의 업무 및 재산에 대한 담보권의 설정 또는 담보권의 실행 등을 위한 경매, 개인회생채권을 변제받거나 변제를 요구하는 일체의 행위(소송행위 제외), 「국세징수법」 또는 「지방세기본법」에 의한 체납처분 의 절차 또는 행위의 중지 또는 금지를 명할 수 있다(제593조 제1항). 개인회생절차개시의 신청이 기각되면 중지된 절차는 속행된다(제593조 제3항).

Ⅲ. 개인회생절차에서도 채무자의 회생에 필요하다고 인정되는 경우에는

포괄적 금지명령을 할 수 있다(제593조 제5항).

제3장 개인회생채권, 개인회생재단채권

Ⅰ. 채무자에 대하여 개인회생절차개시결정 전의 원인으로 생긴 재산상의 청구권은 개인회생채권으로 한다(제581조 제1항). 개인회생채권자목록에 기재된 개인회생채권에 관하여는 변제계획에 의하지 아니하고는 변제하거나 변제받는 등 이를 소멸하게 하는 행위(면제를 제외한다)를 하지 못한다(제582조).

Ⅱ. 개인회생재단채권은 개인회생절차에 의하지 않고, 수시로 변제한다. 개인회생재단채권에는 회생위원의 보수 및 비용의 청구권, 개인회생절차 개시 당시 아직 납부기한이 도래하지 아니한 원천징수하는 조세·부가가치세·개별소비세·주세·특별징수의무자가 징수하여 납부하여야 할 지방세·교육세·농어촌특별세, 개인회생절차개시결정 전의 원인으로 생긴 채무자의 근로자의 임치금 및 신원보증금의 반환청구권, 채무자가 개인회생절자개시신청 후 개시결성 선에 법원의 허가를 받아 행한 자금의 차입, 자재의 구입 그 밖에 채무자의 사업을 계속하는데 불가결한 행위로 인하여 생긴 청구권, 이 외 채무자를 위하여 지출하여야 하는 부득이한 비용 등이 있다(제583조).

제4장 부인권 등

Ⅰ. 개인회생 채권에 관한 부인권, 환취권, 별제권, 상계권에 대하여는 파산절차에 관한 규정을 준용한다(제584조 제1항, 제585조, 제586조, 제587조).

Ⅱ. 부인권은 채무자가 행사한다(제584조 제2항). 법원은 채권자 또는 회생위원의 신청에 의하거나 직권으로 채무자에게 부인권의 행사를 명할 수 있다(제584조 제3항). 회생위원은 부인권의 행사에 참가할 수 있다(제584조 제4항). 부인권은 개인회생절차개시결정이 있은 날부터

1년이 경과한 때에는 행사할 수 없다. 또한 부인할 수 있는 행위(제391조)[387]를 한 날부터 5년이 경과한 때에도 부인권은 행사할 수 없다(제584조 제5항).

제5장 채권의 조사 · 확정절차

Ⅰ. 개인회생 절차에서는 채권자들의 채권신고 절차가 없고, 전적으로 채무자의 신고에 의존하여 채권을 조사 · 확정한다. 따라서 채권자의 성실한 신고는 개인회생절차의 핵심이다. 이를 위하여 파산회생법 제624조 제1항은 면책결정 당시까지 채무자에 의하여 악의로 개인회생채권자목록에 기재되지 아니한 개인회생채권이 있는 경우 면책 결정을 불허할 수 있다고 규정하고 있다. 또한 제626조 제1항은 채무자가 기망 그 밖의 부정한 방법으로 면책을 받은 때에는 이해관계인의 신청에 의하거나 직권으로 면책을 취소할 수 있다고 규정하고 있다. 면책결정이 된다 하더라도 비신고 채권은 비면책채권으로 취급한다(제625조 제2항 1호).

Ⅱ. 일단 개인회생채권자목록에 기재된 채권자가 이의기간 안에 개인회생채권조사확정재판을 신청하지 않거나, 개인회생채권 조사확정재판 신

387) 제391조(부인할 수 있는 행위) 파산관재인은 파산재단을 위하여 다음 각호의 어느 하나에 해당하는 행위를 부인할 수 있다.

1. 채무자가 파산채권자를 해하는 것을 알고 한 행위. 다만, 이로 인하여 이익을 받은 자가 그 행위 당시 파산채권자를 해하게 되는 사실을 알지 못한 경우에는 그러하지 아니하다.
2. 채무자가 지급정지 또는 파산신청이 있은 후에 한 파산채권자를 해하는 행위와 담보의 제공 또는 채무소멸에 관한 행위. 다만, 이로 인하여 이익을 받은 자가 그 행위 당시 지급정지 또는 파산신청이 있은 것을 알고 있은 때에 한한다.
3. 채무자가 지급정지나 파산신청이 있은 후 또는 그 전 60일 이내에 한 담보의 제공 또는 채무소멸에 관한 행위로서 채무자의 의무에 속하지 아니하거나 그 방법 또는 시기가 채무자의 의무에 속하지 아니하는 것. 다만, 채권자가 그 행위 당시 지급정지나 파산신청이 있은 것 또는 파산채권자를 해하게 되는 사실을 알지 못한 경우를 제외한다.
4. 채무자가 지급정지 또는 파산신청이 있은 후 또는 그 전 6월 이내에 한 무상행위 및 이와 동일시할 수 있는 유상행위

청이 각하된 경우 개인회생채권은 개인회생채권자목록의 기재대로 확정된다(제603조 제1항). 그와 같이 채권이 확정된 때에는 법원사무관 등은 채권자의 성명 및 주소와 채권의 내용 및 원인을 기재한 개인회생채권자표를 작성하여야 하며 그 기재는 개인회생채권자 전원에 대하여 확정판결과 동일한 효력이 있다(제603조 제2항, 제3항). 개인회생채권자는 개인회생절차폐지결정이 확정된 때에는 채무자에 대하여 개인회생채권자표에 기하여 강제집행을 할 수 있다(제603조 제4항). 자신의 채권이 채권자목록의 기재에 누락되었거나 그 내용에 대하여 이의가 있는 채권자는 이의 기간 안에 서면으로 개인회생채권 조사확정재판을 신청하여야 하고 그에 대하여 불복이 있는 경우는 개인회생채권 조사확정재판에 대한 이의의 소를 제기하여야 한다(제604조, 제605조).

제6장 변제계획안의 작성과 변제계획 인가

Ⅰ. 변제계획안[388]은 채무자만이 신청할 수 있고, 개인회생절차 개시신청일로부터 14일 이내에 제출하여야 한다(제610조 제1항). 변제계획에서 정하는 변제기간은 변제개시일부터 5년을 초과하여서는 안 된다(제611조 제5항). 필요한 경우 법원은 변제계획의 이행을 위해 인적·물적 담보를 제공하게 할 수 있다(제611조 제6항). 채무자가 자신 또는 제3자의 명의로 변제계획에 의하지 아니하고 일부 개인회생채권자

388) 제611조(변제계획의 내용) ①변제계획에는 다음 각호의 사항을 정하여야 한다. 1. 채무변제에 제공되는 재산 및 소득에 관한 사항 2. 개인회생재단채권 및 일반의 우선권 있는 개인회생채권의 전액의 변제에 관한 사항 3. 개인회생채권자목록에 기재된 개인회생채권의 전부 또는 일부의 변제에 관한 사항 ②변제계획에는 다음 각호의 사항을 정할 수 있다. 1. 개인회생채권의 조의 분류 2. 변제계획에서 예상한 액을 넘는 재산의 용도 3. 변제계획인가 후의 개인회생재단에 속하는 재산의 관리 및 처분권의 제한에 관한 사항 4. 그 밖에 채무자의 채무조정을 위하여 필요한 사항 ③변제계획에서 채권의 조를 분류하는 때에는 같은 조로 분류된 채권을 평등하게 취급하여야 한다. 다만, 불이익을 받는 개인회생채권자의 동의가 있거나 소액의 개인회생채권의 경우에는 그러하지 아니하다. ④변제계획은 변제계획인가일부터 1월 이내에 변제를 개시하여 정기적으로 변제하는 내용을 포함하여야 한다. 다만, 법원의 허가를 받은 경우에는 그러하지 아니하다.

에게 특별한 이익을 주는 행위는 무효로 한다(제612조).

Ⅱ. 변제계획은 인가[389]의 결정이 있은 때부터 효력이 생긴다. 다만, 변제계획에 의한 권리의 변경은 면책결정이 확정되기까지는 생기지 아니한다(제615조 제1항). 변제계획인가결정이 있는 때에는 개인회생재단에 속하는 모든 재산은 채무자에게 귀속된다. 다만, 변제계획 또는 변제계획인가결정에서 다르게 정한 때에는 그러하지 아니하다(제615조 제2항). 변제계획인가결정이 있는 때에는 제600조의 규정에 의하여 중지한 회생절차 및 파산절차와 개인회생채권에 기한 강제집행·가압류 또는 가처분은 그 효력을 잃는다. 다만, 변제계획 또는 변제계획인가결정에서 다르게 정한 때에는 그러하지 아니하다(제615조 제3항).

제7장 면책

Ⅰ. 법원은 채무자가 변제계획에 따른 변제를 완료한 때에는 당사자의 신청에 의하거나 직권으로 면책의 결정을 하여야 한다(필요적 면책, 제624조 제1항).

---

389) 제614조(변제계획의 인부) ①법원은 개인회생채권자 또는 회생위원이 이의를 진술하지 아니하고 다음 각호의 요건이 모두 충족된 때에는 변제계획인가결정을 하여야 한다. 다만, 제610조제3항에 의한 변제계획안 수정명령에 불응한 경우에는 그러하지 아니하다. 1. 변제계획이 법률의 규정에 적합할 것 2. 변제계획이 공정하고 형평에 맞으며 수행가능할 것 3. 변제계획인가 전에 납부되어야 할 비용·수수료 그 밖의 금액이 납부되었을 것 4. 변제계획의 인가결정일을 기준일로 하여 평가한 개인회생채권에 대한 총변제액이 채무자가 파산하는 때에 배당받을 총액보다 적지 아니할 것. 다만, 채권자가 동의한 경우에는 그러하지 아니하다. ②법원은 개인회생채권자 또는 회생위원이 이의를 진술하는 때에는 제1항 각호의 요건 외에 다음 각호의 요건을 구비하고 있는 때에 한하여 변제계획인가결정을 할 수 있다. 1. 변제계획의 인가결정일을 기준일로 하여 평가한 이의를 진술하는 개인회생채권자에 대한 총변제액이 채무자가 파산하는 때에 배당받을 총액보다 적지 아니할 것 2. 채무자가 최초의 변제일부터 변제계획에서 정한 변제기간 동안 수령할 수 있는 가용소득의 전부가 변제계획에 따른 변제에 제공될 것 3. 변제계획의 인가결정일을 기준일로 하여 평가한 개인회생채권에 대한 총변제액이 3천만원을 초과하지 아니하는 범위 안에서 다음 각목의 금액보다 적지 아니할 것 가. 변제계획의 인가결정일을 기준일로 하여 평가한 개인회생채권의 총금액이 5천만원 미만인 경우에는 위 총금액에 100분의 5를 곱한 금액 나. 변제계획의 인가결정일을 기준일로 하여 평가한 개인회생채권의 총금액이 5천만원 이상인 경우에는 위 총금액에 100분의 3을 곱한 금액에 1백만원을 더한 금액

Ⅱ. 법원은 채무자가 변제계획에 따른 변제를 완료하지 못한 경우에도 다음 각호의 요건이 모두 충족되는 때에는 이해관계인의 의견을 들은 후 면책의 결정을 할 수 있다(임의적 면책, 제624조 제2항).

1. 채무자가 책임질 수 없는 사유로 인하여 변제를 완료하지 못하였을 것
2. 개인회생채권자가 면책결정일까지 변제받은 금액이 채무자가 파산절차를 신청한 경우 파산절차에서 배당받을 금액보다 적지 아니할 것
3. 변제계획의 변경이 불가능할 것

Ⅲ. 법원은 다음 각호의 어느 하나에 해당하는 경우에는 면책을 불허하는 결정을 할 수 있다(면책 불허가결정, 제624조 제3항).

1. 면책결정 당시까지 채무자에 의하여 악의로 개인회생채권자목록에 기재되지 아니한 개인회생채권이 있는 경우
2. 채무자가 이 법에 정한 채무자의 의무를 이행하지 아니한 경우

Ⅳ. 면책의 결정은 확정된 후가 아니면 그 효력이 생기지 아니한다(제625조 제1항). 면책을 받은 채무자는 변제계획에 따라 변제한 것을 제외하고 개인회생채권자에 대한 채무에 관하여 그 책임이 면제된다(제625조 제2항).[390] 면책은 개인회생채권자가 채무자의 보증인 그 밖에 채무자와 더불어 채무를 부담하는 자에 대하여 가지는 권리와 개인회생채권자를 위하여 제공한 담보에 영향을 미치지 아니한다(제625조 제3항). 법원은 채무자가 기망 그 밖의 부정한 방법으로 면책을 받은 때에는 이해관계인의 신청에 의하거나 직권으로 면책을 취소할 수 있다(제626조 제1항). 면책 여부의 결정과 면책취소의 결정에 대하여는 즉시항고를 할 수 있다(제627조).

---

390) 다만, 다음 각호의 청구권에 관하여는 책임이 면제되지 아니한다(제625조 제2항 단서). 1. 개인회생채권자목록에 기재되지 아니한 청구권 2. 제583조제1항제2호의 규정에 의한 조세 등의 청구권 3. 벌금·과료·형사소송비용·추징금 및 과태료 4. 채무자가 고의로 가한 불법행위로 인한 손해배상 5. 채무자가 중대한 과실로 타인의 생명 또는 신체를 침해한 불법행위로 인하여 발생한 손해배상 6. 채무자의 근로자의 임금·퇴직금 및 재해보상금 7. 채무자의 근로자의 임치금 및 신원보증금 8. 채무자가 양육자 또는 부양의무자로서 부담하여야 할 비용

저자 약력

황 태 윤

- 한국외국어대학교 법학과 졸업
- 법학박사
- 사법연수원 32기
- 전북대학교 법학전문대학원 부교수

보전소송/민사집행/회생・파산 **실무**

지은이 황태윤
펴낸이 이남호
펴낸곳 전북대학교출판문화원

초판 1쇄 인쇄 2015.8.25.
초판 1쇄 발행 2015.8.31.

전북대학교출판문화원 전북 전주시 완산구 어진길 32 (풍남동2가)
기획 송덕호
디자인 이소형, 이진영
회계・행정 이진주
전화 (063) 219-5321~2
FAX (063) 219-5323
출판등록 2012년 8월 20일 제465-2012-000021호

값 20,000원

ISBN 978-89-98534-63-9 93360

이 도서의 국립중앙도서관 출판예정도서목록(CIP)은 서지정보유통지원시스템 홈페이지(http://seoji.nl.go.kr)와 국가자료공동목록시스템(http://www.nl.go.kr/kolisnet)에서 이용하실 수 있습니다.(CIP제어번호: CIP2015023130)